北京农研智库丛书

北京市农民专业合作社研究

郭光磊◎主编

中国言实出版社

图书在版编目（CIP）数据

北京市农民专业合作社研究 / 郭光磊主编. -- 北京：
中国言实出版社，2016.6
　（北京农研智库丛书）
　ISBN 978-7-5171-1908-1

　Ⅰ. ①北… Ⅱ. ①郭… Ⅲ. ①农业合作社－专业合作
社－研究－北京市 Ⅳ. ①F321.42

　中国版本图书馆 CIP 数据核字(2016)第 126775 号

出 版 人：王昕朋
责任编辑：严　实
文字编辑：张　强
封面设计：徐　晴

出版发行　中国言实出版社
　　　　　　地　址：北京市朝阳区北苑路 180 号加利大厦 5 号楼 105 室
　　　　　　邮　编：100101
　　　　　　编辑部：北京市海淀区北太平庄路甲 1 号
　　　　　　邮　编：100088
　　　　　　电　话：64924853（总编室）　64924716（发行部）
　　　　　　网　址：www.zgyscbs.cn
　　　　　　E-mail：zgyscbs@263.net
经　　销　新华书店
印　　刷　北京温林源印刷有限公司
版　　次　2016 年 9 月第 1 版　　2016 年 9 月第 1 次印刷
规　　格　710 毫米×1000 毫米　1/16　25.75 印张
字　　数　370 千字
定　　价　72.00 元　ISBN 978-7-5171-1908-1

北京农研智库丛书总序

为全面深化农村改革提供智力支持

经过 30 多年的农村改革，我们确立了以家庭承包经营为基础、统分结合的双层经营体制的农村基本经营制度，坚持贯彻工业反哺农业、城市支持农村和多予少取放活方针，取消了农业税，推进社会主义新农村建设，加快推进建设有利于逐步改变城乡二元结构的体制，加大强农惠农富农政策力度，在维护和发展农民生产自主权、自主择业权、人身自由权、村民自治权、社会保障权和土地财产权等方面取得了巨大的进步。

北京作为全国首都，其农村改革既面临着全国的共性要求，也有自身的特殊需求。北京特大城市、小郊区的格局奠定了郊区农村发展的基础。2014 年北京市常住人口 2151.6 万人，其中户籍总人口 1333.4 万人，农业户籍人口 243.6 万人，全市人均 GDP 接近 1.7 万美元，与世界高收入地区水平相当。京郊农村集体资产规模庞大，据估算，北京市农村集体资产总额达 10.4 万亿元，其中，农村集体经营性建设用地价值高达 3.6 万亿元，农村宅基地价值高达 4.6 万亿元，都市型现代农业生态服务价值 7790.7 亿元。但北京城乡居民收入差距仍然较大，城乡二元结构仍未破除，城乡发展一体化任务仍然艰巨，农村发展的短板仍然明显。

全面深化农村改革迫切需要健全农村改革决策支撑体系，加强农村研究智库建设，提升决策咨询研究水平，以科学研究支撑科学决策，以科学决策引领科学发展。北京市农村经济研究中心（以下简称中心）是 1989 年 11 月经北京市委、市政府批准，1990 年 7 月正式挂牌成立，按照加强农村改革和政策研究、加强农村经管工作要求，专门设立的承担一定行政职能，参照公务员法管理的事业单位。作为农村政策研究和咨询服务机构，中心的主要职责就是研究有关首都农村经济社会发展的全局性、综合性、战略性以及重点难点问题，为北京市委、市政府领导农村改革与发展提供政策建议和咨询意见。

"十二五"时期，中心着眼于加强农村研究智库建设，围绕党中央、国务院提出的一系列深化农村改革的决策部署，紧扣首都城市战略定位和京郊农村发展的阶段性特征，以推动全市农村改革"新三起来"（土地流转起来、资产经营起来、农民组织起来）为主要任务，把探索农村集体经济有效实现形式、发展都市型现代农业、破除城乡二元结构、推进新型城镇化和城乡一体化、加强生态文明建设、推动农业农村信息化等作为政策研究的重中之重，加强调查研究，完善智库建设体制机制，不断提高决策咨询服务水平，开创了中心调查研究工作的新局面。

一是把握中心职能定位，树立"大农研"意识，实现了调研工作与经管、区划、信息四位一体融合发展。"十二五"期间，中心整合了调研、经管、区划、信息工作，加挂了"北京市农村合作经济经营管理办公室"牌子，进行了机构调整，明确了职能定位，制定了履职清单，强化了调研工作。调研职责从原先局限于专业调研处室扩展到每个业务处室，调研领域从原先局限于农村经济扩展到农村经济、政治、社会、文化、生态等各个领域，实现了调研工作与经管、区划、信息工作的有效整合。据统计，"十二五"期间，中心开展各类课题研究共计189项，其中农村经管类课题为29项，农业区划类课题35项，农业农村信息化类课题17项，有关城镇化、城乡一体化、都市农业、乡村治理等研究课题108项。

二是紧扣首都城市战略定位和京郊农村发展的阶段性特征，明确了调研工作定位，不断提高决策咨询服务水平，发挥了重要的参谋助手作用。"十二五"期间，中心在新型城镇化和城乡一体化、探索集体经济有效实现形式、维护和保障农民权益等重点领域开展了一系列具有前瞻性、战略性的调查研究，取得了丰硕的研究成果。在以新型城镇化和城乡一体化为重点的中长期战略研究中，率先提出了走以人为本的新型城镇化道路等创新观点；在乡镇统筹利用集体建设用地的市级重大课题中，提出了加强乡镇统筹利用集体建设用地推动区域协调发展的重要决策建议；在以保障和维护农民权益为工作目标的农村经管课题调研中，提出了以推动"新三起来"为重点的农村改革新任务，等等。2011—2015年，中心调研成果获得市级领导批示 64 次，获得各类成果奖项 47 项。

三是立足理论联系实际，大力推行农村改革试点试验研究，取得了推动农村改革实践与创新政策理论研究的双丰收。将政策理论研究与改革试验示范结合起来，是"十二五"时期中心调研工作的一个重大创新。五年来，中心与平谷区政府共同创办了平谷农村经济发展创新研究试验区；与门头沟、大兴、密云、怀柔等区县合作，开展了一系列农村改革试验课题，取得了显著成效；促成了平谷区峪口镇"四位一体"产权式农业项目的落地；组建了全市第一家产权交易服务中心；开展了平谷区西柏店村"美丽智慧乡村"试点工作；搭建了全市农民专业合作社安全优质农产品直供直销平台；为拆迁村量身设计了北京首个农村资金信托产品；促成了密云水漳村土地信托项目正式落地；开展了五区六镇乡镇统筹利用集体建设用地试点研究，等等。这些改革试验课题有力地推动了政策理论研究与农村改革实践探索的有机结合，对全面深化农村改革、加快城乡一体化发展具有较强的先行先试价值。

四是坚持"出成果"与"出人才"并重，打造有利于调研人才成长的研究平台，扩大对外学术交流，涌现了一批有较大影响力的调研成果，培养锻炼了一支新的农村调研人才队伍。"十二五"期间，中心着力营造尊重知识、尊重人才的调研环境，坚持"出成果"与"出人才"并重，积极创新调研工作思路，完善调研工作方式，搭建了更为宽松的调研工作平台。中心先后成立了第一届、第二届专家咨询委员会，建立了专家库，有效发挥了专家学者的咨询指导作用；实施了课题组长负责制，强化了处室负责人开展调研工作的职责，调动了年轻人员的调研工作积极性；设立了中青年课题，加强对中青年课题责任人的课题服务工作，努力为年轻调研人员的成长创造条件；创立了周末大讲堂，积极营造良好的学术研究氛围；通过北京市城郊经济研究会等中心主管的社团平台，每年举办京台论坛农业交流等活动，扩大对外学术交流联系；开设了农研中心（内部交流学习群）等微信群，推动中心人员跨处室、跨单位、跨领域交流。五年来，中心在推出一系列具有重要影响的调研成果同时，培养锻炼和造就了一批新的农村调研人才。

五着眼加强农村研究智库建设，建立健全了调研管理制度和流程，推进了调研管理的制度化、程序化、规范化和科学化。"十二五"时期是中心调研管理实现制度化转型发展的关键五年。五年来，中心全面加强调研管理制度建设，先后制定了调研课题管理办法、项目经费使用管理办法、外出调研学习考察办法、参加学术性会议管理办法、对外委托课题管理办法、稿费及专家咨询劳务报酬发放办法、调研课题考核办法等十多项调研管理基本制度，明确了课题管理的开题讨论、中期检查、结题评审三大流程环节，先后两次编印了《调研管理制度与流程汇编》，将调研管理全面纳入制度化、程序化、规范化轨道，构建了比较完整的调研管理制度体系，实现了中心调研管理制度建设和规范化发展的历史性突破。

"十三五"时期是全面建成小康社会的决胜阶段，是有序疏解北京非首都核心功能、实现高水平城乡一体化发展的关键时期。面对首都特大城市郊区农业农村发展的新形势，如何认识、适应、引领经济新常态，用创新、协调、绿色、开放、共享的发展理念全面深化农村改革，加强农业供给侧结构性改革，在推进城乡基本公共服务均等化的基础上，重点推进城乡要素市场的一体化，让农民共享改革发展成果，是"十三五"时期首都农村研究的重要课题。

为了给"十三五"时期全面深化北京农村改革提供智力支持，我们将"十二五"期间中心的主要研究成果按不同专题进行了统一汇编，以"北京农研智库丛书"的形式集中出版，其目的在于为北京农村工作的决策者、实践者、研究者提供一些参考。我们真诚地期待广大农村工作者共同关注农村改革发展，为推动农业更强、农村更美、农民更富献计献策。

由于水平有限，我们的研究成果还存在不足之处，恳请广大读者批评指正。

北京市农村经济研究中心党组书记、主任

2016 年 3 月 1 日

目　录

第一章　北京市农民专业合作社加工与营销模式的研究

第三章　北京市农民专业合作社融资问题研究

第十一章　北京市农民合作社农产品品牌培育战略研究

第十二章　北京市农民专业合作社联合社发展问题研究

第十三章　平谷区新型农村信用合作组织试点与研究

第一章　北京市农民专业合作社加工与营销模式的研究

一、本课题研究的积极意义

（一）北京市农民专业合作社进入了快速发展的新阶段，本课题研究是新时期推进都市型现代农业发展紧迫需要

本次课题研究调查了北京郊区各区县农民专业合作社发展状况，主要对合作社开展加工和营销涌现的各种形式和绩效，经综合分析、归纳比较，重点确定了 8 种加工营销新模式，并到平谷、大兴、延庆、密云、丰台等区县①的 20 个合作社进行了调研。我们得出的总体认识是：北京市合作社近几年加工和营销服务功能有很大提高，已创新了多种新形式；不断增强合作社开展加工和营销能力，对创新郊区农业产业化模式，促进合作社又好又快发展，做大做强，提高农民收入的增长，提升都市型现代农业总体水平有积极意义。

北京市农民专业合作社进入了快速发展的新阶段。市委、市政府高度重视农民专业合作社建设和发展工作，认真贯彻《农民专业合作社法》，完善政策措施，加强指导、扶持、服务，依法推进郊区农民专业合作社规范发展，取得了明显成效。截至 2010 年底，全市登记注册的各类农民专业合作社达到 4351 个，成员总数 212940 户。农民专业合作社发展成效显著：

一是政府层面加大了组织指导工作力度。整合政策资源，促进了合作社规范建设。市农委、发改委、科委、财政、民政、农村商业银行等

---

① 书中提及的部分县现大多已改区，但课题研究时尚未改，故保留"县"的名称。

六部门联合出台了《关于促进农民专业合作社发展的扶持政策》，进一步明确了各部门的工作重点和支持方式，为加快农民专业合作社发展提供了制度支撑。从 2007 年到 2009 年，市级财政共安排 9500 万元专项资金，通过项目补贴和奖励两种方式，从开展信息、技术、培训、质量标准与认证、市场营销等服务，建设标准化生产基地、兴办仓储设施和加工企业、购置农产品运销设备等环节，在全市培育和树立了 324 个市级合作社示范典型，涌现出密云奥金达蜂产品专业合作社、平谷荣涛豌豆专业合作社、大兴圣泽林梨专业合作社、顺义绿奥蔬菜产销专业合作社、昌平营坊昆利果品专业合作社、延庆绿菜园蔬菜专业合作社等一批引领全市专业合作社发展的排头兵。

二是通过引导和扶持，农民专业合作社的合作领域不断拓宽，合作深度逐步加大，农产品加工、销售环节的合作，有了更快的发展。合作范围已经从初期的蔬菜、瓜果种植和畜禽养殖领域扩展到农机、运输、民俗旅游、土地、用水等各个行业，服务内容也从单纯的农业科技服务，扩展到产前、产中、产后全过程，尤其是农产品加工、销售环节的合作，有了更快的发展。农民专业合作社的发展与开发农业新功能、发育主导产业和特色产品紧密结合，涌现出一批如西瓜、大桃、苹果、梨、奶牛、生猪、柴蛋鸡等产业化特征突出的农民专业合作社。

合作社经营服务功能拓展，加工营销环节能力有很大发展。

据统计，截至 2010 年底，全市在工商正式登记的 4353 个合作社中，实行产加销一体化经营的有 3512 个，以购买服务为主的 44 个，仓储服务为主的 20 个，运销服务为主的 54 个，加工服务为主的 33 个，信息和技术服务为主的 295 个，从事其他服务的 395 个。2010 年统一组织销售农产品 658 万吨，530531 万元。其中蔬菜 19.03 万吨，果品 614 万吨。

据这次调研统计分析，2010 年全市 100 个申报市级示范合作社的合作社，这 100 个合作社中，已经开展产品初加工和精深加工的，有 51 个合作社，占总数的 51%。其中，按照加工产品种类划分，从事粮食加工的有 9 个，占 17.6%；从事蔬菜加工的有 6 个，占 11.8%；林果加工的有 11 个，占 21.6%；畜禽产品加工的有 8 个，占 15.7%；蜂产品加工的有 5 个，占 9.8%；从事综合类加工（加工产品种类两种或两种以上）的有 10 个，占 19.6%；从事手工业加工的有 2 个，占 3.9%。按加工深度划分，从事农产品初级加工的有 32 个，占 62.7%；从事农产品深加工的有 19 个，占 37.3%。

农民专业合作社的快速发展，有效地提高了农业组织化程度。它对维护农民市场主体地位，解决单家独户交易地位不平等、信息渠道不对称、生产操作不规范、产品无规格、销售不成批量、市场空间狭小等问题效果明显，有效地增加了农民收入。在统筹城乡发展、推动北京都市型现代农业发展进程中，农民专业合作社展现出特有的优势，受到了农民群众的欢迎和拥护。

（二）合作社加工营销能力的提升，对农民专业合作社又好又快地发展，具有重要作用

2010 年中央一号文件提出"扶持农民专业合作社自办农产品加工企业"，并提出"全面推进农超对接，重点扶持农产品生产基地与大型连锁超市、学校及大企业等产销对接，减少流通环节，降低流通成本"的要求，指明了合作社发展新的方向。

目前，合作社加工营销有许多新的探索，很有创新意义，但从推进京郊都市型现代农业产业体系总体角度看，在"产"和"销"两个环节，"销"的环节仍相对比较薄弱。近些年现代农业进程中，农业生产结构调整成效显著，精品农业、特色农产品快速发展；专业化、规模化程度快速提高，但农业产业组织结构调整相对滞后，产后经济主要环节跟不上发展要求。突出表现在高度分散经营农户与市场之间出现种种不协调现象；产品分级、标准、整理、包装、冷藏、储运、品牌、产品行销等环节比较薄弱；基础设施条件较差；农民生产的优质农产品，并没有卖出很好的价格，增加更多的收益。以专业合作社这种现代农业经营形式增强加工和营销服务功能，延伸产业链，创新产品加工、营销模式，是加快发展京郊都市型现代农业产业体系要解决的重要课题。

课题组通过调研深刻体会到，合作社加工营销能力的提升，对农民专业合作社又好又快地发展，具有重要作用。

一是专业合作社与农业产业化经营紧密结合、协调发展。许多专业合作社探索农工贸联合经营，促进了原料基地的形成和发展，实现产供销一体化。依靠专业合作社的辐射带动作用，形成了以农民为主体的农业产业化新的经营模式，使蔬菜、水果、肉禽等产品形成了从原料生产到加工、销售紧密的产业链，促进了郊区农业产业升级。在加快资源的精深加工，开发利用，降低生产成本，提高综合利用率和经济效益等方面，取得了明显的效果。

二是建设高品质、规模化、标准化的农产品基地，促进了合作社提高产品质量和竞争力。由于合作社加工营销能力的提升，全市合作社通过形成产前产后的经营规模，通过合作社进入市场，从而加快农业结构调整和农产品品牌战略的实施，实现农业发展方式转变。目前，全市有 268 个专业合作社注册了产品商标，一大批合作社产品经过无公害、绿色和有机论证，有 1000 多个专业合作社实行产品统一包装销售。

三是通过加工营销能力提升，合作社规模化程度不断提高，对基地和农户经营的带动作用不断增强。据这次调查，开展加工营销好的合作社，经营规模及带动农户能力都较大。如密云的奥金达蜂产品合作社、平谷的荣涛豌豆专业合作社等，年经营收入都在 2000 万以上，带动农户都在 500 户以上。

如密云县合作社发展到 784 家，入社农户占从事一产农户 78.2%，已覆盖全县各行政村。2010 年合作社农产品销售额达到 11.5 亿元，占农产品总量的 70%，其中主要商品性农产品达到了 80%以上，如板栗超过 85%、肉鸡超过 90%、柴鸡蛋和红薯超过 80%。

四是有利农民专业合作社提高竞争力和农民收入增长，促进专业合作社发展壮大。京郊一批专业合作社实践已证明，以合作社为载体延伸产业链，实现加工增值创新产品营销模，如开展"社超对接"、农产品电子商务等，从宏观层面农产品流通体制改革的角度看，它是一种精简了诸多中间环节的农产品直销模式，更有利于农业增效、农民增收。

调研资料使我们看到，批发市场模式和直销模式对农民经营收益是不一样的。农产品从生产到消费整个过程中，生产成本仅占 25%—30%，流通费用占 40%—50%，流通环节多造成的分配总利润为 25%—40%。流通成本包括交易成本和物流成本。实践证明：目前有些合作社探索实施的"农超对接"、社区店直销等农产品直销模式，可以有效减少中间费用，精简运销层次，缩小运销价差，使联合起来的农户更多地分享到加工和营销环节的利润，同时，还可使消费者受益。根据全市示范合作社初步统计，生产同类产品的农户，加入合作社比不加入合作社的成员增收约 15%—20%。其中，统一销售农产品的贡献率约一半以上。主要原因是合作社跳过了地头的小商贩和中间环节的经销商。此外一些合作社产品的品质提升、注册商标统一销售，也带动产品销售价格上涨。

（三）按照产业化要求提升产品加工和营销环节的服务功能，使成员更多分享到加工和营销环节的利润，是专业合作社增加经营收入、发展壮大的重要途径

这次课题组到密云、平谷、大兴、通州、房山、延庆等区县合作社做了调研，特别对申报全市示范合作社的 30 个合作社做了重点调研，结果显示：按照产业化要求提升产品加工和营销环节的服务功能，使成员更多分享到加工和营销环节的利润，是专业合作社增加经营收入、发展壮大的重要途径。专业合作社做好营销服务工作，对合作社来说是非常重要的职能。这方面功能发挥得好不好，功能的强弱，可以说直接关系到合作社生产的产品能不能顺利地销售，关系到合作社整个效益的好坏，关系到合作社的生存和发展。

目前多数合作组织的经济实力及服务功能比较单薄，真正能实行联合销售的比例还较少，许多特色农产品由于交易成本过高，影响社员收益。因此，要总结研究如何着力培育、增强合作社产品加工和市场营销等环节的服务功能，引导农户联合起来进入市场，实现特色产品延伸产品链，联合运销，减少在加工和流通中的利益流失，让农民更多地分享到农产品加工和流通环节的增值效益。特别要重视农产品采后的商品化处理几个重要环节，如产品分级、整理、包装、冷藏、储藏、品牌、运销和市场开拓等环节的功能建设，使专业合作组织成为促进农业产业化经营的重要组织载体。

在调研中课题组发现，发展得好、成效显著的一批进入示范合作社的合作组织，都是根据本社实际情况，在实现规范化运行管理的基础上，在加工、营销环节提升了服务功能，加快了合作社发展壮大的步伐。实践证明如下几点：

1. 搞好专业合作社产品加工营销工作，才能实现产品的价值，发展壮大合作社。国内外实践证明，现代化的流通才能促进现代化生产。许多发达国家实践证明，现代化的流通能促进现代化生产，小规模的流通只能适应小规模生产，大规模流通才能促进大规模的生产。现代农业如果没有现代化流通方式的带动，是很难上更高水平的。因此，组织实施好专业合作社产品营销功能，应成为发展壮大专业合作社的一项重要任务。

世界范围经验看，无论是东亚国家的小农合作社，还是欧盟的合作社，以农业生产为主的合作社绝大多数最终是不成功的。合作社的生产经营中，农业生产不应该是主体，应努力在购销、技术、加工、信息等方面给农民提供服务。而目前我国分散小规模农户经营与千变万化的大市场，特别是日益发展中的现代商业业态，是极不对称的。

随着市场经济的发展，各种超市连锁、量贩店、物流配送、电子商务等新型商业业态快速兴起。消费者对各种食品的品种、质量和安全水平的要求也越来越高。而广大农村还处于分散的小规模农户经营状态，这种格局和现代流通业态发展趋势很不对称，分散的小规模农户怎么与市场有效地连接，显得很不适应。

因此，提高农户整体进入市场的程度，切实加强农产品营销环节服务工作，任务已十分紧迫。

2. 只有搞好营销服务，才能使合作社成员有效地实现增收。调研资料说明，联合营销能产生明显的绩效。一是通过合作社联合提供农业生产资料的购买，农产品的销售，共同经营和共同运销，可以克服分散小规模经营农户的诸多弱点，帮助农户降低生产成本，提高收益，使小农经营的农户联合起来，成为有规模的企业化经营。分散经营农户由于经营面积小，产品数量少，无法形成批量，在市场的交易过程中常处于比较不利的地位。通过建立合作社，扩大了经营规模，并通过现代化的企业经营管理，使小农生产具有企业化的经营效率，才降低生产成本，提高市场竞争力。

课题组统计分析了大兴、平谷、通州三区 30 个申报示范合作社的专业合作社，由于他们联合销售成员产品都在 80% 以上，降低了市场交易成本，2009 年成员平均收入都比周边同类农产品非合作社农民增加收入 20% 以上，大兴区有些合作社达到 30% 左右。目前密云县 80% 的合作社实行了统一采购生产资料，2010 年采购总额达 6 亿元。据统计，种植业联合批量采购肥料，每吨能节省 8%—10%；养殖合作社联合购买饲料原料，自己加工供应社员，每吨可比市场零售价低 300 至 400 元。

3．只有搞好加工营销服务，才能有效地提高产品竞争能力。通过合作社按产业类型进行横向整合，可以把一个乡镇甚至一个县（市）所生产同样产品的专业农户整合起来，有条件的可以通过形成合作社联合社，加强合作社信息、产品标准，种子和农资供应，形成标准化、有品牌、有批量的产品进行联合销售，这样就提高了国内外市场开拓能力和抗御市场风险能力，大大增加了成员的收益。

北京圣泽林梨产销合作社就是很好例证，全社 230 户社员，种植 3000 亩梨树。社员跨大兴 5 个镇 16 个自然村，合作社从引种到农资供应、产品销售，实行全程服务。现有 200 亩市级梨标准化生产基地，生产基地通过了 ISO9001 国际质量管理体系认证、ISO14001 国际环境管理体系认证，以及有机转换产品认证。合作社为社员统一购买花粉、果袋、农药等农用生产资料，为农户节省生产成本，加上联合销售产品，使农户收入提高了 30%。

二、郊区合作社开展加工和营销的典型模式

通过这次到各区县点面结合的调研，综合分析，课题组认为北京郊区县合作社开展加工和营销有特色和典型意义的模式，有以下八种。

（一）产供销综合服务模式

就是农民专业合作社为社员提供产前、产中、产后农资购买、技术

培训以及农产品包装、储藏、运销以及等综合服务。这是目前北京市农民专业合作社较普遍的主要的物流合作社营销形式，据初步统计，占到全市农民专业合作社总数的60%左右。

典型案例1： 北京恒益金吉利蔬菜产销合作社

恒益金吉利蔬菜产销合作社地处平谷区东高村。是由2002年成立蔬菜专业协会开展技术服务，经六七年艰苦努力，于2009年初正式经工商局登记成立的农民专业合作社。现合作社具有一定规模，产品有特色，市场销路好，有相当竞争力，产业链不断延伸，成员受益明显。合作社具有如下特点：

一是农民联合自办，产业基础较稳固。现有成员130户，建标准化蔬菜基地300亩，辐射带动农户3000多户。共有蔬菜地480亩，种植娃娃菜、荷兰豆、豇豆等特色蔬菜。2009年生产销售蔬菜400万斤，质量逐年提升。

合作社建设了冷库、蔬菜加工厂、标准化蔬菜大棚10座（180米×20米）。全部设施建设投资300万元，都来自合作社130农户投股出资，靠全体社员群策群力，自力更生建设起来的。

二是合作社为社员开展的经营服务，能力不断增强。

（1）统一采购供应有机肥、蔬菜种苗等生产资料，90%以上由合作社统一采购供应。

（2）在蔬菜技术推广服务方面，合作社为成员统一引进新品种。（如娃娃菜"金秋"，德国优良品种）；定期举办培训技术讲课，每年至少四五次。统一建设蔬菜标准化基地200亩，为社员提供示范，推广新品种、新技术。

（3）根据市场需求，开发新产品，延伸产业链，兴建蔬菜加工厂，加工增值，增加农民收入。

合作社全体成员出资投股建设了冷库、蔬菜加工厂、标准化蔬菜大棚（180米×20米）、休闲观光接待用床等设施。2009年加工酸豇豆、酸白菜，颇受市场消费者欢迎，合作社成员也实现蔬菜加工增值效益。

（4）社员生产的产品，全部由合作社统一销售。

2009年生产销售蔬菜400万斤，合作社统一建了"垣亿"品牌，优质蔬菜及"垣亿"牌娃娃菜、酸豇豆、酸白菜等特色产品，90%由合作社统一直销京客隆、物美和外贸出口公司。

2009年销售收入1560多万元。社员种蔬菜亩均收益比同类生产的非社员增加20%以上。

（二）合作社自办加工企业模式

即由生产原料的农户联合起来组成专业合作社，再由合作社通过成员出资投股单独或联合起来办加工企业。这是农民专业合作社作为一种新型市场主体强化内在自成发展能力和竞争力的重要形式。

2010年中央一号文件提出"扶持农民专业合作社自办农产品加工企业"，实际上就是鼓励农民通过合作社这种组织形式发展农产品加工业，这样就可以进一步延伸产业链条，提升产品附加值，使农民最大限度地享受农产品加工环节的增值利润。北京郊县已涌现一批这类典型，对促进农民专业合作社发展壮大，有积极的典型意义。

典型案例2：平谷区荣涛豌豆产销专业合作社

荣涛豌豆产销专业合作社，是一个完全由从事种植业的农民自主建立起来的合作社。两年多来发展迅速，现在合作社已建成自主兴办的豌豆加工厂，延伸产业链，开发豌豆深加工产品，成为一个以经营豌豆种植、销售和加工为主的新型农民专业合作社，一派生机勃勃的景象。

荣涛豌豆产销专业合作社成立于2008年1月，现有入社社员527户，主要分布在平谷区、顺义区、通州区、密云县以及北京市周边的三河市、蓟县等地区。生产的"荣涛"牌豌豆产品销往云南、四川、湖南、广东、河南等十几个省市。其中，中豌四号与中豌六号还被四川省政府列入良种补贴品种。

目前，合作社成员入股股金268万元，都是入社的种植业农户出资。每股1000元，每户最少出资1股，多则自愿，共吸纳股金2680股，合计 268 万元。

两年多来，合作社由小到大，由松散到逐步紧密，发展壮大，通过实施民主管理、规范运作和市场带动，将社员的利益与信心紧密联系在一起，闯出了一条以农民为主体的合作制农业产业化经营的合作发展之路。

合作社围绕豌豆产业培育增强经营服务能力，带动社员增收。发展基地 4 万余亩。为农户提供豌豆种子、种植技术、销售等多项服务，社员亩增收超过非社员 20%。

1. 以科技平台做支撑，实现合作社标准化经营。一是依托在京大专院所科技资源，聘请以中国农科院豌豆育种专家孙云越教授为首的 3 名种植专家组成智囊团，常年担任技术顾问。二是搭建培训平台，建立农民田间学校。合作社制定了豌豆生产操作规程，确保农产品标准化生产。

2. 以营销为龙头，增强合作社市场竞争力。

一是采取"公司+合作社+农户"形式，攀高枝，与国家知名企业建立供销关系，销售社员产品，解决中级产品销售问题。合作社每年除了生产优质豌豆作为良种销售以外，还生产中级产品作为食品原料销售，先后与稻香村、红螺等国内知名食品龙头企业签订合作协议。

二是积极开发新产品，拓展新市场。与北京老才臣食品有限公司签订大豆生产订单，2009 年种植大豆 1 万亩，实现大豆销售收入 860 万元。目前正在紧锣密鼓地与老才臣协商长期供货合同的签订工作。2009 年合作社实现豆类销售 836 万公斤，比去年同期增长 28.6%；创产值 4180 万元，比上年增长 28.62%；实现利润 209 万元，增长 30%。

三是延伸产业链，开发豌豆深加工产品。为让社员更多地分享产品加工和营销环节的收益，积极开拓思路，延伸产业链，开发豌豆深加工产品。2009 年，凭借多年信誉及合作社 268 万元的股金实力，从建筑商处借资 500 万元，扩建了 600 平方米的籽种生产、加工、包装一体化车间，新建了 1200 平方米的豌豆脆、豌豆黄等休闲食品加工车间以及办公区等相关配套设施。休闲食品加工厂于 2010 年底正式投产。形成了农民联合办合作社，合作社又办食品加工公司的产业化新模式。

加工厂将聘请职业经理人进行管理，财务上保持独立核算，利润按2∶8比例分配，其中合作社享有80%的利润。合作社计划以60%按照社员与合作社的交易量、40%按照社员入社股金的比例分配所获得的豌豆加工利润。这样，合作社社员的收益将增加一部分产品深加工的利润。

3．依法规范合作社经营行为，贯彻为社员服务为宗旨，合作社发展成效明显。一是民主管理，实现合作社规范化运作；二是实行保护价收购。在市场情况不好时，合作社保证以每公斤3元的价格收购本社社员的豌豆。三是严格进行二次返利。按照合作社法的章程，认真落实二次返利。2009年为社员进行二次返利170万元，占可分配利润的60%，其余40%按社员入股情况量化到个人账户。入社社员年纯收入比非入社农民高20%左右。丰厚的回报引得300多名种植合同户争相要求加入合作社，目前合作社正在积极进行增员工作。

典型案例3：北京奥金达蜂产品合作社

北京奥金达蜂产品专业合作社创建于2004年4月，合作社以养蜂农户为主体，为蜂农提供产前、产中、产后等系列服务，以加工、销售蜂蜜为业务范围。截止到2009年底，入社社员153户，带动非成员300多户，遍及全县9个乡镇，38个自然村，蜂群总量4.8万箱，年销售蜂蜜860吨，销售收入1007万元。

合作社制定了章程，民主选举产生了社员代表、理事会、监事会等机构，凡是合作社重大决策都由社员代表大会决定，实行一人一票表决。对财务收支、经营情况，定期向社员公开，接受社员监督。合作社建立后，加强了内部管理，设立了标准化生产部、培训质检部、资料采购部、产品销售部、财务部等机构，各部门和工作人员的职责明确，分工细致，制定了严格的生产操作规程，为社员提供统一服务。

2006年6月，合作社被北京百花蜂产品公司确定为有机蜜原料供应基地，蜂产品打入奥运市场。合作社上连加工企业，下连农户，形成产前、产中、产后的产加销一体化经营格局，走出了一条"公司+合作社+

农户"的发展模式。

1．开展技术培训，深入现场指导服务。为了提高新老蜂农的养蜂技能，合作社制定专业技术培训计划，每年春、冬两季组织蜂农进行养蜂专业技术培训，聘请中国养蜂协会专家和中国养蜂研究所专家及北京百花蜂产品公司验质专业技术人员进行授课；共举办养蜂专业技术培训班21期，聘请23位专家和专业技术人员授课，共培训蜂农2637人次；合作社共组织专家进行现场技术指导213人次，使蜂蜜质量合格率达到100％。

2．解决蜂农困难，提供周到服务。为方便蜂农购买蜂具、蜂药，合作社在高岭、不老屯、冯家峪和密云县城设立了4个蜂具、蜂药销售点。几年来，合作社共为蜂农送生产资料1万多件，价值138万元，为蜂农节约开支12万元。为解决包装污染问题，合作社新购进蜜桶2600个，免费提供给蜂农使用。在产蜜旺季，合作社几乎每天同蜂农联系，把蜂农需要的生产资料送货上门，把蜂产品运到合作社。免费为蜂农提供运输车辆430次，行程4.88万公里，为蜂农节约运费7.7万元。

3．开拓产品市场，稳定销售渠道。为保证合作社持续稳定发展，从根本上解决蜂产品的销售问题，合作社一方面从生产环节严把质量关，赢得了合作单位的信任；一方面与北京最大的蜂产品加工企业——北京百花蜂产品公司建立合作关系。2006年，合作社同百花蜂产品公司达成生产有机蜂蜜20吨、王浆1000公斤的协议。2006年7月11日，试点的800箱蜂生产的有机蜂蜜18吨、王浆700公斤全部通过转换期认证，百花公司按合同规定全部收购。有机蜂蜜比普通蜂蜜价格高一倍，有机王浆比普通王浆价格高30％，增加产品附加值15.6万元。

4．加大资金投入，兴建加工生产线，提高产品附加值。为了打造自己的品牌，增加蜂产品的附加值，让成员获得更大的经济效益，2007年初经成员代表大会同意，合作社投资300万元（蜂农入股150万元，政府贷款150万元）建成蜂产品加工生产线。2007年3月，合作社注册了"花彤"商标，并通过了中绿华夏有机认证中心的有机食品认证，之后合作社又顺利通过了QS认证。经过3年努力，合作社目前共有五大类 19 个品种的产品。合作社收购来的蜂蜜大部分以自己品牌销售。2009
年末合作社资产总额达到 826 万元，销售收入 1007 万元。实现盈余 27.3
万元，其中提取 10% 的公积金 2.73 万元，5% 的公益金 1.37 万元；可供
成员分配的盈余 23.2 万元，其中按交易量 60% 返还 13.9 万元，按资金
40% 返还 9.3 万元。入社成员年均收入 31423 元，未加入合作社农户年
均收入 23410.5 元，入社成员比未入社农户收入高出 34.2%。

（三）合作社与龙头企业连接型模式

即以专业合作社作为组织载体，由合作社通过合同等形式，与农产
品加工营销的龙头企业建立稳定的产销关系。通过专业合作社这种形式
和机制，把原料基地的农户和加工龙头企业形成一种紧密联结，相互依
存，收益共享、共同发展的利益机制。使农户经营降低了交易成本，增
强了防御市场风险的能力，有效地增加经营收益。

典型案例 4：北京东旭旺养殖专业合作社

北京东旭旺养殖专业合作社，位于密云县西田各庄镇韩各庄村东，
成立于 2008 年 12 月 1 日，占地面积 110 亩，入社成员 156 户，带动非
入社成员 310 户。鸡舍面积 4.1 万平方米。2010 年存栏蛋鸡 30 万只，
年产鸡蛋 3200 吨，销售收入 2592 万元，盈余 202 万元，户均增收 3.3
万元。2009 年 1 月 5 日注册了"旭旺"商标。2009 年 12 月 28 日通过
中国质量认证中心认证，获得了有机食品认证证书。

1. 合作社采取"公司+合作社+成员"的运行模式。合作社与北京
正大食品集团公司合作，发展规模化、自动化养殖技术。采取统一进雏、
统一饲料供应、统一防疫、统一技术指导、统一销售产品"五统一服务"，
提高了服务能力，降低了养殖成本和交易成本，提高了成员收入。

一是统一进雏，确保质量。合作社从正大集团统一进雏，引进新品
种"农大 3 号"和"正大褐"，并签订长期购进雏鸡合同，每只雏鸡优
惠 0.1 元，保证了雏鸡的质量和数量又降低了成本 3 万元。

二是统一饲料供应。合作社成立前，养殖户直接到市场上购买饲料，
不但价格高、费用大，而且质量得不到保证。成立合作社后，统一由正

大集团公司供给，向成员供应饲料，电话预定，把饲料直接送到养殖户，如果资金紧张还可以赊销，质量得到了保证，而且价格也比自己购买的饲料每吨减少 200 元，合作社年用饲料 7300 吨，节约成本 146 万元，从而降低了养殖户的饲料成本。

三是统一防疫。合作社与北京市兽医实验诊断所钱义明高级兽医师及县畜牧中心联合为养殖户统一疫苗接种和防病治病，利用科技手段和先进检测设备对鸡群监测，发现病情及时对症下药，以减少养鸡死亡率，为养殖户策划、设计、技术咨询、疫病预防、兽药供应等进行全方位服务。

四是统一培训。为了提高成员养殖技术水平，合作社新建培训室和图书室及办公用房 240 平方米，配齐了培训设备。培训方式有两种：第一是走出去。定期组织成员到其他合作社参观学习，开阔视野，拓宽思路。第二是请进来。定期邀请中国科学院教授专家和县畜牧兽医站的技术人员到合作社来指导养殖技术和管理方面的知识。2010 年合作社共举办了 10 期培训班，培训成员和非成员 2000 人次，参观学习 6 次，发放柴蛋鸡养殖技术手册及相关资料 400 余份。

五是统一销售。合作社与正大集团签订长期鸡蛋销量合同，鸡蛋40%销售给正大集团；积极开拓销售渠道，寻求稳定的销售市场，40%产品销往北京新发地、北京航空食品公司、怀柔南华、门头沟、顺义石门、密云华远等批发市场；20%产品销售给团购单位。目前合作社产品供不应求。

2. 民主管理，规范发展。合作社按照《中华人民共和国农民专业合作社法》，制定了规范的章程，选举出了理事会和监事会，制定了各项内部管理制度，发放了"两证"即成员证、股金证。根据合作社发展情况，设置了办公室、生产服务部、市场营销部、财务管理部。依据合作社法设立了成员代表大会。重大事项表决实行一人一票制。

3. 不断健全合作社内部管理制度，规范内部运作。合作社制定了中长期发展规划和年度计划；坚持年度财务预算、决算方案、年度盈余分配方案等重大事项决定，经过由合作社理事会和成员代表大会民主决策。同时起草了一系列蛋鸡饲养技术方面的制度建设,逐步走上制度化、规范化管理轨道。

4. 加强品牌建设及有机食品认证。

一是 2009 年 1 月 5 日合作社注册了"旭旺"商标,2009 年 12 月 28 日通过了中国质量认证中心审批,获得了有机食品认证,同时合作社聘请广告公司策划设计了产品包装箱及箱内包装盒,为"旭旺"品牌进入高端消费市场、提高产品附加值。

二是严格落实标准化生产。合作社制定了柴蛋鸡养殖技术规范操作指南。所有成员全部建立了动物免疫、养殖消毒、防疫消毒、病死畜禽生物安全处理等记录。标准化生产率达到了 100%。

三是延伸产业链,扩大合作社经营规模,增强合作社持续发展能力。合作社投资 640 万元,以正大集团提供的饲料为基础,研制适合规模化、机械化、自动化生产柴蛋鸡的饲料,建成了 1600 平方米饲料加工厂和 1000 立方米保鲜库,加工厂年加工饲料 1 万吨,保鲜库可以储存鲜鸡蛋 1000 吨。引进了鸡蛋加工保鲜设备一套,延长保鲜期,提升鸡蛋的品质。采用"分级—筛选—清洗—烘干—喷膜—装箱"自动化工艺流程,改变传统的储存、包装方法,使鲜蛋存储时间由一个月增加到三个月,延长保鲜期,增加效益。

典型案例 5:北京天安农业发展有限公司与合作社产销对接

2010 年 10 月,课题组到北京天安农业发展有限公司就该公司与合作社产销对接的情况进行了调研,调研中有几点突出感受:

1. 该公司主要业务是蔬菜的生产、加工、销售,是优质特色农产品生产、销售的龙头企业。特点有三:一是生产标准化。是"北京市农业生产标准化基地",基地通过了 ISO 9001 国际质量管理体系认证,其产品分别经过有机食品、绿色食品和无公害食品认证。二是设施现代化。拥有现代化的大型配送中心,配备了进口的蔬菜分级筛选机,自动称量包装机等自动化生产设备。三是营销网络化。农超直销:在华堂、华联、京客隆、美廉美、物美、西单、京客隆等大型超市建立"小汤山"牌蔬菜专柜；企事业、机关团体及高端消费者的专供服务。

2. 公司特色蔬菜经营中，与绿奥蔬菜专业合作社等一批农民专业合作社进行产销对接，采取"公司+合作社"方式经营鲜活农产品，很有特色；绿奥蔬菜专业合作社有温室 5 个多亩，农户 370 户。种植西红柿、荷兰黄瓜、贝贝南瓜等，常年都可采收。绿奥蔬菜合作社与天安公司采取"公司+合作社"产销对接的主要方式有以下四种：

一是采取订单形式，绿奥合作业系统 80 的蔬菜给天安公司销售。天安公司每天晚上将第二天的采购订单通知绿奥合作社，然后合作社按订单分配到各个社员，第二天合作社收菜人员将收回集中运送公司。

二是合作社向社员收有严格制度。社和采摘的菜放在统一的箱子，收菜人员贴上统一的标签，便于质量追溯，产品如有质量问题可追溯到社员。

三是合作社建有冷库、加工厂，可存储待运销的蔬菜。天安公司也可在合作社存储和加工蔬菜。

四是菜款由合作社与公司和社员分别进行结算，每月一次，合作社与公司结算后，即和农民进行结算。

3. "公司+合作社"的方式经营鲜活农产品，形成了一整套的农产品质量安全追溯信息管理。近年来公司投资 260 万元，建立了企业内部的生产与经营信息管理系统，其信息化业务范围覆盖了从合作社田间到超市的生产、质量追溯、购销和超市销售等环节，形成了一个具有都市型现代农业特色的蔬菜产业体系。包括合作社安全生产管理系统、企业内部生产计划管理（ERP）系统、销售和物流安全监控系统等三大信息系统，实现了对企业自身和供应链上游的农户、合作社，下游的超市等销售商的高效信息管理。

通过使用合作社安全生产管理系统和销售管理系统，在各个生产和销售终端点，技术员或销售员分别通过手持 PDA 实时采集农产品种植、质量标注、货品购销存、货品退货、销售额上报、价格采集、价格调整等信息，采集的生产投入、田间档案和蔬菜采收等信息，实时记录和传输了各个生产环节的农户、合作社的数据，形成了一整套的农产品质量安全追溯信息管理。

4．通过企业 ERP 管理系统，实现对物流配送的有效监控和调度。帮助企业有效处理从合作社田头到超市等公司各个实时、准确的数据，将生产经营中的信息自动生成相关财务数据和分析报告，便于企业及时了解各种运行数据和状态。而天安的物流安全监控系统则将地理信息系统、全球定位系统、无线通信技术与互联网技术集成一体，实现对物流配送车辆的有效监控和调度。

5．天安"公司+合作社+农户"经营方式，我们认为有许多好处：

一是有助于农业企业更好地实现"农超对接"。

二是有助于提高农产品市场运营和质量安全管理水平。

三是有助于进一步改进农业信息化推广应用的工作。特别是当前农产品质量安全和鲜活农产品市场稳定的问题，政府面临着巨大的考验，有必要进一步提高农产品市场运营和质量安全管理水平，以满足消费者和社会要求。

典型案例6：北京鹏宇奶牛专业合作社

北京鹏宇奶牛专业合作社位于大兴区礼贤镇东安村西，始建于2002年，是一个礼贤、榆垡、庞各庄及周围其他奶农自己组建的奶牛专业合作组织，现有入社成员 106 户。合作社一直秉承民管、民办、民受益的经营理念进行运作和经营。主要从事奶牛新品种、新技术的引进、推广，并提供育种、配种、防疫、饲料、牛舍供应管理、鲜奶、回收、统一销售等配套的服务。

该合作社现已入社奶牛养殖户 106 户，带动周边养殖户 360 多户。并完成了市级"农产品标准化生产示范基地"的验收，成为礼贤地区的龙头产业合作社。为了给养殖户提供更多的服务，合作社先后购置了国内先进挤奶设备，大型青贮收割机及运输、制冷等配套设施。

成员生产的牛奶统一由合作社销售合作社与蒙牛、伊利乳业公司签有固定销售合同，每天可向各乳制品公司交售 40 余吨。由于合作社尽最大努力进行管理和销售方面的工作，使得入社户能够增加收入成员通过合作社提供"四统一"服务，平均增收 4000—5000 元左右。

（四）"社超对接"营销模式

即组织有一定规模和标准化生产基础条件的合作社直接与城市大中型超市签订协议，销售合作社产品。这是商务部、财政部、农业部开展"农超对接"试点的具体部署，北京密云、平谷、大兴等区县有一批合作社已开始积极"社超对接"，呈现出良好发展势态。

如大兴区经过政府有关部门组织引导，2010 年有圣泽林梨专业合作社等 24 家专业合作社，北京市家乐福、美廉美、沃尔玛及北京市农产品中央批发市场、新发地批发市场的 40 余位经销商直接洽谈合作，实现了在信息、基地建设、品牌宣传、配送平台建设、农业技术交流等七方面的合作。还通过开展"农超对接"活动，农民专业合作社在朝阳区尚家楼和崇文区东花市建立了农产品专卖店，建筑面积分别是 240 平方米和 108 平方米，主要销售柴鸡蛋、有机蜂蜜、有机杂粮、食用油等农副产品。开业一年来，共为 140 余家专业合作社销售 100 余类农产品，共计 5200 余万元合作社的产品打入了北京知名品牌超市。目前，大兴的瓜果类专业合作社已经打入了北京家乐福、美廉美、沃尔玛、华堂、世纪联华、欧尚、京客隆等多家超市，巩固和提升了大兴瓜果的市场形象和市场价值。

据平谷区统计，2010 年全区 12 个乡镇 34 家合作社与北京京客隆、家乐福、华联、美廉美、物美等 107 家连锁超市都建立了良好的合作关系，到 12 月底，销售农产品 6899.5 万公斤，销售额达 35063.48 万元。通过与超市合作，不仅减少流通环节，还提高了农产品质量，增加了农民收入，对合作社健康、快速发展起到了积极的促进作用。

典型案例 7：北京圣泽林梨专业合作社"社超对接"

北京圣泽林梨专业合作社创建于 2005 年，合作社以梨、苗木种植与销售，新技术、新产品开发应用，以及技术培训、信息咨询作为业务范围。合作社成立 5 年来，采取"合作社+示范基地+标准+社员"的运作模式，实现了农产品产业化一条龙，农民收入显著增加；通过引进国外优质梨品种和科学种梨，梨产品供不应求，曾获得"畅销产品奖"。

1．基本情况。合作社现已发展社员 213 人，带动和辐射北京市大兴区五个镇的 22 个自然村的非社员户 160 余户，梨树种植面积 3500 亩，年产精品梨果 1500 吨。

目前，合作社现已建成 200 亩市级梨标准化生产基地，通过生产基地的示范、试验，新技术、新标准被迅速普及推广到社员户，提高了社员种植精品梨的水平，实现了梨果的精品化、标准化，朝着优质、安全、无公害的梨果产业化经营不断迈进。通过这几年的建设，现已建成较为完善的生产、加工、储藏、物流配送的产业链，成为大兴区梨果产业龙头之一。

2．标准化生产促品质提升。合作社年初开始与社员户签订生产合同，根据订单提出标准，要求社员户按规定标准生产达标产品。

为了使社员理解和掌握生产精品梨的标准，合作社仅在 2006 年、2007 年间共组织社员 2000 余人次到生产基地参观学习。通过学习掌握了梨树的树体管理，有机肥的制作方法，梨树间生草覆盖，物理灭虫等多项综合管理措施和各种新技术，社员们种植水平有了很大提高。2006 年、2007 年梨果的商品合格率较上年提高 20% 以上，社员户的收入增加 30%。

3．合作社实行"四统一"服务。为了减少社员的生产成本，合作社实行"四统一"服务：统一购买生产资料，统一生产技术服务，统一进行产品包装、粘贴商标，统一进行产品销售。为社员户提供了产前、产中、产后的全面服务。

合作社采取订单的方式，以高于市场 20% 以上价格收购社员的梨，将产品整理包装后，统一销售给沃尔玛、美廉美、华堂、家乐福、物美等超市连锁店。同时，合作社实行年终利润返还，保证了农民的利益。2006 年合作社实行利润二次返还达 21.4 万元，2007 年返还利润 30 余万元。成立以来，统一收购销售社员梨果 1500 余吨，价格每公斤平均比市场高出 0.8 元，直接帮助社员增收 100 余万元。

（五）合作社设专营店联合直销模式

即组织合作社联合起来，直接到城市社区开设专营店，直销合作社产品。

密云县 2008 年 12 月，在指导服务中心组织引导下，成立了农民专业合作社产品销售中心，选择 10 家农副产品的销售企业为密云县农民专业合作社产品定点销售单位，授予牌匾，形成了全县统一的农产品配送网点。2010 年底下屯种植专业合作社联合了奥金达蜂产品专业合作社、东旭旺养殖专业合作社等五家合作社，成立了一个农产品配送中心，并在清华大学开设了直销店，探索合作社产品直销新模式，也初步取得良好成效。

平谷区创新农产品联合营销模式，探索解决分散农户难以适应大市场需求等问题，今年区合作社指导服务中心组织有条件的合作社在市区开设 40 家专营店，销售全区合作社的特色农产品，取得初步成效。

典型案例 8：平谷区合作社在市区设 40 家专营店

为了进一步加快平谷区农产品流通，解决农民市场销售行为分散、利润分配向中间商倾斜、难以适应大市场需求等问题，实现农民增产增收，平谷区创新农产品营销模式，建立起既符合现代农业发展特点，又适合农村生产实际的农产品营销体系。

1. 指导思想。以农民专业合作社为农产品营销主体。按照"畅通营销渠道，扩大销售规模，降低流通成本，确保农民增收"的要求，构建以政府公共服务为依托、农民专业合作社为主体、其他专业营销组织为补充的农产品营销体系，不断提高农产品营销的组织化程度。

2. 建设内容。除推进产地批发市场建设、开展直销网络建设、开展"农超对接""农校对接""农企对接"等营销模式外，为拓展全区优质农副产品向大城市营销的空间。大力开展合作社产品连锁经营。通过在城区建立直销店，实现流通组织结构的网络化，低成本扩张合作社营销规模，提高合作社的组织化、集约化程度，实现规模化经营，从而达到推广连锁经营模式，更加有利于农民获取流通环节的增加值。

在平谷区政府的指导下，经过半年多调研和具体筹备组织工作，全区农民专业合作社在北京市社区共开设了 40 家合作社产品专营店。截至 2010 年 12 月底，40 家农产品直销店累计销售平谷区农产品 400.933 万斤，销售额达 1217.982 万元。产品以大桃为主导，兼营平谷区内其他果品、蔬菜和各类特色农副产品。

其主要做法和特点是：

一是 40 家直销店采取基地直采直销的运营模式，初步形成以合作社为主体，覆盖首都主要城区的农产品直销网络，有效缩短农产品从田间到餐桌的周转次数和时间，实现了农产品的安全可追溯，并使农民获得更多的产业利润。

二是直销店统一安装印有"绿谷农合"标志的彩色广告牌，在店内统一摆放"平谷区优质农产品直销店"牌匾，统一食品质量安全举报电话号码，统一销售平谷区农副产品

三是平谷区政府完善相关政策，加大扶持力度。平谷区合作社指导服务中心精心组织、具体指导了此项工作开展。专业合作社在市区每开设一家专营店，视规模财政补贴 3 万—5 万元，并充分利用电视广告、报纸、网络产品推广、电子商务平台等对农民专业合作社的各种优质农产品、特色农产品进行宣传，扩大社会影响，提高合作社的知名度。

（六）合作社联合社营销模式

联合社营销模式就是由几个或几十个专业合作社加盟，共同出资成立联合社，专业从事农产品加工、运销、配送服务。目前全市农民专业联合社已发展到 7 个，其中以昌平区"昌农联农产品专业合作社"（简称昌农联）、密云县密农板栗专业合作社、平谷区绿谷农合专业合作社（目前工商局登记的名称，实际是联合社）最为典型。

典型案例 9：昌平区昌农联农产品专业合作社

昌农联由北京卓越果品专业合作社、金华林蜂产品专业合作社、燕昌红板栗专业合作社、温榆园香白杏专业合作社、八口百合花种植专业合作社、兴寿镇麦庄草莓种植专业合作社、金日兴峪葵花专业合作社、

老君堂生态养鸡专业合作社等 12 个合作社发起，共同出资 24 万元，于 2009 年 6 月挂牌成立。主要情况如下。

1. 在组织功能上，昌农联以服务成员为宗旨，整合并打造昌平区名、优、特农产品系列品牌，创新产品包装，面向城乡中高端市场特别是团购市场，培育客户群和销售产品，提高产品附加值，促进农民增收。其章程规定："本社以社员为主要服务对象，依法为社员提供农副产品的销售、运输、贮藏以及与农产品经营有关的技术、信息等服务。主要业务范围是，组织收购、销售社员生产的农副产品；组织和协调社员开办社区专卖店、开展团购和配送业务、参加各类农产品展销会；提供市场信息服务、营销知识培训；开展观光采摘和民俗旅游中介服务；组织社员开展农副产品互助联销活动；开展社员所需的运输、贮藏、加工、包装服务。"

2. 在运行方式上，昌农联实行社员代表大会制，社员代表大会由每个基层合作社的法人代组成，代表各自的社员行使权利和履行义务。合作社不干涉成员自主经营和内部事务，独立经营、独立核算，自我管理、自负盈亏、民主控制。章程规定："本社作为一个组织平台，通过整合社员的产品资源，为社员提供销售服务，但不承诺对社员的产品大包大揽和统购统销。本社所有社员代表都是独立的经营实体，通过积极参与，都可以利用这个平台的组织资源和产品资源，最大化地满足对农产品多样化的需求，从而实现自身利益最大化。"章程还规定："本社可以独资或与社员代表合资开办营销实体；可以直接收购和销售社员代表产品，也可以销售提成、出租摊位和中介服务等形式与社员代表合作销售产品、收取费用。"

3. 交易规则是，收购社员代表产品，按照与社员代表协议价收购，合作社自主确定销售价格；代销社员代表产品，销售价格由社员代表确定，合作社按照与社员代表的协议提成；为社员代表配送产品，合作社按照与社员代表的协议确定价格；出租专卖店摊位，合作社按照与社员代表的协议确定租金；中介服务，合作社按照与社员代表的协议收取中介费；合作社不干预成员之间直接进行的交易。

昌农联成立后，分别在昌平城区、天通苑社区和回龙观京北农产品批发市场开设了 10 多个农产品精品店，在回龙观京北农产品批发市场开辟了 400 平方米的产品展销批发区，实行统一产品配送。另外，还组织成员农产品社区行 45 次，市民山区行 3 次，发展京城大客户 8 家，把多种特色农产品打入城区便利店，销售各色农产品 28 吨。形成了农户依托合作社，合作社依托昌农联，面向市场的层层递进的农产品物流销售体系，取得了很好的社会效益与经济效益。

典型案例 10： 密云县板栗联合社模式

2010 年北京市密云县板栗产量与上年相比虽出现减产的情况，但栗农的收入比去年增加了一倍多。之所以出现减产增收的情况，北京密云县板栗联合社（密农农产品产销合作社）功不可没。在今年的板栗收购中，农民专业合作社唱主角，板栗联合社发挥了积极作用。调节市场的作用得以显现，栗农体会到了合作社的好处，合作社的赞誉声响遍密云大地。

1．组织有序，服务到位。密云是北京市板栗种植大县，种植面积 30 万亩。目前，全县已组建 96 个板栗合作社，入社农户 4.5 万户，覆盖全县各个板栗产区。2008 年成立了板栗联社，从建立信息收集点，向基层社发布板栗销售指导价以稳定市场做起，进而为企业代收板栗，最终到统一销售板栗，向市场主体地位迈出了三大步。2010 年，板栗联社建成了库存周转量 8000 吨的板栗专用库，与云南、广东等地客商签订了 6000 吨的供销合同。全县板栗平均销售价格达到 14.48 元/公斤，比邻县大约高出 1 元/公斤，实现销售收入 1.5 亿元，比上年翻了近一番。

为推销密云板栗，板栗联社成立了"密云板栗营销办公室"，具体组织引导和落实板栗联合营销的各项政策。为确保今年板栗收购市场稳步推进，先后召开了板栗营销动员会、板栗营销培训会等。

为方便广大栗农就近销售板栗，降低板栗加工企业采购成本，密农农产品产销合作社（实际上是合作社联社）在密云县太师屯、高岭等镇以各板栗合作社为平台建立了 28 个板栗收购站，形成了"以服务站为支撑、辐射板栗主产区、服务企业、方便栗农"的板栗收购网络。

2. 外推内联，拓宽销售。北京密农农产品产销合作社，采取"外推品牌，内联厂商"的模式，加强外部市场推荐，外联经销商，推介密云板栗，洽谈板栗供销事宜。为扩大密云板栗销售渠道，2010 年 8 月，在广州举办了"密云有机板栗推介会"，并与云南宜良大地乐农副产品工贸有限公司等 5 家板栗采购商签订了总量达 6000 吨的供销合同。同时注重发挥密云县本地企业优势，与北京绿润食品有限公司签订了 5000 吨的购货合同。由于前期工作准备充分，使得密云的板栗不愁销。

3. 合作社唱主角，栗农笑开颜。密云板栗知名度进一步提升。以合作社为平台，通过举办一系列的板栗营销活动，达到了宣传生态密云、宣传密云农业、宣传密云板栗的效果，使全国各地的农产品销售商加深了对密云的了解，搭建了进一步合作的平台。

密农产销合作社的平台作用进一步发挥。通过以密农产销合作社为平台，直接与企业进行对接，提高了合作社参与市场的话语权。一方面，基层合作社将收购来的板栗交到产销合作社销售，不用担心板栗卖不上价以及卖不出去等难题。另一方面，板栗收购商可以放心收购板栗，不用担心板栗质量参差不齐以及货源不稳定等问题。在密农产销合作社组织的带动下，农民的利益得到了有效保护，发展生产的能力不断增强，收入也不断增加。

板栗经营收益进一步增加。通过建立市场价格发布机制，及时了解板栗销售市场动态，确保了板栗卖上好价钱。截至 2010 年 10 月 20 日，全县 28 个服务站共收购板栗 8177 吨，与去年相比，每公斤价格上涨一倍多。

合作社主体地位进一步突出。在以往的板栗销售中，基层合作社及农户处于被动地位，是弱势群体，而密农农产品产销合作社的建立，为基层合作社搭台，找销路，做策划，不断创新服务内容和方式，从社企对接、代购代销，到自主经营的转变，改变了被动、弱势的地位，从后台走到了前台，合作社联社在市场中的主体地位进一步突出。

4. 扶持引导，持续发展。密云县政府为了推进板栗产业持续发展，围绕板栗的生产、加工、销售以及品牌建设等环节，进一步完善了促进板栗产业持续发展的政策扶持措施：

一是支持有机板栗基地建设，在施用有机肥、捕食螨、石硫合剂等生产环节给予扶持。经验收合格后，对认证未满 3 年的有机果品基地每亩补贴 150 元；对认证已满 3 年的有机果品基地每亩补贴 30 元。

二是支持板栗主要产区利用赤眼蜂现代生物技术防治板栗桃蛀螟。经验收合格后，在赤眼蜂的生产繁育等环节每亩给予 10 元的资金扶持。鼓励科研单位、企业、合作社或农户，开展板栗新品种研究、引进、推广以及新技术的试验、应用、推广等。

三是鼓励企业收购、加工、销售密云板栗。对以不低于市场价格收购密云有机板栗的企业给予奖励，奖励标准为：按高于常规板栗市场价每公斤 0.4 元收购有机板栗的企业给予每公斤 0.25 元的奖励，同时给予有机板栗种植户每公斤 0.25 元的奖励。

（七）合作社办网站电子商务营销模式

即专业合作社通过网络营销产品。目前主要两种形式：

一是合作社自办网站，通过网络与客商进行产销对接，将产品销到国内外。全市已有 200 多家专业合作社建立了自己的网站或网页。

另一种是网上联合社营销模式。2008 年 10 月房山区依托"房山农合网"构建了"网上联合社"，为每个自愿加入的合作社建立了个性化网店，对内服务成员、对外展示合作社产品。"网上联合社"自开通以来，已为全区 50 家合作社建立了网店，产品展示 280 余项，网站总访问量 2.5 万次，为合作社架起了产品推介营销的"金桥"。

典型案例 11： 兴农达果品合作社自办网站营销模式

1. 基本情况。北京兴农达果品产销专业合作社，由平谷区夏各庄供销合作社发起，现有社员 107 户。其中从事专业生产的果农 98 户。合作社准备继续吸纳以果品种植为主的社员 100 户，将社员总数扩至 200 户以上。带动周边农户 4000 余户。2007 年 9 月于工商部门正式登记注册。前身是 2003 年注册登记的夏各庄发新财干鲜果品产销协会。是平谷区最早成立的农民专业经济合作社之一。

合作社经过几年发展，在安固、稻地两个总面积 711 亩，年产果品 480 万斤的果品生产基地，先后又发展了山东庄、华山两个果品基地及一个野猪养殖基地，种植基地总面积达到了 1800 亩。并对基地进行场地平整、硬化；铺设节水设施管路，经过几年的不断发展，已拥有果袋厂、爱农驿站、冷藏库及保鲜库各 1 座，鸡产品及野猪肉食品加工厂 1 个，以手工粉条加工及农副产品精包装为主的包装加工车间 1 个，专业运输车辆 2 辆，以及办公用房、社员培训室等相关配套设施。

2．运营模式。合作社吸纳农户入股，共计吸纳股金 2600 股，13 万元。其中供销社 2000 股 10 万元。主要以"基地生产+果品收购、储运+农副产品加工+销售"模式运营。合作社按照合作社法规定，拥有自己的章程、果品收购制度、财务制度、理事会制度、监事会制度等各项管理制度，严格按照合作社法规定规范化运营。严格执行盈余分配制度：在收购时给社员每斤提高 5 分钱；年底合作社产生的可分配盈余，按社员交易额分配和股金分红的比例为 6：4，即 60%对社员按交易额分配，40%按股金分红。此外，按章程规定各提取 10%的公积金和公益金，以防范市场风险。合作社以为农提供生产资料、果品收购、储运、销售，农副产品深加工等形式，帮助社员解决卖果难问题，帮助社员增收致富。让社员得到实惠。依托现有的爱农驿站及田丰果袋厂，以最低的价格为社员供应各类生产资料。年均为果农提供化肥、农药 110 吨，果树打药的储水罐 80 个，果袋 6500 余万个，共让利 6 万多元，社员得到了实惠。

3．合作社建立了自己的网站，发展直销网络，取得良好效果。合作社果品营销中，有市内联合进入批发市场销售、以批发市场为依托，将产品打入超市连锁店销售、建立市场销售网点等多种销售形式，为了整合营销优势，创新营销模式，开拓电子商务，提升产品市场竞争力和影响力，合作社以北京为中心，建立了自己的网站，发展直销网络：

一是建立合作社的网站，开展网络销售。已申请注册了北京兴农达果品产销专业合作社自己的网站，已经开通并正式运营。

二是以北京为中心，建立产品直销店。在市农委组织主办的北京新发地安全食品销售中心建立了直销店，批发、零售合作社产品。2009 年在直销店销售了手工粉条、小杂粮、柴鸡蛋、设施草莓、设施桃为主的平谷农产品20万斤，销售额148.5万元。

三是筹建直销总店，发展直销网络。在平谷新汽车站对面，筹建兴农达农副产品及其深加工产品直销总店，2010年已正式开业，同时计划在北京石景山、朝阳区及天津市区分别建立直销店，并逐步发展至全国各大城市。

典型案例12：房山区网上联合社建设成效凸现

房山区经管站于2008年10月依托房山农合网专为房山区农民专业合作社构建了信息化服务平台——网上联合社。

房山区网上联合社开通运营两年多来，为120家农民专业合作社建立网店，设立合作社简介、工作要闻、产品展厅、管理建设、技术服务等合作社栏目，重点为农民专业合作社进行产品宣传，为成员提供技术服务，树立合作社文化形象，加强合作社对外交流。截止到2010年底，点击已突破8万人次，月均访客1000余人，通过"网上联合社"推介会员产品562种，涉及入社及社外农户20059人，累计实现产品交易1200余次，经营收入1700万元，平均每位社员增收近3.3万元。实践证明，网上联合社这个信息化服务平台的开通，为农民专业合作社建设发展带来了实效，为农民专业合作社社员拓宽了收入渠道，提高了社员的收入。

1. 树立了文化形象。截止到2010年底，通过"网上联合社"信息服务平台展出农产品562种，技术服务和管理建设信息近300条。房山区经管站以网络推介方式对点击率高的农产品及农民专业合作社网店在房山农合网首页的"热门产品"及"排行榜"等栏目进行宣传；以制作台历方式对"网上联合社"排名前50名的优秀农民专业合作社会员进行宣传；以会议交流方式对评选出的"房山区网上联合社十佳会员"给予荣誉奖励。通过宣传推介活动的大力开展，逐步树立起农民专业合作社的形象，提升了知名度。据调查资料显示，约89%的农民专业合作社会员业务咨询量有大幅度增加，52%的农民专业合作社会员认为知名度有明显提高。

2．增强了对外交流。房山区经管站为具备条件的农民专业合作社会员安装了 TQ 洽谈通，使会员与来访的客户能够直接在线交流商洽业务；安装即时通讯软件，农民专业合作社会员遇到问题可以直接与区、乡镇两级信息员及时咨询，有效沟通，使问题在最短时间得以解决。调查资料显示，约82%的会员认为借助"网上联合社"信息服务平台增强了合作社之间沟通与交流。

3．促进了联合合作。"网上联合社"信息服务平台不仅促成了农民专业合作社之间的资源互惠合作，同时也促成了农民专业合作社与客户之间的合作项目。借助"网上联合社"信息服务平台的交流，部分合作社已初步实现了资源互惠。如从事花卉种植的合作社为其他非花卉合作社提供绿化环境美化合作社的服务，养殖业合作社将畜禽粪便等副产品作为种植业合作社的绿色肥料等。借助"网上联合社"信息服务平台，农民专业合作社已与客户达成 20 个合作项目，收入近 600 万元。如大石窝镇的北京博民果树专业合作社通过"网上联合社"与门头沟某加工厂初步达成了仁用杏深加工的合作意向，并因果仁质优成功被该加工厂收购 4.5 万斤仁用杏。

4．实现了与市场的初步对接。"网上联合社"不仅促成了合作项目的形成，也初步打开农民专业合作社与市场联结的通道，实现了与市场的有效对接。北京绿绮花卉、张坊联农磨盘柿等首批加入"网上联合社"的农民专业合作社会员，在原有的销售渠道上已拓展到河南、安徽等外省市。北京世育和谐林果种植专业合作社通过"网上联合社"分别销往保定、昌平等外区桃苗 1 万株、葡萄苗 5000 株，大桃和葡萄 3000 多公斤。

（八）区县建合作社产品联合展示营销厅模式

即在一个区县范围整合合作社相关资源，联合起来选择适合的繁华市区，建立以农民专业合作社优质特色产品为主的展销厅或超市，功能主要是产品展示、销售、洽谈合作社品牌产品，以此开拓市场，扩大、提升合作社产品的影响力和市场竞争力。

典型案例 13：北京通州区兴建合作社超市

通州区近几年农民专业合作社快速发展，至 2010 年底全区已建立农民专业合作社 268 个。为了引导合作社开拓市场，提升能力，区政府除采取组织合作社产品展销会、引导社超对接、社企对接等措施外，还扶持合作社开设了"通州区合作社超市"。具体做法如下。

1. 成立通州区农民专业合作社联合会（以下简称联合会）。为了扩大合作社产品的市场影响力，探索合作社联合营销机制，扩大合作社产品营销规模，提高市场占有率，通州区农村经营管理站组织引导建立了通州区农民专业合作社联合会。政府搭台，合作社联合会组织服务，产品直销模式进入市场，带领合作产品参与市场竞争。

2. 联合会的主要功能。2010 年 7 月 19 日经通州区农村工作委员会批准，通州区民政局注册登记，以农民专业合作社为主要成员的社团——通州区农民专业合作社联合会正式成立。联合会的主要功能是：通过提供组织协调、规范指导，媒介宣传，交流合作，咨询策划等配套服务，实现信息集聚、规范管理、技术共享、市场开拓、打造品牌，提高通州区农民专业合作社综合竞争力。

在通州区政府扶持下，联合会与瑞都国际集团合作，在家乐福超市旁边建立了一个占地 800 平方米的"通州区合作社超市"。合作社超市长期展示展卖全区各合作社产品，为合作社优质、特色和品牌产品开拓市场，扩大营销，建立市场营销机制提供服务。联合会是组织全区合作社产品参加展销厅展卖的组织纽带，帮助做具体组织协调工作。经半年来积极筹备，展示展卖大厅已于 2011 年 1 月 26 日正式开始试营业。

三、各种典型模式特点的比较分析

（一）农民合作社开展产品加工营销有高度积极性

总体上说，合作社开展加工和营销在起步和探索阶段。出现这么多种典型形式，充分说明，农民合作社开展产品加工营销有高度积极性，有紧迫需求。据这次从面上调研统计分析，2010 年全市 100 个申报市级示范合作社的合作社，这些都是全市发展基础较好，经营服务功能较强的合作社，这 100 个合作社中，已经开展产品初加工和精深加工的，有 51 个合作社，占总数的 51%。

当然也应看到，产品类型不同、合作社发展不同阶段，在开展加工营销服务的情况和水平上是有差别的，形式和途径是多样的。

如种植业中的水果、蔬菜类生鲜级产品，和养殖业的牛、羊、生猪以及鸡、鸭、鹅、蛋类产品，其加工营销的方式和途径有共性，也有差别。这一点应该注意。如生猪、牛羊等畜产品，由于合作社自办加工目前规模过小，就不很适宜；采取合作社与公司进行产销联接模式是较现实的选择。从各省市创新的经验看，山东省开展了支持发挥农民专业合作社载体作用的生猪产销协调活动试点工作，取得良好成效的经验，值得重视借鉴。

（二）八种典型模式产生的绩效分析

合作社通过以上在加工、营销方面多种新形式探索，产生了诸多积极的效果，为我们探索新型农业产销体系提供了许多有益的启示。

1. 以上八种形式中，多数形式摆脱了农产品流通中间环节多，农民得益少的状况，向一种崭新的农产品直销模式开始探索，这意味着农产品流通体制的变革。

这种所谓农产品直接运销，就是农民生产的农产品，通过农民合作经济组织进行分级包装处理后，直接运送到消费地零售商（超市或连锁业配送中心、直销的社区店），也有一部分直接送到消费大户（如机关、团体、学校、宾馆等），达到减少中间费用，精简运销层次，缩小运销价差的目的，使生产者和消费者都能受益。

这种新型的农产品直销形式，其主要内涵，就是农产品按照专业化、标准化要求组织生产，建设原料基地和进行加工；根据超市连锁经营业态的要求进行分级、整理、包装、储运、配送，以品牌的方式进入超市连锁销售。从发展趋势看，它是现代农业的一种重要形态。它的出现，是适应现代生活方式和新的市场消费需求的有效形式，也是提升农产品市场竞争力的重要途径，对于促进农业和农村经济结构的调整、优化与升级，提高农产品质量安全水平，提高农民组织化程度和促进农业增效、农民增收具有重要意义。

这种直销形式从实践看，有以下特征：

在经营体制上，从科研、生产、加工到销售是一个一体化的经营系统。在国外和台湾地区它被称为是一个以消费者为中心的"垂直统合经营体系"，也可以说是构建了一个大食品系统。

从技术层面看，相当数量产品从初级产品到供应链是个冷链系统，整个生产经营过程，是个标准化支撑的系统。有专家分析，城镇居民的食品消费支出中，易腐食品的消费已超过50%，我国每年各类易腐食品总产量相当大（有专家分析近6亿吨）。

从农业产业组织制度层面看，由于产品下游与超市连锁为主的现代商业业态相连接，生产初级产品的分散小规模农户经营就对此很不适应，需要尽快提高进入市场的组织化程度。通过农民专业合作社这种特殊性质的企业组织形式，可以使分散小规模经营农户实现企业化经营，成为现代农业产业体系的重要载体。它有着如下许多优点。

一是有利于提高农民整体进入市场的组织化程度，降低农产品交易成本，为农民增收致富建立一种长效机制。根据密云县农民专业合作社服务中心的初步统计，通过产品统一销售，创建品牌，农民分享到流通环节降低交易成本的增值收益。密云县2010年合作社农产品销售额达到11.5亿元，占农产品总量的70%，其中主要商品性农产品达到了80%以上，如板栗超过85%、肉鸡超过90%、柴鸡蛋和红薯超过80%。统计分析显示，同类产品合作社成员收入比非成员增收20%左右，其中，统一销售的贡献率约一半以上。主要原因是合作社将田间地头的小商贩及中间环节的运销商挤出市场，它们平均10%—15%的毛利率被合作社获取。此外一些合作社注册商标统一销售，也带动产品价格上涨。

二是有利于提高产品的标准化生产和质量水平，建立产品可追溯体系，确保质量安全水平，提升产品的竞争力。天安农业公司采取公司加合作社的方式经营鲜活农产品，推动农产品质量安全追溯系统建设，就是一个很好例证。

三是有利于生产要素的整合，可以加快生产经营专业化、规格化、规模化及品牌化的建立，降低成本，获得规模效益。以上分析的荣涛豌豆专业合作社、奥金达蜂产品专业合作社的典型案例，都生动说明，合作社产业链的延伸进程，就是科技、资金、土地、市场等要素整合的过程，是生产要素优化组合的过程。

四是有利于城镇居民享受到质优价廉的农产品，得到实惠。近两年实施农超对接的超市有些蔬菜销售价格接近农贸市场，受到消费者好评，就是很好的例证。

当然，以上几种不同形式呈现出的优缺点程度和问题也不相同，还只是探索的起步，需要不断探索和逐步深化、完善。

2. 从农业产业化经营体制创新角度看，合作制以农民为主体的产业化经营新模式，有着积极的创新意义。

由于近几年农民专业合作社的快速发展，经营服务功能的提升，合作社产业链的延伸，实际上已呈现"双向延伸、两制推动"的新格局：农业部门通过推动农业产业化经营，由原料向加工营销延伸，食品及农产品加工、流通部门企业为提高规模和效益，提高产品竞争力，把基地、农户视作"第一车间"，不断向建设高标准原料基地延伸。除原有大中型龙头企业外，近两年又涌现出一支新生力量，就是由农民自愿联合起来的合作社自办加工企业，开展产品加工营销。我们可以将这股新生力量称为以农民为主体的合作制的农业产业化。

这种纵向一体化经营体制的创新，从国际经验和我们的实践看，目标是一致的，那就是形成一个以产、加、销垂直统合经营为主要特征的新型食品产业经济体系，以适应时代发展的需求。这种"新食品经济体系"的主要特征是：认为知识经济时代，整个经济社会以消费者为中心，由食品零售商掌握的消费者需求信息，透过电子网络传到食品加工企业、运销商、农民和农业科技研究机构等上游供应单位。农业科技研究人员再研究开发消费者喜爱的产品。这种在国外和台湾地区被称为"垂直统合经营体系"的体制创新，许多学者认为它是由知识经济时代特征所决定的。

2010 年中央一号文件提出："鼓励农民专业合作社自办加工企业。"这个新的政策导向的积极意义，为农民收入的增长指出了新的方向。这就是要专业合作社提升经营服务功能，延伸产业链，让农民更多地分享产品加工和流通环节的效益。以上列出的第二种合作社自办加工模式，包括平谷荣涛豌豆专业合作社和密云奥金达蜂产品专业合作社两个典型案例，它的创新和典型意义在于，农业龙头企业也可以是合作制的，走出了一条农民办合作社、合作社再办公司，我们简称为"农户+合作社+公司"的发展新模式。

3．几种形式的比较分析。推进农业产业化经营，采取什么形式和机制让原料基地的农户和加工、流通环节形成一种紧密联结，相互依存，收益共享、共同发展的利益机制，是创新经营体制的核心问题。从先前实践看，各地采取的主导形式是"公司+农户"形式，随着合作社快速发展，又出现合作社与龙头企业对接和农民办合作社，合作社延伸产链自办加工和流通企业形式。这几种形式各有特点和利弊。通过调研本研究作了比较分析：

一是"公司+农户"的组织模式。这种形式运用得较普遍，已探索出不少成功的经验，特别在鸡、猪、牛等畜禽产品，果、菜等园艺产品上运用较普遍。如华都肉鸡集团等，通过合同形式，采取"五统一服务"形式；有些奶业公司采取"四统一分一集中"的方式，（即统一规划，统一领导，统一管理，统一服务，分户饲养，集中挤奶），与各小区或专业村的奶农建立比较稳定的产销联接关系，这类形式也很有成效。这类组织模式特点是：龙头企业可以与分散经营的专业农户，实行较稳定的产销对接。农户解决了产品的市场问题。企业也能得产品质量、批量有保证和较稳定的原料。存在不足的问题是：由于农产品市场的买方垄断格局，龙头企业和农户的双方市场地位不对等、相差悬殊，结果是企业控制，农户依附；很多是买断关系，很难真正形成相互依存关系，自然也无法形成利益共同体与农户的利益联接机制；有些企业与农户的合同订单，履约率较低；合同形式不够规范、完善，法律效应和信用度较差，往往使农户利益蒙受损失；最主要的是农户难以分享到产品加工和流通环节的利润。

二是合作社与龙头企业对接的组织模式。这种模式把合作制融入产业化，专业农户通过专业合作社形式联合起来，以实现龙头企业与农户有效联接，目前看这也是比较现实的选择形式。

经过多年实践探索，这类模式在具体实施中，主要有合作社与龙头企业对接、合作社联合社与龙头企业对接两种典型形式，如近些年密云县奶牛合作社联合起来与伊利集团产销联接，就是一种新型的产业化形式。

这种形式主要适用于加工能力和生产规模较大、原料辐射面广、供应量大、带动农户面广、跨地区的龙头企业。生产原料的农户用专业合作社为载体联合起来，若干个合作社再和同类产品合作社联合起来成立合作社联合社，与龙头企业连接。这样就有利于形成规模较大的产加销一体化的联合体。

这种模式的优越性，总体看，很有利于产业链上各参与主体利益连接的紧密结合，也更有利于向农户提供社会化服务，提高经营地位和经营效益，调动农民生产积极性，使公司与农户之间达到互利和"双赢"的目的。以奶业为例具体分析看，产生了良好的绩效。

一是奶牛合作社已成为奶业产业化良好的组织载体，成为奶业产业链中连接龙头加工企业与奶牛养殖户重要的组织纽带和桥梁，它有效地提升了奶业产业化的整体水平。

二是奶牛合作社的发展，有效地提高了奶业标准化生产和现代化养殖水平。奶农组建奶牛合作社以后，实行"四统一服务"：统一供应饲料；统一技术培训；统一实行机械化挤奶机，收购鲜奶；统一防疫。这样做以后，生产有标准，鲜奶贮藏和运输全部实现了冷链化运行，有效地减少了挤奶、贮存和运输环节的污染，提高了鲜奶质量；价格有保证，也确保了奶农的收益。实践启示我们：产业化必须标准化，而标准化又离不开组织化。

三是农民办合作社，合作社自办加工和流通企业的组织模式。这种模式由生产原料的农户联合起来组成专业合作社，再由合作社单独或联合起来办加工或销售企业。这种模式在国际上是很普遍，是比较流行的农业一体化经营模式，但在国内还很少。因为农民素质、资金等制约因素较多，难度较大。近几年北京郊区县已作出了有创新意义的探索。最近密云县下屯种植业专业合作社和奥金达、东岭等五个有一定规模的合作社，又联合起来投股兴办了农产品配送中心，在北京市区开设合作社品牌产品专营店，带动合作社发展壮大。

从保障农民利益角度看，这种以合作社为载体的合作制农业产业化经营模式，是一种比较理想的产业化模式。它的最大好处，就是农户可以分享到农产品加工和流通环节的增值效益，这与"公司+农户"相比是有差异的。

根据国际上合作社开展增值加工活动的经验，农民可提高在消费者支付额中的分享比例。经验数据是：原料产品在消费者价格中的分享比例平均为30%；加工后可增加分享比例31%。密云、平谷开展合作社产品加工的实践，大体也能达到这个水平，有的产品分享比例更大些。如下屯合作社糯玉米加工，收社员原料玉米 0.5 元一穗，加工费用 0.5 元一穗，加工后销售价每穗能卖 1.5 元。蜂蜜产品以奥金达为例，2006年向百花蜂产品公司供应原料，每吨原蜜高出市场价 200 元。2008 年合作社加工生产线建成后，最初为百花公司代加工原蜜，每吨原蜜可增纯收入 500 元，次年合作社注册的"花彤"商标蜂产品上市，每吨纯收入增值 3000 元。

本研究认为，从发达国家现代农业发展经历看，农业合作社单独或联合起来办加工企业，向农产品加工业延伸，是一个流行的趋势。京郊农村涌现的以农民为主体的专业合作社作为农业产业化经营良好的载体，为提升农业产业化经营水平找到了新的路子。以上分析的荣涛豌豆专业合作社、奥金达蜂产品专业合作社的典型案例，证明了这种合作制以农民为主体农业产业化经营的路子，真正有利于促进农业增效和农民增收，走出了一条有中国特色的农业产业化新的路子，值得在京郊大地广为倡导。

四、加快发展合作社加工和营销服务功能的主要经验体会和政策建议

（一）主要经验体会

1. 关键是区县党政领导创新工作思路，加强具体有效的组织引导，这是引导合作社增强加工、营销功能的最重要的环节。

如密云县 2004 年以来，高度重视并大力加强农民专业合作社建设，农民专业合作社发展取得了显著成绩，提前三年实现了市委市政府提出的"到 2010 年，加入组织的农户占从事一产农户的 60%，70%以上的主要农产品通过农民专业合作组织提供生产、加工和销售服务"的目标，进入了以规模化、产业化为主要特征的新阶段。最主要原因，是对农民专业合作社发展工作的领导在密云县得到切实加强。2004 年，由县主管领导和相关部门负责人组成的农民专业合作社建设领导小组成立，将农民专业合作社发展纳入 11 个县直部门责任制的考核范围。县农委牵头组建了由 70 人组成的县、乡镇农民专业合作社建设指导员队伍。县经管站专门成立了农民专业合作社指导管理科，加强了农民专业合作社的管理、指导和服务。县直有关部门和各乡镇、村结合各自职能，加强了对农民专业合作社的指导和服务。全县形成了县、乡镇、村共同推动农民专业合作社发展的良好局面。

平谷区农民专业合作社快速发展，不仅数量多，覆盖面大，而且已涌现出一批运作规范，带动作用强，发展势态好的示范合作社，关键也是区委、区政府的高度重视和不断加强有效的组织指导，从深化改革和有利于全区农业产业发展的战略高度，采取了多项举措，规范、扶持、发展农民专业合作社。创新领导管理体制，成立了农民专业合作社指导服务中心专门机构。一年多来，在加强合作社规范化建设，创建示范合作社、积极构建以农民专业合作社为主体的农业技术推广体系。以合作社为主体的农产品营销体系依托合作社实现"农超对接"创新农产品直销体制、帮助合作社解决融资难等方面，做了大量卓有成效的工作。

2．帮助合作社融资，解决资金短缺问题。

近两年各区县为农民专业合作社帮助解决贷款，主要有两种做法：

一是区县成立合作社信贷服务中心。如密云县 2008 年 12 月专门成立了"密云县合作社贷款担保中心"，注册资本 5000 万元，为合作社发展积极开拓融资渠道，提供贷款融资担保租赁及其他经济合同担保、投资咨询等工作探索基层合作社的投资机制。合作社贷款后，担保中心还对贷款担保资金进行监督检查，确保贷款担保资金用到实处。从担保中心成立至 2010 年底，累计为 24 家合作社 80 余农户提供贷款担保 4745 万元，有效地缓解了合作社贷款难问题，推动了以农民为主体的农业产业化经营，使合作社不断做强做大。

二是建立小额贷款有限公司。2009 年 3 月大兴区成立了北京兴宏小额贷款有限公司。大兴区长子营镇的李长河是北京锦绣前程水产专业合作社的负责人，养了 10 多年的观赏鱼，如今买卖越做越大。2010 年他想再进些鱼苗，盖个打包车间和出口车间，可却在资金上犯了愁。眼瞅着就要错过扩大再生产的好时机，大兴区有关部门向他推荐了"小额贷款"。他抱着试一试的态度，去了小额贷款公司，结果从接洽到获准贷款才用了两个小时，谈好了贷款。

北京市赵家场春华西甜瓜产销专业合作社的负责人周春秀，经营着一家集种植、养殖、采摘于一体的观光采摘园，每年来这里的游客络绎不绝，但是当游客参观、游览、采摘完了以后就会遇到无处用餐的尴尬。他想建一个餐厅，解决游客用餐难的问题。通过和小额贷款公司接洽，用两天时间就顺利拿到了 100 万元的贷款。

截止到 2010 年底，北京兴宏小额贷款有限公司已对大兴区 5 个镇、12 个农民专业合作社进行了综合授信及借款资质审查，并与北京鹏宇奶牛专业合作社等 4 家合作社签订了综合授信协议，授信总金额达 450 万元。

3．政府加强对合作社加工营销服务的指导、扶持和服务，推动合作社能力提升。

密云、大兴、平谷、通州等区县围绕这方面做了大量工作。政府有关部门重点做了几件事：

一是着力推进标准化生产，提升农产品内在品质。为了进一步提升合作社产品竞争力，开拓国内外市场，区政府加大扶持力度，乐平西甜瓜专业合作社建设了西甜瓜标准化生产基地 500 亩，覆盖农户 150 户。2009 年，区政府又积极支持九牧养猪专业合作社在社员主要分布的 6 个镇，新建占地面积 440 亩的 11 个安全猪环保养殖生产基地，预计年出栏安全猪 7 万头，种猪 3 万头。可增加带动农户约 500 户。

此外，一些与公司签订销售合同的专业合作社，在公司的带动下，也自发地开展标准化生产。如小刘庄蔬菜专业合作社陆续与多家公司签订了蔬菜销售合同。根据客户的要求，合作社逐步推行标准化生产。目前，全社已经建设蔬菜设施保护地 1470 亩，保护地的生产初步实现了标准化。

二是引导打造区域品牌，提升农产品市场形象。大兴区政府这方面下了很大功夫。第一，聘请专业设计公司设计了 "大兴西瓜" "大兴梨" "大兴甘薯" 等包装；统一印制了 24.6 万个农产品系列包装箱，提供给农民专业合作社推广使用，进一步提升了大兴农产品的市场知名度。第二，邀请策划公司参与对规模专业合作社的品牌形象设计，促成了圣泽林梨专业合作社整体包装的改造升级。第三，组织农民专业合作社参加各种农产品交易会、博览会，扩大农民专业合作社和大兴农产品的社会影响力。

三是开展互助保险，提升合作社抗风险能力。近年来，大兴区通过农民专业合作社参与政府农业保险有了新的突破。如圣泽林梨专业合作社进行了合作社互助保险与政策保险相结合的模式创新。先是由社员自愿申请入保，然后合作社将在盈余返还中积累的 1.5 万元风险金按照 1∶1 的比例为社员提供保费补贴，每名社员每亩只需交费 15 元，加上合作社每亩补贴的 15 元，即可获得 20 倍 600 元的赔付金。2008 年，合作社所在地遭受了两次雹灾和一次风灾，波及一半以上的社员，全部及时得到了赔付。

四是组织合作社成果展及展销会、洽谈会等多种形式，搭建产销对接平台。2010 年 9 月 24 日至 26 日，通州区举行了农民专业合作社成果展示会，以实物、文字、图册、展板和多媒体形式，展示该区农民专业合作社在新农村和都市型现代农业建设中的突出带动作用，同时设立展卖区，让城乡百姓能够切身感受到通州合作社为自己的生活带来的实惠。全区选拔了 40 家产品特色突出的农民专业合作社、农民创业典型，展销种植业蔬菜、林果花卉、籽种，养殖业禽蛋、观赏鱼、小型宠物和农加工产品等。参加展销的农产品，是经过认证的无公害、绿色、有机农产品。

密云、通州、平谷等区县通过组织召开洽谈会等多种形式，组织引导企业与农民专业合作社对接，建立长期的农产品产销关系。如密云县奶牛合作社联合社与伊利集团、通州区手牵手养殖合作社与正大集团、草场蔬菜种植合作社与首都机场等都是通这类活动签订了长年的购销或供应合同。

五是开通农民专业合作社网，搭建网络平台，宣传合作社品牌产品，开拓国内外市场。平谷、密云、通州、房山等区县都建立了自己区县的合作社网站，通过国际互联网这一新型媒体平台，全面系统地发布全区各农民专业合作社基本情况、合作意向、产品认证销售、求购等信息。通州区专业合作社网截至 2010 年底，为全区 164 家农民专业合作社发布信息 1000 余条，网络点击 15.7 万次，通过网络达成的交易量已占整个合作社经营总量的 50%，该网站成为广大农民专业合作社面向市场的重要平台。

六是培养具有从业资格的农产品营销人员。通州区连续三年，每年举办一期农民专业合作社农产品经纪人职业资格培训班，免费为农民专业合作社培训农产品经纪人。培训内容包括经济法常识、谈判技巧、合同签订、农产品鉴别等方面。目前，通州区共有 112 人经过考试取得了劳动和社会保障部颁发的农产品经纪人初级职业资格证书，成为农民专业合作社的谈判专家和专业营销员。

七是表彰奖励先进农民专业合作社。各区县都采取多种形式，对优秀的农民专业合作社进行了表彰。通州区 2010 年在举行展销会同时，表彰奖励先进农民专业合作社。该区的 5 家市级和 10 家区级规范化农民专业合作社示范社，每家将获得 10 万元发展支持资金；还将以实物补助方式，支持 60 家先进农民专业合作社购置小型农机具等生产设施，每家平均补助 3 万元。

（二）合作社营销面临的困境

1. 目前中国合作社发展总体上处于起步阶段，多数合作社处于"小、弱、散"状态，营销服务功能比较薄弱，能开展产品联合销售的不占多数，需逐步培育增强经营服务功能。

2. 农产品特别是生鲜产品具有的鲜活性、多样性、季节性、地域性等特点，会给形成较稳定的"社超对接"或"网上交易、网下配送"带来诸多难度。农产品的生物特性和交易特性对物流各环节都有较高的要求和难度。

3. 合作社发展普遍缺乏发展资金和产品收购流动资金。质量认证、加工整理、包装、冷藏以及储运设施等都需要资金。目前贷款是很大困难。

4. 超市进货门槛较高，而且付款期限较长，社超对接对多数合作社来说由于规模较小，还不具备条件。如产品批量、质量标准化程度、质量认证，有许多基础性条件需要在发展中逐步培育、完善，不能急于求成。

5. 人才短缺。特别是营销人才、经营管理、电子信息人才短缺。

6. 政府有些支持政策还有待落实。如合作社建立联合社的问题。北京市实施《中华人民共和国农民专业合作社法》办法已做出规定，但各区县成立联合社到工商管理局登记还得不到解决。

（三）政策建议

围绕合作社增强加工和营销服务功能，推进合作制产业化经营，促进合作社发展壮大，本研究提出几点政策建议，供有关领导决策参考。

1. 强化政府各有关部门的"指导、扶持、服务"职能

一是加强宣传教育，解决好思想认识问题。北京市农民专业合作社

的发展总体上还处在起步阶段，政府有关职能部门对于发展合作社的作用认识还不充分，甚至个别干部还存在将其与传统人民公社体制相混淆的模糊认识。建议在社会上大力宣传合作社、在区县主要领导和政府有关部门领导中间普及合作社知识，使领导干部能够从社会和谐发展的战略高度认识合作社的重要性和必要性。高度重视合作社对于农村经济发展方式转变的重要作用。树立扶持合作社就是支持农业、就是扶持农民的新观念。

二是加强统一规划，进一步加强对合作社发展的指导。建议政府有关部门组织人员，也可请北京市农民合作组织专家指导组人员参加，进行专题调研，做出一个"十二五"扶持提升合作社发展加工和营销能力的规划，以便有计划更科学地推动合作社发展壮大。

2. 整合农产品营销的各类资源，确保农民专业合作社有持续的政策扶持保障

《北京市实施〈中华人民共和国农民专业合作社法〉办法》2010 年 3 月 1 日起已开始实行，深受广大农民欢迎，标志着北京市政府对农民专业合作社的指导扶持进入了一个依法服务的新阶段。但具体实施碰到许多困难，如合作社建设用地、加工冷藏设施项目建设申报、人才等方面，据各区县反映，建议相关部门要出台具体实施办法和细则，才能更好执行。

合作社在市区开专营店、推动农产品直销，对农民增收有诸多好处，但各区县存在单家独创，规模小，效益较差，需研究引导在自愿互利基础上整合资源，获取更大效益规模，并有持续的生命力。

专营店要和第三方服务的配送结合起来，培育有适度规模的一、二级配送中心，形成农产品直销配送体系。现代化第三方服务系统的主要功能是：信息服务、交易服务、仓储服务、配送服务和结算服务，同时，还要提供信誉查询服务，建立一个快捷、高效和有信誉的服务系统。

要研究整合合作社品牌资源的办法，提升品牌影响力。目前合作社产品品牌"小、弱、散"的状况突出，缺乏影响力。这方面日本农协的做法和经验值得重视和借鉴。日本农协产品在全国市场就塑造一个品牌，他们的经验是"服务综合化，事业集团化，产品品牌化，效益多元化，营销网络化"。这方面大兴、平谷等区已有初步探索，要注意总结这方面经验。

3. 解决好合作社融资问题

建议各区县根据北京市人大通过的《北京市实施〈中华人民共和国农民专业合作社法〉办法》，采取具体措施加以落实。其中专门有条文规定："政策性金融机构应当采取多种形式为农民专业合作社提供信贷服务。""农民专业合作社申请的相关贷款，符合市财政、农业行政主管部门有关规定的，财政部门根据项目用途和实际需要给予贴息支持。"目前许多合作社要求最迫切的是希望政府帮助扩大、拓宽融资渠道。要借鉴各地为中小企业发展建立贷款机制的做法，创建农民专业合作社贷款机制，为农民专业合作社贷款搭建有效的平台。

一是积极开展、推动"银企合作、银社合作"。如北京市"5+5 行动计划"（通过"银政合作、银社合作"新模式，为北京市郊区县农民提供 50 万张信用卡、50 亿银行贷款），很受农民欢迎，建议这些贷款能具体落实到农民专业合作社，向急需资金的合作社、特别是示范合作社多倾斜一些。

二是鼓励社会担保机构开展农民专业合作社贷款担保业务。为合作社贷款建立有效的担保机制，这是当前农民之急需。2009 年 2 月中央银监会、农业部联合出台支持农民专业合作社发展的文件提出："要鼓励发展具有担保功能的农民专业合作社，运用联保、担保基金和风险保证金等联合增信方式，以及借助担保公司、农业产业化龙头企业等相关农村市场主体作用，扩大成员融资的担保范围和融资渠道，提高融资效率。"对此要采取实际措施具体落实。密云县政府已建立了农民专业合作社贷款担保服务中心，取得良好成效，建议在各郊县推广密云经验，为全市合作社更好地拓宽融资渠道。

三是适当发展一批小额贷款有限公司，多渠道解决合作社融资难。大兴区兴宏小额贷款有限公司，2009 年 3 月成立以来，已经对大兴区 5

个镇、12 个农民专业合作社进行了综合授信及借款资质审查，并与北京鹏宇奶牛专业合作社等 4 家合作社签订了综合授信协议，授信总金额达450 万元。建议有条件的区县可多引导发展一些这样的为合作社和农民服务的小额贷款公司。

4. 强化产品质量安全、品牌、基础设施及加工项目建设方面扶持

北京市农委规定的一系列对合作社产品质量认证、培育产品品牌、购置运输车辆、兴建冷藏、仓储设施以及产品促销、营销网络建设的扶持奖励政策，2009 年市财政重点为 551 个合作社配备了厢式货车、冷藏库、奶罐车，增强了合作社经营服务能力，很受农民欢迎，希望这些扶持政策继续执行，并加大对以合作社为载体的支持力度。

目前对冷藏仓储设施及产品加工项目要求最为迫切，建议仓储、加工项目的扶持更有针对性，能有重点地加以扶持，取得更好实效。

要注意合作社发展的阶段性。从实际情况看，合作社发展大体有三个阶段：一是起步阶段，二是规范发展阶段，三是发展壮大阶段。目前北京市合作社多数在起步阶段，处于"小、弱、散"状态。据统计，至2010 年底，全市 4000 多个合作社中，拥有加工实体的合作社有 63 个，不到合作社总数的 2%。因此，近两年对于起步阶段的合作社，重点要放在加强规范化建设；产业化加工项目的扶持，建议重点在市区两级示范合作社和示范社建设合作社中筛选进行。

在具体操作上，有些区县提出这些项目如何向发改委等有关部门申报的问题，希望能有个对接的具体办法。

5. 组织引导合作社自身要练好"内功"，增长内部凝聚力和经济实力，为合作社发展夯实基础

目前多数合作社自身实力很薄弱，成员投股很少，加工和营销服务能力提升难度很大；有少数发展的加工设施，主要靠政府扶持资金搞起来，这样的合作社缺乏抗风险能力，经营上容易出现波折，发展基础很不稳固。要做好内功，增强成员的自信心和合作社的吸引力、凝聚力和经济实力。

一是要深入开展农民专业合作社示范社建设行动。以开展这一行动为抓手，力争用 3 到 5 年时间，培育一批经营规模大、服务能力强、质量安全优、民主管理好的专业合作社，充分发挥典型引路、示范带动作用。

二是要逐步引导和动员成员积极出资。建议注意不断改进政府扶持项目资金的使用方法，如采取贴息方法，使扶持资金能更好发挥"酵母"作用，在引导合作社资本形成方面发挥更好的导向作用。

三是着力引导合作社加强产品质量管理、实施标准化生产，增强产品营销服务功能，提升市场开拓能力。

四是整合农产品营销的各类资源，搭建市区县两个层次的平台，促进"社超对接""社校对接""社院对接"。确保以农民专业合作社为主体的农产品营销体系有规范的运行机制、有专门的指导服务机构、有持续的政策扶持保障。

6. 加强培训指导和市场营销人才队伍建设

一是按照分类指导、分级负责的原则，制定培训规划，采取学历教育、远程教育和短期进修等多种形式，重点培养合作社市场营销人才，建立一支合作社专业市场营销队伍。

二是政府有关部门帮助引进人才，也可选派大学生村官到示范社任职。

三是按照分类指导、分级负责、注重实效的原则，制定培训规划，采取学历教育、远程教育、短期进修、参观考察等多种形式，大力加强合作社干部培训教育，重点培养合作社匮乏的市场营销人才，建立一支合作社专业市场营销队伍，紧跟市场需求变化，加大农产品的流通速度。

7. 加大宣传力度

充分利用电视广告、报纸、网络等媒体，广泛深入持久开展中央对加快发展农民专业合作社的政策导向、先进典型及普法宣传，营造良好舆论环境和工作氛围。及时总结宣传优秀农民专业合作社及其带头人的好做法、好经验、好典型，为农民群众树立榜样，让社会各界广泛知晓。同时，对合作社优质品牌产品进行推介、加强对农民专业合作社的各种优质农产品、特色农产品进行宣传，扩大社会影响，提高合作社品牌产品的知名度和影响力。

本章课题组成员

负责人：吴志强

组　　长：缪建平

成　　员：缪建平　胡登州　任玉玲　韩　生　白　雪

　　　　　李伟克　郑有贵　郭晓波

第二章　北京市农民专业合作社农产品流通研究

——以蔬菜直销与"农超对接"为视角

北京作为特大型国际大都市，对农产品市场供应、价格稳定、风险控制等相比其他城市更紧迫。为积极发展农产品现代流通方式，减少流通环节、降低流通成本、稳定市场物价，自 2008 年起北京市开展了生鲜农产品"农超对接"和直销的试点工作。本研究报告以北京市农民专业合作社开展生鲜农产品直销为视角，探索发展农民专业合作社，促进农民专业合作社生鲜农产品直销进入良性发展轨道的有效实现途径。

一、北京市农民专业合作社的发展

《中华人民共和国农民专业合作社法》对农民专业合作社的定义，即"农民专业合作社是在农村家庭承包经营基础上，同类农产品的生产经营者或者同类农业生产经营服务的提供者、利用者，自愿联合、民主管理的互助性经济组织""农民专业合作社以其成员为主要服务对象，提供农业生产资料的购买，农产品的销售、加工、运输、贮藏以及与农业生产经营有关的技术、信息等服务"。农民专业合作社是农民自己的组织，在农村经济社会发展中，作用日益显著，世界许多国家对农民专业合作社都给予了高度的重视和关怀，我国也不例外。尤其是近几年，我国农民专业合作社取得了长足的发展。

（一）农民专业合作社在成长

2007 年 7 月《中华人民共和国农民专业合作社法》发布实施后，北京市农民专业合作社进入了快速发展时期，截至 2011 年 9 月底，全市在工商登记注册的各类农民专业合作社达到 4395 个，其中种植业 2630 个，养殖业 939 个，农产品加工、贮藏、销售业 108 个，其他行业 718 个。合作社成员出资总额 39.7 亿元，正式登记注册的合作社成员总数 11 万人，辐射带动农户 45.3 万户，占全市从事第一产业的农户总数近 70%。2010 年统一组织销售农产品 658 万吨，其中蔬菜 19.03 万吨，果品 614 万吨。销售总额 530531 万元。北京市农民专业合作社已经成为农民进入市场的一个重要途径，开启了农民增收致富路。

北京市发展农民专业合作社的有效做法有如下四点：

一是北京市委、市政府高度重视农民专业合作社的建设与发展。2010 年 3 月 1 日实施市人大发布的《北京市实施〈中华人民共和国农民专业合作社法〉办法》，规范了农民专业合作社的发展。市农委、发改委、科委、财政局、民政局和农村商业银行 6 部门联合印发了《关于促进农民专业合作社发展的扶持政策》文件，明确了各部门的工作重点和支持方式。从 2007 年到 2010 年，市级财政共安排 1.3 亿元专项资金，通过项目补贴和奖励两种方式，对农民专业合作社给予资金扶持。全市现已建立了 324 个市级合作社，涌现出一批市级农民专业合作社示范社。

二是区县政府不断拓宽农民专业合作社的合作领域。合作范围从初期的蔬菜、瓜果种植和畜禽养殖领域扩展到农机、运输、手工编织、民俗旅游、土地和用水等行业。服务内容从单纯的农业科技服务，扩展到产前、产中、产后全过程。尤其是农产品销售环节的建设，有了较快的发展。农民专业合作社的发展与开发农业新功能、发育主导产业和特色农产品紧密结合，成长出一批如西瓜、大桃、苹果、梨、奶牛、生猪、柴蛋鸡等产业化特征突出的农民专业合作社。

三是实施"现代农业装备对接农民专业合作社工程"。这一工程由市农委、市财政局、市交管局、市环保局、市经信委等部门共同组织实施。市财政按购车款给予 50% 补助的方式，帮助农民专业合作社购置符合绿标标准的封闭货车、冷藏车、奶罐车。从 2011 年起，符合扶持条件的合作社陆续接收到运输车辆，这对提高农民专业合作社的营销运输能力，改善农产品与市场对接环境发挥了重要作用。

四是实施"农超对接"扶持政策。2010 年北京市商务委发布政策，要求沃尔玛、物美等 30 余家超市、餐饮企业等农产品流通企业同北京的农民专业合作组织、生产基地洽谈农产品直采，必须签署 2 年以上的合作协议。果蔬采购要免进店费，北京采购基地结算账期不超过 20 天。对于验收合格的"农超对接"项目，市财政将按照每个项目原则上不高于 120 万元的标准给予支持。这一政策的实施，正在促进农民专业合作社农产品进入超市，为"农超对接"创造了条件。

（二）农民专业合作社的角色地位

农民专业合作社在农村经济社会发展中扮演着不可或缺的角色，并日益发挥着积极的作用。

第一，农民专业合作社的发展，有效地提高了农业生产的组织化程度。农民专业合作社引领农民参与农业产业化，实行专业化、标准化生产，开展规模化、品牌化经营，开发建设优势产业和特色产品。特别是在农产品商品化处理环节上，包括产品分级、整理、包装、冷藏、储藏、运销和市场开拓上下功夫，使农民专业合作社成为促进农业产业化经营的重要组织载体。

第二，农民专业合作社的发展，在市场营销方面不断进行探索和创新。农民专业合作社引导农户联合起来进入市场，肩负起农产品直销的重任，提升了农民的市场地位，解决了单家独户交易地位不平等、信息渠道不对称、销售不成批量、市场空间狭小等突出问题；实现延伸产品链，联合运销，减少在流通中的利益流失，农民更多地分享到了农产品流通环节的增值效益。农民专业合作社的壮大为农户与市场之间搭建起一座桥梁，缓解了买难卖难的市场冲突，有效维护了市场秩序。

第三，农民专业合作社的发展，奠定了"农超对接"的基础。2010 年中央一号文件提出了"全面推进农超对接，重点扶持农产品生产基地与大型连锁超市、学校及大企业等产销对接，减少流通环节，降低流通成本"的要求。北京市按照要求深入开展农民专业合作社示范社建设行动，引导其着力完善内部管理制度，提高农产品均衡供应超市的能力，提高经营和销售能力，这对农民专业合作社打牢"农超对接"基础，增加农民收入具有重要意义。

人们还记得，20 世纪 80 年代末、90 年代初"无农不稳""无工不实""无商不活"这三句话，曾经引领农村经济社会发展。进入 21 世纪，这三句话逐渐从人们的视野里淡出。原因很多，最根本的原因，是当时没有找到一个合适的农村经济组织载体能够将这三句话支撑住。如今不同了，农民合作社受到中央的首肯，合作社作为农民自己的组织，快速发展起来，它本身就具有组织农业生产、发展农产品加工、搞活农村流通的功能。只是这些功能尚需不断的培植、发育、成长而已。所以，今天重提这三句话，就有了底气，农民合作社可以将这三句话真正地支撑起来。实现这三句话也正是农民合作社应该扮演的历史角色之所在。

二、北京市农民专业合作社直销与"对接"的实践

北京市农民专业合作社进入流通领域的实践是丰富多彩的。

（一）直销与"对接"的基本状况

课题组对全市 271 个农民专业合作社作了重点调研。2010 年，271 个农民专业合作社共销售生鲜农产品 23.3 亿元。销售模式呈多元化发展趋势，对接、直销等新型销售方式占 62.1%，传统的依托农产品批发市场、商贩地头收购和农民自产自销方式占 37.9%。

第一，从销售方式看。"直接对接"企事业机关团体 2273 个，对接连锁超市 282 个，直销大学、机关食堂 159 个，自办社区专卖店 197 个，自办观光采摘园 1531 个，自建网站、网店 169 个，自建农产品物流配送中心（含地头批发市场）78 个；"间接对接"农业产业化龙头企业 243 个。

第二，从销售收入看。"直接对接"销售收入占总收入的 30.9%。其中依托企事业机关团体销售 33973 万元，占 14.6%；依托农超（农餐）对接销售 15841 万元，占 6.8%；依托社区专卖店销售 8101 万元，占 3.5%；依托观光采摘销售 6205 万元，占 2.7%；依托农校、农餐对接销售 3476

万元，占 1.5%；电子商务销售 4151 万元，占 1.8%。"间接对接"销售收入 69.1%。其中依托农业产业化龙头企业销售 63477 万元，占 27.2%；依托各类农产品批发市场销售 55195 万元，占 23.7%；农户社员自销19704 万元，占 8.4%；依托社会农产品经纪人（商贩）销售 13429 万元，占 5.8%；田间地头销售占 4%。

第三，从销售效益看。2010 年成员平均收入比周边同类未加入合作社的农民高 20%以上。联合销售成员产品在 80%以上，降低了市场交易成本 15%。北京圣泽林梨产销合作社从引种到农资供应、产品销售，实行全程服务。统一购买花粉、果袋、农药等农用生产资料，为农户节省了生产成本，加上联合销售产品，使农户增收 30%。

（二）直销与"对接"的模式

自 2008 年至今，北京市农民专业合作社创新生鲜农产品"对接"模式二种，创新直销模式六种，对此课题组进行了总结，并详尽描述了轮廓。

1．对接模式

（1）"农超对接"模式

"农超对接"是指农民专业合作社直接与大中型连锁超市签订协议销售生鲜农产品。"农超对接"的本质是将现代流通方式引向广阔农村，将农户的小生产与千变万化的大市场对接起来，构建市场经济条件下的产销一体化链条，实现商家、农民、消费者共赢。北京市密云、平谷、大兴、延庆等区县有一批农民专业合作社积极开展了"农超对接"，呈现出良好发展势态。

北京圣泽林梨专业合作社"农超对接"案例：合作社采取订单的方式，以高于市场 20%以上价格收购社员的梨，将产品整理包装后储存于保鲜库中，从当年 10 月到来年 5 月，连续向沃尔玛、美廉美、华堂、家乐福、物美等超市连锁店供货。合作社统一收购销售社员梨果 1500余吨，价格平均每公斤比市场高出 0.8 元，帮助社员增收 100 余万元。

经过大兴区政府部门组织引导，2010 年大兴区内 24 家瓜果类专业合作社的农产品已经进入了北京家乐福、美廉美、沃尔玛、华堂、世纪华联、欧尚和京客隆等多家超市，巩固和提升了大兴瓜果的市场形象和市场价值。

据平谷区统计，2010年全区12个乡、镇的34家专业合作社与北京京客隆、家乐福、华联、美廉美、物美等107家连锁超市建立了良好的合作关系。到2010年12月底，销售农产品6899万公斤，销售额35063万元。通过与超市合作，减少了流通环节，提高了农产品质量，增加了农民收入。

（2）"公司+合作社"对接模式

"公司+合作社"对接是指农民专业合作社与农产品加工龙头企业签订协议销售生鲜农产品。合作社把原料基地的农户和加工龙头企业紧密联结起来，稳了销售渠道，增强了防御市场风险的能力。

北京天安农业发展有限公司与合作社产销对接案例：该公司是从事蔬菜等优质特色农产品生产、加工、销售的龙头企业，与北京绿奥蔬菜专业合作社等一批农民专业合作社采取订单形式进行产销对接。绿奥蔬菜专业合作社80%的蔬菜供给天安公司，天安公司每天晚上下第二天的采购订单，合作社按订单分配到社员，第二天合作社收菜人员将菜集中运送公司。合作社对社员有严格的收购制度。社员采摘的蔬菜放在统一的箱子内，收菜人员贴上统一的标签，便于质量追溯，产品如有质量问题可追溯到社员。

2. 直销模式

（1）社区专营店直销模式

社区专营店直销是指农民专业合作社到城市社区开设专营店直接销售合作社产品。

平谷区合作社社区直销店建设案例：为拓展全区优质农副产品到大城市营销的空间，平谷区积极创新农产品联合营销模式，按照"畅通营销渠道，扩大销售规模，降低流通成本，确保农民增收"的要求，构建以政府公共服务为依托、农民专业合作社为主体、其他专业营销组织为补充的农产品营销体系，大力开展农民专业合作社产品直销连锁经营。2010年，区合作社指导服务中心组织有条件的农民专业合作社在市区共开设了40家社区专营店，销售全区合作社的特色农产品。截至2010年12月底，40家社区专营店累计销售农产品401万斤，销售额1218万元。

40家专营店采取"基地直采直销"的销售方式。初步形成以合作社为主体，覆盖首都主要城区的农产品直销网络，有效缩短农产品从田间到餐桌的周转次数和时间，实现了农产品的安全可追溯，并使农民获得了更多的利润。

40家专营店统一安装印有"绿谷农合"标志的彩色广告牌。在店内统一摆放"平谷区优质农产品直销店"牌匾，统一食品质量安全举报电话号码。

区政府完善相关扶持政策，加大支持力度。农民专业合作社在市区每开设一家专营店，财政补贴3万—5万元。同时，充分利用电视、报纸、网络产品推广、电子商务平台等多媒体广告形式，对农民专业合作社的各种优质农产品、特色农产品进行宣传，扩大社会影响，提高合作社的知名度。

密云县合作社连锁配送网点建设案例：其一，"合作社+营销企业"方式。2008年12月，在密云县合作社指导服务中心组织引导下，成立了农民专业合作社产品销售中心，选择10家农副产品的销售企业作为农民专业合作社产品定点销售单位，授予牌匾，形成了全县统一的农产品销售网点。其二，"合作社联合配送"方式。2010年底，下屯种植专业合作社联合了5家合作社，成立了农产品配送中心，在清华大学等院校开设了直销店。

通州区合作社超市建设案例：为突破传统农产品供应链上诸多中间流通环节的阻碍，实现产品从生产基地直销到终端市场，为市民提供更新鲜、更便宜、更安全、更有特色的原产地农产品。2011年1月，通州区合作社联合会与北京全全食超市有限公司合作，在位于通州城区黄金地段，开设了北京第一家农民合作社超市，经营面积839平方米。这实在是一件值得大书特书的大好事，是为农民办的一件大好事，其意义深远。超市经营的做法有如下三点：

一是区政府对超市场地租赁费全额补贴，每年 90 万元。区农民专业合作社联合会委托北京全全食超市有限公司代理经营超市业务，为进入超市的合作社提供一系列优惠，包括免收进场费、账期缩短和毛利降低等。

二是合作社与超市签订供货合同，与成员签订产品收购协议。在组织销售过程中的流通成本由合作社承担并控制。合作社按同期市场价格与成员进行一次性集中结算。产品集中后由合作社统一进行质量检查。产品送到合作社超市，超市按销售毛差（0—5%）控制成本，具体负责组织上柜销售。

三是保本微利直销。合作社与超市本着树立形象、打造品牌经营、拓展销售渠道、争取更多合作伙伴的目标，按照低于本地超市最高零售价格 15%的标准确定销售价格，实行保本微利直销。合作社在营销过程中的增收部分返还成员，使农民分享到最大的流通利益。

通州合作社超市与商业企业超市不同点表现在：一是以合作社农产品为主，价格较低。二是没有进店费用，成本降低。三是受益群体是农民合作社成员。

（2）电子商务直销模式

电子商务直销是指农民专业合作社通过网络直销产品。与其它销售模式相比，农产品网络营销具有交易虚拟化、成本低、效率高、透明化等特点。利用电子商务进行农产品营销，能有效避免传统销售渠道的诸多缺陷，有效解决时空上的矛盾，充分发挥营销渠道的地点和时间效用，克服农产品易腐、损耗大等自身特点所引起的流通问题。同时，由于信息获取成本低，也有利于降低农产品流通成本，化解交易风险。

电子商务直销案例一：北京卓越果品专业合作社于 2006 年建立开通了自己的网站。几年来，合作社通过网站开展网上营销、会员管理和品牌建设，紧紧把握住了市场脉搏，网站点击率达 30 多万次，完成交易 100 多笔，提高产品附加值 30%。网站成为果农了解合作社动态，客户了解合作社发展的重要载体。网站将成员的产品以最快的速度及时发布和更新。2008 年，比利时板栗歉收，比利时大使馆官员从百度上搜索到卓越合作社网站，并联系比利时客商主动找到合作社，一次达成了 10 吨的产品交易。合作社网站在促进产品销售和服务社员的同时，也进一步带动了本地林果产业规模的扩大，当地特产杂枣从 2005 年的 2000 多亩，发展到了现在的 2 万亩规模。

电子商务直销案例二：2008 年，房山区经管站顺应农民专业合作社发展需求，依托"房山农合网"构建了"网上联合社"，网上联合社开通运营两年来，为 120 家农民专业合作社建立网店，涉及入社及社外农户 20059 人。截至 2011 年 10 月底，网站点击突破 8 万人次，月均访客 1000 余人。"网上联合社"累计实现产品交易 1200 余次，经营收入 1700 万元。

电子商务直销案例三：为全面推进平谷区农产品营销市场体系建设，2011 年 8 月，北京绿谷农合农产品产销联合社利用"生鲜农产品全程电子营销系统"，建成并开通了平谷区综合农产品网络营销系统。这是全国第一个农民专业联合社开办的电子销售平台，第一个"农超对接"的网上交易平台，第一个合作社农产品直销配送中心。系统的主要功能有三个：一个是以现代信息技术为支撑，整合平谷全区的农产品与家乐福、沃尔玛、永辉等超市通过网上建立营销交易平台，实施"农超对接"。第二个是实现与北京城区 40 家平谷农产品社区专营店实时网络联系、营销情况监控和商品配送。第三个是利用北京市农村经济研究中心开发的"合作社经营管理系统"，实现对合作社生产经营全过程的数据录入、监控和农产品安全追溯。

（3）"农校、农餐、农宅"直销模式

"农校、农餐"直销是指农民专业合作社通过与大学院校、大机关食堂和饭店餐馆签订协议直接供应农产品。如平谷绿都兴瑞养殖专业合作社与北京大学和北京航空航天大学签订了鸡蛋直供协议，每天供应鲜鸡蛋近万斤。延庆绿福隆蔬菜产销专业合作社与市政府和市人大机关食堂签订了蔬菜专供协议，每天供应各种蔬菜 1000 多斤。这种直销模式不但使合作社建立了稳定的销售渠道，也保证了农产品的质量。

"农宅"直销是指通过网上下单、付款、送菜上门的方式，向消费者提供农产品。如延庆绿菜园蔬菜专业合作社通过两种方式实现农宅对接销售。第一种是根据订单配送。承诺在北京城区五环以内，订购有机蔬菜 5 公斤以上，由合作社派专人配送，保证订购的蔬菜产品从田间采收到送货上门不超过 5 小时。这是目前北京市场所能提供蔬菜新鲜程度最高的指标。第二种是智能柜配送。在北京城区有机蔬菜需求量较大的高档小区定点安放智能交付柜，采取每天定点配送的方式保证当天将客户订购的蔬菜送到社区。

"农宅"直销的特点，一是"端到端"交易。绿菜园蔬菜专业合作社依托当代网络技术，开创了蔬菜果品"端到端"销售的运作模式，为生鲜农产品的销售开辟了新渠道。二是质量有保证。是成功的优质蔬菜销售模式。目前高档优质蔬菜以超市销售为主，受"诚信"不足的影响经常滞销，导致优质蔬菜生产发展缓慢。农宅对接创新性地提出了蔬菜"5 小时"新鲜度指标，由合作社组织配送，保证了蔬菜质量的可追溯性；未来还要提供蔬菜采摘、配送全过程的视频监控服务，提高蔬菜品质的诚信度。农宅对接模式基于互联网技术，满足了当代消费者灵活选择的需求，有望促进高档蔬菜种植产业的发展。三是买卖均满意。农宅对接去掉了传统流通中层层中间商，节省了流通成本，买卖双方都可以得到实惠。农民专业合作社以低于超市同种蔬菜产品 30% 的价格定价，仍然可以保证社员增收 30%。

（4）观光采摘直销模式

观光采摘直销是指农民专业合作社通过发展观光、休闲、度假农业，以客户采摘形式直接销售农产品。随着郊区都市型现代农业和农村生态旅游业的发展，这种农业与旅游业交叉形成的新型、高附加值的观光、度假和休闲农业，成为合作社销售农产品、提高农民收入的重要载体。2010 年，全市 271 个示范合作社中有 106 个合作社建有观光采摘园，采摘价格比市场零售价格高出 1—2 倍。采摘园给合作社带来可观的经济效益，还产生了良好的社会效益和生态效益。

（5）互助直销模式

互助直销是指农民专业合作社之间组织起来形成销售联盟，共同销售产品。郊区大多数合作社产业规模小、品种单一，很多客户特别是团购客户对农产品的需求多样，合作社之间调剂余缺，共同销售产品就成为普遍现象。昌平、密云、大兴等区县的一些专业合作社在互助联销的基础上，成立了销售联盟，取得了很好的销售业绩。

昌平区销售联盟案例：昌平区单个专业合作社产品的批量有限，开拓市场的能力不足。为了开拓市场，营坊昆利果品专业合作社、老君堂生态养鸡专业合作社、燕昌红板栗专业合作社等 12 个专业合作社发起组织了昌平专业合作社产品销售联盟，于 2009 年 6 月在昌平区挂牌营业。销售联盟销售农产品有代销与直销两种方式。代销产品占 80%，直销产品占 20%。把多种特色农产品成功打入城区便利店。销售联盟统一配送车辆，统一宣传品牌，聚集各类资源，抱团闯市场。这一做法，受到区政府的高度重视。2009 年 9 月，区政府出资 50 万，镇政府提供土地，在天通苑社区开设农产品精品店；10 月份由工业局免费提供场地，在回龙观京北农产品批发市场建设 400 平方米的农民专业合作社产品展销批发区。区农委还推荐联盟到沈阳参加全国展销会，把昌平产品销往全国。

（6）车载菜市直销模式

车载菜市直销是指农业专业合作社运输菜车在特定时段进入特定城市社区、街道直销蔬菜。这种销售模式在一些国家也比较流行，比如美国一些地方周末允许农民自己开着车拉蔬菜和水果到指定地方卖货，但卖后要将场地清扫干净。

2011 年 6 月，商务部和北京市政府联手推出了"周末车载蔬菜市场工程"。本着"政府引导，市场运作，减少环节，便民利民"的原则，首批试点在海淀区、朝阳区、丰台区、石景山区共设立 4 个市场，由延庆绿富隆蔬菜生产基地和大兴区礼贤合作社两个供应商直供，蔬菜品种达 20 多种。由于减少了中间流通环节，社区又免去了菜商的租金、管理费，蔬菜价格比周边市场便宜 15%。周末菜市场是一项惠民工程、民生工程。周末车载菜市场开通后，蔬菜新鲜，价格公道，一方面深受市民欢迎，像望京周末车载菜市场每个周六只安排 3 个小时销售，但当地很多市民宁愿排队，也要来此购菜；另一方面深受菜农欢迎，农民专业合作社向菜农收菜价格比菜贩高 10%，切实增加了菜农的收入。相对于"农超对接"，车载菜市更加亲民，减少了蔬菜运往超市的各种附加成本，蔬菜价格更能让老百姓接受。同时，还能有效地维护市场秩序，减少摆地摊人群和市场闲杂人员。

2011 年 10 月 1 日早上 7 点 30 分，时任国务院总理温家宝来到北航社区，考察设在这里的周末车载蔬菜直销市场。温总理一到市场，就与延庆菜农张余栋聊起来，询问蔬菜采摘、运输、价格和收入情况。张余栋告诉总理，凌晨两点进大棚摘菜，经过一个半小时的路程直接运到社区。这样收入比以前卖给经销商要多。听到这些，温总理十分高兴。他说："谢谢你们，你们支持了城市居民生活，又增加了自己的收入。我说这叫'两满意'：一个是生产者满意，一个是消费者满意。要做到这一点，就需要减少中间环节，降低流通费用。最好的办法是产销对接，让农民直接和超市、学校、社区对接，这样农民可以多卖钱，消费者可以少花钱。最重要的是消费者可以买到价格合适的新鲜蔬菜，还减少蔬菜损耗。"

北京的市场是多元化的，这决定了北京的流通方式也是多元化的。北京都市型现代农业走高端产业化之路，也就决定了农产品流通也要走高端化直销之路。直销这种古老的销售方式经过历史的螺旋，在现代生活的高端重新演生出来，被赋予了全新的内容。农民专业合作社创造的两种对接模式与六种直销模式，正是适应了北京都市型现代农业的发展需要，是值得充分肯定的。从发展的趋势看，我们更支持六种直销模式，我们更支持办农民自己的超市。

三、北京市农民专业合作社直销与"对接"的理论探讨

北京市农民专业合作社农产品直销与"对接"的实践，为理论分析提供了依据。

（一）农产品直销的概念

按照现代经济理论的解释，农产品直销实际上是将农产品的部分利润从代理商、分销商、生产商处转移给直销商的一种经营形式。直销有效地实现了减少流通环节，降低流通费用，加快资本周转，贴近顾客，将产品快速送到顾客手中。直销也同时更好地将顾客的意见和需求迅速反馈给生产者，有助于生产者调整生产结构和提高产品品质。因此直销业态能够迅速崛起成为现代营销的新锐就不足为奇了。农民专业合作社进行的农产品直销，简单地说就是农民通过农民专业合作社，直接把产品销售给最终消费者。

（二）农产品直销与传统销售的比较

在传统的农产品销售中，农民作为农产品的生产主体，在销售环节处于非主导地位，这时农产品流通环节难以免除较多的环节，农产品销售存在着发散型"蛛网波动"的现象。许多农产品陷入了"涨价——扩大规模——跌价——市场紧俏——又涨价"的恶性暴涨暴跌的怪圈。即农产品的价格与产量变动相互影响，引起规律性的恶性循环变动。1930年美国的舒尔茨、荷兰的 J·丁伯根和意大利的里奇各自独立提出这个理论，由于价格和产量的连续变动用图形表示犹如蛛网，1934 年英国的卡尔多将这种理论命名为"蛛网理论"。

在传统的农产品销售过程中，产生蛛网现象恶果的原因有以下几点。第一，在产前环节，单独的农户对市场信息的获取渠道单一，而且滞后失真，生产无序竞争。第二，在产中环节，生产无技术指导。第三，在产后环节，加工无技术标准。第四，在流通环节，存在多级批发商。第五，在销售环节，不了解需求方的需求。而产生这一现象的根本原因是农民处于非主导地位。

在农民专业合作社农产品直销过程中，农民由非主导地位向主导地位过渡，多余的流通环节被农民专业合作社取代，部分流通费用被直销主体吸收消化。这时，农产品的产业链上的产前环节，以产定销，品种和产量有规划。在产中环节，农民专业合作社对生产有要求和指导，在产后加工环节，产品有品牌、有精细包装。在流通环节，产销两个领域直接对接，减少批发环节。在销售环节，满足消费者的要求（传统销售与直销对比见表2-1）。由此可见，农民专业合作社直销农产品，在流通中进入主导地位，可以有效地扼制"蛛网波动"，有助于稳定农产品市场，解决"最后一公里"症结。

表2-1　农产品直销与农产品传统销售对比表

产品产业链	产　前	产　中	产　后	流　通	销　售
农产品直销	以产定销产品有规划	有合作社指导	按照技术要求加工、包装	生产消费直接对接	满足消费者要求
农产品传统销售	以往年价格参照，无序生产	无技术指导	加工无序无质量标准	经过多级批发环节	不了解需求方需求
农产品直销的优势	供求均衡价格相对稳定	农产品质量可回溯追踪管理	提高农产品附加价值	缩短时间降低流通成本	农民增收居民受益

（三）农产品直销与"对接"的销售主体的对比

北京市农民专业合作社农产品直销与"对接"的八种形式有各自的特点和优势，按照销售主体可以划分为三类：一类是以农业专业合作社为销售主体创造出的六种农产品供应链的形式，一类是以大型超市或者连锁超市为销售主体的农产品供应链形式，一类是农产品加工企业为销售主体的农产品供应链形式。

以农民专业合作社为销售主体，是前向一体化对接。这种对接是通过合作社向销售环节延伸实现的。合作社主导了"农超一体化"，这种模式即前向一体化对接。北京市农民专业合作社主导一体化，更多地是创造"农宅、农餐"对接、"车载直销"和自办社区菜店等形式。这种形式，取消了超市的环节，农民专业合作社直接与城市居民消费者无缝对接，缩短了流通时间，极大地减少了流通费用，流通利润归农民，使农民增收。

以超市为销售主体，是后向一体化对接。这种对接模式是通过超市向生产环节延伸实现的。超市主导了"农超一体化"，这种模式即为后向一体化对接。超市与农民专业合作社签订直采购货合同或者帮助农民专业合作社建立蔬菜等农产品生产基地。这种形式，虽然增加了超市的环节，但是有助于建立产品回溯追踪制度，使产品质量有保障。但是，流通利润大部分要归超市。

以农产品加工企业为销售主体，是"前后兼顾"型一体化对接。一方面兼顾了农民专业合作社的生产，一方面兼顾了大型超市品种、质量和数量需求。但是，我国目前大部分农产品加工企业不是农民自己办的企业，加工企业要分享流通中的利润（农产品直销形式对比见表2-2）。

表2-2   农产品不同销售主体对比（按照销售主体）

销售主体	产 前	产 中	产 后	流 通	销 售
农业专业合作社为主体	产品需要寻找市场和买家	质量有一定保障	按照客户要求加工产品	产销对接流通利润归合作社	农产品生鲜有保障
大型超市为主体	按照合同要求提供产品	有技术指导和品质要求	加工有序有质量标准	无批发环节流通利润大部分归超市	农产品可建回溯追踪制度
农产品加工企业为主体	产品供应稳定生产有计划	农产品质量可回溯追踪管理	提高农产品附加价值	利润由农产品加工企业要分享	农民居民企业超市四方分利

从上述分析中可以看出，谁在农产品销售中居主体地位，谁就能拿到流通环节大部分的销售利润。尽管农民专业合作社要确立在农产品流通中的主体地位，还存在很大的难度，但是从发展的趋势看大有作为。

（四）农民专业合作社作为直销主体的作用和意义

从作用的视角来看，农民专业合作社作为农产品直销的主体，成为连接农产品流通与农业产业化发展的纽带，提高了农民产销两个方面的组织化程度。农民在生产方面的组织化程度的提高，有助于农民扩大生产规模、调整种植结构和实施农产品品牌战略，从而推动农业经济发展方式的转变。农民在销售方面的组织化程度的提高，有助于农民克服"小生产"与"大流通"的困难。根据国际合作社直销经验数据，原料产品在消费者价格中的分享比例平均为30%，加工后可增加分享比例31%，直销后还可增加分享比例39%。农民专业合作社参与直销，使农民分享到流通环节的增值收益，为农民增收致富构建了长效机制。使农民专业合作社参与直销，还有助于政府对生产与市场进行宏观调控和计划调节，避免生产的盲目，防止市场的失灵，最终达到稳定市场物价的目的。这正是中央政府鼓励农民专业合作社开展农产品直销的初衷。事实上，国际合作社发展史充分证明，合作社先天就具有强大的生命力，一旦其生产与销售功能被挖掘，解决"三农"问题的能力是无穷的。所以说，农民专业合作社进军流通领域，是必然趋势，是解决"三农"问题的必然选择。

从意义的视角来看，农民专业合作社作为农产品直销主体，是在中国农业发展的历史长河中建立起了一座历史丰碑。它改变了中国农民世代只会从事农业生产的历史状态，它摆脱了中国农民世代只能忍受中间商盘剥的历史困境，第一次主动地融入市场经济的大潮中，肩负起历史的重任，向农业产、供、销一体化迈出了坚实的一步。这在中国农村、农业、农民中是一件新鲜事物，有着旺盛的生命力。因此，对农民专业合作社领军农产品流通的尝试，其积极的历史意义和作用，无论给予多么高的评价与赞誉都不为过。

四、北京市农民蔬菜专业合作社生产与流通问卷调查评估

2011 年课题组对北京主要相关区县的 39 家农民蔬菜专业合作社开展了问卷调查，发放问卷 39 份，回收 39 份，回收率 100%。在此基础上，开展了蔬菜农产品直销专题调查。试图分析农产品直销中的典型问题，为搞好这一工作建言献策。

（一）问卷调查的现状述评

1. 农民蔬菜专业合作社的概况评述

合作社平均社员 156 人，平均土地经营规模 100—500 亩以上的占 50%，表明合作社发展有稳定的基础。合作社 90%经过工商注册，以股份合作制形式为主，表明合作社朝着正规方向发展，"权益共享，风险共担"成为合作社主要经营方式。合作社注册资金 10 万元以下的占 60%，表明合作社经济实力尚且薄弱。合作社平均利润 27.95 万元，人均 1792

元，尽管还不高，但毕竟已经开始盈利，表明合作社有发展的潜力。

2. 农民蔬菜专业合作社产品品质状况评述

合作社自主知识产权产品不足一成，50%的产品有国家认证，距离安全生产和无公害生产还有差距。合作社自检产品两成，自有品牌三成，说明合作社生产经营粗放，蔬菜生产走向正规化、品牌化要有一个很长的过程。

3. 农民蔬菜专业合作社生产状况评述

合作社拥有蔬菜温室大棚的比例仅占三成，距离现代化的全天候的蔬菜生产还有距离。合作社蔬菜商品率95%，说明合作社蔬菜生产有进一步发展的空间。

4. 农民蔬菜专业合作社的流通状况评述

合作社产品六成蔬菜供应北京市场，两成多供应海外市场，生产形成了以供应北京市场为主、海外市场为辅的格局，表明了北京蔬菜生产的品质已向优质化的方向发展。

合作社高档蔬菜供应的对象以团购的机关团体、运销专业户和高档饭店为主，超市仅占1.37%，产地批发市场5%，两者相加不足一成。这从一个侧面反映了北京市的蔬菜生产成本高，特别是劳动力成本高，直销供应高端市场才有经济效益的状况。

合作社在48.09%的直销份额中，以产销两地的批发市场占了近九成，超市仅占一成。在41.78%的自营份额中，产地批发市场占了七成，农贸市场占了两成多，超市没有份额。说明"农超对接"还没有实质性的进展。

合作社的直销和自营总量占九成，代理只有一成，说明农民专业合作社能够担当农产品直销重任。

根据上述问卷数据调查可以给出的判断是：北京市农民蔬菜专业合作社初步建成了一个比较正规的、以股份合作制为主体的生产体制；经济效益还处在较低的水平；生产没有达到规模化、集约化和现代化的水平；没有形成以优质品牌为主导的蔬菜生产格局；蔬菜生产要供应高端市场才能有益；蔬菜供应以直销和自营为主体，但供给超市的比例不高。

（二）问卷调查反映的问题

第一，生产方面的问题。在对生产方面各项问题的回答中，生产资金短缺占 39.66%，化肥农药等生产资料价格高占 31.03%；灾害、病虫害、疫病等影响占 20.11%；没有加工占 18.97%；蔬菜生产的利润比不上外出打工占 12.64%；没技术占 10.92%；蔬菜生产手段比不上其他省份占 9.20%。

从这些问题看出，北京市蔬菜专业合作的生产方式和产业健全度较差。一家一户生产经营状况还没有改变。这种生产方式的改变需要农民蔬菜专业合作社生产实力的逐步加强。

第二，蔬菜流通方面的问题。在对蔬菜流通方面问题的回答中，运输成本高占 29.89%；信息不通占 25.86%；市场价格制约占 14.94%；流通交易费用高占 12.07%；蔬菜竞争不过外埠蔬菜占 11.49%；产品卖不上价钱占 9.20%；市场门槛费（准入）制约占 8.62%；只能在村市场交易占 7.47%。

从这些问题看出，农民专业合作社尚处于"小、弱、散"状态，营销服务功能还是薄弱，能开展产品直销的不占多数，需逐步培育增强农民专业合作社的营销服务功能。

第三，面向政府的诉求。在对面向政府的诉求问题的回答中，建立农产品直销通道占 40.23%；加大市场建设力度占 39.08%；对农产品流通进行补贴占 39.08%；建立畅通的信息交流平台占 36.21%；支持合作社主导农产品销售占 35.06%；降低交易费用占 18.39%；放宽超市准入条件占 13.79%；免交易税费占 9.20%。

从这些诉求看出，农民蔬菜专业合作社迫切希望政府帮助畅通农产品流通渠道，降低流通费用，建立信息交流平台，建立以农民蔬菜专业合作社为主导的蔬菜供应体系。

（三）问卷调查，若干主要问题分析

1. 农民专业合作社为何难走"农超对接"之路

问卷调查清楚地表明农民专业合作社的销售还是以批发市场为主，

兼有对学校、机关、饭店直销，并没有真正走上"农超对接"直销之路。原因有如下两点。

第一，合作社方面的原因。生产还是靠一家一户分散经营，生产规模小，尤其蔬菜生产还处于季节性的生产供应阶段，这种状况难以满足"农超对接"的高标准要求。因此，农民专业合作社既形不成"交易型"的农超对接，也形不成"生产型"的农超对接。小生产很难与大市场、大流通对接。

第二，超市方面的原因。以超市为主体的农超对接，要承担流通领域的角色，其对蔬菜的收集、加工和运输后，相应中间环节的费用增加，并未降低流通环节的费用。超市的零售价格高出农民的地头价格很多。正如邱述兵指出：按照"等量资本追求等量回报"原则，超市作为市场活动的营利性企业组织，其直接目的就是要实现经营效用最大化（即最大利润），因此超市要压缩农民蔬菜专业合作社的利润空间。[①]农超对接在合作社和超市的博弈中，相互信任的建立需要一个过程，在去除中间阻力上还有很多问题并没有解决。从北京市农超对接的实践看，总体上还处于起步阶段，对接规模不够大、对接面不够广、对接关系不够稳。

2. 农民专业合作社为何难走直销之路

农民专业合作社没有建立直销体系的重要原因，是没有建立一个有效的物流支撑体系。主要表现为没有保鲜加工设备，没有现代的物流信息处理系统，更没有冷链物流存储设施，在生产规模小的条件下，无法配置、匹配和享用这些设施。所以，只能到相对完善的批发市场完成蔬菜的销售活动。农产品直销更强调内在机制上关联度的统一和资源的整合。这种资源整合实际上对物流支撑体系提出了更高的要求。正如杨青松所说：以批发市场为核心的蔬菜流通模式，在流通环节参与主体之间的交易以一次性买断为主。这种买断的结果是一种无奈，也是一种必然。[②]

刘树、谷莘在《北京市周末直销菜市场及早晚市等临时摊点调查》

---

① 邱述兵. 影响大宗蔬菜"农超对接"效率的因素与对策研究[J]. 价格理论与实践，2011（6）：32.

② 杨青松. 农产品流通模式研究 以蔬菜为例[D]. 中国社会科学院，2011（5）.

中指出：京郊菜农进城开办周末车载蔬菜市场，许多合作社都把这当成了一件公益事来做。然而，合作社本身实力有限，若是自行将菜运送到社区销售，虽然减少了流通环节可以让利于市民，但其物流、人工等成本却大大增加了，即使能做到"持平"，长此以往，又如何能坚持下去呢？因此，他们建议，政府应当加紧规划管理，解决人手短缺、运输能力不足和场地不固定不完善等问题。就是说政府要为农民专业合作社直销创造出尽可能多一些的有利条件，让农民专业合作社直销之路走得更平稳一些。

五、北京市开展农民专业合作社直销的有利因素

北京市和全国其他地区一样，采取农超对接等蔬菜直销有两年多的时间，农民专业合作社创造出了八种直销与"对接"模式。这些模式得以产生和继续发展，有很多有利的发展因素。

（一）国外农产品流通的形式与经验

世界级城市的农产品流通渠道分为"市场流通"和"市场外流通"两部分[①]。

1. 市场流通

生产者直接或经过上市团体、货物收集者将农产品经各类批发市场集散、交易、形成价格后，经零售商、加工业者和大的消费团体将农产品最终转移到消费者手中，有三种模式。

第一种，以日本为代表的东亚模式。批发市场为主渠道，以拍卖为手段。农产品流通的特点：流通渠道环节多，流通成本较高，流通过程表现为"生产者－上市团体－批发商－中间批发商－零售店－消费者"；利润分配不均；流通规范化、法制化、效率高。

第二种，以法国为代表的西欧模式。坚持批发市场公益性原则，努力降低成本。鼓励发展产、加、销一体化，并将产前、产后相关企业建

---

① 黄勇，易法海，杨平. 国外农产品物流模式及其经验借鉴[J]. 社会主义研究. 2007（3）：133-135.

在农村；农产品实行标准化生产。

第三种，以美国为代表的北美模式。农产品销售以直销为主。美国果蔬类产地直销比例占80%左右，经由批发市场流通销售的仅占20%左右。由于零售连锁经营网络和超级市场的发展，零售商的规模和势力不断壮大，并且货源稳定、供货及时，产地直销的流通形式应运而生。因此，大型超市、连锁经销的零售商左右着农产品的交易。北美模式农产品流通的特点：产地市场集中，销地批发市场分布在大城市，流通渠道短、环节少、效率高，服务机构齐全，现货市场与期货市场并举，市场交易以对手交易为主。

2. 市场外流通

农产品不经过批发市场交易而是经过全国农协、商社的集配中心、果蔬超市、生协直接转移到消费者手里，是生产者与消费者直接交易的流通形态。市场外流通是发达国家农产品流通的一种发展趋势。

20世纪90年代后，日本农产品流通市场上出现了一种新的流通模式——直销店，是一种设立在农家周围销售当地农产品的商业设施，有两个特点：一是直销店以当地农户为流通主体，农民成为流通渠道的支配者。农户既是农产品的生产者又是商品经营者。他们把自产的农产品拿到直销店去出售，直接与市场衔接，解决了农产品销售困难的问题，最终还掌握了自销农产品的销售价。二是地产地销。这是直销店最主要的一个特点。为了便于农产品的销售，直销店一般都在城市近郊、城乡结合部或农产品产地开设，尽量缩短农产品从产地到消费者的空间距离。地产地销缩短了空间距离，大大节省了流通时间和流通成本，搞活了当地经济，提高了农民收入，一举多得。近年来，韩国农产品直接进入零售环节的比率由3.6%上升到13.5%；网上销售比率上升较快，已经占1%左右。市场外流通符合流通规律。

3. 国外农产品流通的特点

第一，农产品物流公共设施发达。农产品保鲜期短，便利快捷的运输、合理的流通网点分布对于降低农产品损耗，提高农产品流通交易效率至关重要。荷兰的蔬菜、水果的损耗率仅为5%，我国却高达25%。

在促进农产品流通过程中，各国政府都十分注重发挥公共设施服务功能的作用，不断完善基础设施，优化网点布局。日本政府在对房屋、仓库、场地、道路等主体基础设施的投资占其总投资的40%；欧盟每年也从财政中拨款，对改善农产品运输、储存、加工和销售的项目进行补贴，包括修建道路、码头、仓库（包括冷库）和市场等基础设施，此项补贴占欧盟农业基金的25%，在某些基础设施较差的地区甚至可达30%—50%。

第二，农产品物流信息化程度高。日本在生鲜农产品的零售服务上，利用电子网络销售也十分盛行。消费者只要发一封电子邮件，运输公司就可及时送货上门，保证质量。据统计，日本在2003年利用网上电子交易的人数已达2186万人，是1998年的8倍，交易规模已达32万亿日元，是1998年的50倍。

第三，农产品物流组织化程度高。日本农协、美国行业协会、瑞典合作社都是很有影响力的组织，它们在加快农产品流通中起着非常重要的作用。如成立于1974年的日本农协是一个拥有强大经济力量的遍及全国的民办官助的农民群众经济团体，作为组织农产品进入流通的关键性组织，它把分散的各个农户组织起来，极大地增强了农民作为卖方的价格谈判能力，保护了农民的利益。基层农协在产地一般都建有农产品集贸所，负责本农协成员产品的集中、挑选、包装、冷藏和组织上市。农协不仅为自己的会员解决产品销售、运输问题，还将批发市场内的购销信息及时传递给农户引导生产。

第四，农产品物流标准化程度高。推行农产品物流标准化对于提高流通效率，降低流通损耗具有十分重要的意义。日本经过多年努力，目前实现了从农产品净化到包装标准化的变革，建成了从集装箱、小包装箱、托盘、搬运机械、运输设备、到库房的一系列标准化系统，为现代化农产品流通提供了保障。

第五，农产品物流有完备的法律法规及市场条例指导。发达国家都建有完备的法律法规及市场条例，规范农产品流通行为。有法可依、执法严谨，有效地保护了正常贸易者的利益，维护了公平竞争、高效率流通的秩序。

国外农产品流通的基本经验：一是现代农产品流通体制具有一定的公益性。如果是非公益性的，比如日本中央市场的拍卖体制，就有向直销体制转化的趋势。二是现代化的流通能促进现代化生产。小规模的流通只能适应小规模生产，大规模流通才能促进大规模的生产。现代农业如果没有现代化流通方式的带动，是很难上到更高一级台阶的。三是市场内流通和市场外流通两种体制是并存的，像蔬菜一类的生鲜农产品的流通更适于市场外流通体制，走直销经营的途径。这为我国农民专业合作社发展生鲜农产品直销提供了实践依据。

（二）国家的一系列政策支持生鲜农产品直销

中央政府及有关部门推出的一系列发展和扶持生鲜农产品直销的政策，有力地推动了这一工作的开展（见表 2-3）。政策影响有以下几点。

表 2-3　国家支持农产品直销的系列政策表

发文时间	文件名称	发文部门	主要内容
2008 年 12 月 5 日	《商务部 农业部关于开展农超对接试点工作的通知》（商建发〔2008〕487 号）	商务部 农业部	引导大型连锁超市直接与生鲜农产品产地的农民专业合作社对接。
2008 年 12 月 30 日	《国务院办公厅关于搞活流通扩大消费的意见》（国办发〔2008〕134 号）	国务院 办公厅	积极推动"农超对接"，支持大型连锁超市、农产品流通企业与农产品专业合作社建立农产品直接采购基地，培育自有品牌，促进产销衔接。
2008 年 12 月 31 日	《中共中央国务院关于2009 年促进农业稳定发展农民持续增收的意见》	中共中央 国务院	支持大型连锁超市和农产品流通企业开展农超对接，建设农产品直接采购基地。
2009 年 2 月 9 号	《财政部、商务部关于做好支持搞活流通扩大消费有关资金管理的通知》（财建〔2009〕16 号）	财政部 农业部	支持大型连锁超市、农产品流通企业与农产品专业合作社对接，在农产品生产基地建设生鲜农产品冷链系统、快速检测系统、配送中心等项目。
2009 年 6 月 12 日	《商务部 财政部 农业部关于做好农产品"农超对接"试点工作的通知》（商建发〔2009〕286 号）	商务部 财政部 农业部	试点建设"农超对接"项目，大型连锁超市、农产品流通企业与农产品专业合作社对接。包括生鲜农产品冷链系统、快速检测系统、配送中心等基础设施项目。

续表

发文时间	文件名称	发文部门	主要内容
2009年5月10日	《国务院关于当前稳定农业发展促进农民增收的意见》（国发〔2009〕25号）	国务院	搞好农产品流通。继续支持骨干农产品批发市场进行升级改造，加快培育大型农产品流通企业，支持大型连锁超市开展"农超对接"。
2011年2月23日	《商务部 农业部关于全面推进农超对接工作的指导意见》（商建发〔2011〕43号）	商务部农业部	"十二五"期间大中型城市生鲜农产品经超市销售比重翻一番，达到30%。
2011年8月2日	《国务院办公厅关于促进物流业健康发展政策措施的意见》（国办发〔2011〕38号）	国务院办公厅	①优先发展农产品物流业。大力发展"农超对接""农校对接""农企对接"等产地到销地的直接配送方式。②支持发展农民专业合作组织，促进大型连锁超市、学校、酒店、大企业等最终用户与农民专业合作社、生产基地建立长期稳定的产销关系。

1. 大型超市或者连锁超市企业直接获益。随着农产品直销工作的深入开展，"农超对接"的主体，在政府文件的表述中，由最初的"大型连锁超市直接与生鲜农产品产地的农民专业合作社对接"，逐渐转为"大型连锁超市、农产品流通企业与农产品专业合作社"的对接。显然，在以大型超市为主渠道的农超对接中，大型超市或者大型农产品流通企业是对接主体，国家的优惠政策和试点项目也是向大型超市或者大型农产品流通企业倾斜的。

2. 农民专业合作社在"农超对接"中间接受益。最主要的原因是农民专业合作社势单力薄，还不能均衡地提供农产品，还需要"同类农产品合作社在自愿的基础上开展联合与合作，充分发挥集聚效应，形成规模效益，提高均衡供应超市农产品的能力"。农民专业合作社在与大型超市的对接中，尚处于被对接和被照顾状态。需要由超市按照文件"严禁超市向合作社收取进场费、赞助费、摊位费、条码费等不合理费用，严禁任意拖欠货款。鼓励超市采取日结的方式收购蔬菜等生鲜农产品，尽量缩短账期"的要求，给予优惠政策待遇。

3．国家支持以农民专业合作社为主体的直接对接。支持发展农民专业合作组织，促进大型连锁超市、学校、酒店、大企业等最终用户与农民专业合作社、生产基地建立长期稳定的产销关系。

4．在农产品流通的基础设施的建设上、农产品加工标准等技术要求方面，国家支持农产品直销的政策及措施与国际上的农产品直销的特点、经验相吻合。这一方面反映出我们的政策更具有科学性、可操作性，符合农产品流通发展的规律和特点。另一个方面以农民专业合作社为主体的直销还在发展中，如何出台扶持直销的具体政策，还有待进一步探索。

总之，国家一系列支持生鲜农产品直销政策，对农产品直销的发展是一个强有力的推动，农民专业合作社作为直销与"对接"的主体，都将是受益者，有所区别的是利益分配的比例不同而已。农民专业合作社如何用好政策，抓住直销的机遇是一个重要的课题。

（三）北京市的一系列政策支持生鲜农产品直销

按照党中央国务院和国家相关部委扶持农业发展、支持农产品直销的政策要求，北京市结合自己的实际情况，制定了一系列的支持生鲜农产品直销的政策（主要政策见表2-4）。

表2-4　北京市支持农产品直销的系列政策表

发文时间	文件名称	发文部门	主要内容
2010年11月30日	《北京市人民政府关于统筹推进本市"菜篮子"系统工程建设保障市场供应和价格基本稳定的意见》（京政发〔2010〕37号）	市政府办公厅	①蔬菜自产总量450万吨，自给率35%。②外埠基地80万亩，供给控制率50%。③合理规划布局批发市场和零售网点。④打造新型流通体系。推进"农超对接"。
2010年12月4日	《北京市人民政府关于切实做好稳定消费价格水平保障群众基本生活有关工作的通知》（京政发〔2010〕39号）	市政府	①蔬菜自产总量450万吨，面积70万亩，其中设施蔬菜35万亩。②发展多元化区域合作模式，保障农产品货源供应。③优化市场流通渠道，推进"农超对接"和"农餐对接"工作。④完善包括蔬菜的政府储备。

发文时间	文件名称	发文部门	主要内容
2011年5月12日	《关于建设国家现代农业科技城开展科技支撑与成果惠民工程的意见》（京科发〔2011〕265号）	市科委、市农委、市商务委、市园林局、市农业局	①科技支撑"菜篮子"建设工程。②科技支撑农产品物流提升工程。进一步构建冷链物流技术、贮藏保鲜技术、物联网信息技术等为科技支撑的现代物流体系。
2011年7月8日	《关于加快北京市蔬菜零售网络建设的指导意见（试行）》（京商务规字〔2011〕20号）	市商委、市发改委、市财政局、市农委、市工商局	①建网点、保功能，减环节、降成本，稳供应。②社区菜店、生鲜超市为重要补充，网络直销为新生力量。③发展蔬菜直营直供，鼓励外埠和本地蔬菜生产基地、农村生产合作组织建立连锁化、公司化经营的社区直营菜市场。
2011年7月14日	《关于印发〈北京市"菜篮子"工程标准化生产基地评定工作实施方案〉的通知》（京农发〔2011〕165号）		①加快推进本市"菜篮子"工程标准化生产基地建设和标准化生产。②工程建设向生产稳定发展、产销衔接顺畅、质量安全可靠、市场波动可控、农民稳定增收、市民得到实惠的方向可持续发展。
2011年8月15日	《北京"十二五"都市型现代农业服务体系总体规划》（京政农函〔2011〕50号）	市农委、市农业局、市发改革、市科、市水务局、市商委、市园林局、市金融局	构建现代农业服务体系。其中农产品流通服务体系包括流通主体产销，扶持农产品生产基地、农户或专业协会开展与消费者直接对接。
2011年10月8日	《关于印发〈北京市"十二五"时期农产品流通体系发展规划〉的通知》（京商务规字〔2011〕25号）	市商委	大力发展"农超对接"、"农餐对接""场店对接"、无店铺流通等以物流配送为特征的现代流通模式，减少流通环节，提高流通效率。现代流通模式交易量占比由20%上升到30%。

北京市生鲜农产品直销涉及生产和流通两个领域。这两个领域都存

在着很多问题。因此，北京市政策的制定也是围绕生产和流通开展的。

第一，生产方面。针对蔬菜耕地面积大幅缩减、产量逐年下降的局面，提出了以菜篮子工程建设为载体的"十二五"规划目标。建立基本菜田保有量制度，扩大蔬菜种植面积。建设 70 万亩菜田，其中设施蔬菜 35 万亩。蔬菜产量达到 450 万吨，主要品种自给率达到 35%。实现均衡生产、淡季供菜。

第二，流通方面。制定出"'十二五'时期农产品流通体系发展规划"。近期目标：初步形成以批发市场为核心、以物流配送中心为支撑、以零售网络为保障的现代农产品流通体系。远期目标（2020 年）：形成全市覆盖、连锁经营、组织化程度较高的农产品零售网络；农产品批发市场与生产基地和零售末端紧密衔接，货源保障充足，形成布局合理、渠道通畅、安全高效、保障有力的农产品现代流通体系。

在流通模式[①]上，采取现代与传统相结合的方式。一是现代流通模式。发展"农超对接"、"农餐对接"、"场店对接"、无店铺流通等以物流配送为特征的现代流通模式，减少流通环节，提高流通效率。现代流通模式交易量占比由 20% 上升到 30%。二是传统流通模式。促进批发市场向生产前端和零售末端双向延伸，强化物流配送功能，逐步向现代流通模式转型升级，形成传统模式与现代模式相互补充、共同发展的流通格局。传统流通模式交易量占比由 80% 下降到 70%（流通模式见图 2-1）。

第三，保障方面。市农委和发改委等八部门联合印发了"北京'十二五'都市型现代农业服务体系总体规划"[②]。建设农业技术推广服务体系、动植物疫病防控服务体系、农产品质量安全服务体系、农业信息化服务体系、农资服务体系、农机服务体系、农业用水服务体系、农产品流通服务体系和农村金融服务体系（体系的社会化服务网络见图 2-2[③]）。

---

① 北京市商委. 北京市"十二五"时期农产品流通体系发展规划[EB/OL]. http://www. bjmbc.gov.cn/zwgk/fzgh/ndgh/201110/t20111008_56978.html

② 市农委. 北京"十二五"都市型现代农业服务体系总体规划[EB/OL]. http://zfxxgk. beijing.gov.cn/columns/108/2/276131.html

③ 北京市商委. 北京市"十二五"时期农产品流通体系发展规划[EB/OL]. http://www. bjmbc.gov.cn/zwgk/fzgh/ndgh/201110/t20111008_56978.html

```
┌──────────────────────────┬──────────────────────────┐
│      农民合作组织          │        生产基地           │
└──────────────────────────┴──────────────────────────┘
```

```
┌──────────────────────────┐
│        产地批发市场        │
└──────────────────────────┘
```

新型流通模式占
交易总量30%

经出批发市场流通模式
占交易总量70%

```
┌──────────────────────────┐
│        销地批发市场        │
├─────────────┬────────────┤
│  运销专业户  │   经销公司  │
└─────────────┴────────────┘
```

```
┌──────────────────────────┐
│       物流配送中心         │
│    （企业自建或第三方）     │
└──────────────────────────┘
```

```
┌──────────┬──────────┬──────────────┬──────────────┐
│ 菜店网店  │  菜市场   │   超市（餐饮） │   企业、团体  │
└──────────┴──────────┴──────────────┴──────────────┘
```

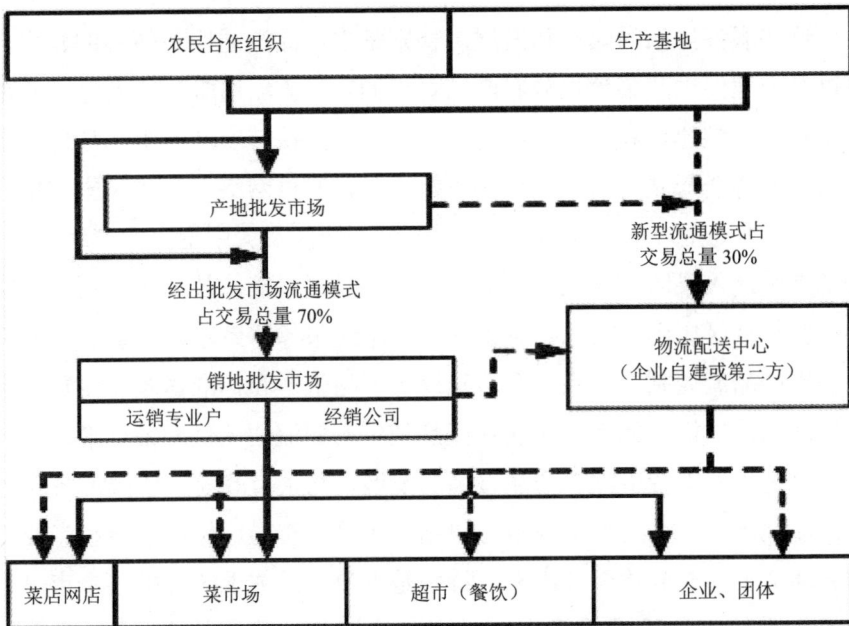

图 2-1　"十二五"时期农产品流通模式

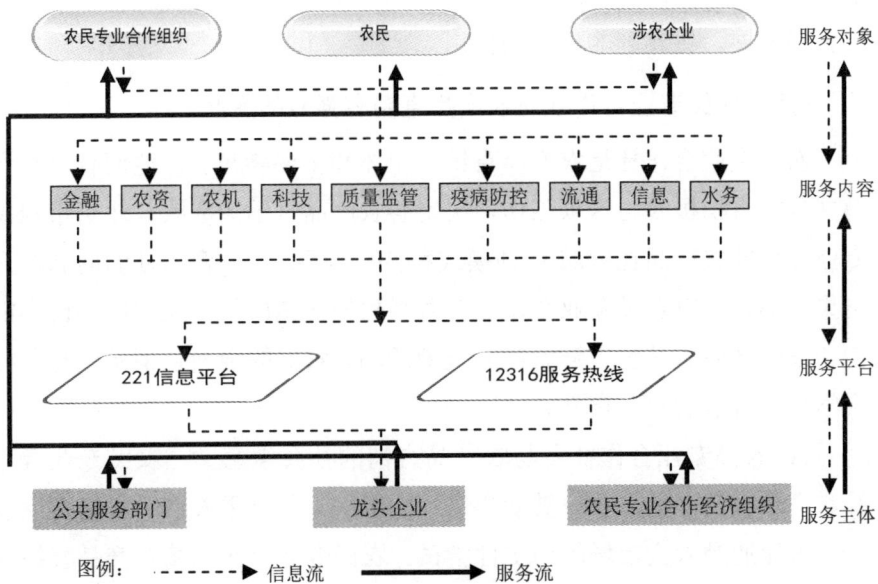

```
（农民专业合作组织）    （农民）      （涉农企业）      服务对象

┌─────┬────┬────┬────┬────────┬────────┬────┬────┬────┐
│金融 │农资│农机│科技│质量监管 │疫病防控 │流通│信息│水务│   服务内容
└─────┴────┴────┴────┴────────┴────────┴────┴────┴────┘

   ┌─────────────┐        ┌─────────────┐
   │  221信息平台  │        │ 12316服务热线 │          服务平台
   └─────────────┘        └─────────────┘

  公共服务部门          龙头企业        农民专业合作经济组织   服务主体
```

图例：　------►　信息流　　　───►　服务流

图 2-2　都市型现代农业社会化服务网络

这些服务体系的建设和发展，特别是农产品流通服务体系的建设，可以有力地促进蔬菜等生鲜农产品直销的发展。流通服务体系建设的重点工程之一是建设农产品产销衔接平台。重点扶持农产品生产基地、农户或专业协会开展与消费者直接对接活动，通过网络、会展和旅游推介等形式，推动生产基地与宾馆饭店、学校、社区及大中型企业产销对接，鼓励市民进入果园、菜地进行绿色郊游和果菜采摘，鼓励农产品基地网络销售和社区居民建立稳定直供关系。流通服务体系建设的重点工程之二是农产品流通制度体系平台。建设农产品生产和标准体系。完善农产品生产和流通标准体系。实现农产品从生产到流通的供应链标准化。

总之，为支持生鲜农产品直销的发展，北京市政府及所属的各相关部门，制定了一系列支持政策、规划，在总体布局、长远发展和产业链的各环节上都充分体现了出来。特别是市政府《关于统筹推进本市"菜篮子"系统工程建设保障市场供应和价格基本稳定的意见》（京政发〔2010〕37号）的附件《本市"菜篮子"系统工程建设重点工作任务分解》，将具体工作落实到各委办局，各部门分工负责，对推动生鲜农产品直销发展，将起到非重要的作用。

（四）农民专业合作社对农产品直销有强烈的意愿

农民专业合作社是农产品直销的主体和主要参与者，他们有没有意愿并且能否积极参与这项工作，决定着农产品直销的成败。北京市农民专业合作社农产品直销的8种模式和39个蔬菜专业合作社的问卷调查结果，都显示出农民专业合作社有着强烈的直销愿望。他们以自己的能力和条件开展着各种生鲜农产品直销活动。农民的强烈直销愿望有着社会学和经济学的双重意义。

1. 农民专业合作社参与农产品直销的社会学意义。农民专业合作社农产品直销，是小农户借助合作社大组织，并以主人翁的资格担纲农产品大流通融入大市场的历史性尝试。农民专业合作社搞农产品直销形成了新的农产品供应链，适应了农业现代化发展的需求，必然改变传统的农业生产方式，必然优化农业生产结构，必然改变农业产业的组织和经营方式。

2．农民专业合作社参与农产品直销的经济学意义。农民成为农产品直销的主体，在减少流通环节，降低流通成本的同时，第一次不再受中间商的盘剥，获取到流通增值收益。农民可以拿到流通增值收益，也正是使农民组织起来，依靠农民专业合作社发展直销的内在动力。农民专业合作社直销不仅可以造福农民，而且符合农产品流通的一般规律。

（五）北京市民的愿望和巨大的需求市场，营造了农产品直销开展的有利的外部环境

1．市民有购买直销农产品的意愿。刘树、谷莘的《北京市周末直销菜市场及早晚市等临时摊点调查》结果显示：在被调查的241位居民中，有233人（占总人数的97%）认为"在家门口就能买到新鲜蔬菜，给生活带来了便利"。有171人（占总人数的71%），认为一周一次的周末直销菜市场尚难满足市民购菜需求。有149人（占总人数的62%）认为直销菜市场应该一周两次，有63人（占总人数的26%）认为应该一周三次。受访居民认为周末直销菜市场蔬菜质量好、价格低，为市民带来了实惠。有195人（占总人数81%）认为周末直销菜市场及早晚市等临时摊点销售的蔬菜质量与超市和农贸市场的质量相比一样好或相对较好。174人（占总人数72%）认为购自周末直销菜市场及早晚市等临时摊点的蔬菜价格要低于超市和农贸市场的价格，每斤菜的优惠幅度为0.5—1元。从以上数据中可以看出绝大多数北京市居民对周末蔬菜直销满意并且有着增加销售次数的愿望。

2．北京市场对农产品的需求容量巨大。2010年北京市统计年鉴数据显示[①]，全市2010年的蔬菜生产量是303万吨，呈逐年稳定下降趋势，与2001年的491万吨相比，减少了188万吨。但是，北京市常住人口却逐年增长。全市2010年常住人口1961.2万人，按照每人每天大约消费1公斤蔬菜计算，再加上宾馆、饭店的消费，全年需要715万—1000

---

① 北京市统计局. 2010 年北京市统计年鉴[EB/OL]. http://www.bjstats.gov.cn/nj/main/2011-tjnj/index.htm

万吨蔬菜的供应量。这一缺口只能靠外地弥补。而且北京蔬菜的生产主
要集中在春天和初夏，不能实现均衡上市。

北京市民有购买直销蔬菜的愿望，北京市蔬菜生产还有着巨大的发
展空间，北京市对农产品的需求市场容量巨大，这些因素都为农产品直
销创造了有利的条件。

六、北京市开展农民专业合作社直销的政策建议

北京市农产品直销承担着双重使命：既要加快农产品现代流通体系
建设，促进农民增收；又要建立保证农产品市场供应和价格基本稳定的长
效机制。这是一个两难的选择，需要我们借鉴国外的做法，总结自己的经
验，解决遇到的矛盾和问题，探索发展的途径，提出切实的对策建议。

（一）支持农民专业合作社开展农产品直销，就要正确处理好四个关系

1. 处理好首都农业可持续发展与菜篮子总体发展战略的关系

首都农业是集生产功能和生态功能于一体的都市型农业。其生产功
能的生态化和生态功能的开发化的双重生态意义，要求首都农业可持续
地、永续地发展下去。发展蔬菜产业是发展首都农业的重要体现。我们
不放弃首都农业发展的主导地位，就是要以强化农业生态功能的保护和
建设来发展农业生产。我们不把 35%的蔬菜自给率作为自我作茧的障
碍，就是要突出强调首都农业的重要性。首都菜篮子工程建设，应着眼
于稳步提高"菜篮子"主要产品的自给率、控制率、合格率及应急保障
能力。因此，支持农民专业合作社发展蔬菜等生鲜农产品直销的意义非
常重大。

2. 处理好北京与环渤海省区蔬菜生产合作与竞争的关系

北京市蔬菜产业与环渤海省区的蔬菜生产存在着很强的竞争关系。
我们要把这种竞争转化为合作的关系，形成双赢的局面。这就要建立"首
都蔬菜产业圈"，形成环渤海地区的合作发展机制。

北京市新一轮菜篮子工程建设也提出："要推动区域间合作。推广

'京张合作'模式，强化与兄弟省区市，特别是北京周边主产地的产销、购销合作，加大力度建设紧密型外埠生产基地，形成稳定可靠的生产货源。'十二五'期间，在张家口等周边地区再发展 20 万亩蔬菜基地。到'十二五'末，外埠蔬菜供京生产基地达到 80 万亩，蔬菜的控制率要达到 50%以上。"①

　　北京市和环渤海各省区互有需求，这是区域合作的基础和动力。为了实现蔬菜生产的最佳配置，避免恶性无序竞争的局面出现，我们需要建立"首都蔬菜产业圈"，促进环渤海地区产业一体化的深入发展，形成综合竞争优势。首先，政府间建立区域利益协调的长效机制，包括建立合作的规则和制度。其次，合作内容包括建立信息基础设施系统、生产联动调配系统、科技成果转化和应用系统，加大蔬菜新品种的研发、示范与推广。再次，建立突破行政区划限制的"首都蔬菜产业圈"利益分配创新机制，使得蔬菜产业一体化发展有经济保障。在"首都蔬菜产业圈"内，生产形成优势互补良性发展格局，促进专业合作社的蔬菜生产从无序竞争到有序发展。

3. 需要处理好批发市场流通和农产品直销的关系

　　按照《北京市"十二五"时期农产品流通体系发展规划》发展指标要求：农产品批发市场体系，承担全市 80%左右的市场供应量。"农超对接"、"农餐对接"、"场店对接"、无店铺流通等以物流配送为特征的现代流通模式交易量占比由 20%上升到 30%。②最终的结果是："鼓励批发市场、物流配送中心和全国规模化、组织化程度较高的农产品生产基地对接"③。这种流通模式无疑强化了"农产品自给率偏低，对外依存度较高"的固有矛盾和问题。

---

① 北京市人民政府. 关于统筹推进本市"菜篮子"系统工程建设保障市场供应和价格基本稳定的意见[EB/OL]. http://zhengwu.beijing.gov.cn/gzdt/gggs/t1147825.htm
② 北京市商委. 北京市"十二五"时期农产品流通体系发展规划[EB/OL]. http://www.bjmbc.gov.cn/zwgk/fzgh/ndgh/201110/t20111008_56978.html
③ 北京市商委. 北京市"十二五"时期农产品流通体系发展规划[EB/OL]. http://www.bjmbc.gov.cn/zwgk/fzgh/ndgh/201110/t20111008_56978.html

我们要妥善地、正确地处理好批发市场流通和蔬菜等生鲜农产品直销流通的关系，就是在建设好中央批发市场的同时，不给农民专业合作社生鲜农产品直销设置供给上限，充分发挥首都农业的主体生产地位，加强、提高蔬菜等生鲜农产品规模化的生产前端和零售末端的组织化水平。这种战略思想的转变，就要求我们强化支持农民专业合作社发展蔬菜等生鲜农产品直销的力度。

4. 需要处理好直销与"对接"的关系

在蔬菜等生鲜农产品销售中，商务部门主管的以超市为主体的"农超对接"，占据了非常重要的位置。我们发展蔬菜等生鲜农产品直销要正确处理好支持、扶持不同直销主体的关系。我们既认可"农超对接"，更支持农民专业合作社生鲜农产品直销模式。农民有直销的愿望，市民对蔬菜直销也非常满意。我们没有理由不发展、不支持、不培育以农民专业合作社为主体的农产品直销形式。

（二）支持农民蔬菜专业合作社开展农产品直销，就要大力培育和发展蔬菜产业

2010 年，北京蔬菜播种面积约 58 万亩，比 2003 年的 150 万亩减少 60%，生产总量 303 万吨，比 2003 年的 527 万吨减少 43%。北京蔬菜自给率不断下降至不足市场供应量的三成。北京市蔬菜产业总产量不断下降的重要原因除耕地面积减少外，更重要的是生产成本不断上升，产业竞争力不断下降。中国农业大学穆月英通过对北京 4 年菜价的追踪分析发现，菜价波动与本地蔬菜市场供应量呈现相关，每当本地蔬菜供应减少时，价格就呈现上涨，提高自给率有助于稳定菜价。为此，我们要努力地去培育蔬菜业，发展集约化、标准化和专业化生产，进行品牌化、特色化和无公害化生产，克服夏淡季不能生产的障碍，实行均衡上市，只有这样北京市的蔬菜产业才能得到长足发展。

1. 发展和建设蔬菜标准化、专业化的生产基地

将北京市的蔬菜基地建设和环渤海蔬菜基地的发展统筹考虑。突出北京特色、地域特色和产品特色，实行差异化生产。蔬菜基地的建设与农民蔬菜专业合作社建设相结合，通过农民蔬菜专业合作社带动蔬菜基地的发展。

2. 加强设施蔬菜建设

北京市的设施蔬菜存在着诸多问题：温室基础不牢，没有按照标准建设；设施结构不合理，温室面积只占总面积的23%，大棚占近38%，中小棚占近39%；现代化的温室比例不大，除少数科技示范园区外，体现不出都市型现代农业的发展特色；机械化水平低；作物品种单一，品质不高；生产成本高。重要的思路之一，是以农民专业合作社蔬菜直销带动设施蔬菜建设。农民专业合作社开展以销带产、订单生产的直销，开展产供销、农科教一体化经营，就会发现不足；就有了拓展设施蔬菜发展空间的愿望，就有了发展的动力。

（三）支持农民蔬菜专业合作社开展农产品直销，就要强化产销衔接平台的建设

《北京市"十二五"农产品流通体系发展规划》中，站在商务部门的角度看，认为"农超对接"、"农餐对接"、"场店对接"、无店铺流通等以物流配送为特征的现代流通模式是比较成熟的，值得推广。但是，站在农民专业合作社的角度看，以生产者为主体的直销应该积极扶持。我们应该"发展现代营销方式和新型流通业态，培育多元化、多层次的市场流通主体，构筑开放统一、竞争有序的市场流通体系。"[1]

我们应该"引导大型零售流通企业、学校、酒店和餐饮企业等最终用户与产地的生产合作社、批发市场、龙头企业等直接对接，促进与产地建立稳定的产销关系，构造生鲜农产品'超市+基地'、'餐饮企业+基地'的供应链模式，努力减少流通环节，降低流通成本，让市民得实惠、农民得利益。"[2]我们主张的"产地的生产合作社"，应该多一些首都郊

---

① 北京市人民政府.关于统筹推进本市"菜篮子"系统工程建设保障市场供应和价格基本稳定的意见[EB/OL]. http://zhengwu.beijing.gov.cn/gzdt/gggs/t1147825.htm

② 北京市人民政府.关于统筹推进本市"菜篮子"系统工程建设保障市场供应和价格基本稳定的意见[EB/OL]. http://zhengwu.beijing.gov.cn/gzdt/gggs/t1147825.htm

区的、北京市自己的农民专业合作社。

我们应该"积极推动社区菜市场与生产基地进行对接。鼓励农业生产企业建设社区直销菜市场或在现有菜市场建立蔬菜直销点。通过产权收购或参资入股等方式直接持有一定比例的社区菜市场产权，逐步实现社区菜市场企业化改造，发展社区菜市场连锁经营，提高组织化程度。"[①]我们提倡的"生产基地""农业生产企业"应该多一些首都郊区的、北京市自己的农业专业合作社发展起来的基地和企业。

我们还应该搭建产销衔接的平台，"促进大型连锁超市、学校、酒店、大企业等最终用户与农民专业合作社、生产基地建立长期稳定的产销关系。"[②]在产销衔接平台上，将信息服务、交易服务、仓储服务、配送服务和结算服务集于一个系统；同时，还提供信誉查询服务使这个平台成为一个快捷、高效和有信誉的服务系统。

（四）支持农民专业合作社开展农产品直销的具体政策建议

农民专业合作社农产品的直销能否搞得好，关键在于自身的经济实力和发展活力，但也离不开外力的扶持。为此有以下几点建议。

1. 进一步强化政府各有关部门的"指导、扶持、服务"职能

深刻认识农民专业合作社发展的战略意义。政府有关职能部门对发展农民专业合作社的战略意义认识并不充分，甚至还存在将其与传统集体经济相混淆的模糊认识。建议在政府有关职能部门中普及农民专业合作社知识，使之从社会和谐发展的战略高度认识农民专业合作社在农村经济社会发展中的重要使命，高度重视农民专业合作社生产功能对于农村经济发展方式转变的重要作用，尤其要高度重视农民专业合作社流通功能对于解决"三农"问题的重要作用。树立扶持农民专业合作社就是稳定农村，就是支持农业，就是富裕农民的新观念。一手抓生产、一手

---

① 北京市商委. 北京市"十二五"时期农产品流通体系发展规划[EB/OL]. http://www.bjmbc.gov.cn/zwgk/fzgh/ndgh/201110/t20111008_56978.html

② 国务院办公厅.关于促进物流业健康发展政策措施的意见[EB/OL]. http://www.gov.cn/ zwgk/2011-08/19/content_1928314.htm

抓流通，抓好生产促流通，流通抓好促生产，两手都要抓，两手都要硬。要形成必须做大做强农民专业合作社的社会共识。

加强对农民专业合作社发展的规划和指导。建议政府有关部门组织人员，制定出台扶持提升农民专业合作社发展规划，特别要提出提升农民专业合作社营销能力的意见。从农口政府部门的角度讲，中央批发市场、市农委流通处和市经管站要肩负起强化农民专业合作社直销功能的重任，科学地、有计划地推动农民专业合作社市场直销体系的建立。

2. 帮助农民专业合作社练好"内功"

以开展农民专业合作社示范社建设这一行动为抓手，力争用 3—5 年时间，培育一批经营规模大、服务能力强、质量安全优、民主管理好的专业合作社，充分发挥典型引路、示范带动作用。

加强农民专业合作社市场营销人才队伍建设。按照分类指导、分级负责的原则，制定培训规划，采取学历教育、远程教育和短期进修等多种形式，重点培养合作社市场营销人才，建立一支合作社专业市场营销队伍。政府有关部门帮助引进人才，选派更多的大学生村官到示范社任职。

3. 建立直销服务平台与配送中心，在市区、区县开设农民专业合作社专营店或超市

各区县在市区开设了单家独创的直销店，规模小，效益较差。要学习通州政府帮助农民办超市的经验，在各区县建立区县级农民专业合作社联合超市，超市场租费由区县财政支付；在市区建立市级农民专业联合社超市，超市场租费由市财政支付。

要研究搭建农产品直销服务平台。整合农产品营销的各类资源，搭建市和区县两个层次的直销服务平台，确保以农民专业合作社直销体系有规范的运行机制、有专门的指导服务机构、有持续的政策扶持保障。

要研究在城乡结合部建设有适度规模的物流配送中心，形成农民专业合作社农产品直销配送体系。配送中心的主要功能：信息服务、交易服务、仓储服务、配送服务和结算服务，同时，还提供信誉查询服务。为北京农民专业合作社实现"买全国卖全国""买全国卖世界"打下良好的直销基础。

4. 研究整合农民专业合作社品牌资源的办法，提升品牌影响力

农民专业合作社产品品牌缺乏影响力。这方面日本农协的做法和经验值得重视和借鉴。日本农协产品在全国市场就塑造一个品牌，他们的经验是"服务综合化，事业集团化，产品品牌化，效益多元化，营销网络化"，这一做法值得我们借鉴。要充分利用电视、平面（报纸）和网络媒体，广泛深入持久地开展中央对加快发展农民专业合作社的政策导向，营造良好舆论环境和工作氛围。要对农民专业合作社优质产品品牌进行推介，建立农民专业合作社"农产品宣传绿色通道"，提高农民专业合作社产品品牌的知名度和影响力。

5. 解决好农民专业合作社的资金问题

目前许多农民专业合作社最迫切的要求是希望政府帮助扩大、拓宽融资渠道。要借鉴各地为中小企业发展建立贷款机制的经验，创建农民专业合作社贷款机制，为农民专业合作社贷款搭建有效的平台。要积极开展、推动"银企合作、银社合作"，鼓励社会担保机构开展农民专业合作社贷款担保业务，适当发展一批小额贷款有限公司，多渠道解决合作社融资难。要改进政府扶持项目资金的使用方法，如采取贴息方法，使扶持资金能更好发挥"酵母"作用，在引导合作社资本形成方面发挥更好的导向作用。

6. 全力培育北京市有机农产品生产与销售的"诚信"

北京市蔬菜生产能力是有限的，生产大路货没出路，必须走高端的有机蔬菜生产之路，瞄准高端消费人群，在流通上走高端直销之路。要走高端直销之路，非常重要的一点就是要打造生产与销售的"诚信"，在高端消费人群中树立北京市有机农产品的社会"诚信"度。本章笔者曾于 1988 年在香港生活过两个月，看到同品种蔬菜，香港本地生产的蔬菜价格远高出内地供应的蔬菜价格 1—2 倍，有钱人愿意出高价购买香港本地蔬菜，相信本港蔬菜是有机的无污染的，也相信卖菜商贩不会以次充好。由此可见，香港本地菜农和菜商在市场上建立了产品生产质量与市场销售的"诚信"。反过来看我们的市场，尽管各大超市都有有机蔬菜供应，价格高些，但少有人问津，其主要原因并不是高端消费者

购买力低，而是这类人群对其有机菜持有疑虑，也就是说所谓有机蔬菜的市场"诚信"缺失，以至造成超市里有机菜难以销售的困局。所以，树立北京市有机农产品生产与销售的社会"诚信"，是下一步壮大北京市农民专业合作社，拓宽农民专业合作社流通路径的重要抓手和前提。如何抓，政府要从农民专业合作社生产与销售双"诚信"的教育、培训做起，要从严格食品安全监管做起，确保消费者真正买到有机蔬菜和放心食品，最终实现农民增收、消费者满意双赢目标。

总之，离开了农民专业合作社直销这个抓手、这个支点，我们就走不出生鲜农产品生产大起大落的怪圈，就改变不了农产品传统销售流通环节过多的现状，就找不到农产品价格市场调节与计划调控的结合点，就撬不动"三农"这块沉重的历史巨石。因此，我们重申，要大力发展农民专业合作社，要大力扶持农民专业合作社在农产品流通中的主体地位；要大力扶持农民专业合作社生鲜农产品直销，这就是结论。

第三章　北京市农民专业合作社融资问题研究

一、北京市农民专业合作社发展概况

农民专业合作社是现代农业的经营主体之一，发挥着内联农民、外接市场的作用，是发展农村经济的重要力量。其在农民自发、相互协商的基础上进行某种形式与内容的联合，组织起来共同面对市场风险，通过为成员提供农业生产的产前、产中、产后系列化服务，组织成员按照市场需求进行标准化、规模化经营，有效解决了农业小生产与大市场的矛盾，实现了生产与市场的有效对接，大大提高了农民的组织化程度，丰富和创新了农村经营体制，促进了农业产业化经营，增强了农业竞争力。农民专业合作社的蓬勃兴起，已成为新形势下京郊地区促进农业生产、拉动农村经济、带动农民增收的重要途径。

（一）合作社发展的基本情况

根据北京市农村经济研究中心统计数据，截止到 2012 年 12 月底，北京市工商登记注册的农民专业合作社有 5179 家，较 2011 年的 4772 家增加 407 家（表3-1）。合作社入社成员总数 24.1 万个，带动非成员农户数 24.4 万个，占全市从事一产农户的 70%以上。合作社资产总额 60.6 亿元，其中成员出资额 16.7 万元。2012 年合作社实现总收入 76.8 亿元，实现盈余 9.1 亿元。盈余返还总额 4.4 亿元，分红 2.2 亿元，未分配盈余 1.5 亿元，成员户均纯收入 1.2 万元。

表 3-1　北京市农民专业合作社数量统计表

	2006 年	2007 年	2008 年	2009 年	2010 年	2011 年	2012 年
合作社数量	481	1203	2082	3519	4353	4772	5179
增加数	—	722	879	1436	835	419	407
年增长率	—	150.1%	73.1%	69.0%	23.7%	9.6%	8.5%

从区县分布来看，农民专业合作社在海淀、朝阳、丰台三个区县数量较少，分别为 7 家、2 家和 3 家，占全市总数微乎其微，这主要与朝阳、海淀、丰台作为城市功能拓展区，城市化水平较高，农业占全区经济发展比重较低的现状有关。合作社主要分布在京郊 10 个郊区县，其中密云、平谷两县区最多，分别达到了 1046 家和 872 家 ，占合作社总数的 20.2%和 16.8%。

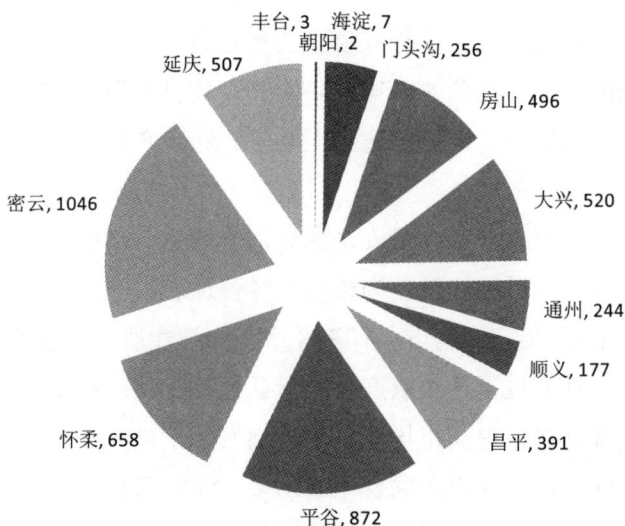

图 3-1　2012 年北京市农民专业合作社区县分布

（二）合作社发展的特点

当前，北京市农民专业合作社发展呈现出以下特点：

合作社的规范化水平不断提高，多数区县制定了统一的合作社规范管理制度。房山区专门开展了财务规范化示范社建设行动，规范了一批财务示范社；怀柔区与档案局联合制定了合作社进行档案规范管理的办法，目前已完成 10 多家示范社的档案规范；昌平区依托农经信息平台，开展了合作社在线审计试点，进一步强化了对合作社规范建设的监督指导。

合作社发展与区域主导产业、特色产业紧密结合。各区县紧密围绕本地区的主导产业和特色产业，培育出了一大批产业基础牢固、产品特色突出、带动能力较强的合作社。如：昌平区围绕本地区的"一花三果"主导产业，重点培育苹果、板栗和草莓专业合作社；大兴区围绕西甜瓜产业带，重点培育西甜瓜专业合作社；门头沟区围绕山区特点，重点培育蜜蜂养殖及山茶种植专业合作社。目前，这些合作社已经成为带动当地主导产业和特色产业发展的中坚力量。

合作社产业融合成为发展趋势。在发展都市型现代农业进程中，合作社正在成为促进一二三产相互融合的重要载体。目前，北京市全市融合三次产业的合作社达到 826 家，占全市合作社总数的 17.3%，其中从事农产品加工、储藏、销售的达到 139 家。通过产业融合，延长了产业链条，提高了经济效益。

合作社的品牌意识和质量安全意识逐步增强。北京市合作社开始坚持以市场为导向、以经济效益为核心的经营理念，产品品牌和质量安全意识进一步增强。目前，全市已有 338 个合作社注册了自己的产品商标，有 346 个合作社通过了各类农产品质量认证。在带动农户开展标准化生产，加强品牌建设，提高市场竞争力方面发挥了重要作用。

合作社间的横向和纵向联合不断增多。郊区已有一批合作社通过相互联合、共建销售平台、共同开展农产品加工等多种方式走向联合。如：平谷、通州区相继成立了全区综合性专业联合会和联合社；延庆县成立了 2 家蔬菜产销联合社；密云建立了板栗、柴鸡蛋等联合合作社；门头沟区清水镇 10 家合作社组建了民俗旅游联合社。

合作社市场营销体系建设不断完善。按照建设都市型现代农业发展要求，立足于服务首都市场宗旨，合作社初步建立起以发展观光休闲、社区专营店、电子商务、团购配送、有机农产品宅配、"农超对接"、展会，以及广泛的互助联销为主要形式的市场营销体系。

二、北京市农民专业合作社融资现状分析

为了全面了解北京市农民专业合作社资金需求情况以及金融支持合作社的发展情况，2013年8月，课题组采取问卷调研的形式对北京市农民专业合作社融资情况进行了调查。

在调研样本选取方面，鉴于当前农民专业合作社发展水平良莠不齐的状况，为保证调研数据的质量，调研样本的选取依据为：1. 严格按照《中华人民共和国农民专业合作社法》要求组建，在工商登记注册，内部制度齐全，管理规范，符合合作社制度建设要求；2. 目前从事正常的生产经营活动，市级或区县级示范社；3. 合作社类型上，兼顾种植、养殖等不同产业类型，每个产业最好都有所涉及；4. 在地理分布上，兼顾本区县不同区域，尽量分散。

在我们所进行的问卷调研中，资金短缺已成为制约合作社发展的重要问题。在调查回收的 103 份有效问卷中，有 98 家合作社（占比为 95.15%）都承认有不同程度的资金短缺问题，共需要资金 38600 万元。从调查结果来看，对处于刚刚起步中的农民专业合作社，无论是流通环节中的农产品收购，还是生产环节中扩大规模再生产，农民专业合作社对资金的需求非常旺盛，资金不足成为合作社发展壮大的一大"瓶颈"。

（一）合作社资金需求情况

1. 资金需求强烈

在 103 份有效样本中，存在资金需求的合作社为 98 家，占有效样本总数的 95.15%；5 家合作社不存在资金困难，占有效样本总数的 4.85%。这说明，绝大部分农民专业合作社有很强的资金融入需求，需要资金支持。其中，合作社成员出资总额为 4464.6 万元，占资金总需求 3.86 亿元的 11.6%，还有 88.4%的资金需求需要通过其他融资渠道来解决。

2. 以大额资金需求为主

存在资金需求的 98 家合作社资金需求总额为 3.86 亿元，平均每个合作社资金需求额度为 415 万元。资金需求额度小于 100 万的合作社仅

有 20 家，占有资金需求合作社的 20.41%。大部分合作社的资金需求位于 100 万—300 万之间，占有资金需求合作社的 46.94%；资金需求规模在 300 万—500 万之间的合作社为 17 家，占有资金需求合作社的 17.35%；资金需求规模超过 500 万的合作社 15 家，占有资金需求合作社的 15.31%。总体上看，合作社资金需求以大额为主。

3. 资金需求以生产性资金需求为主，用于提高合作社市场竞争力

将合作社的资金用途分为生产性流动资金、生产基地建设、仓储冷藏保鲜设施建设、包装和加工设施建设、购置农机具及运输车辆、销售网点建设和其他共七大类。该选项设置为多选。通过对资金需求用途的分析可以发现，包装和加工设施建设、仓储冷藏保鲜设施建设、购置农机具及运输车辆和销售网点建设这四类属于生产性资金用途，是合作社为提高市场竞争力而进行扩大规模和延长产业链条，提高产品附加值所需。

4. 存在大量的"无信心的非借贷者"

金融抑制理论认为，在当前广大农村地区，由于严重的信息不对称现象，金融部门的信贷员无法像农户邻里之间那样能够详实地知道借贷者的还贷能力，使得每笔贷款在资格审查和后期监管过程中都需要高昂的成本（包括信息成本和运营成本），于是金融部门为了确保自身利益，往往不愿意向农村地区提供更多、更优质的金融资源，反而制定了一系列苛刻的贷款条件如抵押担保、严格的资格审查、较长的申请周期等等来提高贷款门槛并将劣质贷款项目挡在门外。在这种信贷配给的情形下，很多农民专业合作社往往因为苛刻的信贷条件而"望而却步"，降低自己获得信贷的预期而放弃向银行表达自己的融资欲望，此即"无信心的非借贷者"。

课题组通过设置"是否存在融资需求"和"是否向银行申请过贷款"这两个问题来对合作社的融资表达情况进行测量。可以发现，未向银行申请过贷款的合作社有 54 家，剔除 5 家不存在融资需求的合作社，剩余的 49 家合作社存在资金需求但没有向银行表达，即为"无信心的非借贷者"，占有效样本总数的 47.58%。可见，当前京郊农民专业合作社广泛存在着大量的"无信心的非借贷者"。

"无信心的非借贷者"形成的原因，主要有七方面。其中，缺乏抵押、质押品是一个最主要的原因，占"无信心的非借贷者"总量的 28.2%；其次是找不到符合要求的担保人，占 18.4%；而表示不知道如何申请的占 15%。

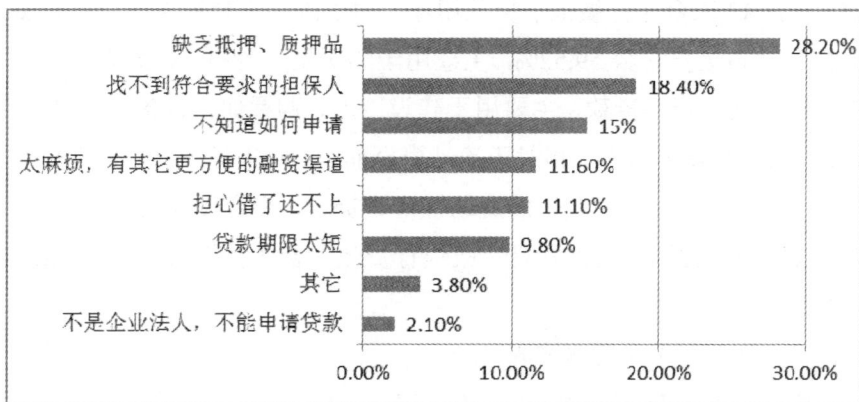

图 3-2 "无信心的非借贷者"形成原因情况图

（二）合作社银行贷款情况

外部融资是合作社做大做强的重要支撑。为了解合作社贷款难问题，课题组调查了近 3 年合作社向银行贷款的情况。

1. 银行贷款情况

（1）贷款额度

调研问卷中，共有 48 家合作社从银行贷过款，贷款总额 1.06 亿元，平均每家合作社贷款 220 万元。最小的一家合作社近 3 年累计获得银行贷款仅 5 万元，最多的一家合作社近 3 年累计获得银行贷款 950 万元。近 3 年累计获得银行贷款额超过 100 万的合作社有 32 家，占获得银行贷款合作社总数的 66.67%，其中近 3 年累计获得银行贷款超过 500 万的有 8 家，占获得银行贷款合作社总数的 16.67%。从获得银行贷款的额度看，银行对合作社的贷款支持力度在进一步增强。

（2）贷款期限及用途

共有 43 家合作社填报了贷款期限。从贷款期限看，期限不超过 1 年的有 24 家，占填报总数的 55.81%；期限大于 1 年，不超过 3 年有 17 家，占填报总数的 39.54%；期限超过 3 年的合作社有 1 家，占填报总数的 2.32%；总体上看，合作社的贷款期限以 1—3 年期为主。

共有 42 家合作社填报了贷款用途。用于流动资金需求的贷款最多，有 25 家，占填报总数 59.52%，主要用于购买生产资料、收购农产品等。17 家属于固定资产贷款，主要用于建设冷库、购置加工设备等。由于固定资产投资回收期较长，相对于流动资金而言，固定资产投资贷款更难。即银行更偏重于回收期较短的流动性资金贷款，而合作社最需的是回收期较长的生产性固定资产投资。故银行贷款和合作社需求之间存在结构矛盾。

（3）贷款利率及贷款方式

从贷款利率看，贷款的年平均利率为 8.51%。最低利率仅为 1.20%，最高利率为 17%。获得的贷款均在银行基准利率基础上进行了一定浮动。贷款利率超过 10% 的有 10 家，占填报数据总数的 25%；75% 的合作社获得银行贷款利率低于 10%。

从贷款方式看，由于合作社缺乏抵押物，以理事长个人名义申请贷款的最多，有 20 家，占填报数据总数的 46.52%。以合作社名义申请贷款的有 15 家，占填报数据总数的 34.88%；另有 8 家合作社是以合作社理事长及成员的名义共同申请的贷款。

（三）合作社融资现状的建议

在调研问卷的最后，课题组设计了开放式性问题，了解合作社对贷款难的现状的建议。一是多数合作社表示希望政府给予合作社融资资金支持，包括对合作社给予项目支持与引导；建立合作社的融资担保机制，政府对担保费给予减免；以及政府对贷款利息进行贴息补贴等。二是建议政府出面与银行一起推出专门面向合作社的贷款产品。三是有的合作社尚不清楚现行的关于合作社贴息和担保费补贴的相关政策，建议政府对这些政策多加宣传。四是希望政府建立合作社的信用体系，对制度完善、管理规范，经营前景好的合作社在申请贷款时给予必要的扶持，如提供担保等。同时也希望银行能对这些合作社降低贷款利率，加快审核和放款速度。

三、北京市农民专业合作社融资难问题成因分析

合作社普遍存在资金短缺问题。由于资金缺乏，合作社很难做大做强。本章从资金供给方、资金需求方两个角度分析制约合作社融资的因素。

（一）合作社资金供给方

1. 农村金融机构少，且金融机构为追求比较利益而将资金投向非农部门或农业企业，对农民专业合作社的信贷产生了挤占。

首先，目前北京市郊区农村金融机构主要是农业银行、北京市农村商业银行、北京银行和邮储银行以及村镇银行等，相对于服务城市的大大小小商业银行和外资银行而言，农村金融机构较较少。其次，各个金融机构为了追求比较利益，选择将资金投向高回报地区和行业。即便是投向农业部分，由于农业企业较合作社来说，法人主体地位明确，且以营利为目的，故银行更愿意向农业企业贷款，从而对农民专业合作社的信贷产生了挤占。据统计，截至 2011 年底，北京市所有金融机构涉农贷款约计 1698.35 亿元，其中企业贷款约 1449.68 亿元，农户贷款约 45.94 亿元，而各类非企业组织贷款仅约 202.73 亿元。

2. 尽管目前银行在思想认识及实际操作中全力支持专业合作社发展，但出于防范风险和规范管理的要求，仍然难以对合作社发放贷款。

银行出于自身利益和资金安全的考虑，对合作社融资设定了门槛，在贷款方面都有严格的抵押和担保要求。当然，这些门槛是由银行的营利性性质所决定，无可非议，也是必要的，但对于合作社来说，这些贷款条件较为严格，由于农村土地承包经营权、集体建设用地上房屋不能用于抵押，大多数合作社缺乏有效的抵押物和担保物，使得绝大多数专

业合作社因抵押担保难而被金融机构拒之门外。

3．正规金融机构对农民专业合作社贷款过高的交易成本和后者较低的盈利水平削弱了银行与合作社的合作积极性。

从预期分析看，农业作为一个弱势产业，具有抵御自然能力差、风险高，收益不稳定及相对较低等特点，这些特点决定了合作社的盈利状况相对较低。而商业银行在风险管理方面，更注重贷款的安全性。对于商业银行而言，由于绝大部分合作社存在产权制度不清晰、经营不够规范、信息透明度较差等问题，银行贷款时所要开展的资信调查、风险评估，以及贷款发放后的监督，都有相当大的难度，对合作社贷款过高的交易成本和合作社较低的盈利水平削弱了银行与合作社的合作积极性。

（二）合作社资金需求方

1．合作社内部制度限制了合作社自身的融资能力。

合作社是按照"民办、民管、民受益"原则建立起来的，其构成主体农民是弱势群体，所依托的产业为弱势产业，这直接影响了合作社的融资能力。

农民专业合作社社员"自愿进出"的合作原则使得合作社自有资本难以维持在一个稳定的水平，进而削弱了合作社的资信水平，增加了贷款融资的难度。

"一人一票"的民主管理制度体现了合作社的民主，但却不利于合作社的发展壮大。投票权是社员在合作社当中一种权利的体现，但必然会挫伤那些出资较多，对合作社贡献较大的社员的积极性。这就使得每个社员只愿意承担最低的入社股金。造成合作社自身资金筹集能力有限。

2．合作社资金需求的多样化与农村金融品种单一的矛盾突出。

农业生产的多样性决定了资金需求呈现多样性和多层次性，业务种类需求多样化，这就要求银行产品的灵活性。而目前银行由于金融产品单一很难适应农业发展多元化的资金需求，资金需求的多样化与农村金融品种单一的矛盾突出。

3．合作社缺乏有效的抵押品或担保。

能提供有效的抵押品和担保是衡量合作社承贷能力的基本标准，也是金融机构发放贷款的基本条件。就土地而言，农民专业合作社只有土地的使用权，而没有将土地资产作为抵押的权力。就建筑物、住宅而言，当前大多数农民专业合作社所拥有的办公场所或加工厂房用地均为租用，按照现行法律，无法作为融资的合法抵押物。此外，合作社的集体财产也很难作抵押。合作社的集体财产很难作为抵押，土地问题仍然没有放开，土地的抵押面临法律方面的很多约束。非农担保公司遵循盈利最大风险最低原则，更倾向与非农贷款担保。担保公司不菲的担保费也造成合作社融资成本的提高。

4．合作社的财务记录大多不完整，管理不规范，使得农村金融机构无法对其进行规范的信用评估，从而阻碍了农村金融机构对合作社的授信和贷款。

四、北京市农民专业合作社融资模式探索

为了解决合作社的融资难题，北京市有关部门积极寻求解决办法帮助合作社渡过难关。2010 年 1 月，北京市农委、北京市发展和改革委、北京市银监局等七部门联合发文《关于印发北京市农民专业合作社示范社建设行动计划的函》，其中，对示范社的融资优惠政策规定：农民专业合作社示范社作为农村信用示范社，应在同等条件下实行贷款优先、利率优先、额度放宽、手续简化的激励机制。建立农业贷款绿色通道，给示范社提供信贷优惠和服务便利。鼓励示范社组织成员依法开展内部资金互助服务，解决本社成员在农业生产经营活动中的资金困难。但到 2013 年为止，北京市的农民专业合作社示范社已经发展到 150 家，享受到北京市融资方面的优惠政策的还是凤毛麟角。

为了进一步解决合作社融资难的问题，2011 年 8 月，北京市农委、北京市财政局、北京市金融工作局等七部委联合专门下发《关于金融支持合作社发展的意见》，意见中提出，支持农民专业合作社外部融资，为北京市农民专业合作社示范社及示范社建设单位贷款担保给予一定

担保费率补贴，同时给予一定比例的贷款贴息奖励（单笔贷款贴息奖励最高不超过 100 万元）。鼓励区县安排一定比例资金，专门用于支持农民专业合作社外部融资。鼓励区县为具有一定规模的农民专业合作社提供担保费用补贴和贴息奖励；鼓励区县建立专项支持资金，促进农民专业合作社发展，拓宽农民专业合作社资金渠道，降低专业合作社融资成本，促进农民专业合作社发展壮大。支持合作社开展内部资金互助，对于规范开展内部信用合作，且取得明显成效的市级示范社和示范社建设单位，每年选取不超过 5 个优秀合作社，市级财政给予一次性资金奖励（总体奖励资金额度不超过 50 万元）。奖励资金全部用于扩大内部信用合作规模。区县政府可以对已经开展资金互助的农民专业合作社给予一定数额的资金支持。

在市级政策指引下，各区县结合实际，积极探索解决合作社融资难问题的途径，在实践探索上形成了宝贵经验。通过对密云、平谷、大兴、通州、昌平等区县合作社的典型融资案例进行实地走访调研，本章总结了北京市在破解合作社融资问题实践探索上形成的六种典型模式，对五种模式分别就其运行机制、优势、适用条件和范围展开具体分析，并辅以典型案例，最后对五种融资模式进行了总结对比分析，以期为不同的合作社选择融资模式作出理论依据，拓宽不同农民专业合作社的融资渠道。

（一）农业担保公司模式

1. 运行机制

该模式涉及四个主体：担保公司、政府、合作社、银行。首先，由政府牵头推动，进行体制机制创新，专门成立农业担保公司，为农业农村涉农项目进行担保，支持"三农"发展。其次，政府采取融资支持的方式，在担保费和贴息方面帮助合作社降低融资成本。一方面政府通过向银行贴息，支持银行向合作社贷款；另一方面，政府代替部分合作社向担保公司缴纳担保费。这种模式的核心是政府对合作社支持方式的转变，由单纯的直接融资补贴转变为建立融资支持机制，利用市场化的方式来支持合作社发展。一方面，通过担保公司的担保，为合作社和银行的合作提供了平台，放大了资金使用倍数，提高了资金使用效率。另一方面，银行通过担保公司的担保，将信用风险降低到可以接受的水平，提高了资金的安全性。

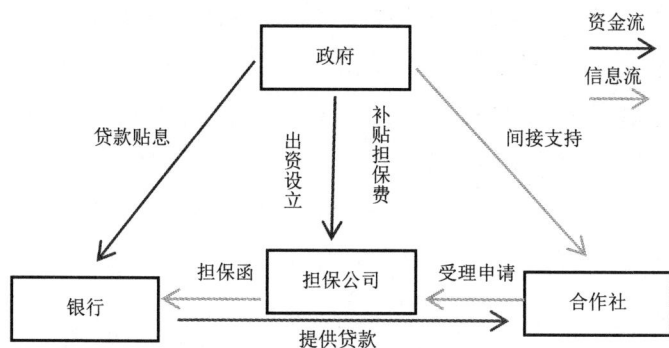

图 3-3　农业担保公司模式

　　这种模式的实际运作过程是：农业担保公司受理涉农贷款申请、入户调查和综合审核。主要对担保申请人进行项目的可行性、资金运营能力、经营能力、债务偿还能力、反担保物等进行全面调查了解，并对贷款客户进行筛选，以合作社现有资产如厂房、大棚、机械设备、鸡舍等作为固定资产进行抵押，由业务受理人写出调查报告并提出是否担保意见；出具担保意见后将全部材料提交贷后风险组进行评估审核并出具相关意见供领导审批。公司依据最终审批结果向合作银行发出担保函。合作银行同意贷款后，担保公司与担保人签订反抵押担保合同，反保证合同。最后由合作银行向合作社发放贷款。

　　在这种模式下，如何有效地控制风险成为担保公司所要面对的难题。由于农业产业自身特点和规律决定了农业项目具有投资回收期长、容易受自然灾害的影响、市场发展不充分、利润薄等特点，银行作为放贷主体，承担着放贷的风险，农担公司作为担保主体，承担着代偿的风险。为了控制风险，一是担保公司设立了相应的反担保措施。担保公司以合作社和涉农企业的现有资产如厂房、大棚、机械设备、鸡舍、土地承租权等资产进行质押，设定法定代表人的个人家庭无限连带责任，这对借款人有一定的约束力，在一定程度上降低了担保公司的风险。担保公司还要求对政府扶持资金和担保贷款支持的农民专业合作社实行财务托管，由第三方全面负责合作社的财务管理，更好地监督合作社使用银行贷款。二是担保公司建立了相应的奖惩机制。为鼓励基层合作社如期归还贷款，建立良好的偿债信誉，对按期还款的合作社给予相应的担保费补贴和奖励，对信用不好的合作社则停止担保费和贴息支持。三是担保公司还建立了动态管理机制。在落实完成贷款担保后，担保公司还需要不定期地对已授信客户的生产经营、信用程度等情况作不定期的全面、细致的走访了解，及时掌握授信农户的资金使用投向、经营状况，分析授信客户的还贷能力和思想动态，发现有不良贷款苗头，及时采取措施加以防范。

2. 优势

该模式的优势主要体现在：（1）在农村金融体系中，商业银行和商业性担保机构都是以盈利为目的的公司制法人，其经营活动必然遵循盈利最大风险最低原则。由于农业自身的特点和规律决定的农业项目具有投资回收期长、易受自然灾害影响的特点，使得合作社很难获得商业型担保机构的担保。该模式通过设立政策性农业担保公司，专注于为农业提供担保，很好地解决了合作社缺乏有效抵押品、找不到担保的问题。（2）政府对合作社提供资金支持的方式不再是直接的补贴和拨款，而转为采取间接的融资支持的方式，在担保和降低借款成本方面帮助合作社融资，不仅拓宽了资金支持面，而且提高了资金使用效率，借助"市场的手"进行宏观调控，能够充分体现政府对合作社发展的支持作用。

3. 适用条件和范围

该模式在实际运作过程中必须满足的前提条件是：所在区县必须有相应的担保公司，担保公司必须开展相应的农业担保业务。此外，该模式适用于具备一定物质基础，发展条件好的合作社。市级和区县级合作社示范社因经营规模较大、发展态势好、财务制度规范，在北京市农民专业合作社中具有一定的影响力和知名度，更适用于此类模式。从资金使用成本来讲，政府有关部门对市级示范社有相应的贷款贴息和担保费的补贴，有效地降低了合作社自身的融资成本。从资金规模看，此模式更适用于大规模资金需求，比如厂房、冷库、保鲜设施的建设。从资金使用期限看，向金融机构贷款的资金期限大多集中在 2—3 年，因此，此模式更适用于生产性和投资性资金需求，例如合作社固定资产投资，设备、厂房等。

4. 典型案例

该模式的典型案例在密云。为破解中小农业企业和农民专业合作社在产业结构调整中的融资难题，2008 年 12 月份，由北京市农委出资 2700 万元，县政府出资 2300 万元，共计 5000 万元的注册资金，委托密云县合作社服务中心成立了密云农业担保有限公司，以政府搭桥的模式，为中小农业企业、农民合作社贷款作信用担保。2011 年 10 月取得北京市金融局下发的融资性担保公司经营许可证。担保公司的经营范围是"为中小农业企业及农民专业合作社提供贷款、融资租赁及其它经济合同的担保；投资管理、投资咨询"。公司按照现代企业制度坚持市场运作与政府引导相结合，防范风险与支持发展相结合，投融资与支持发展相结合，经济效益与社会效益相结合的原则，按照"快速、稳健、安全、高效"的宗旨，积极支持中小农业企业和农民专业合作社发展。北京密云农业担保有限公司是北京首家专门为中小农业企业和农民专业合作社贷款提供信用担保服务的公司。

密云农担所担保的贷款全部为保证贷款，贷款利率依据项目情况由银行制定，最低执行基准利率，最高上浮 20%。公司担保项目收费分为评审费和担保费两项，评审费按担保合同签订金额的 0.5% 计算，在签订合同的当日一次性缴纳。担保费收取标准为：一年期担保按照担保合同签订金额 2% 收取；担保期限限二年（含）的担保费自第二年起年收取比例为 1.5%；担保期限第三年及以上的比例为 1%。政府对按期还款的合作社和市级示范社有相应的担保费补贴和银行贷款贴息。农担公司目前没有其他融资和借款。公司未向客户收取保证金，担保公司和银行合作，向银行提供保证担保并存保证金，无吸收社会公众存款。据密云农担公司的郭经理介绍，由于办公场所租金、人员工资等日常经营开支，目前担保公司还处于亏损的状态。

密云农业担保有限公司利用各种优势，加强联合，积极与金融机构开展合作，拓宽合作社融资渠道。公司现与多家金融机构取得联系，分别与北京银行、汇丰银行、邮政储蓄银行、农业银行、中国银行等多家银行开展了业务合作。基于各种保障制度的建立后，国开行北京分行推出了农合中心、农担公司双重机制下采用"见保即贷"表单式评审报告的简化评审机制（贷款金额 500 万以下）。在双方开创的首批机制项下审批的 6 家涉农中小企业和合作社，国开行北京分行从项目现场调研到贷款发放仅用了 7 天时间。2012 年，北京市农担联合北京国际信托和北京银行，发行了第一期农民专业合作社示范社集合信托计划。本次参与发行农民专业合作社集合资金信托计划为银行买断式集合信托，担保公司为合作社申请信托贷款提供担保，并作为唯一委托人认购该信托计划。本次信托为在密云县的北京京纯养蜂专业合作社、北京山泉养殖专业合作社等 10 家市级示范社提供 1970 万元的信托资金，解决了这 10 家示范社部分流动资金的需求，进一步增强了合作社自身的经营能力。

在经营过程中，密云农业担保公司通过制定担保和反担保管理办法、担保和反担保操作规程、评审工作程序和业务操作规程，建立"社账托管"机制规范合作社财务，建立对诚实守信借款人的奖励机制，加强在保项目动态管理和加强在保项目反担保监管来控制风险。

截至 2013 年，密云农担公司以及市农担密云分公司累计为合作社提供担保贷款 165 笔，共计 23449.6 万元。其中，为农户提供担保贷款 85 笔，计 1195 万元；为农民专业合作社提供担保贷款 54 笔，计 7755.6 万元；为合作社加公司形式的客户提供担保贷款 5 笔，计 2200 万元；为涉农企业提供担保贷款 18 笔，计 12199 万元；为个体工商户提供担保贷款 3 笔，计 100 万元。

案例： 北京东旭旺养殖专业合作社

北京东旭旺养殖专业合作社位于密云县西田各庄镇韩各庄村东，由养殖大户领办。合作社成立于 2008 年，占地面积 110 亩，入社成员 156

户，带动非入社成员 168 户。合作社现有全自动机械化养殖鸡舍面积 26880 平方米，年蛋鸡存栏 30 万只，年产鸡蛋 3200 吨，销售收入 2600 万元，年利润达 300 万元。2008 年 11 月合作社注册了"旭旺"商标。2009 年 12 月通过中绿华夏有机食品认证中心认证，获得了有机食品认证证书。2010 年被评为北京市市级合作社示范社。

为保证柴蛋鸡质量，合作社采取统一进雏，统一饲料，统一培训，统一销售的模式。建社初期，合作社与正大食品集团公司签订合作合同，形成稳定的产销关系，正大以较多优惠的价格向合作社提供鸡雏、饲料和收购鸡蛋。随着合作社的发展壮大，迫切需要完善产业链条，即延长下游建立自己的饲料加工和储备车间，延长上游拓宽自己的营销渠道，以摆脱对龙头企业的依附，增强合作社自身的竞争力和生存能力。

合作社负责人介绍，现在合作社从外面购买饲料，市场价格 2500 元/吨左右。若合作社自己配置饲料，饲料成本仅为 2100 元/吨，这样每吨饲料的差价在 400 元左右。按照一只鸡每天吃 0.1 千克饲料，年存栏 30 万只计算，合作社一年可节省饲料费 430 万元左右。所以合作社迫切需要购买饲料加工设备。此外，合作社为了拓展自己的营销渠道，必须建立产品加工设备和保鲜库，以提高销售档次。而建造饲料加工车间和冷库大概需要资金 400 万，依靠合作社自身积累根本无法凑齐。

由于合作社的土地为租赁，且鸡舍属于临时性建筑，没有产权证，按照银行标准，合作社没有合格的抵押物，申请贷款遇到困难。2010 年，合作社向担保公司提出贷款申请，担保公司考察了其经营能力和产业发展前景，将合作社租赁土地上面的鸡舍抵押给担保公司。根据固定资产明细，把变现能力强的优质资产进行统计，按照银行规定的固定资产折扣不超过 50% 的规定，这个合作社认可的资产为 500 万，担保公司与国家开发银行合作，为合作社进行了 250 万元的 3 年期的贷款担保。

合作社利用上述贷款新建了饲料加工车间和饲料储备库，自主加工饲料，降低了生产成本。同时引进了产品加工保鲜设备，新建了 300 平方米的保鲜库，延长了产业链条。目前合作社的鸡蛋能储存 6 个月，部分柴鸡蛋已打入超市，提高了销售档次。由于具有储存车间，且销售方式灵活，使得该合作社的鸡蛋控制着北方鸡蛋价格市场，合作社自身的竞争力和品牌影响力显著增强。

（二）合作社联保贷模式

1. 运行机制

合作社联保贷是北京市农村经济研究中心和农业银行北京分行于2012 年共同研究开发的专门针对合作社的金融新产品。合作社联保贷是指不少于三个农民专业合作社自发组织成联保小组，小组成员向农业银行申请信用，成员之间共同承担连带责任保证担保。联保贷贷款的对象为区县（含）级以上的示范社，并且，与其他小组成员共同签订了合作协议、联保承诺书，即联保小组共同为小组成员向银行的信用承担连带担保责任。合作社贷款的额度为市级（含）以上的示范社单户信用总额控制在 800 万元（含）以内，县级示范社单户信用控制在 500 万元（含）以内，联保小组成员贷款金额之和不得超过联保小组成员保证担保额度之和。贷款的用途主要用于满足借款人在正常生产经营过程中周转性、季节性、临时性的流动资金需求。贷款的期限原则上不得超过 1 年（含），最长 2 年，超过 1 年的还需要报分行进行审批。贷款的利率执行人民银行和农行相关制度规定，在国家支农政策范围内，可以给予一定的利率优惠。贷款偿还则是根据借款人现金流量特点和风险控制要求确定还款方式。期限不超过半年的，可采取定期付息、到期一次性偿还本金的还款方式；期限超过半年的，原则上则采取按月（季）偿还本息的还款方式。

银行约定，在农民专业合作社联保的前提下，若无市级（含）以上示范社作为联保小组成员的，应追加贷款行所在区域具有政府背景的企业或符合银行认定标准的信用担保机构为借款人提供保证担保，或设定土地租赁权、林地租赁权等抵押。在保险方面，银行也做了相关约定。参与联保的农民专业合作社应就其购买的农业生产资料、销售、加工、运输、贮藏的农产品等投保农业保险。

2. 优势

该模式是中国农业银行北京分行专门针对农民专业合作社推出的创新金融产品。在抵押担保方面，该模式不用合作社提供抵押质押，也无须担保公司提供担保；在贷款时间和数额上，合作社联保贷用款灵活，合作社可以在合同期内自行确定用款时间、用款数额，合作社贷款随时申请，随时放款，按实际使用时间计算利息，随借随还，基本可以满足当前合作社流动资金需求。

3. 适用条件和范围

该模式的使用条件是：①农民专业合作社必须为北京市级或区县级合作社示范社，并且，联保成员中至少有一个市级（或以上）的合作社示范社，具有良好的经营和财务状况，拥有较完善的内部管理制度。②至少要有具有一定资金实力的两个合作社与其组成联保小组，愿意为小组成员承担担保责任。③参与联保的农民专业合作社应就其购买的农业生产资料、销售、加工、运输、贮藏的农产品等投保农业保险。④银行要对符合条件的合作社进行授信。

根据《中国农业银行北京市分行农民专业合作社流动资金贷款（合作社联保贷）管理办法》，该模式只适用于不超过 1 年的周转性、季节性、临时性的流动资金需求。

4. 典型案例

合作社联保贷为合作社示范社提供了一条新的融资途径，解决了合作社的资金困难。合作社联保贷首先在密云、延庆进行了试点。2013 年初，密云县确定了北京京纯养蜂专业合作社、北京密富有机苹果专业合作社、北京诚凯成养鸡专业合作社三家市级合作社示范社首批适用联保贷款。三家合作社与农业银行密云县支行签订了为期三年的联保贷款合同和联保协议，并根据合作社资产状况和诚信度确定了每家合作社授信额度为 300 万元。合作社依据合同和授信额度，根据合作社资金需求，自行确定用款时间、用款数额，随时申请，随时放款，按实际使用时间计算利息。目前，第一笔 200 万元贷款已发放到京纯养蜂专业合作社。

案例： 北京京纯养蜂专业合作社

北京京纯养蜂专业合作社成立于 2004 年 11 月，主要从事蜜蜂养殖、优质蜂产品生产、加工、销售和科技培训等。合作社现有社员 350 户，辐射 7 个镇，蜂群总数 3 万多箱，年生产蜂蜜 1000 吨以上。合作社于 2006 年注册了"京密"牌商标，完全按照有机食品认证标准进行养殖管理生产，在北京地区具有一定的知名度。合作社以良好的质量，使"京密"牌蜂产品品牌效应不断扩大，市场份额逐年攀升，目前，"京密"牌蜂产品目前已远销天津、河北、广州、吉林等省市，产品年销售收入 2200 万元。2010 年该合作社被评为北京市市级合作社示范社。

北京京纯养蜂专业合作社的上游客户为密云县 16 个乡镇内的 620 户蜜蜂养殖农户。蜂农普遍与合作社合作近 15 年，结算方式主要为现金支付和转账支付两种形式。近几年北京京纯养蜂专业合作社蜂蜜产品销售状况良好，随着合作社已进入蜜源收购的高峰期（7 月—11 月），自有资金已经无法满足收购蜜源的需要。由于合作社缺乏足值、有效的抵押物，只能选择农业担保方式进行贷款。但这种方式融资成本较高，合作社一般主要提供肥、农药、农膜、农机、种子等农资的统一采购及农产品的统一销售等服务，只收取入社农户极少的费用，从合作社的经营模式看，担保费对于合作社来说是一笔不小的费用。

北京京纯养蜂专业合作社、北京密富有机苹果专业合作社、北京诚凯成养鸡专业合作社三家均为市级合作社示范社。2013 年，三家合作社组成联保小组，与农业银行签订了为期三年的联保贷款合同和联保协议。农业银行北京分行根据合作社资产状况和诚信度确定了每家合作社授信额度为 300 万元。2013 年 6 月中旬，北京京纯养蜂专业合作社通过联保贷款获得农行北京分行第一笔"合作社联保贷"200 万元贷款，用于满足其收购蜜源的资金需求。

（三）合作社成员联保贷款模式

1．运行机制

该模式是密云县汇丰村镇银行 2010 年推出的一款创新产品。它以合作社成员为贷款主体，其中要求成员应具有该行业或相关行业领域 1 年以上从业经验，由 4—8 名社员组成联保小组，交叉循环担保，并由合作社提供保证担保，担保金额约为 5 万—50 万元。对于合作社理事或理事长、占 20%以上股份对合作社运营或管理有重大影响的核心成员，最高贷款金额可高达 70 万元。贷款期限一般为 1 年，生产周期较长的行业可以放宽到 2 年。根据生产周期和现金回流情况，还款方式十分灵活，可每周、双周、每月、每季或半年分期还款，缓释申请人的还款压力。

2．优势

合作社成员联保贷的模式的创新点为交叉保证担保，即属于信用贷款的一种，不需要单独的抵押物和担保物，切实解决了农户因缺乏抵押品和担保品而贷款无门的难题；而从贷款的额度来看，这款产品的单个成员贷款额度为 5 万—70 万元，合作社成员可以同时进行贷款，可以满足一定规模合作社的融资需求。此外，这款产品针对辖区内一般的合作社成员均可申请，不必局限在示范社内部，具有一定程度的普适性。

3．适用条件和范围

该模式虽然无须借款人提供担保品和抵押品，但在实际操作中也并非没有门槛。这款产品要求：①贷款申请人应具有该行业或相关行业领域一年以上从业经验，当然，这对大多数合作社成员来讲并非问题；②联保小组成员至少有 4 名，也就是必须同时有 3 名合作社成员为其承担担保责任；③合作社必须提供保证担保；④银行对符合条件的合作社成员进行授信。

这款贷款产品的贷款期限一般为 1 年，生产周期较长的行业可以放宽到 2 年。资金贷款期限比较短，大多用于合作社或社员的流动资金周转。

4．典型案例

合作社成员联保贷的典型在密云。密云汇丰村镇银行自 2010 年开始推出以合作社成员为贷款主体的产品。截止到 2013 年，此项目累计贷款 3500 万余元，涉及 40 余家合作社，涉及合作社成员共 170 余户。

案例： 北京心连心奶牛养殖专业合作社

北京心连心奶牛养殖专业合作社一直以养殖奶牛、销售鲜奶为主要业务。自 2010 年起，北京心连心奶牛养殖专业合作社的杨理事长与汇丰村镇银行就保持着良好的合作贷款关系。当时，为了扩大养殖规模，合作社打算购进怀孕母牛，可手头资金紧张又无处借款，在密云县农民专业合作社服务中心的引荐下，杨理事长来到汇丰村镇银行进行贷款。由于方便快捷的贷款程序以及周到的服务，使杨理事长在这里享受到了合作社联保贷款产品，就这样，合作社成员联保贷一年接着一年，贷款近 4 年时间。

随着时间的推移，合作社的发展规模越来越大，势头越来越好。截至 2013 年 4 月，合作社牛舍占地面积已经由原来的大约 2000 平方米扩大到现在的 4000 多平方米。牛舍均已采用现代化标准建设。合作社各项基础设备齐全，具备精饲料加工车间、联合饲料加工机组、机械化挤奶平台、挤奶设备、制冷设备、鲜奶冷藏运输罐车等。此外，合作社还与顺义光明乳业公司合作，2012 年鲜奶销售单价平均 3.3 元/公斤，销售价格稳定，合作社发展势头良好。

（四）合作社内部资金互助模式

1. 运行机制

合作社内部资金互助指在专业合作社内部开展资金互助活动。合作社内部资金互助是合作社服务内容的一种拓展，其成员、资金和服务对象都严格限制在专业合作社内部，实行封闭管理。合作社内部资金互助主要帮助合作社成员解决生产和经营中的资金短缺问题。

在实际操作过程中，开展内部资金互助服务的合作社均在区县农委与经管站的指导下，制定了相应的资金互助章程。章程明确了参加内部信用合作的人员，规定了互助资金管理办法，包括互助资金的来源、使用范围、借款流程等，确定了有两名或者两名以上成员提供担保的制度，明确了互助资金的使用与监管办法，以及开展信用互助所取得的收益如何分配，信用合作何时终止和撤销等。

通州区、密云县还细化了资金互助章程，引导农民专业合作社制定了资金互助管理办法，以通州区北京裕群养殖专业合作社资金互助制度为例，该合作社制定了《北京裕群养殖专业合作社资金互助管理办法》。该合作社的互助金由自己财务人员管理，共计165.5万的资金，来回周转，随借随还，随还随借，借款方便，但是，在保证借款方便的同时，该合作社互助资金的使用都要按照章程运作，比如要有两户担保人或以成员入资额度为其进行担保等。资金互助及时解决合作社成员的困难，实现了合作社成员的共赢，取得了显著成效。为保证互助资金的安全和提高社员按时还款的自觉性，合作社还为入会社员建立了信用档案：有良好信用记录的，合作社可适当增加其借款信用额度；有不良信用记录的，合作社给予警告并适当降低借款信用额度。借款到期经警告不还的，由担保人归还，拒不归还的农民专业合作社可以起诉到人民法院解决。截至2012年年底，合作社通过资金互助服务共向社员发放借款400余笔，共计369万元，按时还款率达到100%，收取资金使用费80510元，资金互助本金分红68433元。

从互助资金来源看，农民专业合作社的互助资金有社员缴存和政府补贴两种来源，主要以社员缴存为主。市级财政补贴主要集中于市级示范社以及示范社建设单位，每年5家，总体不超过50万元。各级区县政府则根据实际财政状况给予一定数额的资金支持。互助资金使用对象为参加资金互助社员和合作社自身。按照各农民专业合作社要求，互助资金使用需按照流程办理，其流程如图3-4。

使用互助资金需要有担保，借出的互助资金主要用于购买生产资料或者用于临时资金周转。大多数互助资金的使用期限都被限定在1年以内。开展内部资金互助的农民专业合作社的利率主要是参照银行同期存贷款利率情况，存款利率略高于银行存款利率，借款利率略低于银行贷款利率，息差最大3%，最小0.1%。

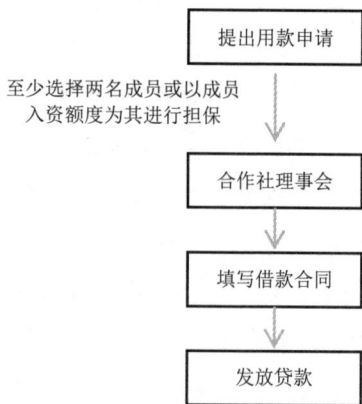

图 3-4　互助资金使用流程图

2. 优势

该模式的优势在于：①合作社内部资金互助为社员开辟了一条便捷、可靠的信贷渠道，该模式贷款申请简单、快捷、方便，更好地满足了农户时间紧、额度小、频率高的信贷需求。②通过开展资金互助，也培养了农民的互助诚信意识。③社员在生产经营中遇到资金困难时，不用再向亲友借或者高利贷，免去了人情债和高利贷风险。

3. 适用条件和范围

该模式主要解决合作社及合作社内部社员的资金需求。由于合作社内部资金互助筹资资金规模有限，且为了防范风险，各合作社对内部资金互助使用额度进行了限制（通州区限制在 5 万元以内），故该模式更适合临时性小额资金需求。

4. 典型案例

通州区是北京市首个开展合作社内部资金互助试点的区县，也是到 2013 年为止开展内部资金互助的合作社数量最多的区县，从 2009 年至 2013 年，积累了丰富的资金互助合作的实践经验。

案例：北京果村蔬菜种植专业合作社

北京果村蔬菜种植专业合作社位于通州区于家务乡果村，成立于 2006 年，现有社员 255 户，蔬菜种植面积 1600 亩。由于蔬菜种植生产周期较长，投入较大，部分社员缺乏流动资金，给生产经营带来很大困难。为解决这一问题，在市、区县经管部门的支持帮助下，经合作社理事会提议，成立了北京第一家资金互助会，开展内部资金互助服务，目的是大家共同集资帮助那些困难户和临时需要资金帮助的社员发展生产。共有 164 户社员报名参加了资金互助会，筹集互助资金 23.8 万元，至 2012 年已达到 40 万元。

合作社制定了《北京果村蔬菜专业合作社资金互助办法》。规定申请加入资金互助的社员必须是本社社员，每个社员缴纳的互助资金起点为 100 元，多缴不限。入会社员借款须提前 2 天向审批小组提出申请，并需要两名社员担保。每个社员最多可一次性借用其入资额 15 倍的资金，借款额度上限最高 1 万元，期限最长为 1 年。借款社员按借款期限不同，半年以内的，收取借款额度 2%的使用费，半年以上 1 年以内的，收取借款额度 3%的使用费，超过约定期限未归还的，按每天 0.1%的费率计收滞纳金。为保证互助资金的安全和提高社员按时还款的自觉性，资金互助会实行单独核算，建立了严格的互助资金管理制度。一是资金互助会不吸收社外人员资金，也不向社外人员借出资金；二是制定了奖惩办法。入会社员有 2 次按期还款良好信用记录的，再次借款可增加入资额 5 倍的借款信用额度；有 2 次到期未还不良信用记录的给予警告；3 次到期未还的经过理事会研究予以除名。几年来，互助会共借出互助资金 120 笔，60.3 万元，按时还款率达到 100%，收取资金使用费 7273 元，资金互助本金分红 4406 元。

合作社内部资金互助为社员开辟了一条便捷、可靠的信贷渠道。9 月份正是芹菜生产季节，社员张占华蔬菜小棚需要更新，没钱投入，向资金互助会借款 5000 元，及时更新了草帘子、农膜等，保证了生产正常进行。社员朱素英，因老人住院、孩子上学占用了部分生产资金，虽然看好蔬菜生产，却不敢扩大规模。参加资金互助会后，个人交纳 500 元互助金，2007 年 8 月向合作社借款 4000 元，建了 5 个小拱棚。2008 年实现收入 6000 元，扣除 4000 元借款，一茬增收 2000 元。自从开展资金互助服务以后，合作社通过资金互助带动社员增加生产投资 20 万元，新建小拱棚 20 亩，大棚 100 亩，翻建雨毁围墙 3500 米，促进了农民增收和农业发展。

（五）林权抵押贷款模式

1. 运行机制

林权抵押贷款是指以森林、林木的所有权（或使用权）、林地的使用权作为抵押物向金融机构借款。林权抵押贷款的出现与北京市继续深入推进林权体制改革工作紧密相连。2011 年底，北京市基本完成集体林权制度改革，全市林农不仅具有经营的主体地位，而且享有对林木的所有权、处置权和收益权。随着林权的明晰和林权证、股权证的发放，林权抵押贷款被作为林业金融创新的"探路者"在农村逐渐展开。2012 年，北京市园林绿化局决定选择政策成熟、条件具备的经济林产权为突破口，率先开展林权抵押贷款试点，通过林权抵押贷款，解决农业发展缺乏有效抵押物造成的融资难问题，拓宽融资渠道，促农增收。

平谷区作为北京市唯一开展林权抵押贷款工作试点区县，其结合区内实际，确定以农民专业合作社为主体开展此项工作。可用于抵押的林权包括经济林的林木所有权（或使用权）、经济林的林地使用权、集体生态公益林的林地使用权。为了降低风险，金融部门通常要求，以集体统一经营的林地林木作为抵押的，抵押人须出具集体经济组织三分之二以上成员或者三分之二以上村民代表同意的书面文件。在抵押评估上，贷款金额在 30 万—100 万元之间的贷款项目，可由银行自行评估或与借款人共同商议确定抵押资产评估价值，贷款金额在 30 万元以下的小额贷款项目可以免评估，贷款金额在 100 万元以上的贷款项目应委托评估机构进行评估。在贷款额度上，经济林的抵押贷款最高额度不超过林权评估价值的 80%，生态公益林抵押贷款最高额度不超过林权评估价值的70%。银行将根据林业生产周期、借款人第一还款来源、现金流状况、贷款用途和抵押评价价值等因素确定林权抵押贷款期限，最长不超过 8 年。抵押期间，不得改变林地的属性和用途。在政策扶持方面，政府对林权抵押贷款采取信用奖励的方式对贷款利息给予 6 个百分点的财政贴息补贴（包括中央财政贴息 3%，市级财政贴息 3%），在合作社连本带息一并偿还后给予兑现，减少了林农的压力。

2. 优势

林权抵押贷款模式很好地解决了合作社抵押品的问题，是十一届三中全会提出"赋予农民更多财产权利"在北京近郊的有益探索，也是未来的发展方向。它可以解决部分拥有林木所有权（或使用权）、经济林的林地使用权、集体生态公益林的林地使用权的合作社的贷款资金需求。

3. 适用条件和范围

林权抵押贷款模式探索将林地使用权和林木所有权作为抵押物，解决了合作社缺乏有效抵押物造成的融资难问题，拓宽了融资渠道，促进了农民增收。但该模式适用范围仅限于具有经济林的林木所有权（或使用权）、经济林的林地使用权、集体生态公益林的林地使用权的合作社，且贷款只能用于从事与林业发展相关的生产经营活动。

4. 典型案例

平谷区作为北京市第一个林权抵押贷款工作试点区县，目前开展的林权抵押贷款合作银行包括北京农村商业银行、邮政储蓄银行北京分行、北京银行和农业银行北京分行四家银行。2013 年，平谷区农民专业合作社指导服务中心与邮政储蓄银行合作，结合对各申贷合作社进行摸底调研，资格审查，最终在 5 个乡镇中筛选出 5 家合作社作为第一批试点单位，贷款金额 980 万元。

案例：北京宗宇浩果蔬产销专业合作社

北京宗宇浩果蔬产销专业合作社成立于 2008 年 5 月，社员 204 户，股金 300 万元，固定资产 290 万元，基地面积 2000 多亩，分布在马坊、峪口、夏各庄等多个乡镇。是一家集大桃、蔬菜、杂粮、香油、核桃油以及各种菌类等农副产品的种植、加工、销售为一体的综合型合作社。

北京宗宇浩果蔬产销专业合作社成立以来，逐渐发展壮大，规范化、产业化建设不断取得新的进展，销售业绩突飞猛进。2009 年，合作社销售大桃、李子、杏、鸡蛋、核桃、油栗、杂粮、野山菌、特菜、核桃油和香油等各种农副产品 280 万公斤，销售总额 1100 万元，年底为社员分红 16 万元，二次返利 42.7 万元，为实现农民增收起到了积极的促进作用。合作社的快速发展，社员利益的不断提升，吸引了众多农户，纷纷表示要加入合作社，与合作社一起发展。截至 2012 年初，合作社累计销售农产品达 760 万公斤，实现销售额 3000 万元，实际带动农户达 2000 户，带动社员户均增收 6000 元。目前，合作社已通过 QS 质量认证、ISO9001 国际质量管理体系认证和有机认证，注册了"宗宇浩"牌商标。此外，还通过贴膜等手段，在大桃上直接标注"宗宇浩"标识，使每个大桃都带有自己的身份认证。合作社与禾乔大厦、北京国际会议中心、中海石油有限公司北京研究中心等几十家单位建立了长期稳定的合作关系，并在丰台区和通州区建立了两家农副产品直销店。2010 年北京市农村实用人才创业成果展示推介会中合作社生产的八里香小磨纯香油、精品草莓分别荣获"最受欢迎产品"奖。2010 年北京宗宇浩果蔬产销专业合作社被评选为北京市市级合作社示范社。

合作社负责人介绍，以前合作社要想贷款比较困难，银行发放贷款最基本的要求是要有抵押物，合作社只有土地、果树，不能用来作为抵押物。由于缺少资金，使得合作社不敢接部分大额订单，发展受到了限制。例如 2010 年合作社参加农超对接活动，与一家超市商谈平谷大桃购销业务，由于超市规定的账期要一个月，而合作社没有充裕的流动资金周转，不得不放弃这个大合同。作为北京市集体林权抵押试点，宗宇浩果蔬产销专业合作社用自己的经济林和承包的 833 亩林地作为抵押物，获得了中国邮储银行北京分行发放的 100 万元抵押贷款。合作社用该笔贷款建起了鲜果冷库，扩大了经营。据合作社负责人介绍，预计 2013 年合作社销售的果品能超过 400 万公斤，每名社员年可增收 6500 元。

（六）农村发展基金模式

这是门头沟区委、区政府于 2013 年 8 月份推出的一揽子的政府计划。农村发展基金由门头沟区财政专项资金列支，启动资金规模为 5000

万，可以根据资源整合和基金投放情况逐年设定基金规模。基金将扶持农村地区重点产业和项目建设，使用范围包括区域内的农业项目（种养业、农产品深加工与销售、农村专业合作社、农业综合体等）、旅游项目（农业旅游、文化旅游、古村落开发等）、旧村改造、农村基础设施建设等。基金的使用方式涉及合作社方面的主要有：①直接投资。基金作为重点项目的前期投入、垫资和引导性资金，对重点农业企业和合作社生产经营所需配套资金等进行直接投资。②对银行贷款进行担保。其中，有流转贷，对获得农村土地承包经营权及农村土地相关权益流转的主体，以土地经营权流转合同质押等作为担保或反担保方式可以优先申请。　③项目贷款贴息和担保费补贴。单个项目贷款贴息资金不超过贷款所产生利息的 80%，担保费补贴不超过项目贷款金额的 2%。贴息和担保费补贴范围还包括信用贷——业绩良好、信用记录良好借款人的无担保信用贷款和联保贷——农户或合作社的联保贷款等。④对银行和担保公司涉农贷款的补贴。主要对银行和担保公司涉农贷款的风险准备金予以补贴。银行非担保公司担保的涉农贷款余额的 0.5%；担保公司涉农贷款在保余额的 0.5%。⑤农业保险的补贴。对特色农产品的种植和符合区域产业发展的养殖项目分别给予不超过 90% 和 80% 的保费补贴（已获政策性补贴的除外）。

由于该发展基金刚刚建立，正处于实施细则制定的阶段，尚无实际运用的案例。但不难看出，该基金完全由政府出资组建，政府既可以直接投资，又可以借助贷款贴息和担保费的补贴这种市场手段来支持农业发展。虽然细则尚未出台，但预计实施细则中会对合作社的申请资格做出限制，很可能示范社或示范社建设单位会取得优先申请权。

（七）五种融资模式的比较

由于农村发展基金模式刚在门头沟展开，效果有待进一步观察，而且基金的建立严重依赖当地政府的决策，不具有普遍适应性。本节对五种融资模式进行总结对比分析，以期为不同的合作社选择融资模式提供依据，拓宽不同农民专业合作社的融资渠道。

1. 从参与主体看，组建农业担保公司模式涉及的参与主体最多，涉及担保公司、政府、银行和合作社四方；合作社成员联保贷和合作社联保贷、林权抵押贷款模式这三个模式的参与主体均为合作社和银行；合作社内部资金互助模式的参与主体只有合作社一方。

2. 从目标来看，组建农业担保公司模式、合作社联保贷、合作社成员联保贷和林权抵押贷款的模式均为解决合作社的融资问题，而合作社内部资金互助主要是为社员融资服务。

3. 对于政府来说，应该给予合作社融资必要的政策支持和资金支持。在组建农业担保公司这种模式中，政府牵头成立农业担保公司，并为合作社提供贴息和担保费补贴，切实解决合作社担保难问题。在合作社成员联保贷模式中，政府不直接参与，但也支持这种模式用于解决合作社贷款难的问题。在合作社联保贷模式中，政府联合银行专门针对合作社推出金融产品创新，起到了积极倡导、政府支持的作用。合作社内部资金互助是合作社内部成员之间的资金互助，政府对参加内部资金互助的市级示范社有直接的资金补贴。在林权抵押贷款模式中，政府对按期还款的合作社给予6%的贴息补助。

4. 对于银行来说，组建农业担保公司模式解决了合作社的抵押担保问题，故银行在贷款审批方面比较积极；合作社联保贷为银行践行"服务三农"的职责，主动推出的金融产品创新，目前正在积极推广中；合作社成员联保贷的模式是村镇银行推出的专门针对合作社成员贷款的创新产品，目前运行良好；林权抵押贷款模式解决了合作社缺乏抵押品的问题，但由于银行手中抵押品的变现比较难，银行对此种业务比较谨慎。

5. 对于风险的分担，组建农业担保公司模式把银行的风险转到了担保公司；合作社联保贷的模式由联保贷小组其他成员对借款人的借款债务承担连带保证责任；合作社成员联保贷由本社内其他成员以及合作社为借款人的债务承担连带保证责任；合作社内部资金互助模式由资金互助担保小组其他成员承担连带责任；林权抵押贷款模式中风险完全由银行独立承担。

6. 从合作社的融资成本来看，农业担保公司模式的融资成本最高，除了需要支付正常的银行贷款利息外，还有担保费；合作社联保贷、合作社成员联保贷以及林权抵押贷款的模式则需要支付正常的银行贷款利息；合作社内部资金互助的模式的贷款利率则略低于银行的贷款利率，使用成本最低。

7. 从各个模式的优点来看，组建农业担保公司模式，由政府对合作社进行贴息和保费支持，该模式旨在破解合作社找不到合适担保公司的难题；合作社联保贷模式是银行专门针对合作社融资而推出的金融产品，其不用抵押，由联保小组承担连带责任，银行直接授信，且用款灵活；合作社成员联保贷也是银行推出的创新产品，不用抵押，但需要其他成员以及合作社为其进行担保，用款和还款灵活；合作社内部资金互助模式的优点主要体现在申请手续上，具有手续简单、方便、快捷的优点；林权抵押贷款模式则用相应的林权所有权或使用权作为抵押物，可以直接向银行申请贷款。

8. 从适用范围看，组建农业担保公司模式适用于发展条件好，具有一定物质基础，可以向担保公司提供反担保物的合作社；合作社联保贷适用于市区县级合作社示范社；合作社成员联保贷适用于正常生产经营的合作社成员；合作社内部资金互助适用于有一定规模、发展势头良好的合作社；林权抵押贷款模式仅限于具有经济林的林木所有权（或使用权）、经济林的林地使用权、集体生态公益林的林地使用权的合作社。

9. 从资金用途和使用规模来看，组建农业担保公司模式适用于生产性、投资性的大额资金需求；合作社联保贷适用于大额的流动性资金需求；合作社成员联保贷和合作社内部资金互助模式适用于小额的流动性资金需求；林权抵押贷款模式的额度为 30 万—100 万，基本属于小额流动性资金的需求，资金必须用于与林业相关的生产经营活动。

10. 从使用年限看，农业担保公司模式更适合 2—3 年期的贷款；合作社成员联保贷可以延至 2 年；合作社联保贷款和合作社内部资金互助适用于短期的流动资金需求；林权抵押贷款模式期限为少于 8 年。

11. 从推广潜力和障碍看，在各个郊区县组建农业担保公司的难度比较大，主要依赖于地方政府对合作社的重视和财政资金的实力；合作社联保贷和合作社成员联保贷主要是银行推出的产品，它的推广也主要依赖于银行的积极性和主动性，而且推广的客户也比较局限；内部资金互助模式虽然资金量比较小，但推广潜力巨大，可以在严控风险的前提下在全市范围内进行大量推广；2011年底，北京市基本完成集体林权制度改革，推广的客观条件已经具备，林权抵押贷款模式适合在市级范围内进行推广。

表 3-2　北京市农民专业合作社融资模式比较

	组建农业担保公司模式	合作社联保贷模式	合作社成员联保贷模式	合作社内部资金互助模式	林权抵押贷款模式
参与主体	担保公司、政府、银行、合作社	合作社、银行	合作社、银行	合作社	合作社、银行
目标	解决合作社融资	解决合作社融资	解决合作社融资	为社员融资服务	解决合作社融资
政府	贷款贴息和担保费补贴	积极倡导、政府支持	政府支持	政府补贴	政府补贴
银行	有担保公司担保，贷款积极	主动创新金融产品	主动创新金融产品	不参与	银行积极性不高
风险的分担	担保公司	联保贷小组成员	联保贷小组成员、合作社	资金互助担保小组	银行
合作社支付成本	担保费、银行贷款利率	银行贷款利率	银行贷款利率	略低于银行贷款利率	银行贷款利率
优点	解决无担保问题	不用抵押，银行直接授信	不用抵押，银行直接授信	简单、快捷、方便	简单、方便
适用范围	具备一定物质基础，发展条件好的合作社	市、区县级合作社示范社	从事正常生产经营活动的合作社	具备一定物质基础，发展条件好的合作社	拥有林地、林木所有权及使用权的合作社
资金用途	生产性、投资性资金需求	流动性资金需求	流动性资金需求	流动资金需求	与林业发展相关的生产经营活动

	组建农业担保公司模式	合作社联保贷模式	合作社成员联保贷模式	合作社内部资金互助模式	林权抵押贷款模式
使用规模	大额资金需求	大额资金需求	小额资金需求	小额资金需求	小额资金需求
使用年限	2—3年	1年以内	1—2年	1年以内	8年以内
推广潜力	主要依赖于政府力量的推动	主要取决于银行的态度,可在全市范围内积极推广	主要取决于银行的态度,可在全市范围内积极推广	可在全市范围内积极推广	可在全市范围内积极推广

五、国外及台湾地区合作社融资的经验借鉴及启示

本章选取资源禀赋、文化传统与北京相近，且在合作社融资方面具有典型代表性、较强可参考性的日本、韩国两个国家和中国台湾地区的农民专业合作社金融支持经验，为北京农民专业合作社金融支持提供参考。

（一）日本农协

日本是一个山多、平原少的国家，耕地少而且分散。日本农业以家庭为单位实行小规模经营，农业现代化程度很高。日本农协金融是合作金融的典型代表之一，是比较成功的农村金融服务体系。

日本农协始建于 1947 年，为了快速恢复农业经济，日本组建了农协，颁布了《农业协同组合法》，支持农协的发展。日本农协从组建后就组建自己的金融系统，它以独立于商业银行的方式组织农协会员手中的剩余资金开展以农协会员为对象的信贷业务。早期日本农协合作金融组织体系分为基础农协合作金融部、县信用农业协同组合联合会、全国信用农业协同组织联合会中会（农林中央金库）三个层次。基础农协是农协合作金融体系最下层的组织，其 70% 的存款总额以再存入的方式存入农协的上一级即县级信用联合组织的账户，30% 的存款总额用于直接放贷。农林中央金库是农协合作金融的全国最高机构。日本农协系统的

三级金融机构虽有上下级关系，但是它们在经济上各自独立核算，独立管理。

日本农协的基本运作方式为：基层农协将社员的部分存款用于贷款，其他部分用于有价证券投资或寄存于县信用联合会；基层农协存于县信用联合会的款项即为县信用联合会所吸收的存款，它把其中一部分用于贷款，其余部分则用于购买有价证券或存于农林中央金库。农林中央金库可动用这些存款进行各项投资活动。这样，农协把农村资金吸收到城市，又把城市和海外收入利率之间的差额返还到农村。日本农协金融活动的主要特点是：不以营利为目的，旨在为农协全体成员服务；资金主要用于发展农业生产，提高农民生活水平；通过信贷杠杆贯彻国家的农业政策，能代替国家发放扶持农业贷款等。

目前，日本农协合作金融的具体业务内容包括存款业务、贷款业务、金融衍生商品交易、有价证券交易、外汇交易、证券代理、保管、汇兑、经纪人业务、受托金融期货交易等等。全国信用农业协同组织联合会中央会（农林中央金库）通过联网系统，形成一个全国性的汇兑通信网，办理汇款、入账、资金托收等国内的汇兑业务。日本农协合作金融的个人业务占绝大多数，个人存款所占比例为95%以上，个人贷款比例也高达85%左右。由于农协的客户中个人占绝大多数，因此其定期存款的比例也相应较高。此外，农协的长期存款比例高达80%，这主要是因为农协不仅行使一般商业银行的职能，在农村还承担了长期信用银行的角色。

为提高农协合作金融业务的信用程度，日本对农民在农协的存款进行保险。为此，日本专门成立农林水产生产合作社存款保险机构，该机构提供基本的存款保险业务。这种保险与一般商业保险的最大区别是被保险者只限制于在农协的存款者。当农协经营破产时，保险机构对存款金额在1000万日元以内的损失者直接进行补偿；对于存款金额超过1000万日元的损失者，除进行直接补偿外，将在农协债务清理时对超过部分给予补足。此外，该机构还提供资金援助、债券保证和利息补贴等。在相互援助制度方面，日本农协每年必须把吸收存款的10%作为专项资金储备，交由农林中央金库管理和运用，当农协的经营出现破绽时，可以通过该制度向农协申请一定数量的低息贷款。同时，日本农协还建立了农业灾害补偿制度，该制度包含的内容广泛，做法上类似于一般的商业保险，生产者首先向保险机构定期支付一定的保险金作为灾害保险的原始资金，一旦发生灾害，可对收入的减少部分进行经济补偿。由政府直接参与下的农业信用保证保险制度是日本农村信用保险体系中综合性强且规模最大的制度体系，主要内容为对农协经营损失的补偿和对农协债务进行的补偿。日本农业信用保证保险制度的资金而言，政府财政资金约占 35%，其余为农协、县和农林中央金库的出资。其对象不仅是农协的金融业务，还包括农协自身的经营和农协业务的全部。

（二）韩国农协

韩国属于人均耕地面积少的小农国家。韩国的农民合作社称为"农业协同组合"，即农协，于 1957 年正式成立。韩国农协的组织结构分为上下两层，上层为农协中央会，下层为设在乡镇的基层农协。1961 年，农业银行并入农协中央会，成为韩国农协的信贷部门。至此，农协开展的业务分为三大类：一是教育与文化；二是农产品流通事业；三是金融事业，筹集资金，提供全面的农业金融服务。业务范围已扩大到指导、农业生产材料购买、生活用品购买、大米销售、其他农产品销售、农产品加工、农业政策金融和互助金融等农业产前、产中、产后每个环节。

农协的金融事业分为两个部分：一是农协银行，以城市为中心，向下延伸建立分支机构；二是农协合作机制的"合作金融"，以基层农协为重心。

对于农协银行来说，农协中央会所辖的农业银行依据农协法做金融业务，运作的监督金融制度法和一般银行一样。农协银行拥有韩国最大的营业网点，全国网点共有 5556 个，而其他三大商业银行，网点最多者只有 1173 个。与一般商业银行的营业网点大多集中于首都圈不同，农协是唯一将营业网点布置到农村地区和偏远地区的金融机构。由于农协金融网点覆盖面广，成为政府收缴地方税的重要平台。此外，农协提供与商业银行并无两样的金融服务，包括银行、保险、卡、外汇、合作金融，并与多家证券、期货、资产管理等机构合作，提供一站式、多样化金融服务。自 2012 年起，农协银行从农协中央会分离出来，独立运营。但分离后的农协银行，仍然由农协中央会控制，是中央会控股银行，农协对银行仍然保持着权力和权益。

对于基层农协的合作金融来说，仍坚持多年由农民组织自办的做法。基层农协的合作金融业务对组织的发展至关重要。据统计，全谷农协有组合员 2194 人，1976 年开始发展合作金融后，2004 年存款达到 1000 亿，2006 年贷款达到 1000 亿，每年平均 12 亿纯利润。基层农协的金融事业和经济事业紧密结合。基层农协的金融事业赢得竞争力的主要原因在于基层农协从事经济事业，存款主要来自于组合员从事的经济事业。所以基层农协更强化经济事业。

农村金融的发展有两种路线选择：自上而下和自下而上。总体上看，韩国经历了自上而下的发展过程。现在，将两种性质的金融业务分开：自上而下的农协商业银行，面向市场；基于农民的合作金融，仍然由农协来办。而政策性业务自上而下运作，农协银行起中心作用，向下延伸，借助基层合作金融深入到农户。

（三）台湾农会

台湾农会源于日本占领时期，后经不断改革发展，形成目前组织体系完备，具有政治、经济、行政、社会等多种功能的农民组织，对台湾经济和农业农村发展起到了重要作用。

台湾具有完备的农业金融体系，台湾农会具有金融服务功能，其运行机制有其历史成因，又因农业的特殊性，农会金融也存在改进的空间，这些对我们都具有借鉴意义。

1. 台湾农业金融体系

1974 年，台湾新农会法通过，赋予了农会办理金融业务的权力。1995 年开始，台湾有不少农会信用部长期逾放比率过高，并且出现经营亏损等问题，于 2004 年 1 月 30 日正式施行我国台湾地区《农业金融法》。

台湾农业金融主管部门——农业金融局于同日挂牌成立，负责农业金融机构的监理及政策性农业项目贷款的规划推动。目前，该局统辖"农业发展基金贷款""农业天然灾害救助基金贷款"及"中美基金贷款"，是政策性农业贷款的资金来源。

依据我国台湾地区《农业金融法》，农业金融机构包括农会信用部、渔会信用部（以下并称信用部）及台湾农业金库。台湾农业金库被规划为信用部的上层机构，具有辅导任务。

（1）台湾农业金库

台湾农业金库对于信用部应办理下列事项：收受转存款、资金融通、辅导与业务及财务查核、金融评估及绩效评鉴、信息共同利用。另外为防范信用部再发生逾放比过高等经营不善的情形，《农业金融法》也规定信用部办理一定金额以上之授信案件，应报经台湾农业金库同意后办理或移由台湾农业金库办理。

（2）农业信用保证基金

农业信用保证基金于 1983 年成立，协助担保能力不足的农渔民获得经营所需之资金，而承办农贷的金融机构也可降低授信风险。保证的对象为农渔会会员与实际从事农渔业生产、加工、运销、储藏之个人、农民团体，合伙或合作组织。保证项目以由基层农渔会信用部、台湾农业金库以及签约商业银行承办的农业贷款为原则。保证比例最高为本金的 90%，但是每一申请人累计保证贷款余额不超过 500 万新台币，同一经济利害关系人不超过 5000 万新台币。

（3）政策性农业贷款

"农委会"的政策性农业项目贷款的目的在于保证农、林、渔、牧业的发展与转型所需的资金，改善农渔家的生活质量。政策性农贷资金来源包括农业发展基金贷款、农业天然灾害救助基金贷款、"中美基金贷款"。

政策性农业贷款由行政主管部门制定各项种类贷款要点，但是由贷款经办机构自行出资并承担风险。行政主管部门就经办机构自行出资的资金给予利息补贴，农会渔会部分补贴至年息 5.5%。主要农贷项目有农机贷款、购置耕地贷款、农宅贷款及加速农村建设贷款四类。"中美基金"主要办理促进农场经营企业化、辅导种苗产业经营发展、辅导休闲农场经营及辅导木竹材精致利用生产等。

2. 农会信用部概况

农会信用部服务的对象以会员为主，成立的主要目的是以协助行政主管部门推行储蓄政策；其次是为安定农村经济并提供农业推广的经费，吸收农村资金以充裕农村金融。农会信用部的业务局限于会员及会员同户家属存放款，会员从事农业产销所需设备租赁、汇兑、代理行政主管部门及银行委托代放款项、代理收付与保管箱出租等简单业务。主要的贷款业务有一般农业贷款及统一农贷。一般农贷的项目是支付生产、生活、消费或临时支出等用途所需资金。统一农贷的内容包含作物、畜牧、副业生产、农产设备等。

农会信用部分散与全岛各地，包括无银行的 118 个乡镇，是基层农村地区最普及的金融机构。解决了金融服务断层的现象。吸纳农村剩余资金。融通农民生活及生产所需资金。支援农会办理各项业务所需经费。配合农业政策执行专案农贷、促进农村建设、农业发展及农业产销结构的调整。

农会信用部也存在一些局限性，如信用部无法人地位，逾放比率偏高，净值偏低、风险承担力不足，金融人才专业性不足、信用控管不佳、选举易受地方派系的影响，业务活动范围仅限一乡一镇、风险过于集中，缺乏资金融通制度、无上下级间纵向和各农会信用部之间无横向的连接等等方面。

（四）启示

1. 安排合理、层次分明的组织结构

日本、韩国、中国台湾地区农村合作金融组织的三级机构之间，自上而下逐级投资入股，各级机构都是独立的法人实体。这样把三级机构从经济上、组织上联系起来。机构的上下级之间，只有经济往来，没有行政隶属关系。此外，合作金融组织将盈利的一部分用于对会员投入的股金进行分红，对会员的存贷款利率给予优惠，也使得会员与所属组织在经济上紧密联系在一起。

2. 程序规范、制度健全的风险防范体系

农村合作金融组织的贷款发放有一套较为严格的程度，大多数大额贷款有资金实力雄厚的上级机构承办。尤其是日本，建立了农村信贷保险制度、相互援助制度、存款保险制度、农业灾害补偿制度和农业信用保证制度等，使信用事业有了可靠的后盾，确保了合作金融安全、健康运行。

3. 健全的法律法规及政府的支持政策

保持合作金融法制的稳定性和连续性，立法较为完善，形成了健全的农村合作金融法律体系，真正做到了有法可依，为农村合作金融的稳健运营提供了法律基础。此外，政府为促进农村合作金融的发展，更好地为农村经济服务，在财政和税收上给予合作金融特殊资金补偿和政策优惠。

六、对策建议

农民专业合作社已经成为北京市郊区提高农业组织化程度、促进农民增收、推进社会主义新农村建设的一支重要力量，在创新农业经营体制机制、转变农业发展方式、提高农业规模化集约化生产水平、推进都市型现代农业建设中发挥着越来越重要的作用。加大金融支持力度、创新金融服务体系是解决农民专业合作社资金短缺问题的有效途径。

如果要从根本上解决合作社融资的问题，比较理想的模式是建立一整套独立于商业金融的农村合作金融体系，如中国台湾地区、韩国或日本，能够从体制机制上保证农村的资金全部用于农业和农村，从而保证合作社的融资需求。虽然，党的十八届三中全会提出"保障金融机构农村存款主要用于农业农村"，但在实际操作过程中有相当的难度，未来金融体系改革任重道远。

目前，国内合作金融方面的立法现在还处于法律空白状态，但在十八届三中全会的决议中还是透露出一些改革的信号："鼓励农村发展合作经济，扶持发展规模化、专业化、现代化经营，允许合作社开展信用合作"，这就说明合作社内部资金互助的模式得到了决策层的认可，可能会在全市范围获得推广。"赋予农民更多财产权利"的提法也意味着林权抵押贷款模式大有可为，只要林木的所有权或者使用权得到社会的普遍认可，作为商业金融主体的商业银行自然也会乐于接受这样的抵押物，给予合作社发放贷款。

从北京市的实践层面来讲，几种融资的模式解决了不同程度的融资需求：合作社内部资金互助模式解决了社员短期的生产流动资金需求，合作社联保贷和成员联保贷模式解决了合作社短期的生产流动资金需求，农业担保公司和林权抵押贷款模式可以解决合作社的基础设施建设等固定资产投资的资金需求。在当前缺乏农村合作金融体系总体安排下，还需要多管齐下，针对不同的资金用途选择不同的融资途径。

（一）加快立法，明确合作金融的法律地位

在《中华人民共和国农民专业合作社法》中，并没有对合作社开展内部融资做出明确规定，合作社内部资金互助目前还处于法律的真空地带。希望能在《农民专业合作社法》中给予内部资金互助相应的法律许可，能够对合作社开展内部资金互助给予明确的法律地位，允许一些经营状况良好、管理规范的合作社开展内部资金互助的服务，支持合作社的长足发展。

2014 年的中央一号文件提出，在管理民主、运行规范、带动力强的农民合作社和供销合作社基础上，培育发展农村合作金融，不断丰富农村地区金融机构类型。坚持社员制、封闭性原则，在不对外吸储放贷、不支付固定回报的前提下，推动社区性农村资金互助组织发展。适时制定农村合作金融发展管理办法。希望这个管理办法能够尽快出台，为解决农村地区融资困境打下坚实的基础。

（二）营造合作社融资的社会环境

农民专业合作社作为农村发展和农民增收致富的重要载体，其发展离不开良好社会环境的支持。因此，必须提高各方对合作社地位、性质

和职能作用的再认识。一是各级党委、政府要高度关注农民专业合作社的发展，牢固树立扶持农民专业合作社组织就是扶持农民、扶持农业、扶持农村的观念，把加快发展农民专业合作组织摆上议事日程，纳入区域发展规划，统筹考虑，狠抓落实。二是各级农委、经管站要加强与当地银监局、金融办等与合作社融资相关各方的沟通，加大对合作社的宣传力度，为合作社融资创造良好的社会舆论氛围。除了做好农民专业合作组织发展规划、积极提供公共政策咨询等本职工作外，农委还需要积极与当地金融、工商等金融部门的沟通与合作，进一步宣传农民专业合作社在农村发展中的作用，提高其对农民专业合作社的认识，为农民专业合作社的融资争取相关优惠政策。经管站在进行培训的时候，可以邀请一些金融界的人士参与讲课或者采取座谈、展会的形式，让社会广泛了解合作社。三是农民专业合作社自身也要加大相应的宣传力度。合作社自身也需要抓住一切可能机会，如中台农民合作论坛、昌平的草莓大会、大兴的西瓜节等平台展示自己的产品和机构，让社会更充分地了解合作社。

（三）完善合作社融资的政策支持体系

由于合作社是农民的组织，按照"民办、民管、民受益"的原则组建起来的，而农业又属于弱势产业，合作社要想取得长足发展，离不开政府的大力支持。但政府如何支持合作社发展就是一门技术。在调研中课题组了解到，政府支持合作社的方式有两种：一种是直接补贴和直接项目补贴的方式。如在 2010 年和 2011 年，市农委对被评为市级示范社的合作社分别给予 1.6 万和 5 万的补贴来支持合作社的发展。另一种是间接补贴的方式。典型的例子是密云县由县政府出资设立密云农业担保公司来支持"三农"项目的发展和市农委每年选择 5 个市级示范社进行贷款贴息和担保费的补贴。从实践经验来看，政府支持手段需要两者兼备，以间接补贴为主。北京市有 5179 家合作社，如果采取普惠制，不仅补贴的费用高，还容易造成吃"大锅饭"的平均主义，达不到支持合作社发展的目的。因此，建议政府转变思路，把更多的投入用于建立激励性、约束性的机制，借助市场这只"看不见的手"进行宏观调控，比如，建立更多区县的农业担保公司或者对担保公司进行保费和保险金的补贴；对合作社贷款进行贴息和担保费补贴；对开展内部资金互助的合作社进行运营管理费用的补贴等。

（四）建立合作社融资的信用评价体系

一是要建立借贷还贷的信用体系。对信誉好、按期还款的合作社给予贴息或者担保费补贴等政策优惠，对不按期还款、经常违约的合作社进入担保公司或者银行的"黑名单"等手段建立起一整套借贷还贷的信用体系。合作社都是由农民组建，中国农民的"羊群效应"比较明显，通过实践经验的宣传教育有助于信用体系的构建，减少合作社违约的风险。二是要加大评级授信力度，将农民专业合作社及社员纳入信用评定范围，对信用优、实力强、前景好的农民专业合作社提升信用等级，增大授信额度，并在同等条件下实现贷款优先、利率优惠、额度放宽、手续简化的正向激励机制。最后，要加强宣传教育，增强合作社的信誉观念。农委、经管站以及合作社服务中心定期或不定期地组织合作社和银行、农民和有关部门、合作社之间的见面会或经验交流会，增强合作社的信誉观念。

（五）加强合作社的内部管理，提高融资实力

从实际调研看，无论是银行还是担保公司或其他机构，优先发展的对象仍是合作社示范社，这些示范社经营状况良好，管理规范，从信用角度考虑，金融部门更愿意将贷款放给他们。产权不清晰、管理落后的合作社很难有信誉度，也很难搞信誉合作。故营造合作社融资的内部环境，一方面要规范合作社的组织行为和各项管理制度。建立健全合作社的章程，完善法人治理结构，进一步落实民主决策、民主管理和民主监督，明确落实社员大会的职权和决策方式；进一步明晰产权，明确分工，建立包括财务核算、安全生产等各项管理制度，科学合理地构建利益分配机制，形成产权清晰，管理规范的合作社。另一方面，合作社要积极加快自身发展和规范化建设，不断提高经营效益，增强借贷能力，从而

实现与涉农金融机构的信贷业对接。

本章课题组成员

负责人：郭光磊 吴志强

组　长：任玉玲

成　员：杜力军 韩　生 白　雪 王宇新

执笔人：王宇新 陈　慈

2014 年 3 月

第四章　北京市农民专业合作社开展信用合作的实践与探索

北京市农民专业合作社开展信用合作较早，2008 年就在通州区进行内部资金互助的试点。随后，在密云、房山、延庆等区县陆续展开。截至 2014 年 3 月底，北京市共有 31 家农民专业合作社开展信用合作，参与农户 1501 户，占 31 家合作社成员总数的 38.1%；信用合作累计筹资额达到 8530.2 万元。开展信用合作的 31 家合作社中，有 9 家是国家级示范社，8 家是市级示范社，2 家是区县级示范社。合作社产业主要分布为：种植业 13 家，占 41.9%；畜牧业 9 家，占 29%；林业 2 家；渔业 1 家；其他 5 家。开展信用合作 6 年来，信用合作累计发放资金 3105 笔，总额达到 10594.1 万元。2013 年信用合作收益 74 万元，累计收益达 232.86 万元。

一、各区县的主要做法

北京市开展农民专业合作社信用合作的共有 4 个区县，其中，通州 17 家，密云 10 家，房山和延庆各 2 家。北京市级层面尚未出台相关的政策指导文件，从区县来看，通州和密云制定了相应的扶持政策。

（一）健全机制

通州区成立了农民专业合作社互助资金试点工作指导小组，制定了《通州区农民专业合作社资金互助管理办法》指导试点开展工作。密云县制定了《密云县农民专业合作社内部资金互助管理办法》。由合作社服务中心统一印制信用合作资金证、借款申请表、资金收入、支出票据，提供给开展信用合作的合作社使用。建立健全风险防范和风险规避机制，信用合作采取全封闭管理，资金运作只对社员，不对外部开展业务，信用合作资金实行约束比例控制。

（二）规范管理

合作社信用合作服务的最高权力机构是参加信用合作的成员大会，成员大会每年召开一次，由理事会召集。设立合作社信用合作审批小组。实行专人负责、专款专用、专户储存，严格按照《农民专业合作社财务会计制度》进行会计核算，单独设立明细账。缴存资金只限于合作社内部成员，参与自愿，信用合作资金实行入资有利益，用款有费用，闲散资金得利益，急需资金得便利的原则，信用合作资金使用期限一年，不得用于长期投资和固定资产投入。缴存资金利率、资金使用利率由参与信用合作的成员大会讨论决定。同时，要求合作社建立信用合作成员名册，登记成员姓名、身份证号码、信用合作金额、证件编号、日期等内容，所有使用信用合作资金的社员，必须由至少两名成员凭入资额度为其进行担保，手续齐全后两个工作日内发放借款。

（三）加强指导

密云县合作社服务中心融资部每月、每季、每年定期进行检查，发现问题及时指导限期改正。信用合作资金实行动态管理。同时帮助合作社抓好财务管理规范化，做到账实、账账、账表相符。严格规范借款手续并建立档案。同时寓管理于服务之中，加强监督指导，防止违规操作，及时扼制损害农民利益的行为。

二、取得的主要成效

（一）拓宽了融资渠道

农民专业合作社的信用合作发挥了与现有农村金融机构互补市场的作用，满足了农户多层次的融资需求。一是拓宽了农民的借贷渠道，方便农民开展生产经营。相当部分农民的金融需求具有"小、散、频、紧"等特点，普遍缺乏抵押和担保，而农民专业合作社的资金互助相对于农村正规的银行等金融机构具有灵活、门槛低的特点，能迅速满足其金融需求。二是手续简便，贷款方式灵活。较之农村信用社，资金互助社的借款程序还具有简化、快捷、灵活等特点，基本做到小额贷款随到随借。三是增加了社员收入，开展内部信用合作的合作社大都实现盈利并进行了分红。

（二）促进了合作社发展

农民专业合作社通过开展内部信用合作，使得成员有条件适当扩大生产规模，向农业产业化发展，提高了抗风险能力，促进了合作社的发展壮大。随着农村信用社商业化改革的加速，农村合作金融出现真空，而信用合作的开展则为农民专业合作社的发展提供了有力支持，促进了农民自我组织能力的提升。

（三）增强了农户的信用意识

开展合作社内部信用合作，依托农村熟人社会控制金融风险。由于资金互助行为发生在具有人缘和地缘关系的农村社区范围内，因此贷款人对借款人的经济状况、还款能力、道德品质和信誉度等"软信息"都有清楚的了解，可消除因信息不对称而导致的道德风险。此外，合作社还建立了一定的惩罚机制，比如借款不还需要支付较高的资金使用费或受到来自邻里间的信任指责等社会压力。这就大大增强了农户的信用意识，培育了农村信用文化。

（四）实现了生产合作与信用合作的互动发展

依托于农民专业合作社的产业开展的内部信用合作，将农业生产经营与资金互助结合起来，实现了商业信用和货币信用的有机融合，不仅缓解了社员发展生产面临的资金瓶颈，而且发挥了产业对金融的带动作用，提高了农村资金使用效率。

三、存在的主要问题

（一）法律地位不明确

《中华人民共和国农民专业合作社法》《北京市实施〈中华人民共和国农民专业合作社法〉办法》等为北京农民专业合作社发展提供了法律保障，但未对内部资金互助作出明确的规定。银监会在 2007 年 1 月下发的《农村资金互助社管理暂行规定》中对农民资金互助合作社的性质和法人地位有了明确的界定，但对合作社内部开展资金互助合作则没有规定，这就使合作社内部资金互助合作无法可依。北京市开展信用合作的 31 家农民专业合作社主要采取的都是合作社内部资金互助形式，附属于专业合作社，执行的是资金互助合作功能，但没有明确的法律地位，有关的金融监管问题尚不明确。

（二）政府资金支持不稳定

到 2011 年底，通州区共发展农民专业合作社内部资金互助试点 31 个，正常开展服务的 25 个。加入资金互助服务的社员 901 户，筹集互助金本金 1059.23 万元，其中财政扶持资金 77 万元。通州区自 2012 年停止对合作社资金互助的扶持，一些合作社难以维持资金互助服务，到 2013 年正常开展服务的只有 17 个，停止资金互助服务的合作社 14 个，互助金本金降到 913.734 万元，加入社员减少到 818 户。密云县的情况则是自从 2011 年底，市农委实行对合作社银行贷款贴息政策后，对合作社信用合作冲击很大，致使想开展信用合作的合作社积极性不高，开展信用合作的合作社处于观望态度，融资规模逐渐减少。

（三）互助资金来源单一

互助资金的主要来源以社员缴纳为主，以政府扶持资金为辅。由于社员本身缺乏资金，来自于政府的扶持资金规模又比较有限，并且一般情况下都是一次性的扶持，可以说，互助资金主要体现为互助组织成员间的一种内部信用，这种脱离了社会信用的资金互助组织的资金来源渠道相对狭窄，难以充分满足互助组织成员对生产发展资金的需要，也不利于互助资金的可持续性。

（四）互助资金使用对象有待进一步明确

内部互助资金坚持"民办、民管、民受益"的原则，其使用对象由社员大会讨论通过，主要用于社员资金周转，但课题组在调查中发现，信用合作资金80%都由合作社统一使用，20%由合作社成员使用。互助资金用于合作社自身发展，与内部互助资金的设立初衷相悖，也无法体现内部资金互助的特性。

（五）覆盖面不广

北京市现有农民专业合作社6010家，只有31家开展了内部信用合作，占比不到1%，绝大多数农民专业合作社尚未开展内部信用合作，覆盖面较小。从开展内部信用合作的各区县分布情况来看，通州最多，有17家；其次密云，有10家；延庆、房山各有2家；部分区县还没有突破。

（六）内部管理不规范

合作社的资金互助社员、财务人员大多数由当地农民构成，在一定程度上存在学历低、经验欠缺的现象。部分管理人员的规范操作意识差，互助资金难以得到高效管理。在调查中发现，互助资金主要由合作社财务人员管理，多存放于合作社内，资金的存放环境有待商榷。同时互助资金业务需要配备掌握金融知识的管理人员和财务人员，但实际操作中难度较大。

（七）外部监督缺失

政府部门虽然提供了一定的补贴或者政策支持，但更多的是在鼓励、扶持、引导等方面发挥作用，实际并未履行内部信用合作的具体管理与监督职责。最终信用合作的管理与监督职能仍由合作社来履行。一些人员素质不高、内控制度和治理结构不完善、业务流程不规范的合作社容易在运行中出现问题。

四、对开展信用合作的几点建议

内部资金信用合作具备适应农民生产生活需要、门槛低、成本少、方便快捷等天然优势，是农村金融的重要组成部分。因此，要正确认识农民专业合作社内部信用合作的作用，重视其存在和发展，采取各种措施加以扶持和规范。要从资金来源、组织机构、资金管理、风险防控、收益分配等环节加强对内部信用合作的指导和引导，推动农民专业合作社内部信用合作的可持续发展。

（一）明确政府角色，保持扶持政策稳定

首先，要进一步明确政府各部门职责，银监部门负责审批和监管，农业主管部门负责规范化管理。

其次，各级部门加强支持指导，通过举办培训班等形式在合作社成员中普及合作金融知识，规范章程、制度和业务流程，提高信用合作业务管理人员综合能力。作为新鲜事物，政府也需要在政策、财政、税收等方面给予持续稳定的支持，如给予合法的身份、财政支持等，培养合作社的自主发展能力。同时，作为破解农民贷款难的一种方式和手段，资金互助起到了良好的杠杆作用，需政府部门加大力度积极推广。

（二）理顺内部关系，完善制度

作为合作金融，资金互助必须始终坚持办社宗旨，为成员服务，为农业发展、农民增收服务，不以营利为目的。始终坚持合作社基本原则，对资金互助的实际运行过程实施严格监督，强化风险监管机制。对合作金融的股金、存款、贷款的去向，利率利息，收益分配等情况要定期向会员公开。

（三）拓宽资金来源渠道，发挥资金作用

合作社资金作用发挥受限于筹资能力不强，拓宽合作范围可以进一步提高合作社融资能力。一是鼓励商业银行与合作社建立合作关系，在合作社成员资金需求量大时给予短期、低息贷款，帮助资金互助社解决资金短缺难题，缓解放贷压力。二是适当放宽互助资金封闭运行办法，

鼓励联合社、合作社间开展信用合作，在合作社间进行资金互助业务，因使用资金时间段不同而提高资金周转率，充分发挥资金互助作用。

（四）加大宣传力度，强化培训

农民专业合作社内部信用合作的空间和潜力很大，但宣传力度不够，要进一步加大宣传力度。同时中央和地方政府缺少农民专业合作社内部信用合作的管理办法和示范章程，合作社开展内部信用合作的基本原则、互助资金用途、使用费率、贷款程序、内部控制措施等还处于探索阶段，相关管理部门应给予必要的技术指导，完善资金互助章程，严格规范资金运作流程。同时对组织成员进行培训，使其充分了解组织的运作，健全合作意识，培养自我经营、自我服务和自我监督的意识。对于组织部分管理者在实际运作中表现出来的决策有限性，在有条件的情况下可聘请正规金融机构的专业人员对其加强业务培训，以提高其管理能力及业务水平。

执笔人：任玉玲　王宇新
北京市农村合作经济经营管理办公室

2014 年 6 月 9 日

第五章 北京市农村内部资金互助试点模式研究

农村内部资金互助是合作金融创新的重要实践形式,不仅可以解决农村地区实现普惠金融服务,更重要的是通过农村资金互助可以有效地培育农村的合作经济组织。

2007年7月1日《中华人民共和国农民专业合作社法》由中华人民共和国第十届全国人民代表大会常务委员会第二十四次会议通过,自2007年7月1日起施行。它从法律的角度为农民开展合作社提供了保障。为进一步明确合作社内部资金互助的重要作用,2007年中国银行业监督管理委员会印发〔2007〕7号文《农村资金互助社管理暂行规定》,对农民合作社开展内部资金互助提出官方管理办法,不久后中国银行业监督管理委员会进一步出台银监发〔2007〕10号文《农村资金互助社组建审批工作指引》,为农民合作社内部资金互助提出了更具体的操作办法。同年中国银监会办公厅〔2007〕51号文专门就农民合作社开展内部资金互助出台《农村资金互助社示范章程》,回顾近12年来中央一号文件每年都有专门一节提到鼓励发展农村金融创新,积极推动农民合作社内部资金互助的相关政策指引。

2015年2月1日中央一号文件《关于加大改革创新力度加快现代化建设的若干意见》出台,中央重要新闻媒体新闻联播做了重点信息发布,其中第24款推进农村金融体制改革中明确提出积极探索新型农村合作金融发展的有效途径,稳妥开展农民合作社内部资金互助试点,落实地方政府监管责任。针对京郊农村经济的实际,可以为农村资产经营起来和土地流转起来提供宝贵的在地化经济组织资源。

农民合作社内部资金互助有如下三个微观机制基础:

第一，农村村组这区内部的信用机制。农村是一个熟人社会，村组内部成员间彼此相互熟悉和了解，且长期居住和生活在一起，不仅信息对称，村民之间还具备很强的信用基础，即村民内部之间是守信用的。

第二，村社区内合作经济组织存在价格发现和市场机制。中央已经明确村集体土地属于村集体所有，土地仅限于村集体内部流转。这也是外部金融机构不愿意以农民土地资产等不动产做抵押进行融资的重要原因，然而村组内部历史以来一直存在不动产的流转现象，即村组内部成员间以合同、契约形式进行的有效流转，合作经济组织让这一流转模式正规化，即村民的不动产可以形成合理公正的价格，且可以在形成的封闭交易市场内部实现买卖。

第三，村民自治与村民决策具有合法性和有效性。宪法第十七条规定：集体经济组织在遵守有关法律的前提下，有独立进行经济活动的自主权。集体经济组织实行民主管理，依照法律规定选举和罢免管理人员，决定经营管理的重大问题。第一百一十一条规定：城市和农村按居民居住地区设立的居民委员会或者村民委员会是基层群众性自治组织。居民委员会、村民委员会的主任、副主任和委员由居民选举。居民委员会、村民委员会同基层政权的相互关系由法律规定。《中华人民共和国村民委员会自治法》第十三条规定村民委员会应当支持和组织村民依法发展各种形式的合作经济和其他经济，承担本村生产的服务和协调工作，促进农村生产建设和社会主义市场经济的发展。因此基于村民自治原则的经济决策受宪法和《中华人民共和国村民委员会自治法》的保护，是有效的。

鉴于此，本课题聚焦北京市农村内部资金互助的模式研究，一方面，在理论上研究农村内部资金互助的组织形式、运行机制、金融服务模式和风险控制手段；另一方面与实践相结合，在京郊选取试点，将理论运用到实践中去，并及时总结实践中的问题和经验。

从实践创新角度本研究还与"新三起来"紧密结合，并行不悖地从资金互助、土地流转和农村资产经营三个维度推行机制创新与体制研究。

一、研究背景

近年来，首都社会经济发展进入了"调结构、转方式"的新阶段，城乡一体化、新型城镇化和新农村建设深入推进。在推进农村改革发展的过程中，根据中央有关统筹城乡发展的方针政策，北京市委、市政府提出了推进"新三起来"的工作部署和要求。"新三起来"的含义是：处理好农民与资源的关系，推动土地流转起来；处理好农民与积累的关系，推动资产经营起来；处理好农民与市场的关系，推动农民组织起来。为贯彻落实市委、市政府工作部署，2014 年，市农经办（市农研中心）将农村集体资产经营管理创新作为重要工作，认真组织和安排。从农村集合资金信托经营、农村土地信托流转、农村集体资产产权流转交易、农村集体建设用地乡镇统筹使用、农民专业合作社横向联合等多个方面开展试点和创新。其中，加强农村合作金融的体制机制建设，以农村内部资金互助为主线，致力于村社范围内的微观信用体系构建和合作金融培育，以农民财产权利为主体、以城乡融合为目标，解决农村集体经济长期存在的地域性、封闭性和不完整性问题，成为重要的实践课题和工作选项。

此前，2010 年 11 月 24 日，市农经办（市农研中心）与平谷区政府签署战略合作协议，双方商定在"十二五"期间共同推进"平谷区农村经济发展创新研究试验区"建设。根据协议，市农经办（市农研中心）与北京市平谷区政府将共同推进城乡一体化的战略、路径和政策研究与试点；推进农村资源、农村集体资产配置的市场化和农村集体资产管理的信托化管理试点；开展民主政治基础上的乡村治理结构和运行机制研究；推进农村信息化建设的试点；推进农民专业合作社服务体系的建设；推进区域经济国际化，开展国际资金、装备、技术、品种的引进、对接和项目落地的交流工作。

2011 年以来，市农经办（市农研中心）与平谷区有关部门共同进行了积极的探索。先后在平谷推进农村产权交易、农村土地信托流转、农村金融服务"村村通"等多方面的试点探索。随着平谷试点区的深入推进，逐渐产生了加强农村合作金融发育的想法和需要，为此，市农经办（市农研中心）在《2014 年目标管理任务书》的八大类、120 项重点任务中，专门在"平谷试验区课题与重点工作"中安排"北京市农村内部资金互助试点示范研究"任务，试图通过在平谷区的研究、试点和示范，为全市农村合作经济组织内部的资金互助提供经验和思路。

二、平谷区加强农村金融服务的探索和效果

平谷区作为北京市的战略发展空间，在推进城乡一体化、新型城镇化和新农村建设方面，具有很好的典型意义和示范作用。鉴于此，平谷区先行开展全方位的农村创新改革，进行了意义非凡的实践探索，在一定程度上为全市积累了经验。

（一）加强农村金融服务创新的实践探索

平谷区作为实验区，随着试验示范工作的深入推进，农村金融服务体系完善逐渐列入试验的重点内容。2010—2014 年间，平谷区进行了多个方面的试验探索。

1. 创新农村金融服务的体制机制

农村金融是农村经济发展的核心。城乡二元金融制度造成农村金融供给严重不足，尤其近几年随着银行业商业化步伐的加快，现有的二元金融制度很不利于金融资源要素向农村流动，农村金融可得性在逐渐恶化。创新农村金融服务的体制和机制成为解决农村经济发展的关键。平谷在区域功能定位上发于生态涵养发展区，金融服务的缺位状况比较具有代表性。在试验示范内容上，从金融产品创新、金融机构创新、金融市场创新和金融制度创新四个纬度展开，通过成立小额贷款公司、谷财担保公司，试点林权抵押贷款，推进农村金融服务"村村通"等，力求从体制机制的角度寻求创新突破，探索农村金融供给不足的破解方案。

2000 年 9 月 22 日，平谷区人民政府发文同意成立北京市谷财国有资产经营公司。2000 年 9 月 29 日，平谷区国有资产管理局审定发行人

的实收资本为 1 亿元。同日，平谷区财政局签署《北京市谷财国有资产经营公司组织章程》，将发行人的企业名称由"北京市平谷鑫源商贸公司"变更为"北京市谷财国有资产经营公司"，将注册资金由 100 万元变更为 1 亿元，将经营范围变更为接受委托经营管理国有资产。2010 年 1 月，北京市平谷区人民政府国有资产监督管理委员会将北京倚基土地开发有限公司和北京绿都基础设施投资有限公司无偿划转到发行人名下（京平国资〔2010〕149、150 号），谷财公司持有上述两公司的 100% 股权。2010 年 8 月 4 日，北京市工商局平谷分局核准发行人的经营范围变更为接受委托经营管理国有资产、投资管理、房地产开发及销售自行开发的商品房。2010 年 10 月 22 日，平谷区国资委审定平谷区财政局向发行人追加现金投资 3 亿元，并审定发行人的实收资本为 4 亿元。同日，北京市工商局平谷分局向发行人颁发注册资金变更后的企业法人营业执照。

农投谷成小额贷款公司业务进展迅速。自 2009 年 12 月 1 日正式营业以来，截至 2010 年 11 月 30 日，该公司累计发放贷款 2.95 亿元。其中：涉农贷款 120 笔，总贷款额 2.27 亿元，占贷款总额的 76.77%，对解决农村贷款难起到了积极的作用；企业贷款 12 笔，总贷款额 0.28 亿元，占贷款总额的 9.32%，有效解决了部分中小企业资金周转等难题。

实施"5+5"金融支农行动计划。"5+5 行动计划"指通过与银行合作，为京郊农户办理 50 万张专用银行"京卡富民卡"、发放 50 亿元支农小额贷款，满足农民发展生产资金需求。为落实好"5+5 行动计划"，平谷区与北京银行平谷支行达成合作，达成贷款意向 1.7 亿元。

2. 组建平谷区农村产权交易服务中心

作为金融机构创新，平谷区农村产权交易服务中心和北京农村产权交易所平谷办事处自 2010 年 12 月 8 日正式挂牌成立，主要着眼于解决平谷区农村资产票证化交易市场建设，区委、区政府成立平谷区规范农村产权交易工作领导小组，组建平谷区农村产权交易服务中心，建立区、镇（乡）、村三级 300 余名信息员队伍。同时与北京市农村产权交易所进行优势互补，建立起"政府主导、社会参与、市场化运作"的产权交易机制。经过四年的实际运作，平谷区建立农村产权交易市场、规范农村产权交易行为已在三个方面取得显著成果。一是拓宽了信息渠道，提高了交易效率。二是扩大了交易范围，提高了交易效益。三是规范了交易行为，促进了农村社会的稳定。

作为北京市农交所第一家分支机构，北京农交所平谷区办事处的成立，充分发挥市场调节功能，通过交易场所、信息发布、组织交易、咨询策划及其他投融资配套服务，在平谷区范围内组织开展农村土地承包经营权、农业生产经营组织持有的股权及实物资产、涉农知识产权、农业生产资料等的流转交易以及农村重大经济事项的招投标，发现和形成平谷区农村各类要素的市场价格，并通过规范农村各类生产要素有序流动，促进农村资源优化配置，促进城乡统筹协调发展、构建城乡经济一体化新格局；加强农村集体资产管理、保护农民合法权益、提高农村集体资产经营效益；杜绝农村产权交易过程中腐败行为，促进农村党风廉政建设、密切党群、干群关系，从而为平谷区推进农村产权制度改革、加快城乡一体化进程、建设都市型现代农业做出努力。

3. 开创"四位一体"产权式农业

平谷区为解决小农"小而散"没有市场谈判能力的现状，自2012年便开始在区内与正大集团共同尝试新的产权组织模式，通过产权的"四位一体"模式有效地将农民的土地和劳动力组合起来，既导入了外部市场资源，提高了农业的现代化水平，又用市场化手段让农村的资产和资源得到高效的运营，大大增加了农民的收入。

"四位一体"产权模式，通过整合政府的政策资源、银行的金融资源、龙头企业的技术和市场资源、农民专业合作社的土地和组织资源，共同搭建多方共赢的新农村建设和发展平台。具体来说，拥有1608户、近5000人的北京绿色方圆畜禽养殖专业合作社作为项目的法人主体，除获得土地收益外，还可以取得工资性收入和分享企业红利。合作社委托由正大集团和平谷区谷财国有资产经营公司共同出资的股份合作公司——北京谷大农业投资公司进行项目的投融资、建设和运营，确保企业实现持续稳步成长。项目建成后，谷大公司委托正大集团所属北京正大蛋业食品有限公司进行资产运营和管理，双方签订不可撤销、照付不议的租赁协议，正大集团承诺每年按 5.82 亿元预算投资额的 12%给付谷大公司资产租赁收益，谷大公司按年度计划归还投资本息后，其余收益全额付给合作社。北京银行为项目提供商业贷款获得利息，区政府通过政策引导推动农业产业升级，创造 2000 多个就业岗位，实现农民就地就业，并带动相关产业发展，提高全区畜牧业的现代化水平。

（二）平谷区农村金融服务现状评价

与大多数的郊县相似，平谷区农村社区金融服务的可得性非常不足，虽然金融机构和种类在近几年有逐步增加的趋势，但金融服务难下乡的局面并没有从根本上得到改善。

1．金融服务总体发展

平谷区近几年金融机构在不断增多，除传统的工农中建之外，还入住了一大批的股份制商业银行，无论是种类还是数量较前几年都有明显的增加。

金融的市场化改革增加了金融供给，平谷区作为金融改革的试验区，通过几年的改革创新，运用市场化机制推进了区域金融服务的发展。这对于平谷区后期经济的发展创造了重要的基础条件。

平谷区政府利用实验区先行先试的政策优势还积极推动金融服务创新，比如林权抵押贷款等，尤其近两年金融服务的总体水平有明显的改善。但从金融服务的结构来看，金融机构的主要服务还是侧重于平谷城区，向农村贷款明显不足，农民的贷款需求并没有得到很好的满足。总体来看平谷区形成的存款余额 3627022 万元，贷款余额 1481106 万元，存贷比仅为 40.8%，金融机构的虹吸现象还比较明显（如表 5-1 所示）。

表 5-1　平谷区金融机构人民币存贷款情况

年　　份	本币各项存款余额（万元）	本币各项贷款余额（万元）	存贷比
2000	620588	436227	0.702925
2005	1095745	681099	0.621585
2010	2782232	1045061	0.37562
2011	2940189	1037120	0.352739

年　份	本币各项存款余额（万元）	本币各项贷款余额（万元）	存贷比
2012	3368673	1214684	0.360582
2013	3627022	1481106	0.408353

2．金融倒挂依然严重

"嫌贫爱富"是商业银行的商业本性。虽然平谷区的金融机构数量近两年明显增多，但是，出于降低风险和成本的考虑，商业银行更倾向于将资金投放到规模较大的企业或者直接将资金投放到大城市的大项目和大公司，金融倒挂现象严重。

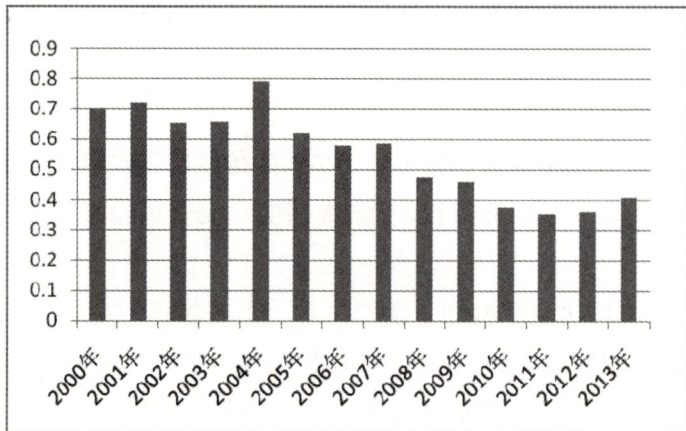

图 5-1　平谷区银行业存贷比年度曲线图

贷存比是衡量地区金融服务水平很好的指标，根据 2000 年以来的存贷数据来看（如图 5-1 所示），自 2004 年以来的十年间，平谷区的存贷比整体呈现下降趋势，这表明，平谷区金融服务并未随着银行业商业化改革而得到明显改善。从银行业的整体资产结构来看，涉农贷款 2013 年仅为 115222 万元，占总贷款规模的不足 9.5%。

3．农村信用依然不足

总体看，平谷区农村依然处于现代信用建设不足的状况。农业还处于回报低的状态，农村还是分散落后，农民还是没有足够的抵押物和融资能力，面对农村低水平的经济环境，商业银行无法在向小农提供信贷服务时解决成本降低问题。农村的贷款需求往往数额较小，商业银行的信贷员为得到有效的客户信息，与城区客户相比往往付出多出几倍的时间成本进行现场调查，与相对较小的贷款额度相比，利息收益很难覆盖人力成本。

合作金融的缺失是农村金融生态中重要主体缺位，商业银行很难弥补合作金融缺位的问题，总体来看，农村金融信用依然不足。

三、农村金融服务不足的原因和解决思路

金融要素向城市的集聚效应是市场经济必然的结果，必然会降低农村地区的金融可得性，农民面对的信贷约束会呈现恶化趋势。造成这个问题的原因，既有现行金融体制的不足，也有农村经济内部的不足。

（一）农村经济制度先天缺失导致农村现代信用缺失

从一般商业金融的角度看，城乡金融倒挂的主要原因不在于现行的金融机构数量不够多，而更多地在于现行农村经济制度，农业的产业链条和农村所有的产权制度仍不完整。

1. 农业产业链条不完整

总体来看，平谷区的农业目前仍以小农经济为主。"小而散"的农业经营模式让农户很难在农业产业中获取正常的收益。由于城区有更多更好的就业机会，劳动力逃离农业的现象比较普遍，而且呈加速恶化的态势。

从产业链条的角度来看，由于缺乏金融支持再加上劳动力的抽逃，农业产业链在当地并没有得到很好的发展。一个完整的产业链应该从优良品种培育到粗加工、精深加工以及物流、技术服务等全面健康发展（如图5-2所示）。针对地方特色的农业产业没有通过积累形成很好的精深加工体系，小农在参与产业链的分工过程中目前仍处于弱势地位。

2. 农村集体所有的产权制度不完整

农村集体所有的财产关系与产权制度，决定了农村集体经济的地域性、封闭性和排他性。农地农用导致农业经济效益严重低于社会平均效益；农村集体建设用地在转性之前没有价格、不能上市，农村宅

基地配给制，集体经济组织不是法定投资主体；集体经济组织成员身份与生俱来，集体财产不能量化、固化，导致经营者管理者必然的短期行为；等等。

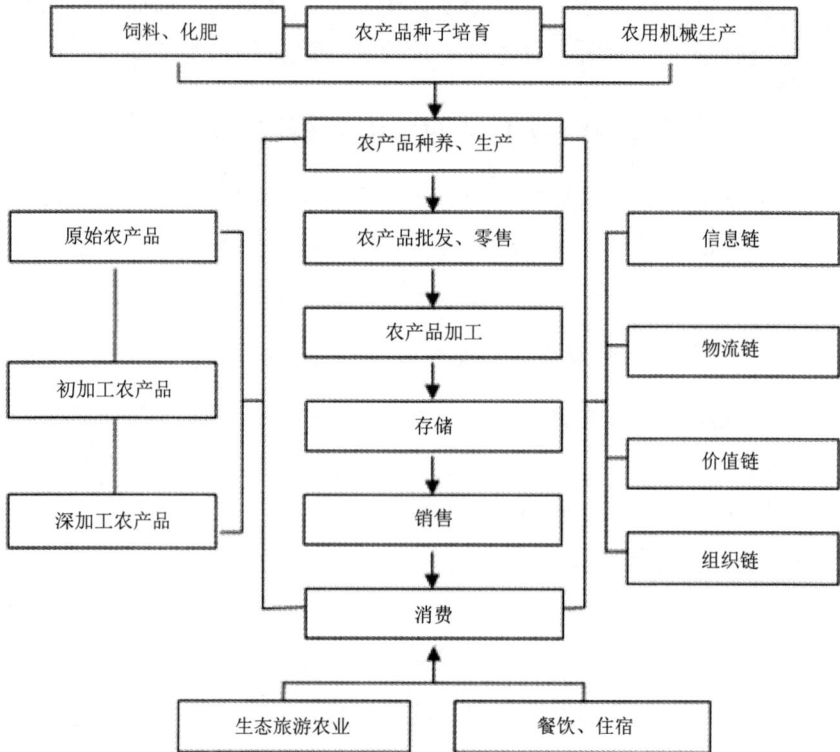

图 5-2　农产品产业价值链结构图

自 1980 年农村家庭联产承包经营制改革以来，小农经济一直在农村经济中占据主导地位，在特定历史时期，这种经营模式极大地调动了农民的积极性，从产出的角度来说，农业得到了迅速的发展。然而随着土地产出到达自然规律的极限，农业带来的经济收益也达到了极值。

通过农村集体经济组织形式对农村要素进行规模化整合是解决农业现代化转型的重要路径，更是农民在从事农业方面增加经济收入的必要手段。从对平谷区调研来看，目前农村土地、资产等要素迫切需要通过集体所有的产权制度安排来释放其自身的市场力量。农村集体经济组织尤其是合作经济组织严重不足已然成为这一矛盾的重心。

（二）用"新三起来"推进农村经济制度供给

如何解决农村经济的体制机制问题，思路和方案有很多。在现行法律框架下，通过政策支持和工作创新，也可以为农村经济提供有效的解决方案和制度供给。

1. 全面深化农村改革的核心是赋予农民更多财产权利

十八届三中全会以来中央从国家战略层面提出全面深化农村改革思想（见表 5-2）。要求从农村的制度层面进行深度改革，从农村市场机制层面鼓励进行机制创新。但这一战略思想的核心是以人为本，赋予农民更多的财产权利。农民手中掌握着大量的耕地、宅基地以及自然资源，然而由于农村要素市场的缺失，这些资产和资源并不能很好地进入市场，巨额的财富在沉睡，一方面属于一种资源浪费，另一方面也是阻碍农民收益增加的制度性障碍。赋予农民更多的财产权利就是要在制度层面深化改革和市场机制方面大胆创新，让沉睡的财产转变为农民手中现实的财富。

表 5-2　十八届三中全会关于全面深化农村改革的主要精神

三个「赋予」	赋予农民更多财产权利
	赋予农民对承包地占有、使用、收益、流转及承包经营权抵押、担保权
	赋予农民对集体资产股份占有、收益、有偿退出及抵押、担保、继承权
七个「允许」	允许农民以承包经营权入股发展农业产业化经营
	允许通过试点推进农民住房财产权抵押、担保、转让
	允许财政项目资金直接投向符合条件的合作社
	允许财政补助形成的资产转交合作社持有和管护
	允许合作社开展信用合作
	允许企业和社会组织在农村兴办各类事业
	允许农村集体经营性建设用地出让租赁入股、实行与国有土地同等入市同权同价
四个「鼓励」	鼓励承包经营权在公开市场向专业大户、家庭农场、农民合作社、农业企业流转
	鼓励和引导工商资本到农村发展适合企业化经营的现代种养业
	鼓励农村发展合作经济
	鼓励社会资本投向农村建设

五个「保障」	保障农民集体经济组织成员权利
	保障农户宅基地用益物权
	保障农民工同工同酬
	保障农民公平分享土地增值收益
	保障金融机构农村存款主要用于农业农村
六个「推进」	推进家庭经营、集体经营、合作经营、企业经营等共同发展的农业经营方式创新
	推进城乡要素平等交换和公共资源均衡配置
	推进城乡基本公共服务均等化
	推进农业转移人口市民化、逐步把符合条件的农业转移人口转为城镇居民
	推进城镇基本公共服务常住人口全覆盖
	推进进城落户农民完全纳入城镇住房和社会保障体系、在农村参加的养老保险和医疗保险规范接入城镇社保体系
三个「建立」	建立兼顾国家、集体、个人的土地增值收益分配机制
	建立农村产权流转交易市场
	建立财政转移支付同农业转移人口市民化挂钩机制
六个「完善健全」	完善对被征地农民合理、规范、多元保障机制
	完善农产品价格形成机制
	完善粮食主产区利益补偿机制
	完善农业保险制度
	健全农业支持保护体系
	健全农村留守儿童、妇女、老年人关爱服务体系
四个「制度改革」	改革完善农村宅基地制度
	改革农业补贴制度
	完善集体林权制度改革
	加快户籍制度改革
五个「城乡统筹」	统筹城乡基础设施建设和社区建设，
	统筹城乡义务教育资源均衡配置
	完善城乡均等的公共就业创业服务体系
	整合城乡居民基本养老保险制度、基本医疗保险制度
	推进城乡最低生活保障制度统筹发展

2."新三起来"的重点是资产经营起来

北京市人均 GDP 达到 1.4 万美元之后，以城带乡的条件更加成熟，在乡村升值、城乡融合的背景下，"新三起来"成为提高农村土地产出率、资产收益率、劳动生产率，激发"三农"活力，推动其发展的新思路和新举措。其中的核心和重点是资产经营起来。

以人为本，增加农民收入是一切问题核心。赋予农民更多的财产权利，就是要利用市场手段激活农村资产，将农村的资产经营起来是"新三起来"的重点工作。而资产经营起来除了要在制度层面扫清障碍，更重要的是要通过市场机制创新，导入外部企业等外部资源。通过农村资产权证化手段，盘活农村资产，利用混合股权、经营管理信托化以及丰富的金融杠杆和工具，充分调动市场主体的积极性，利用多层次的机制创新才能真正地解决农村资产经营起来的战略目标。

3. 资产经营的关键是农村信用重构

农民在陌生环境下的信用缺失，是商业金融难以有效服务"三农"的诸多原因之一。实施"新三起来"，重构农村信用有三个支撑点：第一，农民在熟人社会的信用良好。尤努斯的实践和理论已经证明，穷人是有信用的。传统上，京郊农民在本村或亲戚之间的熟人社会，具有良好的信誉，也能够充分说明农民是有信用的，只不过这种信用存在于熟人社会。第二，资产经营合作社具有价格发现机制。现行法律体系下，农村经济的产权权能是不完整的，集体土地非经政府征用转变为国有之前是没有价格，也不能上市的。但在农民和农民之间，在乡村区域范围内，无论是土地、房屋还是其他山场、设备、设施，都是可以进行价值量化的，也就是说是有价格的。第三，基层自治、民主决策的合法性和威权性。在熟人信用和内部价格发现这两个支撑点的基础上，国家法律赋予了资产经营合作社社员或社员代表大会决策的职能和权力。

农村是熟人社会，在熟人社会中，人与人之间不仅彼此相互了解，即经济学中的信息对称理论，而且彼此相互依赖，人与人之间的这种关系属于一种社会资本，信用合作通过社员之间的资金互助活动不仅仅是解决了农民的资金需求问题，更重要的是通过这种活动，将农村隐性的熟人社会网络显性化为一个合作经济组织，这一过程就是农村信用重构的过程，基于该组织可以有效地实现与现代市场经济无缝对接的目的。

四、运行模式设计

实验区的创新工作重点在落实，因此，我们一方面做好制度创新研究，另一方面在多方努力下，结合国内外实践创新的成功经验，注重落地和实践效果，设计了农村内部资金互助的运行模式。

（一）组建资产经营合作社

将农民组织起来是将农村"小而散"的资源分布状态实现化零为整的重要手段。土地是农村资产中的重要组成部分，更是农村资产经营起来的重要内容，通过组建农村资产经营合作社，可以用经济手段很好地实现农村"三资"的"统"。

同时资产经营起来为资产经营合作社提供了目标，也是资产经营合作社的主体内容。这需要在尊重农民意愿的前提下，发挥农民自发与自治的优势，运用权证化手段调动和导入外部市场资源，通过新型经营主体的培育，达到资产经营合作社将资产经营起来的目的。

具体来说就是通过合作经济组织的方式盘活村土地、房屋、资产，促进土地、资金和劳动力等要素优化配置，提升资金、土地、房屋的价值，满足本村因发展养生养老休闲经济不断增长的资金、房屋和土地需求，实现对产业经营的规模化、标准化要求。通过探索政府、企业、农民三方合作的发展模式，提高村社和农户经济发展能力，增强村社和农户的自主性，增加农民收入，壮大集体经济，增进本村老年人福利，实现在政府扶持、村企共建、协同发展中自主主导新农村建设及综合发展。

合作社是农户自愿加入、自由退出、自主经营、自负盈亏的农民合作经济组织。同时有效使用政府和社会支农资源，提升村级组织管理和服务能力，实现农户生产经营组织化效益，实现村企共建、协同发展。具体来说，合作社的功能定位包括：

1. 土地流转及存储托管，宅基地及闲置房屋信托经营，资金互助服务。

2. 提供生产生活服务。主要包括农业技术、购销、加工、信息、咨询、健康教育、环境教育、乡村旅游、水利等方面的服务。

3. 打造地方特色品牌。开展宣传推广活动，包括网络推广（网站、微博、微信等）、印发宣传册等。

4. 协调管理、行业自律。制定可标准化的服务产品标准，行业评比、行业自律等。

5. 培训服务。礼仪厨艺等岗前、在岗培训和相关服务。

6. 养老资金互助。成立敬老、爱老互助资金。

资产经营合作社的组织方式应突出村集体经济的主导地位，并实现公平透明高效运作。（合作社组织层级见图5-3）

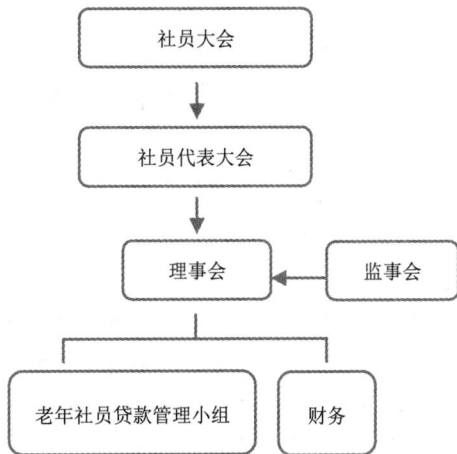

图 5-3　合作社组织层级

（二）社员构成与经费来源

农村内部资金互助是针对村社区内部成员，按照自愿原则自发组织起来进行资金互助业务的合作经济组织形式。互助资金的来源可以来自村社区内部的农户，也可以来自外部乡贤，也可以来自社会公益机构、企业或者政府，但只有村社区内部的成员才拥有资金使用的权利。结合试点村的具体情况社员构成、性质与资金来源构成如表5-3所示。

表 5-3　社员构成与经费来源

正式社员（社员大会/社员代表大会）	公益社员	永久无收益社员	社会社员	自愿出资入股，不参加收益分配的社会组织、企业、自然人等。担任理事或监事
			政府社员	自愿出资入股，不参加收益分配的政府单位。委托代表担任理事或监事
		短期无收益社员	敬老社员	入股 3 万元以上，三年不要利息和分配的本村村民。享有选举权和被选举权、担保权。成为理事或监事
正式社员（社员大会/社员代表大会）	非公益社员	福利型社员	老人社员	本村年满 60 岁，自愿缴纳 5000 元资格股金的老年人，享有选举权和被选举权、担保权、收益权、监督权等
		投资型社员	集体社员	以村民集体投资、土地入股的村社组织
			土地入股社员	本村以自己承包地、山林、果园或村社集体成员权民主估价后入股本社的村民
			房产和宅基地入股社员	本村以自己的宅基地或村社集体成员权民主估价后入股本社的村民
			投资社员	本村以资金入股的村民或者社会社员（外村人取得社会社员资格后，才可以成为投资社员）
非正式社员	存贷款社员			在本社存款和贷款的村民
	土地存储社员			农户自愿将估价后的土地、林地、水面、房屋等财产权存入金地融托服务社获取财产性收益。如 10 年期年收益率为 8%，15 年期年收益 9%，15 年期以上年收益率 10%
	土地信托社员			农户自愿将估价后的土地、林权、水面和房产等财权信托给金土融合社经营。如信托经营回报为"保底收益 3%+分红 50%"

注：每 1 万元（资金或同等价值的土地等财产）为 1 股。

（三）管理运作

管理运作程序是项目落地的关键，具体操作流程如下：（见表 5-4）

表 5-4　管理运作

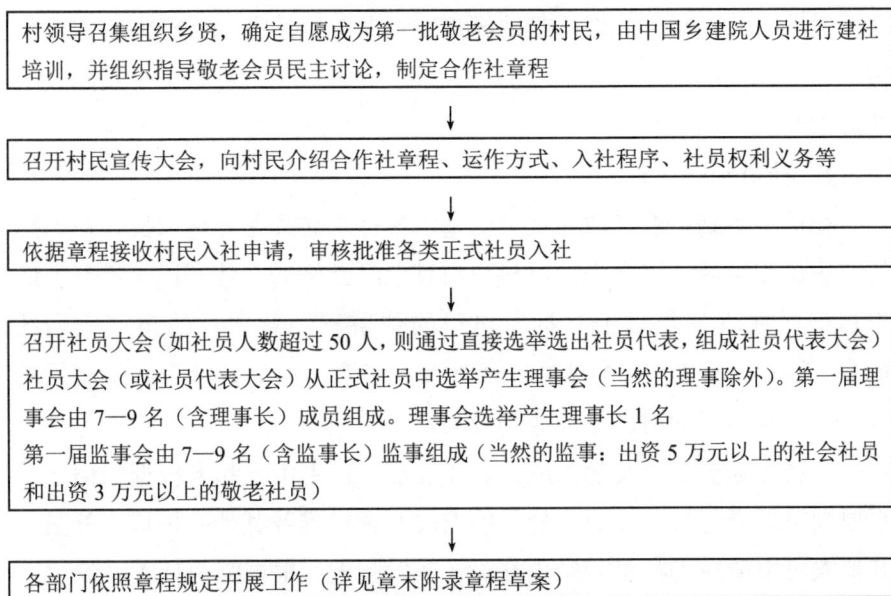

村领导召集组织乡贤，确定自愿成为第一批敬老会员的村民，由中国乡建院人员进行建社培训，并组织指导敬老会员民主讨论，制定合作社章程

↓

召开村民宣传大会，向村民介绍合作社章程、运作方式、入社程序、社员权利义务等

↓

依据章程接收村民入社申请，审核批准各类正式社员入社

↓

召开社员大会（如社员人数超过 50 人，则通过直接选举选出社员代表，组成社员代表大会）社员大会（或社员代表大会）从正式社员中选举产生理事会（当然的理事除外）。第一届理事会由 7—9 名（含理事长）成员组成。理事会选举产生理事长 1 名

第一届监事会由 7—9 名（含监事长）监事组成（当然的监事：出资 5 万元以上的社会社员和出资 3 万元以上的敬老社员）

↓

各部门依照章程规定开展工作（详见章末附录章程草案）

说明：

① 社员大会是本社的最高权力机构，社员大会由全体正式社员组成。

② 理事长为本社的法定代表人。一般情况下，理事长没有直接发放贷款权，但有对贷款方案的否决权或同意权。当老人社员达到 30 人以上建立老年社员贷款管理小组，将贷款指标分配给老年社员管理小组，并由其行使集体审议贷款权，须经理事长签字批准后方为有效。

③ 理事会是本社的执行机构，对社员大会或社员代表大会负责。

④ 监事长和监事会成员任期 3 年，可连选连任。监事长和监事列席理事会会议。

资产经营合作社采取"社员大会+理事会+监事会"的组织架构进行管理运作，成立合作社的基本流程（见表 5-4）。

（四）内部风险控制机制设计

风险是资金管理工作的核心问题。如何将农村特殊的熟人社会环境与传统金融风险管理的优势相结合以解决农村内部资金互助风险管理问题成为主要内容。其中内部风险控制机制更是成为主要矛盾。

1. 发起人制

基于合作社的内部资金互助即信用合作，首先需要精英发起。作为发起人一般应该具备以下条件：在当地农村属于社会精英，口碑好、能

力强、经济实力较好、德高望重。作为发起人在合作社发起时的发起资金一般为 10 万左右（根据当地经济发展情况以及发起人经济实力可酌情增加发起人出资比例）。发起人一般以 10 人以上为宜，单个发起人不超过 10%。

2．社员制

社员资格制：农民成为社员的基本条件为必须是当地居民，在当地长期居住和生活，拥有当地农村户口且已经结婚的常住居民（没有当地户口但居住满三年以上且拥有自己的住所和经营项目的也可成为社员）；不孝敬父母、有不良嗜好（吸毒、赌博、涉黄、涉黑、坑蒙拐骗等）等口碑不好的村民不能成为社员。

社员推荐机制：发起人成立合作社后，首先由发起人根据强信任关系原则发展推荐社员；成为社员的农民有资格推荐其他农民成为社员，其他农民申请成为社员必须由社员（或发起人）根据强信任关系的原则推荐。

3．"协议存放"机制

合作社与社员之间可以签订"协议存放"协议，一般为一年期，这是基于合作社入社自愿、退社自由基础上签订的商业化协议，具备法律效力。签订"协议存放"的社员不得擅自单方面违约撤出资金，这对于现阶段合作社信用合作业务的健康发展具有一定的操作意义。

4．担保机制

办理用款手续时必须至少有一个社员作担保。额度小时可提供一个担保人，额度较大时酌情增加担保人数量；担保人应具备一定的担保资格，其家庭收入水平一般不低于被担保人的担保资金额度。

在担保人愿意为被担保人提供担保的前提下，担保人应在担保协议上签字，担保人承担无限连带责任。

5．推荐人连带责任机制

若用款人与担保人均无力偿还，二者的入社推荐人承担进一步的连带责任。

6. 发起人承担连带责任机制

若推荐人亦无力偿还，推荐人入社的介绍人（即发起人）承担连带责任，承担连带责任的发起人以其发起资金为基础对冲发生的坏账。

担保人、推荐人、发起人都有权提前督促占用资金的社员到期归还。

7. 小额分散机制

资金发放采用小额分散原则，优先满足社员的小额需求，不同需求额度的社员之间，额度较小者优先；一般的放款额度不应超过单个发起人的发起资金；若经核实社员的经营风险可控的前提下，确实需要相对较大额度，则必须有两位发起人签订担保协议并愿意承担连带责任。一般情况下，原则上单个社员用款额度不得超过单个发起人的发起资金。

8. 老人评审委员会推荐机制

村社区内部的老人一方面失去了劳动能力缺乏经济来源；一方面老人们拥有足够多的熟人社会中的信息（即著名经济学家，中国经济学界泰斗厉以宁老师所说的"社会资本"），发挥老人社会资本的优势，可以有效降低信息成本，并提高用款社员的违约成本。

一般村社区内部满 65 岁以上的老人均可以成为老人评审委员会的成员，社员申请用款首先要有老人评审委员会的推荐，原则上老人评审委员会不推荐的社员不能得到用款。

老人评审委员会只提供推荐，不承担连带责任，但发生坏账的多少与对老人年底奖金收入成反比，即推荐的社员若违约，老人年底的奖金收益会体现为减少，发生坏账的数量越少，老人得到的奖金收益越多。

这样做一方面利用老人社会资本的优势降低了信用合作业务的风险和成本，一方面，树立了敬老爱老的社会风气，老人们也能够通过参与合作活动提高个人的经济收入。

9. 资产抵押机制

社员的小额用款申请一般采用信用原则，即不用提供抵押品；但对于风险较大的社员或者额度较大的社员，可要求其提供（富余）住房、住宅或者林场甚至土地经营权作为抵押；一旦社员违约，合作社内部的担保人以及连带人就会形成这些抵押品的有效交易市场，将抵押品变现。该手段重要的是一种违约威胁，目的不是真正地实现交易。这也是对担保人的一种保护。

10．法律诉讼机制

当社员违约后造成的损失确实无法通过担保得以弥补时，可以运用法律手段寻求资产保全，这种手段多是针对恶意违约者，主要是起到震慑作用。

（五）风险控制的制度安排

内部风险控制是开展农村内部资金互助业务的机构必须首先解决的问题。然而，有效的金融风险控制必须以制度化形式进行规范，才能达到用制度化解风险的目的。

1．开立专门银行账户制度

开展信用合作的合作社，其信用合作业务必须在银行单独设立专门账户，所有互助资金不得存放私人账户。不得与合作社其他经营类账户混存混放。

2．设立专门会计账本制度

对于信用合作业务单独设立会计科目和会计账本，不得与合作社其他业务混记。

3．专门业务人员负责制度

信用合作业务必须由专门财务会计人员管理负责。

4．社员用款资格审查制度

用款者必须是合作社社员，家庭收入来源稳定且有农业相关经营项目。办理用款手续时必须夫妻双方同时到场并签字。

5．利用远程监控系统的实时监控制度

信用合作业务的操作系统应启用远程监控功能（技术开发上已经成熟，并且市场运行已良好），即信用合作业务每天发生的每一笔业务可以实现异地同时同步呈现，这对于信用合作的管理者和监督者来说十分重要。

6．常规检查制度

要求信用合作活动必须每月向地方主管部门提交财务报表，适时了解信用合作的开展情况和风险状况。按时到信用合作业务部门进行常规的业务检查。

7．随机检查制度

地方主管部门有权对辖区内的信用合作业务随时以随机的形式进行全面检查，以发现潜在风险，提高信用合作业务的规范化运行。

8．个人征信制度

信用合作业务是在特定人群内部开展资金互助，作为一个经济组织，需要参加个人征信系统。通过参加个人征信系统，可以大大提高社员的违约成本。广东郁南、四川成都就建立了区域性的个人征信系统，社员一旦恶意违约，其个人信用记录会上传至个人征信系统，进一步将无法实现购买火车票和飞机票、宾馆住宿等，甚至社员在其他银行的存款也将无法正常使用。

9．"乡贤"的"第三只眼睛"监督制度

所谓"乡贤"是已经从农村发展走出来，具备一定的经济实力或者社会影响力，虽已经不在出生的村庄居住生活，但仍对出生的地方充满热情的本地人。

"乡贤"在信用合作中出资，但不使用资金。出资有两种方式，一种是出资（保本）不收取费用（不是捐赠），另一种是出资，分享收益。前者可自动成为合作社的监事（或者监事长），后者可通过社员大会选举，竞聘（有优先权）成为监事。

"乡贤"是一类人组成的群体，不特指某一个人，参与信用合作的"乡贤"多少取决于当地的实际情况，"乡贤"出资多少取决于"乡贤"自身的经济实力和认可度。

合作社做好对"乡贤"的动员和组织工作十分必要。

10．社员及公众的监督举报制度

地方主管部门应在合作社公开营业场所门口的显著位置公布监督举报电话，利用群众的力量对信用合作业务进行第三方监督。

（六）合作社的收益分配

合作社经营利润的 20% 用于合作社老年会员的养老福利发放。5% 用于风险基金，管理费计提 15%，20% 用于公共积累基金，40% 用于其他社员股东分配。

五、试点选择与预期目标

试点选择要具备一定的代表性，便于我们抓住具有普遍性的问题，我们的工作和成果才更具实际意义。依托平谷区良好的试验区优势，我们充分考虑了经济、人口、区位、人才等多方面因素，最终选取了平谷区东四道岭村和西柏店村两村同时展开创新实验活动。

（一）东四道岭村

东四道岭村是平谷的一个普通的小山村，占地面积 1.52 平方公里，其中，耕地 160 亩左右，人均耕地 1.5 亩。农户 40 户、户籍人口 110 余人，其中留守人员 50 人，在外上学 15 人，在外务工 55 人。到 2013 年底，全村账面资产总额 1489.5 万元，净资产 282.1 万元；实现农村经济总收入 169.4 万元，农民人均所得 10366 元。

调查时，村内有闲置民宅 34 套。新民居共 40 套，其户型主要分为两类，一类是 150 平方米，一类是 170 平方米，均为五室两厅户型结构。

东四道岭村主要以林果产业为主，现有果树种植面积 600 亩，其中有机果园面积 100 亩，年产量 200 万斤左右，年产值约 100 万元。品种主要有梨、苹果、大枣、杏、桃子、板栗、核桃、山里红（红果）等，其中以有机大桃最具特色。

2008 年，东四道岭村成立了果品供销合作社，主要进行果品的销售，为农民带来了切实的市场利益。但由于劳动力转出（总结起来主要是就业移民、教育移民两类）速度较快，该村老龄化现象严重，村内常住成年人中最年轻的也已经 57 岁，眼看这代人即将失去劳动能力，村内集体资产面临无人经营的困境。村内资产主要为山场耕地和闲置农宅等，作为这代老人的养老保障，这部分资产如何经营起来成为亟待解决的现实问题。

（二）西柏店村

西柏店村属于平谷区大兴庄镇，位于平谷区西部，大兴庄镇中北部。村庄交通便捷，南距顺平路 1 公里，距崔杏路 0.5 公里，距西烟路 0.3 公里；距京平高速 10 公里，东距平谷城区 7 公里。

西柏店村内共有 220 户居民（其中农业户 185 户），村内常住人口 707 人（本村农业户口 576 人，非农业 119 人，常住外来人口 12 人）。其中男性 306 人，女性 401 人；在农业人口中：16—59 岁劳动力人口 420 人（男 200 人，女 220 人）；60—70 岁人口 57 人（男 25 人，女 32 人）；70 岁以上人口 46 人（男 21 人，女 25 人）；15 岁及以下学龄前和上学人口 53 人。

全村 420 名劳动力中，有 240 人在本村从事农业生产经营活动，占劳动力的 57%；外出务工 84 人（男 44 人，女 40 人），占劳动力的 20%，其中外出经商 10 人，外出打工 74 人。

西柏店村的发展特色是循环农业，主导产业是畜禽养殖和蔬菜生产。自 2005 年被确定为北京市新农村建设试点村以来，西柏店村依托村域资源，科学规划，大力建设以"畜牧养殖区""蔬菜种植区"和"沼气能源区"组建的西柏店生态循环农业园区。西柏店村共建成 4 个养殖小区，162 栋蔬菜大棚，其中 85 家农户从事养殖业生产，饲养生猪、奶牛、绵羊和各类家禽，年出栏生猪 1.5 万头；120 余家进行蔬菜生产，年产蔬菜 80 万公斤。该园区充分利用园区种养业资源，通过可再生能源技术的优化组合，形成了以沼气池为纽带的"猪—沼—菜"能源生态模式，实现了种养经济高效化、园区生产有计划、园区环境清洁化、农民致富生态化的循环发展。村庄先后成立了 6 个农民合作组织，带动了全村和周边 600 多户村民走上致富路。

工业方面，村内现有 5 家私营企业，为村民提供了就业渠道，分别是：北京艾佳兴业饲料有限公司，生产畜、禽、鱼用各种饲料，年产值

1790 万元；顺嘉塑料厂，现有职工 23 人，主要生产现代汽车风扇及电力管线配件，年产值 850 万元；恒斌复合肥厂，生产氮磷复合肥，年产值 160 万元；军宁达毛织有限公司，现有职工 120 人，生产毛织服装，产品出口欧美西方国家，年产值 600 万元；盛鑫盈服装厂，现有职工 80 人，生产出口服装，年产值 200 万元。

以上 5 家工业企业厂房面积共计 6820 平方米，从业人员共 180 人，年人均工资 8400 元，5 家企业共计实现产值 3300 万元，实现工商税收 68 万元。目前，5 家企业都租赁村集体厂房进行生产经营，厂房紧张。其中，恒斌复合肥厂预计搬离西柏店村，该厂房用地可进行旅游住宿接待及中央工厂的规划。村内已经于沼气站旁，着手建造更大型的有机肥料厂。

第三产业状况：西柏店村现有 25 户村民从事出租客运，2 户从事货运，11 人从事零售等其他服务业，9 人在村委会服务。待修复的始建于 1057 年的常兴寺庙遗址，正处于规划审批阶段，如能顺利修复，将成为西柏店村新兴旅游景点。

总体来看，西柏店村经济发展迅速，尤其是随着北京市城乡经济信息中心环境项目的实施，村内环境得到明显改善，为特色旅游业的形成与发展打下良好基础。目前，西柏店村亟待进行资源整合，并形成特色旅游定位，促进经济的进一步发展。

（三）试点示范的预期目标

本课题以试点示范为基础，主要目标是在不突破、不违反现行法律法规的基础上，探索农村经济可持续发展、城乡融合发展、推进新农村建设的实现途径。预期目标可简单归纳为三个方面：

1. 构建农村金融生态的微观基础和微循环机制

通过农民熟人信用、合作社内部价格发现和基层民主决策三大支撑，重构农村金融生态环境，促进农村金融微循环机制形成，优化农村经济与商业金融对接的接口，开辟商业金融覆盖"三农"的新通道，实现农村商业金融、政策金融、合作金融的共同发展。

2．弥补农村集体经济的体制缺陷，提高农村基层治理能力

以农村资产经营、农民资金互助为载体，延伸农业的产业链条，完善集体经济的产权权能，实现农村集体资产的可量化、可固化，缓解以至解决农村集体所有制的地域性、封闭性和排他性问题，促进政经分离，完善农村基层治理体制，提高农村基层治理能力。

3．探索农民离村进城镇和城镇居民进村务农的合法路径，促进城乡一体化和新型城镇化

有了资产经营合作社这个平台，有了合作金融这个基础，农村经济的微观体制机制能够得以完善和提高，为城乡要素的优化配置开辟了通道。在资产经营合作社的运作下，农民社员或是在本村本社开展生产经营，或是持股进城，或是兑现股金举家迁徙，都没有后顾之忧。城市居民和商业资本或是投资参股或是到农村长住短歇，都有可行的途径和方式，从而为农民进城镇和城镇居民到农村提供了合法合规的路径，能够有效促进城乡一体化和新型城镇化。

本章课题组名单

负责人：曹四发

责任人：曹晓兰

成　员：黄　丽　周子涵　张永升

执笔人：张永升

2015 年 2 月

附录：×××村资产经营合作社章程（草案）

第一章　总则

第一条 为了盘活村土地、房屋、资金、资产，满足本村因发展养生养老休闲经济不断增长的资金、房屋和土地需求，增加农户收入，壮大集体经济，同时增进本村老年人福利，依据中央 2004 年以来中央一号文件精神、《中华人民共和国农民专业合作社法》等有关法律法规及北京市政府关于农村产权制度改革创新政策，由村民×××和社会人士×××等人发起，创立本社，特制定本章程。

第二条　本社名称：×××村资产经营合作社

第三条　本社地址：

第四条　业务范围：本社依法开展土地流转及存储托管、宅基地及闲置房屋信托经营、资金互助服务、并提供农业技术、购销、加工、信息、咨询、养老、健康教育、环保教育、乡村旅游、水利等生产生活服务。

第五条　本社性质：本社是东四道岭村村社共同体的一部分，本社实行独立核算、自负盈亏、民办、民管、民受益，实行民主监督、民主管理、利益共享、风险共担、权利平等，入社自愿、退社自由。

第二章　社员

第六条　凡年满18岁有民事行为能力的本村村民，由本人提出申请，承认本社章程，并交纳本社规定的最低数额的股金，经理事会审查批准，即可成为本社社员，并发给社员证；其他个人和组织，承认本社章程，履行社员义务，也可申请加入。

第七条　本社社员分为：老人社员、敬老社员、集体社员、社会社员、政府社员、土地入股社员、房屋入股社员、投资社员、存贷款社员等。其中老人社员、敬老社员、集体社员、社会社员、政府社员、土地入股社员、房屋入股社员、投资社员是本社的正式社员，构成社员大会或社员代表大会，本会正式社员实行1人1票，享有选举权和被选举权；存贷款社员是本会的非正式社员。

（一）老年人社员：是指本村年满60岁，自愿缴纳5000元资格股金的老年人。老年人社员享有下列权利：

1. 参加社员大会，有选举权和被选举权；

2. 有担保权，每个老年人社员凭5000元的资格股金可以担保1万元贷款；

3. 具有收益权，老人5000元的资格股金每年固定分红1000元；

4．有对本社的生产经营、财务管理、收益分配等提出建议、批评和质询，并进行监督的权利；

5．2/5 以上老年人联名提议可以召开社员大会或社员代表大会；

6．本社规定的其他权利。

（二）敬老社员

入股 3 万元以上，三年不要利息和分配的本村村民。享有以下权利：

1．享有选举权和被选举权；

2．有担保权，以股金等额担保；

3．成为当然的理事或监事；

4．三年以后可以按股金年收益率 8%获得收益。但放弃当然理事或监事权利。

（三）社会社员（政府社员）

自愿出资入股，不参加收益分配的社会组织、企业、自然人等成为本社的社会社员。享有如下权利：

1．有选举权和被选举权，有权监督本会资金运行和日常管理；

2．可以成为当然的理事或监事；

3．本社不遵守本章程时，社会社员有权无条件撤走股金，并退出本社；

4．政府社员权利与社会社员同等。

（四）土地入股社员

是指本村以自己承包地、山林、果园或村社集体成员权民主估价后入股本社的村民，享有以下权利：

1．有选举权和被选举权；

2．以土地的股权享有担保权；

3．享有收益权，土地入股最少 10 年以上，10—15 年期按照估价的 8%获得收益，15—20 年期按照估价的 9%获得收益，20 年以上按照 10%获得收益。每年年底结算；

4．抵押贷款权，以入社土地抵押贷款，每亩最高可以按照估价的 7 折抵押贷款。例如：入社土地年租金 1000 元/亩，其估价则为 2 万元/亩，可以用于抵押贷款 1.4 万元/亩；

5．有对本社的生产经营、财务管理、收益分配等提出建议、批评和质询，并进行监督的权利；

6．1/2 以上联名提议可以召开社员大会或社员代表大会。

（五）投资社员

本村以资金入股的村民或者社会社员（外村人取得社会社员资格后，才可以成为投资社员），享有如下权利：

1．有优先分配权，可以享有固定年收益率 7%的收益，投资社员以股金担保贷款并收回的，可以享受年收益率 9%的收益；

2．放弃优先分配权的投资社员，按照出资额占了股权，按股权获得收益、并承担风险；

3．享有担保权；

4．享有贷款权；

5．享有选举权和被选举权。

（六）村社集体社员

指以村民集体投资、投地入股的村社组织，享有如下权利：

1．有选举权和被选举权；

2．有收益权；

3．有担保权；

4．有监督权；

5．有当然的理事、监事权。

（七）房产和宅基地入股社员

本社以房屋及宅基地入股本社的（以 70 年为限）社员享有如下权利：

1．选举法和被选举权；

2．每年按房屋及宅基地估值的 1.5%获得收益，也可以按股权获得收益并承担风险；

3．享有抵押贷款权，可以按房屋估值的 70%抵押贷款；

4．享有担保权，可以按房屋估值的 70%为担保贷款。

（八）存贷款社员

是指在本社存款和贷款的村民，享有如下权利：

1．享有本社一般性服务的权利；

2．享有参加本社公共服务活动的权利；

3．享有本社对社员的优惠服务。

第八条 社员履行义务

（一）正式社员的义务

1．遵守本社章程，执行本社的决议；

2．维护本社的合法权益和声誉；

3．积极参加本社活动，维护本社利益，保护本社财产，爱护本社设施；

4．审查村民的贷款申请并为贷款担保，跟踪管理担保贷款，并收回担保贷款；

5．支持理事会、监事会履行职责；

6．本社规定的其他义务。

第九条 正式社员入社的程序

（一）本人提出申请；

（二）缴纳社员股金；

（三）理事会审查批准；

（四）发给社员证。

第十条 正式社员退社程序

（一）本人提出申请；

（二）理事会审查；

（三）交回社员证和股金证，一年内退回股金和利息。如本社盈利，则分给其应得红利。但应当收回本人贷款和担保的贷款，如本社亏损，则扣除其应承担的亏损份额；

（四）敬老社员和社会社员（政府社员）三年期满提出退社，可以退回股金，不承担亏损，其理事监事身体则自动取消。

第十一条 社员死亡，股金、利息和红利在年度结算时退给配偶、子女或遵生前遗属处置；

第十二条 社员有下列情形之一者，经社员代表大会或理事会决议，取消其社员资格。

1．不遵守本社章程及决议；

2．不履行社员义务；

3．从事与本社相竞争或与本社利益相矛盾的经营活动；

4．给本社信誉、利益带来严重危害。

社员取消资格后，除给本社造成重大损失者外，退还其股金，但不分配利息与分红。

第三章　组织机构

第十三条　本社设立社员大会、社员代表大会、理事会、监事会。社员大会是本社的最高权力机构，社员大会由全体正式社员组成。当社员人数超过 50 人时，应该建立社员代表大会。社员代表大会是常设机构，社员代表大会履行社员大会的职权。社员代表由社员直接选举产生，任期 3 年，可连选连任。

社员大会和社员代表大会行使下列职权：

（一）审议、修改本社章程和各项规章制度；

（二）选举和罢免理事长、理事、监事长或者监事；

（三）审议本社的发展规划和年度业务经营计划；

（四）审议批准年度财务预算和决算方案；

（五）审议批准理事会、监事会提交的年度业务报告；

（六）决定重大财产处置、对外投资、对外担保和生产经营活动中的其他重大事项；

（七）对合并、分立、解散、清算和对外联合等作出决议；

（八）决定聘用经营管理人员和专业技术人员的数量、资格、报酬和任期；

（九）审议理事长或者理事会关于社员变动情况的报告；

（十）决定其他重大事项。

第十四条　本社每年至少召开一次社员大会，社员大会由理事长负责召集，并提前 15 日向全体社员通报会议内容，例行社员大会在每年的腊月二十四召开。

第十五条　有下列情形之一的，本会可召开临时社员代表大会：

（一）监事会 2/3 成员提议；

（二）2/5 以上正式社员联名提议；

（三）1/2 以上土地入股社员联名提议；

（四）理事会 2/3 成员提议。

第十六条　社员大会或社员代表大会必须有总数的 70%以上出席方可召开。社员因故不能参加社员大会，可以书面委托其他社员代理。1名社员最多只能代理 1 名社员表决。

对修改本会章程，改变社员出资标准，增加或者减少社员出资，合并、分立、解散、清算和对外联合等重大事项做出决议的，须经社员表决权总数 2/3 以上的票数通过。

第十七条　本社设理事长 1 名，为本社的法定代表人。理事长任期叁年，可连选连任。

理事长行使下列职权：

（一）负责本社的经营管理工作；

（二）制定年度经营计划和预算、决算报告，提交社员大会审议；

（三）提出除会计以外的所有参与本社日常经营管理人员的聘请和解聘计划，报社员代表大会或理事会、监事会联席会批准后录用或解聘，再签署聘任或者解聘手续；

（四）签署本社社员的出资证明（股金证）、社员证。

（五）组织实施社员（或代表）大会和理事会决议。

（六）每月定期向监事会、理事会成员报送财务报告和重大经营活动状况；

（七）代表本社签订合同、处理和协调对外关系等；

（八）一般情况下，理事长没有直接发放贷款权，但有对贷款方案的否决权或同意权。当老人社员达到 30 人以上建立老年社员贷款管理小组，将贷款指标分配给老年社员管理小组，并由其行使集体审议贷款权，须经理事长签字批准后方为有效。

第十八条 本社设理事会。理事会是本社的执行机构，由社员大会或社员代表大会从正式社员中选举产生（当然的理事或监事除外），对社员大会或社员代表大会负责。

本社第一届理事会由 7—9 名（含理事长）成员组成。理事会选举理事长 1 人。本会理事长、理事任期 3 年，可连选连任。理事会行使下列职权：

（一）组织召开社员大会或社员代表大会并报告工作，执行社员大会或社员代表大会决议；

（二）制订本社发展规划、年度业务经营计划、内部管理规章制度等，提交社员大会或社员代表大会审议；

（三）制定年度财务预决算，提交社员大会或社员代表大会审议；

（四）组织开展社员培训和各种互助合作活动；

（五）管理本社的资产和财务，保障本社的财产安全；

（六）接受、答复、处理监事会成员提出的有关质询和建议；

（七）决定社员入社、退社事项，提议社员除名、奖励、处分等事项；

（八）定期向监事会和社员代表大会通报工作情况；

（九）须有 2/3 以上理事参会才可以召开理事会，参会理事 2/3 以上通过决议方为有效，在老年社员贷款管理小组成立之前，社员贷款申请由理事会集体批准，2/3 以上理事通过方为有效。

理事会的工作由理事长主持。工作实行协商一致原则。理事会会议的表决，实行 1 人 1 票。理事会会议必须邀请监事会成员列席，列席者无表决权，但应对理事会决议鉴证。理事会或者监事会成员的 2/3 以上联名，可以提请社员大会或社员代表大会罢免理事长。

根据事业的发展，如果理事会决定聘请总干事，本社治理结构则改为理事会领导下的干事长负责制。

第十九条 本社设监事会，第一届由 7—9 名（含监事长）监事组成，设监事长 1 人，社会员出资 5 万元以上者成为当然的监事，可以委托他人行使监事职权。敬老社员出资 3 万元以上的可以成为监事，监事长由监事选举产生，监事长和监事会成员任期 3 年，可连选连任。监事长和监事列席理事会会议。监事会行使下列职权：

（一）监督理事会对社员大会决议和本社章程的执行情况；

（二）监督检查本社的生产经营业务情况，负责本社的财务审核监察工作；

（三）监督理事长或者理事会成员或经理履行职责情况；

（四）向社员大会提出年度监察报告；

（五）向理事长或者理事会提出工作质询和改进工作的建议；

（六）提议召开临时社员大会或代表大会；

（七）收集社员的意见和建议。

第二十条　监事会会议由监事长召集，监事会会议的表决实行 1 人 1 票。监事会会议须有 2/3 以上的监事出席方能召开。重大事项的决议须经出席会议 2/3 以上监事同意方能生效。监事个人对某项决议有不同意见时，其意见记入会议记录并签名。监事会开会时，可以邀请理事长或者理事列席，不参与表决。

第四章　股金、资金及其经营

第二十一条　本社股金、资金来源：

（一）初期老年人资格股金：每人 5000 元。

（二）敬老股金：每人 3 万元；

（三）社会社员的股金 100 万元；

（四）投资社员的股金 200 万元（农投公司）；

（五）土地入股社员股金；

（六）房产入股社员股金；

（七）存贷款社员的资金；

（八）初期投资优先股社员股金＿＿万元以上，一般投资股股金＿＿万元；

（九）村集体股金＿＿万元；

（十）每年从盈余中提取的公积金、风险金；

（十一）社会捐款；

（十二）在核准的业务范围内开展活动或服务的收入；

（十三）其他合法收入。

第二十二条　本社贷款利息：

（一）贷款期 6 个月以内，月息按 1.5%计算；

（二）贷款期 6 个月以上，月息按 1.2%计算；

（三）利息按天计算，到期连本带息一次结清。逾期按天计算，按本金 0.5%罚滞纳金。

第二十三条　贷款对象为本村村民和本社社员。

第二十四条　贷款用途包括农业、运输业、服务业、加工业、建筑等从事合法生意及教育医疗等生活支出。

第二十五条　贷款与还款：

在老年社员贷款管理小组成立之前，由理事会负责贷款的审批事项，成立老年社员贷款管理小组以后。

（一）由贷款人向老年社员贷款管理小组提交书面申请；

（二）由老年社员贷款管理小组对贷款申请讨论并考察；

（三）贷款人需要有财产抵押，或有相应数量的社员担保；

（四）70%的常规贷款指标安排到老年社员贷款管理小组，小组中多数人同意并签字后报理事会，如无纰漏（贷款者有贷款权、抵押或担保齐全、贷款用途正当等），理事长签字同意即可贷款。理事会督促老年社员贷款管理小组负责贷款的跟踪管理和到期回收；

（五）担保者对贷款回收负有连带责任，如贷款未收回，应冻结贷款担保人的股金存款权益直至收回贷款为止；

（六）投资股社员，以自己的股金为他人贷款担保，贷款无须经过老年贷款管理小组审批，由理事会审批即可。

第二十六条　本社资金，不对外进行直接投资，只能提供贷款服务。

第二十七条　本社如有亏损，以风险金、公积金弥补。

第二十八条　本社收益分配方案。

收益是特指：支付存款利息、担保贷款所得、土地房屋固定租金、优先股的固定收益支付等以后的收入和其他经营收入按如下比例进行分配：

老人社员 20%；

其他社员 40%；

公积公益 20%；

风险金 5%；

管理费 15%。

每年的腊月二十四为本社的年终决算分配日。

第五章　风险管理

第二十九条　只对本村和本社成员贷款，按照章程规定的程序和权限进行贷款，每笔贷款必须有监事鉴证。

第三十条　吸毒、赌博、从事非正当生意等不贷；无抵押物、无担保、有不良信用记录、有贷款而尚未还清者等不贷；

第三十一条　敬老社员贷款优先、社员贷款优先、好儿媳贷款优先、风险可控的项目贷款优先、长期贷款优先。

第三十二条　积极争取政府政策性项目支持和社会社员股金。

第三十三条　对贷款者进行跟踪服务，确保贷款者经营 100%成功。

第三十四条　每月理事会和监事会成员召开一次风险管理检讨会，检查隐患，积极补救。

第三十五条　建立风险基金，每年从利润中提取 10%作风险基金。

第三十六条　一般性贷款的上限为 5 万元，特殊贷款必须理事会、监事会和老年贷款管理小组组长研究决定。

第三十七条　做好贷款收放的需求"排队"工作，尽量减少现金库存。

第三十八条　加强现金管理，现金和卡、折实行专人管理，保险柜内存放的周转金不超过 5000 元，卡、折和密码实行分人管理，出纳管理卡、折，会计管理密码。

第三十九条　本社不能对外进行担保贷款。

第四十条　本社设立 3 万元的准备金。

第六章　章程的修改程序

第四十一条　本社章程的修改，由理事会提出修正案报社员大会审议通过为有效。

第四十二条　本社修改的章程，须在社员代表大会通过后15日内，经业务主管单位审查同意，报社团登记管理机关核准后生效。

第七章　终止

第四十三条　本社有下列情况之一时，经社员大会或社员代表大会决定，报有关部门批准后予以终止，并进行清算：

1. 本社净资产小于股金原值3/4时；

2. 本社2/3以上社员要求解散或重组的；

3. 与其他合作经济组织合并时；

4. 其他原因造成本社无法开展正常经营活动时。

第四十四条　在批准解散或重组后，理事会在1个月内向社员和社会宣布。

第四十五条　本社解散时，由社员大会或社员代表大会会内选举7人聘请会外3人组成清算小组，对本会的资产和债权、债务进行清理，并制定清偿方案报社员大会或社员代表大会批准。未经批准，任何单位和个人无权处理本会资产。

第四十六条　清算时，本社共有资产在支付清算费用后按以下顺序清偿：

1. 本社雇佣人员工资、生活费用、补贴等；

2. 本社所欠税费、贷款；

3. 抵偿债务；

4. 按社员所认购股份比例返还股金；

5. 若资不抵债时，扣完社员股金后，不再承担其他连带责任。

第八章　附则

第四十七条　本章程未尽事宜，由理事会负责补充或修改，并经社员代表大会讨论通过后有效。

第四十八条　本章程由成立大会表决通过后生效，并报有关主管部门备案。

第四十九条　本章程由理事会负责解释。

全体发起人、本届正式社员集体讨论修改后签字或签章。

参考文献

[1] 张文宏. 社会资本：理论争辩与经验研究[J]. 社会学研究，2003（4）.

[2] 罗伯特 D·帕特南. 使民主运转起来[M]. 南昌：江西人民出版社，2001.

[3] 周红云. 社会资本理论述评[G]. //中央编译局当代马克思主义研究所. 当代学术论丛（第一辑）. 北京：中央编译局出版社，2003.

[4] 黄宗智. 长江三角洲小农家庭与乡村发展[M]. 北京：中华书局，2001.

第六章　北京市"社社对接"安全农产品直供模式试验示范项目报告（2012 年）

一、研究背景及主要思路

当前，北京市 70%—80%的农产品需要通过批发市场从外埠调剂购入，主要鲜活农产品自给率较低，猪肉、蔬菜、粮食、水产品自给率分别为 31%、28%、15%和 10%，由于本地农产品量小价高，缺乏竞争优势，销售渠道不稳定，受外部市场影响，价格起伏较大；在以农超对接、电子商务、产销一体等运销模式为主的本地市场中，受农业组织化程度不高等因素影响，农民的价格谈判能力依然较弱，增收不显著。与此同时，在农产品消费的终端，农产品的质量安全问题与价格波动一直备受消费者和政府的关注和重视。如何解决农产品产消两头"卖"与"买"的结构性矛盾，提高北京市农民鲜活安全农产品的供给能力、促进市民"菜篮子"的质量安全保障，提高北京本地鲜活农产品市场的流通效率，是本课题主要试验研究目的所在。

为此，北京市农研中心设计了"北京市安全农产品参与式保障体系试验示范研究"的中长期课题，在本单位成立职工消费合作社，与生态涵养区延庆县康庄镇北菜园农产品产销专业合作（联合）社进行对接，以"社社对接"的形式探索在消费合作社与农民生产合作社之间建立起一条没有中间环节、相对稳定的购销渠道；通过"参与式保障"的形式，组织消费者更多地参与到农产品供应链的质量安全保障中来，化解产消两头间因信息不对称产生的交易不信任，形成生产者与消费者紧密型利益联结机制，让农民生产好产品卖出好价钱，让消费者以实惠的价格买到安全放心的农产品。同时结合市农经办（市农研中心）对农民专业合作社的指导职能，通过课题试验研究，加大对北京市农民专业合作社安全农产品生产和供应的组织体系和运行机制的指导，通过课题成果转化扩大"社社对接"试点范围，支持本地农民专业合作社更好发展壮大。

2012 年主要调查研究了消费合作社的组建方式和农民专业合作社的生产管理情况、横向比较研究了国际消费合作社的发展现状以及其他消费合作社的组建运行经验，初步搭建了农民专业合作社与职工消费合作社直接合作的购销平台试点。

二、主要工作

（一）组建农研职工消费合作社

1. 调查研究，筹备成立消费合作社

合作社筹建前期，课题组做了大量的调研和准备工作。通过走访考察北京林业大学消费合作社，咨询合作社方面的专家，了解学习组建消费合作社的条件、程序与经营管理要求；通过给全体职工发放《购菜需求问卷》，了解职工的购菜需求特点和需求范围；以中心工会的名义给全体职工发放倡议书，向职工传递成立职工消费合作社的意义、作用，倡导广大职工自发组织起来成立自己的消费合作社。

2. 召开农研职工消费合作社成立大会

在农研中心党组的指导下，在中心工会的发起下，首批 149 名职工自愿加入农研职工消费合作社。2012 年 4 月 19 日，由单位职工自己组织，召开了农研职工消费合作社成立大会。大会全员表决，通过形成了《农研职工消费合作社章程》，选举产生了农研职工消费合作社理事会、监事会、社务会等合作社组织机构，聘请了农研中心全体党组成员和部分中心专家咨询委员会专家为首届农研职工消费合作社顾问，初步形成了农研职工消费合作社运营组织构架。

3. 农研职工消费合作社的性质、宗旨和任务

依据《农研职工消费合作社章程》，农研职工消费合作社是根据北京市农村经济研究中心调研工作的需要，按照《关于工会兴办职工消费

合作社若干问题的试行办法》，由北京市农村经济研究中心工会发起，单位职工自愿参加、共同所有、民主管理、自我服务，不以营利为目的成立的群众合作组织。该组织倡导绿色环保、优质安全、健康消费的理念，通过选择、培育安全优质农产品生产合作社、农业企业等为供应商，开展农产品商品团购等服务，向社员提供质优、价廉、安全的农产品货源，最大限度地降低社员农产品的消费成本，最大幅度地保障社员农产品的安全水平。倡导合作文化，提升社员合作共赢意识。

4. 缴纳入社股金

首届农研职工消费合作社社员每人缴纳股金 200 元作为合作社启动资金和日常周转资金。

（二）北菜园农产品产销联合社的有机安全农产品种植要求

1. 选择确认北菜园农产品产销联合社为生产合作对象

经研究，按照生产合作对象有安全生产认证、具有一定生产规模、产品品种较多、管理规范、热心社社合作、具有配送能力等条件，经过 2 个多月的考察，消费合作社最终决定优先选取位于北京生态涵养区的延庆县康庄镇的北京北菜园农产品产销联合社，作为"社社对接"试验研究的合作对象。双方协商沟通后，达成了合作试验研究意向，确定了消费合作社以团购形式从生产合作社购买若干个品种的有机蔬菜、消费合作社宣传引导职工社员团购消费、定期提前购买生产合作社预付卡、在线支付有机蔬菜货款等社社对接环节。5 月中旬，消费合作社社员开始上网购菜，"社社对接"正式启动运行。

2. 北菜园农产品产销联合社的安全有机生产

（1）概况

北京北菜园农产品产销联合社拥有延庆县 12 个乡镇的 16 家农民专业合作社，涉及农业种植业、养殖业、农产品粗加工、中药材种植等行业，是一家以销售为纽带、整合农业资源的综合性农民专业合作社，拥有 3000 亩的有机蔬菜种植面积。北菜园农产品产销联合社拥有独特的生态环境生产优势，延庆县地处妫水河的冲击平原，东南北三面环山，西面临水，凭借燕山山脉这一天然屏障，阻隔了来自城市的污染和西北的风沙，拥有官厅和白河堡两个水库，大气与水的质量均达到国家一、二类标准，为种植有机蔬菜提供了很好的生态环境。尤其是北菜园基地所处的小丰营村，农业资源丰富、无污染、气候冷凉，灌溉全部采用166米的深井水，为发展生态农业提供了得天独厚的条件。

（2）有机农业生产的保障措施

为了能确保有机农业的安全生产，作为农研职工消费合作社主要对接对象的基层社，北京绿菜园蔬菜专业合作社实施了严格的质量安全管理制度：

第一，实行统一种植规划、统一育苗、统一农资供应、统一病虫防疫、统一技术指导、统一品牌销售的"六统一"标准化生产管理。绿菜园合作社生产所用的种子全部是由农资门市部统一到县种植中心、种子站等专卖机构购买的非包衣、非转基因种子；使用的农药是统一采购的通过有机认证的符合有机蔬菜生产的生物农药。对于肥料的使用，底肥使用了德清源养鸡场的沼渣，混合德清源鸡粪、归原有机牛厂的牛粪，经高温发酵后形成；追肥使用德清源养鸡场的沼液，兑入清水，调解浓度形成，利用以色列滴灌技术加肥。授粉主要采用蜜蜂授粉和震荡授粉两种方式。生物防治采取高压杀虫灯、黄粘板、个性诱剂黄盆和赤眼蜂相结合的方式。有机种植大棚还采取轮作的方式保证土地肥力和土壤卫生，轮作休耕期间，工人会用20倍浓度的食用芥末对大棚进行密闭消毒。

第二，配备专人每日对设施大棚的温度、湿度、防疫、蔬果等情况进行抽查，抽查结果由生产工人签字确认。

第三，对每一批蔬菜都要进行农药残留、等级认证等项目的抽样检测，检测合格方可销售，从根源上切断了不合格产品流向市场。

第四，建立了蔬菜追溯码系统，在蔬菜包装箱内用标签注明生产时间、产品品种、数量、生产和管理人员姓名、质量情况等相关标识，一旦发现问题产品，可以追溯到生产者个人。

（三）建立新型农产品电子配送体系

1. 采用电子订单和智能柜配送

为提高"社社对接"配送效率，最大程度减少人工成本，两社购销过程所需的订单生成传送、货物集配指令的下达全部采取电子化操作；货物配送采取集中一站式送达，配送终端采用了智能柜装置，配送工作人员只需将货品送至消费单位的智能柜即完成了配送任务，无须与购买人碰面。

2. 货币结算方式

为配合网络平台购物方式，消费合作社采取了用现金直接向北菜园联合社购买消费充值卡，将其金额充值到网上虚拟账户，通过在线虚拟支付的形式，完成货物结算（这种预充值、结算的方式类似于我们的手机充值卡消费）。

3. 一个完整的购销配送过程

为使读者更为形象地了解"社社对接"购销配送过程，本节将描述这样一个完整的过程：消费合作社社员从生产合作社购买消费充值卡，将充值卡金额充值到购销平台（运行在互联网上的"农研职工消费合作社购销服务信息平台）的本人账户中。在购销平台中选购需要的产品，用账户内存储的金额支付货款。消费合作社社员采取网络平台订购菜品的方式北菜园的销售部门根据新生成的订单，于配送当日 8:00 以前完成订购产品的采摘，于 9:00 之前完成产品的加工、包装、二维码标签制作、发货单据准备等工作，同时给订货的社员发送短信，告知货物已经进入配送流程。约 9:00 北菜园的配送车辆向农研中心集中配送货物。约中午12:30 将货物放入位于农研中心机关食堂的智能配送柜，消费合作社社员同时会收到短信通知，告知存放所购货物的货柜号和取货密码，社员在午饭后就能顺便在食堂凭密码取货，社员拿走货物关上柜门后，北菜园购销部门同时会受到短信，显示该货柜中的货物已经取走。至此完成了一个完整的购销过程。

最初，北菜园周一到周五都给社员配送货物，后来经过统计发现一周中周五购菜人较多，为了节省配送费用，消费合作社征求社员意见后，将配送时间调整为周二和周五配送。

（四）加强两社之间的参与式互动

为化解消费者与生产者因生产交易信息的不对称所产生的不信任感，促进两社形成紧密型利益联结机制，课题组设计和实施了一系列两社参与式互动活动。通过实施消费合作社社员到生产合作社基地的访问交流，组织消费合作社社员观看生产纪录片，参与农事体验，亲眼见证有机农产品安全的生长环境和管理技术，让消费合作社社员了解所购蔬菜的生产技术，看到安全农产品苛刻的生产条件和较高的生产成本，从内心愿意适当花多一点的价钱购买真正安全高品质的农产品。同时，邀请生产合作社管理者和社员代表到农研职工消费合作社做客座谈，让生产合作社社员了解消费合作社社员的真实想法，知道消费者是如何重视农产品质量和安全的，他们需要什么样的产品，能够承受什么样的价格。

通过加强两社社员之间的相互了解与信任，促使双方自觉遵守承诺，达到生产者诚信经营，尽可能生产出安全高品质的农产品以优惠价格满足消费者需求；消费者愿意以稍高的价格，从固定的信任渠道购买安全高品质农产品的目的。

（五）利用信息化手段强化源头质量监管

在产品的质量安全保障上，除了有生产合作社自身实施严格的质量安全管理制度，消费合作社社员还可利用北菜园联合社农产品包装上粘贴的二维码追溯到田间地头的农产品生产行为信息，增强了消费者对安全农产品的消费信心。此外，为进一步配合农产品源头质量安全监督和保障，中心还设立了"合作社安全农产品质量追溯信息化支撑研究"课题，初步形成了消费者追溯、政府监管、合作社自律"三位一体"的农产品质量安全追溯体系研究成果及合作社安全农产品质量追溯信息化解决方案。

（六）不断调整职工消费合作社的内部管理与服务

为了能够更好地做好自我服务与管理，作为合作社具体办事机构，消费合作社社务会下设了三个部门，分别为财务部、购销部和培训部。财务部负责合作社的财务服务工作和资金管理，编制财务报表并提交监事会监督。购销部负责开展合作社的产品购销服务，为社员寻找、购销安全质优价廉产品，为社员购买合作社产品提供一切必要的服务。培训部负责调查研究和社员培训等工作，提升社员对合作社组织、办社宗旨的认识与理解，通过调研、宣传、培训、对外交流等活动促进合作事业发展。社务会的具体工作如下：

1．通过各种渠道了解合作社社员的真实消费需求

通过设计消费合作社社员调查问卷，召开社员代表会议，了解社员对合作社供应产品的需求、在购买过程中遇到的主要问题、对产品质量的反馈以及对合作社自我管理与服务的意见和建议。

2．定期召开消费合作社社务会会议

讨论合作社遇到各种问题，提出解决方案，并通报合作社活动情况和社员购买产品的情况。

3．利用各种渠道为社员寻找安全质优的产品

为了给社员找到安全优质的产品，购销部的工作人员多次到各个区县的农民专业合作社进行考察，收集安全农产品产销信息；邀请优秀合作社的相关负责人到消费合作社做客座谈；参观第六届中国（上海）国际有机食品博览会，了解国际有机食品市场行情。

4．开展社员培训讲座

邀请国际有机农业运动联盟驻亚洲代表周泽江研究员，到消费合作社举办"食品安全与消费及有机农业参与式保障体系建设"知识讲座，丰富社员食品安全知识，开阔社员眼界；邀请消费合作社专家顾问刘登高和李伟克为社员讲解消费合作社的功能作用与管理理念，提高社员合作意识。

5. 促进消费合作社社员之间的交流

社务会培训部负责编辑印发《农研职工消费合作社简报》，以社会活动、产业典型、会议纪要、绿色生活、社员语录等栏目的形式，宣传消费合作社活动、发展动向，促进社员之间的交流。目前，《农研职工消费合作社简报》已经编印到第 21 期。此外，及时张贴消费合作社各种活动通知和提醒事项。设计运行专门的在线购销服务平台，发布安全农产品生产和消费服务信息，支撑购销业务，方便社员交流消费心得。

三、试验研究的主要效果

（一）消费合作社社员以优惠的价格吃到了放心菜

农研职工消费合作社运行 8 个月以来，网上购销平台为社员提供了果蔬、蛋奶、菌菇、粮油副食等 50 余种商品，社员总计从生产合作社直购安全农产品 5 万多元，社员对产品质量和配送服务反映良好。社员购买有机蔬菜的平均价格为 7 元/斤，约比市场价格低 20%。以有机胡萝卜为例，市场价[①]为 6.75 元/斤，社员价格是 5.2 元/斤，便宜了 23%之多；再以有机芹菜为例，市场价为 7.27 元/斤，社员价格是 5.6 元/斤，便宜了 22%。

（二）农民专业合作社有机菜卖上了好价钱

据了解，北菜园联合社种植的有机蔬菜常常卖不上有机价格，最差的月份，仅有 20%的蔬菜能卖上有机价格，全年平均也有 40%的蔬菜卖不上有机价格，而以常规蔬菜的价格处理掉。自从"社社对接"以来，农研职工的购买量平稳增加，目前职工消费合作社网上平台购菜总量加上农研中心食堂团购总量之和已经占到北菜园联合社有机蔬菜销售量的 17%，北菜园联合社有机蔬菜的平均销售价格明显提高，农民增收初现效果。

---

① 该市场价是指北菜园联合社面向社会大众的网上商城价格。

（三）与"农宅对接"相比，"社社对接"形式在一定程度上节省了销售成本和配送费用

对北菜园联合社来说，"社社对接"与其他直销方式相比，在节约配送成本和稳定销售量上具有显著优势。据调查，北菜园在"农宅对接"①中常常受到配送成本过高的考验。以每户起售额 100 元计算，从延庆县到市区的配送成本，包括配送人员外出补助每人每天 30 元，伙食补助每人每天 15 元，加上往返交通费 12 元（送货量较小的时候，配送人员乘坐公共交通配送），共计每人每天 57 元。在遇到订单量小的情况下，利用公共交通配送的方式效率很低，一般一人一天仅能配送 5 户左右，平均每户的配送成本为 11 元，扣除产品成本和配送成本外，农宅对接直销方式的利润并不如意。"社社对接"流通方式由于结合了团购、直销和统一地点取货的优势，因此合作社能有效减少寻找买家的交易成本（包括买家信息搜寻成本、广告成本等）和分散配送的成本。北菜园固定在周二和周五集中送货，每次的送货量约为 20 单，每单消费40—60 元，总销售额在 800—1200 元/天，由于只需送到单位固定地点，且一次性送货量较大，只需占用一个劳动力，大大减少了平均每单的配送成本，每单配送成本降为约每单 5 元。合作社将节省的交易成本和配送成本的一部分让利于消费者，形成生产、消费两头均得利的好结果。

（四）生产者与消费者之间建立了信任感

在"社社对接"过程中，通过两社之间的相互走访、社员们进入农场的亲身体验、与农民的直接交流，初步建立起了一道生产者与消费者沟通的桥梁，增进了生产者与消费者之间的了解，为下一步建立双方互信奠定了基础。正如消费合作社社员石慧对农场访问的感受这样写道："通过访问和近几个月的买菜体验，我亲身感受到了有机菜的育苗、制肥、病虫害防治、包装配送等环节的科技含量，深刻感受到了当一个现

---

① 农宅对接是北菜园近年来新探索的销售方式，借助电子商务销售平台和物联网技术，通过线上下单、付款、送菜上门的方式，向消费者销售农产品。

代农民是一件多么高科技的事，同时也感受到了作为一个职工消费合作社的社员，能够以这么实惠的价格，这么便捷的方式，买到这么放心的蔬菜，是一件多么幸福的事。"

（五）增加了职工的集体归属感和单位的凝聚力

农研职工消费合作社的组建和运行都是在职工自我组织、自我管理、自我服务的方式下运作的，充分体现了民主、平等和自由的氛围，"团购能优惠"的核心理念激发了职工合作意识；消费合作社组织的各种轻松愉快的社员集体活动增加了社员之间的感情交流，也增加了职工的集体归属感和单位整体的凝聚力。此外，消费合作社的自我管理决策的工作方式还激发出了一批基层职工、年轻职工的组织能力、管理能力，有利于中心人才的挖掘。

（六）引起社会的关注

鉴于"社社对接"试验研究的现实意义和初步效果，该项目的实施引起一些媒体的关注，北京市电视台新闻频道、延庆县电视台生活频道和北京日报先后对"社社对接"项目和实施效果进行了宣传和报道；一些兄弟单位为此来学习调研；该课题应用还得到了市委农工委、市农委主管领导的认可。

四、试验中发现的主要问题

（一）消费合作社的服务项目还满足不了社员的多元需求

农研职工消费合作社依托试验研究课题，在单位职工范围内运行，属于模拟性质，目前主要是对接北菜园联合社一家，为社员提供以蔬菜为主的农产品。经过几次问卷调查发现，社员对蔬菜的品种较少、产品供应的种类较为单一存在不少意见，还有一些社员反映消费合作社供应的品种主要是有机蔬菜，级别较高，价格虽比市场便宜，但是对于一般工薪阶层来说，还是较贵。从某种程度上说，这些问题的存在影响了社员购买的积极性。

下一步，消费合作社将结合社员的多元需求特征和消费理念，尽可能地增加产品供应种类与层次，最大程度地满足大部分社员的消费需求。

（二）消费合作社的结算方式不利于合作社拓展对接对象

目前，消费合作社不具备自我结算和配送功能，而是采取委托北菜园联合社结算和配送的方式，因此在一定程度上限制了消费合作社与其他生产合作社的拓展对接。

下一步，消费合作社将研究第三方委托结算和配送的方式，进一步完善购销体系，促进"社社对接"合作对象的进一步拓展，将更多的农民生产合作社纳入"社社对接"试验研究范围，增加产品供应的种类与层次。

（三）少数社员对消费合作社的性质不了解

办社 8 个月以来，少数社员依然对消费合作社这种古老而又新鲜的事物不理解，误将消费合作社理解为福利社，认为消费合作社是给职工免费发放福利的组织。甚至某些社员入社的动机也是以为消费合作社是福利社，当他们进入合作社后发现没有"免费的午餐"时，就会疏离合作社，这在一定程度上影响消费合作社的凝聚力、组织力和活力。

下一步，消费合作社将加强对社员有关合作组织、消费合作社办社宗旨性质、运行要求的培训，加强对消费合作理念的宣传，使更多的社员真正融入到合作社中，理解"我为人人，人人为我"的良性循环机制，提高社员的归属感、参与力和责任感，加强社员之间的合作默契，不断健全消费合作社的自我组织管理能力。

五、2012 年研究试验的重点任务

2012 年，本实验研究主要明确了研究目标和工作思路，通过成立农研职工消费合作社，初步搭建了"社社对接"购销平台，积极探索了由职工消费合作社与农民生产合作社两方主体构成的安全农产品参与式保障体系的组织架构和运行机制，并在试验过程中积累了发现的主要问题。

　　将在今年主要问题的基础上解决问题，继续调整消费合作社的管理与服务，促进其健康发展，完善"社社对接"流通形式中资金流、物流、信息流的管理方式，对农民生产合作社的安全农产品生产和供应的组织体系和运行机制进行查漏补缺，指导农民专业合作社的安全生产和运销，促进社与社之间更平滑的对接，加快对"社社对接"项目的成果转化。

本章课题组成员

负责人：张秋锦　北京市农村经济研究中心副主任
　　　　吴志强　北京市农村经济研究中心副主任
组　长：刘登高　农业部农村经济体制与经营管理司原巡视员
　　　　　　　　中国农村合作经济管理学会顾问
　　　　　　　　北京市农民专业合作社专家指导组组长
　　　　李伟克　农业部信息中心原副主任
　　　　葛继新　北京市农村经济研究中心调研综合处处长
成　员：刘登高　李伟克　葛继新　刘　雯　魏　杰　彭　彤
　　　　范　宏　王　伟　冯学静　陈　珊　段书贵　何继源
　　　　韩　生　富　裕　马秀华　刘淑清等
执笔人：刘　雯　葛继新　魏　杰

2012 年 12 月

第七章 北京市"社社对接"安全农产品直供模式试验示范项目报告（2013 年）

为落实中央、北京市关于创新农业生产经营体制、创新农产品流通方式和流通业态的有关要求，探索加强农产品质量安全保障和提升农产品流通效率的新途径，2012 年 3 月，北京市农研中心（市农经办）启动了北京市"社社对接"安全农产品直供模式试验示范项目，创新开展了安全农产品智能化参与式保障体系（Smart Participatory Guarantee System）的试验研究。在中心领导、专家的指导下，调动中心全体职工的积极性，建立了一对一"社社对接"安全农产品流通形式。2013 年，课题组在上年研究与试验总结的基础上，结合安全农产品生产流通领域面临的新形势与新要求，与北京首农集团商业连锁有限公司、奥科美技术服务有限公司组成联合项目组，边实践、边总结、边推广，积极转化研究成果，建立了消费者网上合作社"京合农品"，初步构建了多家农民专业生产合作社、龙头企业与多家城市职工消费合作社产消直对的多对多"社社对接"安全农产品直供模式，取得了积极成效。

一、2012 年项目开展情况简要回顾

2012 年 3 月，市农研中心（市农经办）完成了该项目的立项及组织筹备工作。4 月，在本单位范围内由工会倡导成立了农研职工消费合作社。5 月，委托奥科美科技服务有限公司开发建成了针对社员用户的封闭式电子商务平台，实现了农研职工消费合作社与延庆县康庄镇北菜园农产品产销专业合作（联合）社在线农产品直销直购，初步探索了一条一对一"社社对接"流通形式。2012 年试验研究效果显著，组建了职工

消费合作社，选择并指导生产合作社加强管理，建立并不断调整商品物流、信息流、资金流体系，基本形成了生产者与消费者直接合作的安全农产品供应链。实践证明，在"社社对接"流通形式中，由于减少了中间流通环节，实现了"直供直销""个人购买"和"团体配送"，消费合作社社员能够以优惠的价格吃上放心安全菜；农民专业合作社有机菜的价格也能卖得更高；生产者与消费者之间通过建立互动机制能够建立较好的信任关系，有利于实现农产品优质优价通道。但在试验过程中也发现一些问题，如一家生产合作社的产品种类满足不了社员的多样化需求。如果采取多家生产合作社与一家消费合作社对接形式，会因消费量有限无法降低流通成本，还存在一些社员对消费合作社的性质不了解，社员参与度低等问题。

为解决以上问题，探索建立更完善的"社社对接"流通模式，让更多的农民和消费者受益，项目组决定 2013 年扩大试验范围，推动更多的消费合作社和农民生产合作社加入，同时进一步完善第三方服务体系，强化信息技术应用，维护供应链高效平稳运行。以"产消"两类合作社为组织保障，探索能适应市场运作的多对多"社社对接"安全农产品流通模式。

二、安全农产品生产流通的新形势与新要求

（一）生鲜农产品流通方式不断推陈出新

近年来，生鲜农产品流通产业受到产业组织不断完善和产业技术更新影响，正在经历着旧的改造与新的起步，流通方式不断推陈出新。以农产品批发市场为主环节的长链生鲜农产品流通模式，由于存在环节过多、信息屏障严重、对产能调剂反应较慢、价格波动频繁等问题，正越来越多地受到少环节流通模式的冲击。一方面，农民专业合作社、农业龙头企业、物流第三方、电商、商超等涉足生鲜农产品产、运、销的生产服务组织发育日趋成熟，业务整合日趋综合，可以承担起过去生鲜流通链条上的几个组织、几个环节完成的流通功能，例如跨省、跨区域的

商超集团可以承担生鲜农产品长距离的一站式采购和运输，替代了过去几道菜贩子运输、转手、经销的功能，实现了商业零售环节与生产环节的直对，因而诸如此类的各种越过批发市场的少环节对接模式迅速发展。放眼国外农产品流通史，也是经历了流通模式由单一化往多元化发展的过程。另一方面，近二十年中国互联网技术的发展与普及，也为农产品流通模式打开更多的创新窗口，各类以电脑、手机、平板、电视等电子终端设备为载体的电子商务平台以新鲜、快捷、品种丰富的购买体验吸引了众多城市白领和家庭主妇，引领着城市生活方式的变革。这些生鲜流通产业组织的发展以及互联网时代经济的需求导向型特点为生鲜流通模式的多元化发展创造了众多有利条件和市场导向，也为"社社对接"流通模式以全新的产业组织方式搭建、以全过程的信息手段实现，奠定了时代基础。

（二）农产品安全问题亟须破除产消信息屏障

农产品安全包含质量安全和数量安全两个层面。

首先是农产品质量安全，造成质量安全问题的突出原因之一是传统农产品流通链中产消之间信息链过长，信息不对称问题严重，消费者无法考证产品的质量是否安全，加之对农产品质量安全的验证具有消费滞后的特点，消费者只有吃完了才能感觉到好坏，因此双重负面因素导致了产消之间信任关系的脆弱特性，造成一有食品安全问题就会很快蔓延至整个社会的群体性恐慌。这样的结果对生产者也是不安全的，往往局部农产品安全事件出现以后，牵连到整个产业的存亡。例如前几年流传香蕉致癌，导致整个行业的产销出现动荡。

其次是农产品数量安全，传统的长流通链条因信息屏障过多，对产能的调剂非常差，经常出现"蛛网效应"，价格波动严重，影响了整个产业链经营主体的积极性，不仅是生产者经常遭遇"卖难"问题，包括大多经销商在内也会因产品积压遭遇损失。因此，寻找破解农产品流通环节的信息屏障问题，探索建立信息对称的少环节流通模式是解决农产品安全问题提出的客观要求。

（三）北京市农业高成本难题亟待加快转变农业发展方式

北京市农产品的生产成本很高，与外埠农业相比缺乏比较优势，走大众化的农业生产路子难以持续。以农地流转价格计算农业的土地投入成本，2012 年北京农地流转平均价格为 2200 元，广州市为 1200 元，上海市为 1000 元，北京市比周边主要蔬菜供应地河北省、山东省的土地流转价格更是高出很多。北京市农业劳动力价格、各类农业投入的水平也比周边省市要高，较高的投入成本使北京常规农产品失去了价格竞争力，加之快速的城市化进程使城乡土地的比较收益差距凸显，很多近郊区"种"上了房子，挤占了农业发展空间。而在流通环节，大多数农产品是常规产品，只能卖上常规产品价格，农民面对较高的农业生产成本与平价的市场收购价之间的矛盾，农业经营收入甚微，据统计，2013 年上半年北京市农村居民人均现金收入为 10877 元，其中家庭一产现金收入仅为 469 元，占总现金收入的 4.3%。农民经营传统农业不增收，也会严重影响农产品的质量安全。如何转变农业发展方式，带动农业经营性收入增长，引导安全农业生产是新时期我们应当面对和解决的课题。

（四）北京市逆城市化趋势带来了农业发展新机遇

城市化一般分为起步阶段、郊区城市化阶段、逆城市化阶段、再城市化阶段。逆城市化是指城市人口开始向郊区农村流动的现象和过程。逆城市化是城市化发展到一定阶段后出现的新潮流。城市化发展水平越高，逆城市化的趋势越强。逆城市化对郊区农村来说是巨大的发展机会。北京是世界上屈指可数的人口超过 2000 万的特大型城市，2012 年北京城市化率为 86%，已达到发达国家城市化发展水平。北京的逆城市化现象已日益明显。据北京的一项最新调查显示，有 54.5% 的人近期有意到郊区投资，70% 的人有意到郊区购买第二住所，80% 的人经常在闲暇时间到郊区休闲度假。随着城市化的高度发展，消费者有了健康的概念、环保的观念、绿色的概念，加上了很多信息技术渗入到郊区，城市周边郊区的农业已经不仅是农产品供应的产业形态，会产生新的产业满足形式，郊区的土地将具备文化的性质，发挥城市郊区的休闲功能、健身功能、文化功能、教育功能。

如何顺应逆城市化发展趋势，将农产品定位扩展到"大农业"产品范围，既能让市民吃得上放心安全的农产品，又满足市民望得见山、看得见水、记得住乡愁的需求，将传统农产品与园林产品、农业观光休闲、农业体验、农业旅游、农业教育等多功能农业所能提供的各种涉农产品的流通与营销紧密结合起来，加快推进都市型农业的一二三产业结合，是新时期我们应当面对和解决的战略任务。

三、2013 年项目基本思路和主要工作

（一）基本思路

围绕当前农产品生产流通领域的新形势、新要求，针对北京市在高度城市化背景下对都市型现代农业发展提出的新需求、新课题，2013 年，"社社对接"项目进一步明确了基本思路：

以"社社对接"流通形式为主要构架，以公益性的产消服务为主要宗旨，倡导"绿色环保、优质安全、健康消费、合作共赢"的经营理念，以互联网信息技术作为支撑，建立安全优质农产品网络直销服务平台——"京合农品"。应用现代交易技术，简化供应链结构，减少流通环节，提高流通效率，培育建立以诚实互信为基础的安全优质农产品交易机制，开展农产品的网络交易和团体配送服务，实现绿色、有机等安全农产品直接进入市场销售终端，保证农产品消费价格水平的相对稳定，逐步形成以"京合农品"为品牌的"社社对接"安全农产品直供服务模式。

（二）主要工作

1. 搭建流通组织构架

（1）构建消费组织联盟与生产组织联盟

一是在市总工会系统指导下，建设北京市职工消费合作社联盟组织体系，包括总社与若干家分社系统，形成"社社对接"模式中的有组织保障且较为稳定的团体消费端。目前，已经有市农研中心（市农经办）、中科院地理所、中国侨联、奥科美公司等八家单位按照由工会发起，职

工自愿参加、共同所有、民主管理、自我服务的原则，成立了消费合作社，加入了"京合农品"服务平台，市财政局、市台盟、北京外国语大学等各单位积极响应，正在消费合作社的组建推进当中。二是在市农研中心（市农经办）的指导下，建设具有一定信誉和安全农产品供给能力的农民生产合作社联社组织，吸收优秀的农业产业化龙头企业，形成"社社对接"模式中的有组织保障、较为稳定的团体生产端。目前已经有延庆北菜园、顺义北郎中、平谷荣涛豌豆产销专业合作社、密云京纯蜂产品专业合作社等多家市优秀生产合作社加入"京合农品"服务平台，同时有首农集团、京粮集团、燕京啤酒等大型国有龙头企业产品做保障，共同满足消费合作社的多元需求。

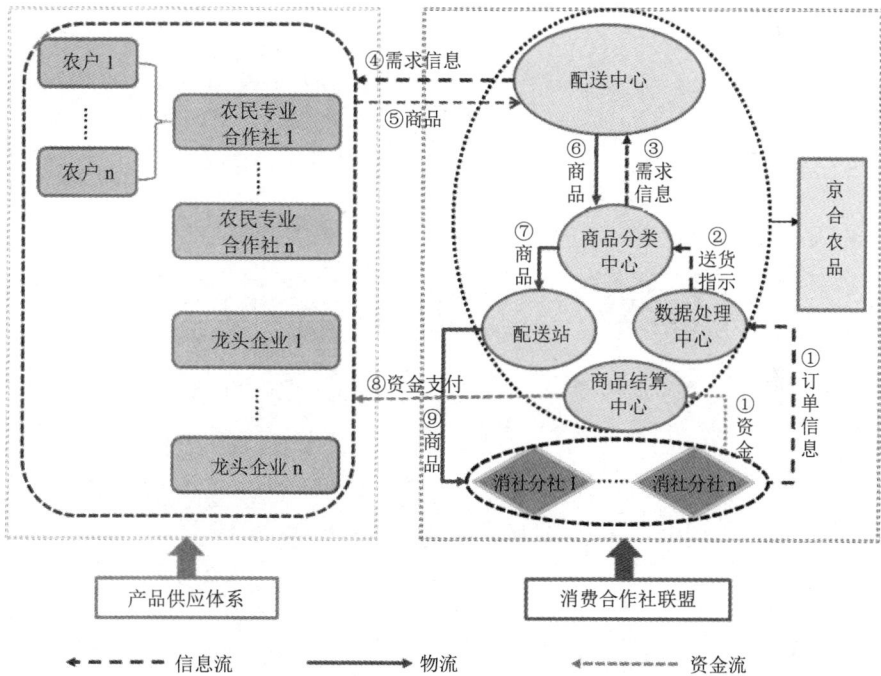

图 7-1 "社社对接"流通模式构架图

（2）成立"京合农品"专业委员会，承担平台运营管理

组织各消费合作社的社员代表成立"京合农品"专业委员会，与各农民专业合作社、农业龙头企业对接，在相关领域的专家指导下，承担

商品采购、商品议价、运营管理、财务管理和社员管理等工作，实行民
主管理和集体决策，制定基本规则，与各生产方签订合作契约，约束双
方行为。同时，委托首农集团下属的首农商业连锁有限公司作为第三方
服务机构，接受专业委员会的监督，发挥国有企业的公益性职能，负责
"京合农品"的业务流程、信息流程、资金流程和配送流程，承担产品
集成、统一分拣、集中储运、统一配送、资金结算、质量检测和社员服
务等日常运营工作，参考生产成本和市场价格两个因素，协助进行商品
议价，做到产品成本透明化、运营成本透明化、物流成本透明化。委托
奥科美公司负责网络平台的开发建设与维护，提供智能配送体系的全程
技术支持。

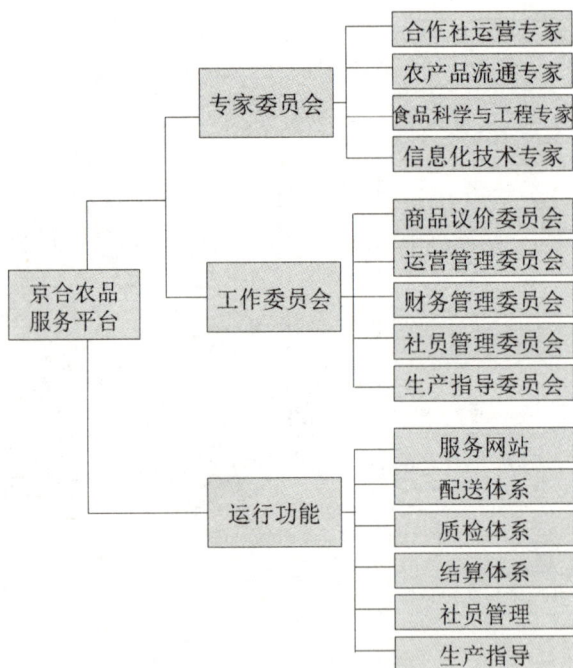

图 7-2　京合农品服务平台构架与功能

（3）达成生产、消费、服务三方的利益保障约定

通过协商与试验，初步达成了平衡生产方、消费方、服务方三方利
益的前期约定，包括：①运营初期，根据第三方服务成本测算，暂时从

生产者的销售额中拿出 20%的流水，实行倒扣，弥补首农商业连锁有限公司承包日常运营产生的各种成本与费用，在不损害生产者与消费者利益的前提下，保证该服务受托商的盈亏平衡；②在保证产品质量的前提下，给予生产者稳定、公正的市场价格和稳定的销售渠道，形成稳定的、可持续的利润，该平台除了收取生产供应商 20%的流水倒扣外，不收取包括进场费、管理费、广告费等任何性质的费用；③保证该平台上的产品具有价格竞争力，让消费者得到适价的安全优质产品。

2. 建立运营服务体系

（1）开发建设"京合农品"直供服务平台

"京合农品"不同于一般的电子商务平台，其作为消费者和生产者的网上联合社，坚持公益服务，由各职工消费合作社、农民专业合作社共同建立、共同拥有、共同管理，其本身的功能也超出了一般电子商务平台的功能。

"京合农品"服务平台由"电子商务系统""消费合作社管理系统""智能化配送管理服务系统""农产品保质保真监控系统""农业生产指导系统"五个子系统组成。计划将实现：安全农产品展示、网络购物、在线支付、契约合同管理、活动管理、需求管理、生产合作社准入管理以及社员的契约合同管理、套餐订单服务、预定种植管理、农场休闲活动管理、充值服务、智能化参与者保障服务、货品冷藏或加温缓存、送货人鉴权与配货管理、取货人鉴权与取货管理、故障自动诊断和报告、配送过程实现总量控制、农产品包装一品一码，实现配送过程监控管理、农业生产计划与任务分解管理、合作社购销管理、生产者价格采集、农资投入品记录管理等多项综合性服务管理功能。

2013 年，"京合农品"服务平台已经实现了电子商务系统和消费合作社管理系统的开发和使用，"智能化配送管理服务系统""农产品保质保真监控系统""农业生产指导系统"正在开发建设当中，预计 2014 年将开发建设完成，并投入使用。

（2）采取集中式、一站式的物流配送

为充分利用消费合作社社员地点集中、组织化程度较高的优势，提高物流配送的效率，各生产方、供货方按照每周两次的集中式配送安排，在配送前一天，将社员订购的产品统一运输到首农物流中心，依托统一的物流配送体系，进行统一分拣、统一包装、统一检测，经过冷藏保鲜后，进行全程冷链运输，实现鲜活农产品 24 小时内集中式、一站式配送到消费合作社的智能配送柜。同时，利用信息化手段，将到货信息直接反馈到消费者的手机上，方便社员随时取货。

（3）推行订单式、预定式的采购方式

为了引导农民按订单生产，解决余量库存难消化、长时间存放带来的高损耗等诸多传统渠道难以解决的问题，"京合农品"推出了 398 元的绿色有机时蔬家庭装，包括 14 种菜品，可实现预定、按月供应、每周配送。这种订单式采购方式可大大减少农民生产的盲目性，使其按照订单有计划安排生产和销售流程，大大提高农民的生产经营效率。

（4）建立产品质量安全保障机制

为确保"京合农品"服务平台的产品质量，项目组采用了六重手段全面保障食品安全：一是要求所有农产品供应方都有专属的直供基地，并经专业委员会实地考察。二是所有在线销售产品都要有绿色、有机的国家认证或者是相当的企业质量标准。三是建立健全产前与产中指导、产后检测、合格后上市的层层把关、全程控制机制。四是强化流通过程中食品安全控制，减少二次污染，建立质量全程追溯体系。五是产消双方签署合作契约，从法律层面上约束生产者行为，保障农产品质量安全。六是建立物联网实时监控系统，促进生产者提升自身的质量管理水平。

3. 加强产消信任关系

为提高消费者对"京合农品"平台上销售的绿色、有机产品的信任度，引导该平台建立优质优价的价格机制，促进产消协同发展，项目组采用了强化信息对称、密切产消关系等手段，通过提倡建立"关爱"理念，建立"社社对接"生产者与消费者的互动机制，加强产消信任关系。

（1）提倡关爱理念重于规制作用

参与式有机农业安全保障体系的建立不是依赖政府建立的行政与非行政的有机农产品认证、规制体系，而是选择建立消费者信任度的方式，建立起新的价值理念体系。很多例子证明，在关爱理念作用下企业自律建立起的信任重于社会规制的影响。产消两者之间的关爱理念建立起来，即使什么样的第三方有机认证都不使用，理念相近的人也会增加对食品安全的信任。为此，"京合农品"专业委员会 2013 年先后五次组织各家消费合作社社员代表到平台供应基地进行农场访问，加强消费者对生产者的了解，感知生产者的做事原则；同时也多次组织专家对生产合作社进行质量安全和流通方面的培训，传递建立产消信任关系的所需的生产理念，促进生产方对关爱理念的理解和坚持，转变他们的种植理念和模式，以改善产消关系为着眼点促进生产者自律。

（2）以开放生产方式促成信任

在生产封闭的情况下，消费者会对有机产品的生产有各自不同的理解，随着信息不断公开，真正揭示出农户耕种有机产品的行为，消费者会因实地考察生产过程而获得对称信息，而建立起对生产者更高的信任度。为此，项目组不仅组织消费合作社社员到生产基地去观看有机产品的生产过程，还组织社员代表到农户家中做入户调研，与农户深入交谈，了解他们种菜过程的各种细节、困难，倾听关于种出有机菜的感人故事，并在社员当中做好宣传。当社员们得知合作社的大棚冬季由于不能保暖而产量低，夏季温度高导致不用农药时虫子吃光了蔬菜等实际困难；农民为了保证质量拔掉过季的蔬菜等故事，就会明白生产者的艰辛努力，从而促成生产者与消费者之间的感情共鸣，打通产消之间的信息渠道。

（3）产消交流和沟通的频繁互动

产消建立互信需要互动，尽管生产方采取开放的生产方式，消费者随时可以到农村参观，然而由于时间和精力以及一些社社对接中产生的信任度减少等原因，除了平时定菜以外，生产方要继续通过多种渠道与消费者频繁互动交流。为此，2013 年项目组开通了"京合农品"微信平台，每周两次定期向消费者发布有关"京合农品"的相关信息，介绍生产计划、新品种、甚至农民种植有机菜的心路历程，消费者可以通过农民的故事分享农耕的乐趣与疾苦。

4. 加强横向合作

为进一步拓展品种范围，为消费者提供更多个性化的产品选择，项目组以第十六届京台科技论坛农业合作交流活动为契机，深化搭建京台两地农民合作组织学习交流平台，特地聘请京台两地农业专家及优秀合作社理事长现场为在京农民合作组织传经授道，同时还举办了台湾农渔会百大精品直销推介会。推介会展出的产品全部精挑细选自台湾行政院农业委员会推荐的台湾农渔会原产美食，包含了日光鲜果、台湾茗茶、在地好米、原乡美食、乐活饮食、清醺佳酿、上选鲜味、百味美食、精选组合共九大类产品，这些产品从原料提供到产品制作都有农渔会严密的监管，品质优良，精美时尚。为使消费合作社社员能够长期购买到这些安全优质的台湾美食，论坛期间主办方和台湾有关组织签订了《"京合农品"移动信息资讯及电子交易平台合作开发协议》和《台湾农渔会优质农产品集中采购意向书》，将使本次台湾农渔会百大精品直销推介会成果常态化，并在京合农品网站上加设了"台湾农渔会专区"栏目，消费者可以从京合农品网站上长期购买到台湾农渔会原产的精品美食。

四、2013 年"社社对接"项目的成效分析

与 2012 年一对一"社社对接"流通形式相比，2013 年初步建立起的多对多"社社对接"流通形式，在消费者拓展、产品服务和平台影响力方面都有了很大的突破。

（一）消费者队伍不断扩大

2012 年，"社社对接"项目仅有农研职工消费合作社一家与北菜园农产品产销联合社对接，总计消费社员 149 名。2013 年 5 月初，自"京合农品"平台开始正式上线运行使用，截至年底，该模式在消费终端已经陆续集合了 8 家企事业单位的消费合作社，总计超过 1000 名消费者社员（如图 7-3）；在基地供应端，已经集合了 25 家北京市市级农民专业合作示范社（其中有 10 家生产合作社实际产生了销售额）和 4 家北京市市级农业龙头企业（如图 7-4），初步形成了"一个平台"加"两个

组织"的优质安全农产品流通链条。

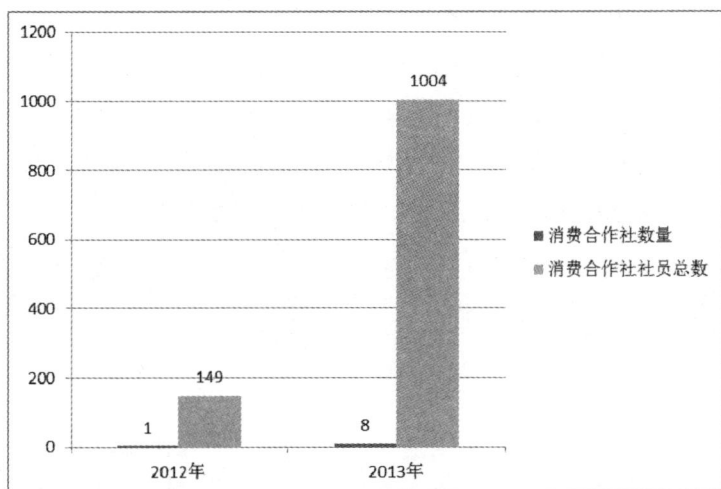

图 7-3　2012 年与 2013 年消费合作社单位数量与社员总数对比

　　根据平台上每月购物的社员名单和社员数量的统计分析，"京合农品"平台上已经形成了一批较为固定且忠实的消费社员用户，数量约 100人，约占社员总数的 13%，这些社员每月在平台上消费的品种与金额基本上稳定在一个范围，说明已经将"京合农品"平台作为日常购买农产品的重要渠道，形成了平台消费习惯。

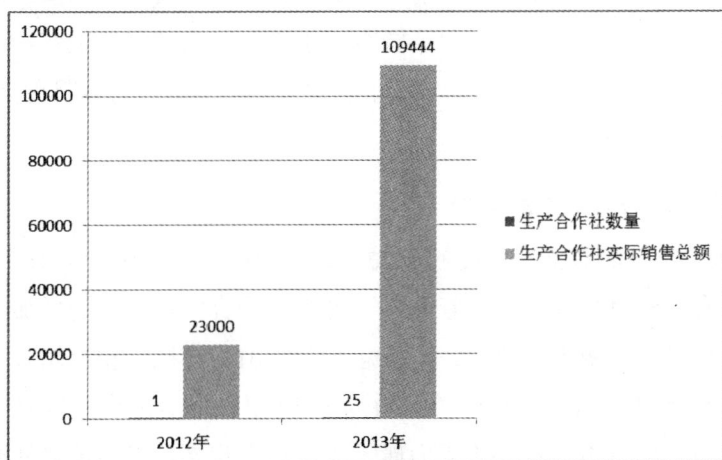

图 7-4　2012 年与 2013 年生产合作社数量与销售额对比

（二）销售品种不断丰富

为能够最大程度地满足不同消费者对生鲜产品购买的需求，2013 年 "京合农品"平台上的产品种类不断丰富，已经从原先的以蔬菜为主的产品种类拓展到蔬菜、水果、肉禽、蛋奶、粮油、水产、饮料、北京名优特产、台湾农渔会特产等九大类一百多种的绿色、有机农产品，上线的单品数量从 2012 年的 52 个提高到 354 个（如图 7-5）。

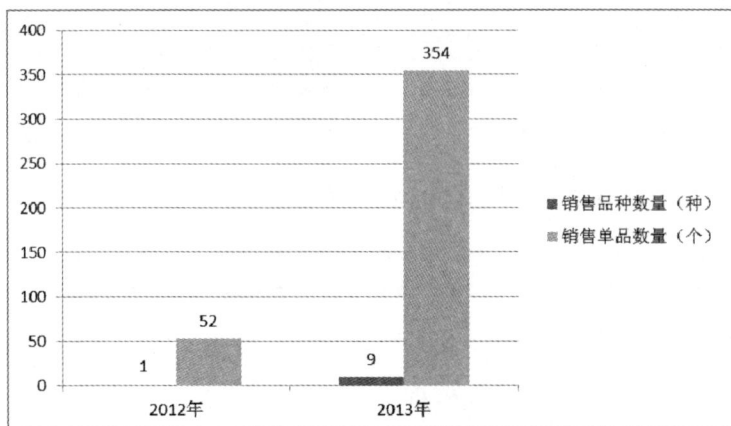

图 7-5　2012 年与 2013 年产品种类与单品数量对比

据统计，本年度销售排名居前十五位的产品品类集中在鸡蛋、蔬菜、牛奶和大米四类。其中，排名前十位的产品分别为首农初鸡蛋、北菜园有机西红柿、三元纯牛奶、北菜园有机小冬瓜、京纯绿色荆花蜜、北菜园有机圆白菜、北菜园有机长茄子、北菜园有机豇豆、北菜园有机青椒、北菜园有机红圣女果。

（三）销售数量不断增加

2013 年，随着推广力度的加大，平台的销量与 2012 年相比有了极大的提升。5—12 月份，随着进入平台的消费合作社数量的增加，消费总额每月呈现小幅上升趋势，消费总额与 2012 年同期相比增长了近 5 倍，达到近 11 万元；有效订单总数为 1017 单，平均客单价为 107.6 元，从每笔销售单价格上看，购买力属于"健康"状态，表明消费社员定位基本准确（如表 7-1）。

表 7-1 2013 年京合农品消费总体情况统计

	消费合作社数量（个）	消费总额（元）	订单总数（个）	平均每份订单金额（元/个）
5 月	3	6760.8	94	71.92
6 月	4	17304.2	160	108.15
7 月	5	11919.9	140	85.14
8 月	5	9843.7	114	86.35
9 月	5	18029.8	133	135.56
10 月	7	18405.6	160	115.04
11 月	7	9557.2	100	95.57
12 月	8	17623.2	116	151.92
总计	—	109444.4	1017	107.61

（四）支付方式更加便捷

为更好地服务消费者，项目组对现有的消费合作社社员进行了问卷调查，结果显示：有过网上购物经历，采用网银支付手段的人群已经过半。不同性质的单位比例有所差异，奥科美公司消费合作社是一家农业信息化服务企业，年轻人居多，拥有网银的比率较高，达到 92%，网上购物已经成为他们生活方式的一部分。机关事业单位的消费合作社因为年龄结构的原因，拥有网银的比率稍低一些，以市农研职工消费合作社为例，拥有网银的社员比例占 56%。根据问卷统计结果，结合部分社员反映的购买充值卡不方便的情况，2013 年 12 月中旬，"京合农品"服务平台与中国银联在线支付平台合作，为社员开通了便捷、安全可靠的银联在线支付。至此"京合农品"的支付方式既可以采取充值卡形式，满足无网银社员需求；也可以采取网上支付方式，满足更多中青年社员的支付方式需求。

（五）为更多在京农民合作社提供优质优价的销售渠道

2013 年，为集成京郊优质的农产品，项目组先后四次，共召集了40 多家北京市级农民专业合作社示范社，推广介绍"社社对接"直供模式，并专门召开了"社社对接"安全农产品直供模式应用推广会，邀请中国农业大学的教授和项目全程指导的信息化专家，分别就当前流通领域的现状及趋势，以及"社社对接"模式案例向在京农民专业合作社示范社进行详细讲解。2013 年，经过"京合农品"专业委员会的考核，已有来自延庆县、密云县、怀柔区、平谷区、顺义区、大兴区、门头沟区、房山区等八个区县的 25 家市级农民专业合作社示范社与"京合农品"专业委员会达成协议，为平台供应安全优质农产品。其中，延庆县北菜园农产品产销联合社已经参与平台供应近一年半，与 2012 年同期相比，2013 年网上销售额提高了 80%，与此同时在项目组专家的指导与帮助下，北菜园联合社的销售渠道进一步打开，2013 年销售额达到 800 万元，比 2012 年提高了 400%。

五、2014 年项目工作计划

2013 年，在探索建立多对多"社社对接"流通模式的试验过程中，项目组发现，平台上集合的消费者团体用户的不断增加，对供应链的快速响应能力和服务质量提出了更高的要求。一旦供应链本身的承载能力不足和各环节的匹配状态不佳，就会影响消费用户的购物体验，导致销售额上升缓慢、库房压力加大、生产供应商不配合等不良连锁反应，从而影响供应链各参与合作方的成本绩效和资产收益绩效，不利于该供应链的长期可持续发展。为此，项目组计划在 2014 年，进一步完善工作机制，着力推进"三个联盟"建设，加强"京合农品"生鲜农产品供应链的整合；围绕市农经办的工作职能，着重探索电子商务环境下生鲜农产品供应链对上游农民专业合作社的生产引导功能；继续完善平台服务功能，丰富平台产品，为该流通模式的市场转化进一步完善机制和积累经验。相关计划如下：

（一）着力推进"三个联盟"建设

1. 推进"京合·首农"安全食品联盟的建立

利用"京合农品"对全市农民专业合作社生产基地的集合能力和"首农"的品牌优势，以"众包"方式，建立一个有信誉保证和准入机制的安全优质农产品开放性服务平台，把北京农民专业合作社、农业企业的生产基地网络资源和客户资源有效整合起来，大力培育安全优质农产品的品牌联盟，通过市场机制，推进北京农产品质量的提升。

2. 推进生产合作联盟的建立

由北京市农经办（市农研中心）指导各农民专业合作社，依托北京市农民专业合作社联合会，建立生产合作联盟，从建立安全农产品的准出机制和构建新型农业社会化服务体系入手，发挥好政府部门的服务和监督作用，加大对农民专业合作社的培训力度，推进农民专业合作社对现代信息化技术的应用，进一步提高农业生产的组织化程度，稳定安全优质农产品的销售渠道，保障农产品质量安全。

3. 推进消费合作联盟的建立

在巩固原有消费合作组织的基础上，稳步扩大消费合作社的覆盖面，探索在国有企业、中高端居住社区建立消费合作试点，并针对不同人群消费特点采取不同方式推进，探索新鲜果蔬从农场直接配送、其他产品集中配送相结合等新的配送方式。加大对消费合作社的培训力度，进一步推进农场访问活动，加强消费者与生产者之间的互动沟通与相互关爱，着力提升消费合作社对"京合农品"的品牌信任度、认知度和消费体验度。

（二）继续完善"京合农品"服务功能

1. 推进"京合农品"移动资讯服务功能的开发建设

包括整合"京合农品"微信订阅号和服务号，开发和应用"京合农品"微信商城以及手机应用软件，使微信商城成为"京合农品"网站的重要补充，突出随时随地便捷购物的优势，利用手机应用软件进一步延伸"京合农品"移动资讯服务功能，重点是开发地理信息服务功能，根据消费者所处的地理位置，提供周边生态有机农场的基本信息和行车路线。

2. 丰富"京合农品"的产品种类和供应方式

"京合农品"将明确定位"三大类"产品供应，包括北京和其他省市农民专业合作社和农业企业的绿色有机农产品、台湾农渔会百大精品和国外符合要求的进口食品。2014 年，将与台湾云林农产物流进一步探讨更加有效的采购与物流方式，加强与台湾农渔会百大精品的对接。针对目前平台上的蔬菜品种经常短缺等问题，大力推广"京合农品"的绿色有机时蔬家庭套餐，定期开展应季果蔬的预订活动，按照订单有计划安排销售流程。围绕都市型现代农业的发展，将安全农产品的产消与观光休闲农业相结合，在平台上设计农业休闲旅游产品栏目，作为农业休闲旅游产品供社员选择预定。另外，还将针对肉类、菌类、干货和家庭农业园林类等产品，引入适合的农民专业合作社或农业企业加入，满足消费者的更多需求。

（三）完善"京合农品"工作机制

当前，"社社对接"项目在实践中还存在一些问题。一是运营机制还不够完善，虽然成立了"京合农品"专业委员会，但是各工作委员会的职责还不够清晰，作用发挥不够突出，特别是经营主体缺失。二是宣传推广还有待加强，特别是在消费合作社的推广中，由于各参与方在利益分配上还不够清晰，导致人力资源明显不足。三是对农民专业合作社还没有进行相应的规范，对农产品质量标准规定的鉴定机制还没有完全建立起来，需要在实践中进一步完善。

为了确保今年工作的顺利推进，项目组将继续坚持"政府引导、资源整合、市场运作、合作共赢"的原则。建议由农研中心牵头，成立相关部门、"京合农品"参与单位、运营公司等多家参与的工作组。项目组的主要任务是理顺产品生产、商品供应与集成、产消对接、物流配送、第三方服务等各个工作环节，打通渠道，树立"京合农品"的安全优质农产品的品牌，积累"社社对接"的成功经验，待"社社对接"的模式成熟后，适时考虑经营主体的问题，最终使"京合农品"真正走向市场，以小众的服务理念实现大众市场的目标。

本章课题组成员

负责人：张秋锦

组　　长：葛继新

指导专家：李伟克　刘登高　王　兢　安玉发

主要成员：兰　海　白英彬　宗　祎　石　锐
　　　　　杜　山　魏　杰　刘　雯　彭　彤

执笔人：刘　雯

2014 年 3 月

第八章 北京市"社社对接"安全农产品直供模式试验示范项目报告（2014年）

为进一步增强现代农业发展活力，提升农产品质量安全，2012年3月北京市农研中心（农经办）启动了"北京市'社社对接'安全农产品直供模式试验示范项目"，创新建立了生产合作社与消费合作社产消直对的安全优质农产品流通新渠道。通过倡导建立消费合作联盟提升消费者的食品安全认知水平，引导市场形成理性健康的农产品消费环境，形成优质优价市场机制，以城带乡，促进生产安全优质农产品的农民合作社、农业企业经营增收，同时为城市消费者提供安全优质农产品的直供终端服务，最终达到服务更多消费者，富裕更多农民，促进城乡共赢的目的。

2012年课题组创新探索了一家消费合作社和一家生产合作社对接的安全农产品直供模式，即一对一"社社对接"模式。2013年课题组在上年研究与试验总结基础上，初步构建了多家农民专业生产合作社、龙头企业与多家城市职工消费合作社产消直对的多对多的"社社对接"安全农产品直供模式。2014年课题组结合北京农产品生产流通领域的新形势、新要求，加强生产合作联盟和消费合作联盟建设，探索了"社社对接"可持续发展的商业模式。

课题组既是项目研究主体也是项目试验的参与主体之一，在参与项目试验中发挥了引导、规划、规范、宣传的作用。

一、2012 年和 2013 年项目的简要回顾

（一）一对一"社社对接"模式

2012 年该示范项目主要做法是：一是北京市农研中心工会成立职工消费合作社；二是与延庆县北菜园农产品产销联合社签订一对一的"社社对接"安全农产品直供合作协议；三是委托科技服务公司开发运营电子商务平台，社员用户网上进行农产品订购；四是建立智能化集中配送方式，消费合作社社员只需网上提交订单，生产合作社即按照订单将消费者所需商品集中送到指定的智能配送柜，并短信通知消费者取货。

主要成效是：一是初步建立了依托工会组织职工消费的机制，设立了组织架构，制定了合作社章程；二是制定了以诚实互信为基础的安全农产品交易规则，推动了农产品参与式保障体系建设；三是探索了较为便捷的生鲜农产品农场直供和集中配送模式；四是初步建立了精简化的优质安全农产品流通链条；五是增加了职工的合作意识和单位的凝聚力。

（二）多对多"社社对接"模式

2013 年项目主要做法是：一是升级展"京合农品"网络服务平台功能，开设网银支付，拓展产品交易。二是探索公益运营服务体系，成立专业委员会组织开展商品选择、商品议价、运营管理、财务管理和社员服务等工作；委托首农集团进行物流配送、资金结算、质量监管等服务，委托奥科美公司负责"京合农品"网络服务平台的运营和维护。三是进一步扩大试点范围，消费合作社从 1 家扩大到 8 家，生产合作社（农业企业）由 1 家增至 25 家。四是建立农产品质量安全保障机制，完善有机认证、流通监控、质量追溯、安全保障契约等农产品安全保障体系，确保农产品质量安全。五是建立生产者与消费者的互动交流机制，加强产消信任关系的建立。

主要成效体现在：一是初步搭建了多个主体参与的公益运营架构。建立合作机制，将不同参与者融合到农产品的产、供、消的链条中，实现消费合作社和生产合作社更好的对接。二是初步形成了产、消合作联

盟。一方面，在各单位工会的组织和倡导下，形成了有组织保障、较为稳定、具有一定规模的团体消费端。另一方面，在产消直对农产品流通模式的带动下，具有一定信誉和安全农产品供给能力的农民生产合作社组织，以及优秀的农业产业化龙头企业，组成了较为稳定的团体生产端。三是初步建立了具有公信力的安全农产品直供服务模式。"京合农品"是非营利性公共电子公益性商务平台，具有政府公信力和不可替代的自身优势。四是初步形成了源头控制、品质保障和生鲜直采的安全机制，从直供基地、产品认证、物联网监控、二维码追溯等方面初步建立产品质量安全保障体系。五是推动消费者以更低的价格享受品种丰富的安全农产品。"京合农品"平台上的农产品，比市场上同等产品的均价便宜20%左右，有机蔬菜更是便宜40%以上，职工通过"京合农品"享受到实惠和健康。2014年消费总额与2013年同期相比增长了2倍。六是增进了消费者和生产者之间的沟通互动。2013年课题组开通了"京合农品"微信平台，每周两次定期向消费者发布有关"京合农品"的相关信息。七是追求支付方式更加完善、便捷。"京合农品"的支付方式既可采取充值卡形式，也可采取网银支付方式，满足不同消费群体的需求。

二、新常态下安全农产品生产流通领域面临的新趋势

一是顺应京津冀现代农业协同发展趋势，积极促进北京农业市场资源的优化配置。2014年，中央正式提出京津冀协同发展战略，要求坚持优势互补、互利共赢、扎实推进原则，加快走出一条科学持续的京津冀协同发展路子。京津冀协同发展战略对北京都市型现代农业的发展尤为迫切，随着城市化的推进，北京郊区农地的机会成本逐年提高，劳动力成本在2011—2014年间增长了近90%，与外埠种植业相比，几乎没有比较优势。首都农业发展亟需抓住京津冀农业协同发展的机遇，围绕首都城市功能定位，遵循市场价格规律，实施"走出去"和"引进来"发展战略，探索都市农业的多种实现形式。就首都安全优质农产品市场供应来说，近几年明显呈现出个性化、多样化、绿色安全化的需求新常态，应加强农产品生产加工基地和市场流通体系建设，积极推进跨区域的农

产品产销对接合作，促进农产品品牌建设，保障农产品质量安全。

二是顺应涉农电商业务迅速发展的趋势，积极探索农业线上和线下结合的商业模式。近年来我国农产品电子商务业态发展迅速，电子商务交易额连创新高。据统计，2013 年阿里巴巴平台农产品销售总额达 500 亿元，相当于我国零售市场农产品销售总额的 15%。涉农电子商务的发展有力地减弱了市场的信息壁垒，使小众弱势生产群体、大众市场消费者、专业服务机构等不同参与者，共同分享市场的发展成果。未来，随着北京都市型现代农业一二三产业的进一步融合发展，以参与生产监管和服务为主要特点，利用众筹式模式对农业产业链条中衔接不良、环节不配套、信息传递断裂的重点环节，以新的手段给予支持或调整，打造农业线上与线下结合（O2O）的商业模式，会成为北京市未来农产品供应链的主流形式之一。

三是顺应全国大交通网飞速发展的趋势，建立更为经济合理的农产品供应链条。我国的高速公路主干网已由"五纵二横"发展为"六纵六横"，覆盖除西藏以外所有一二三线城市；我国民航增加了地级城市的机场建设，已形成覆盖全部一二线城市和部分三线城市的空运网；高速铁路网已覆盖京九、京哈、京西、京沪、沪深、广深等主要线路沿途城市，正在研究推动铁路货运发展。全国交通网的发展，优化了农产品流通路径，缩短了农产品的物流成本和时间，使长距离、跨区域、大规模的农产品物流成为可能，进一步缩减了中间环节。因此，我们应思考如何借助先进交通网，建立经济合理的农产品供应链条，选择更多更优质的农产品提供给北京消费者，使消费者获得物美价廉的享受。

四是顺应世界信息技术高速发展的趋势，推动农产品流通无缝对接。随着移动互联、二维码、RFID 射频技术和物联网技术的发展，农产品的生产、加工、交易和物流配送的追溯已全程无缝。同时，消费者可以直接通过互联网或手机移动终端在线订购农产品。此外，随着冷链物流、甩挂物流、精准物流等物流技术发展，大宗农产品货主可以在线选择长途运输冷藏车辆，优化配置往返货物，并跟踪货运的路途和产品温湿度情况，不仅可以保障农产品的安全，而且节省了物流中间环节和运输成本。这些科技的发展，使农产品流通的分散性、随机性特点转变为集约性和可控性，极大地增强了流通的订单化和计划性，随着时间的累积，将从根本上改变我国农产品流通的格局，成为真正的大流通格局。我们应借助于互联网、大数据等技术手段，积极探索农产品流通新模式，使消费者享受互通互联带来的幸福生活。

三、2014 年项目基本思路和主要工作

（一）基本思路

2014 年课题组主动适应当前农产品生产流通领域面临的新趋势、新变化，加快推动物联网技术与农业融合发展的新要求，进一步明确了基本思路：坚持公益性产消服务的宗旨，倡导"绿色环保、优质安全、健康消费、合作共赢"的经营理念，以互通互联信息技术作为支撑，主动适应新形势、新要求，加强消费合作联盟和生产合作联盟建设，探索农产品众筹式互联网商业模式，扩展智能产消服务公益运营的涉农电子商务平台功能，推动农产品参与式安全保障体系建设，健全诚实互信的农产品交易机制，开辟进口农产品直供的新路径，促进多方参与、合作共赢农产品流通新模式的健康发展。

（二）主要工作

1. 进一步完善消费合作联盟和生产合作联盟运行机制

推进"社社对接"健康发展，理顺运行机制是关键。2014 年，课题组在 2013 年探索建立产、消合作联盟的基础上，着重从完善机制入手，理顺产、消合作联盟的运行模式，确保"社社对接"流通模式产消组织构架稳定运行。

（1）不断完善生产合作社联盟

管理好生产合作社是确保农产品质量、加强生产者与消费者之间沟通交流，建立彼此相互信任的主要推手。为此，2014 年课题组不断完善生产合作社联盟机制建设，主要做了如下工作：

一是建立产品专区，推行众包方式，带动有一定规模、管理水平并

具有集成能力的合作社，积极联合其他合作社的生产基地，参与到专一产品的全产业链中，保障产品资源的有效供给。二是实行契约管理，与农场签订合作契约，规定产品种类、严格产品质量，引导合作社合理制定"京合农品"专供产品计划，加强专属基地质量管控，最大程度丰富产品种类。三是引导农产品的相关专业协会、绿色食品办等专业部门进入到生产合作联盟的服务当中，为生产合作联盟提供支持。例如：邀请北京市城郊经济研究会的相关专家深入北菜园等生产合作社，为其产业发展提供规划指导。

（2）扎实开展消费合作联盟建设

截至 2014 年 12 月底，本项目消费合作社已达 12 家，包括机关单位、国有企业、民营企业、学校等不同类型，消费者社员人数达到近 3000人。为了保障消费合作联盟的有效运转，课题组主要做了以下几项工作：

一是建立消费合作联席会议制度，组织各单位消费合作社代表定期交流沟通，了解需求。充分发挥各单位工会对终端消费者的组织协调作用，为公益服务奠定了重要组织保障。

二是推进"京合农品"移动资讯服务功能的开发建设，主要是微信服务功能，为社员提供交互式移动终端服务。

三是加大对消费合作社的培训力度，进一步推进农场访问活动，加强消费者与生产者之间的互动沟通与关爱，着力提升消费合作社对"京合农品"的品牌信任度、认知度和消费体验度。

四是在巩固原有消费合作组织的基础上，稳步扩大消费合作社的覆盖面，探索在居住社区建立消费合作试点。2014 年 9 月 5 日，项目组在远洋公馆社区做了一次宣传推广活动，社区消费者对这种"社社对接"的模式比较认可。

2. 推进智能产消服务管理平台建设

（1）不断推进智能产消服务管理平台的功能体系建设

借助于"京合农品"平台，2014 年项目组不断完善平台市场化商业运营模式，提出了智能产消服务管理平台建设的工作思路，即从构建新型社会化服务体系入手，通过政府购买服务的方式，逐步推动建立智能产消服务管理平台，把政府的管理职能寓于为消费合作社和生产合作社的服务之中。该平台主要在安全保障体系、产品追溯、物联网监控等方面发挥作用，其未来的发展不仅可使政府和社会化服务体系通过其平台，向上衔接产业上游已萌芽的农业生产型、金融型服务业、农民专业合作联合社组织，还可以向下衔接消费者终端服务，提供农产品直供直销服务业的全套解决方案。

主要功能包括：一是智能化农产品生产管理平台，利用互联网和信息化技术，提高合作社智能化管理水平和农产品的质量安全水平；二是消费者参与式安全保障服务平台，拉近消费者和生产者的距离，真正落实对消费合作社的品质承诺；三是众包式农产品营销服务平台，发挥农民合作社参与全产业链的主动性，推动农民合作社从生产向服务领域转变或延伸；四数据分析及信息服务平台，提供"一网多用"的农民合作社生产与经营性云计算服务和消费大数据分析平台。

（2）提高"京合农品"服务平台的文化教育功能

"京合农品"不是一般意义上的商业化生鲜电商平台，而是集对生产者和消费者的管理与服务于一体的公益服务和管理平台。"京合农品"平台从开通运行起，就一直倡导人本原则，倾向于对人的个性的关怀，致力于促进消费者交流社区的建设，满足消费者全方位、多角度的需求。2014年经过升级完善，该平台页面风格更加生活化，内容更加丰富，操作更加便捷。除了网上商城，重点增加了安全保障体系、绿色生活、城乡互动、京合快讯等模块，突出安全消费、智能管理、社区互动和参与保障的理念，体现了更好地为消费者服务的食物文化教育功能。

（3）建立"京合农品"服务平台的产消组织自助加入通道

为了方便更多符合条件的消费者、生产者能够快速便捷加入"京合农品"平台，"京合农品"进一步开放了平台，增加了"生产联盟"加入入口和"消费联盟"加入入口，简化了以往需要见面加入的程序。凡是有意愿加入"京合农品"服务平台的消费者和生产者都可以进入自助加入通道，填写申请信息。对于生产者来说，管理员会在后台进行资质审核，再经过基地考察，最终完成合作契约的签署。对于消费者来说，需要提交团体组织的资料，待审核通过后，方可进入平台购物。

3. 尝试农产品消费众筹模式

在科技互联互通的大背景下，发展现代农业需要有新的思路和营销方式，在"社社对接"实践探索中，课题组一直在研究如何付出最小的成本实现农产品直供的利益最大化，实现生产者卖得好、消费者花得少、流通商成本少。随着互联网经济模式的进入，农业新型经营主体需要具备良好的自我调节以及应对市场冲击的能力，才能使传统产业适应新的游戏规则。带着这些问题和思考，2014 年课题组探索尝试了农业的消费众筹模式。

一方面，课题组立足北京市场，开拓本地农产品众筹实践。根据北京生鲜农产品具有批量小、售期短、季节性强等特点，为了使消费者第一时间品尝到最新鲜、最优质的产品，"京合农品"与当地农场合作，签订诚信采购契约。根据不同水果的成熟季节，通过网上预订的形式进行销售，以订单形式纳入农场销售计划。使农场有计划地安排采摘、备货和运输，按实际供应配送，短时间内迅速发货，减少了农产品的库存风险、物流成本和日常损耗。农产品不同于其他产品，需要通过线下体验和线上购买相结合的方式，让消费者最直接地了解到产品到底怎么样。例如，2014 年课题组共开展了蓝莓、有机樱桃、香椿、巴山土猪、果蔬脆、昆利苹果、依山依林鸡蛋等 10 余个销售季线上线下体验活动。通过这种方式，有效启动了新消费合作社的活动开展，激发了新社员的消费欲望，把更多的线下社员带到线上消费。

另一方面，课题组也在尝试进口农产品众筹实践模式。在台湾农产品进口直供中，课题组充分发挥"京合农品"公益服务的特点。为了做好对消费者的服务工作，使消费者体验到台湾进口农产品的品质和风味，课题组特别注重线上线下的综合运用，努力为消费者提供多种多样的购物和产品认知渠道。在线上，主要是借助于"京合农品消"费者服务平台，将产品预订的信息在"京合农品"上进行宣传，消费者在网上可以了解台湾特色农产品，并通过产品预订活动。在线下，华圃公司与"京合农品"加强合作，摆脱以往单调网络宣传的模式，透过创意文宣、质量确保与完善售后服务方式吸引消费者关注并增进购买信心；同时，采用体验销售策略，以面对面推广的方式建立台湾农渔特产在大陆消费者的品牌价值。透过积极主动推广深植消费者"台湾好物、真正好食"的消费印象，取得了良好的消费效果。

4. 进一步推动农产品参与式安全保障体系建设

2014 年，"社社对接"不仅注重农产品有机认证和监管环节等程序性工作，而且注重符合有机价值链的新媒体、生产者和消费者聚集的生态系统的参与式保障体系建设，使信息更准确、迅速、明了地在产消群体中对接。

（1）继续组织消费者参与农场访问活动

参与式安全保障体系提倡关爱理念重于规制作用，不单单依赖政府建立的有机农产品第三方的认证、规制体系，而是企业建立起产消两者之间的关爱理念，强化安全监管自律。为促进绿色、有机产品的销售，密切产消关系，2014 年课题组加大组织各消费合作社代表到供应基地进行农场访问的力度，以开放农场生产的方式促使消费者建立起对生产者的信任，全年共计组织农场访问 3 次。在与农户深入交谈，了解生产过程的各种困难、坚持有机产品的感人故事后，促使消费者反过来关爱生产者。

（2）进一步完善产消互动交流机制

产消互信需要频繁互动。"京合农品"平台在消费合作社创立、网上订货、社区促销体验活动、新品种上市前，都会组织消费者通过多种渠道与生产方交流互动。将单户农民、单一合作社的农产品采摘、农场访问等提升为社团订制、休闲农业等产业化方式运作，开辟农产品流通多位一体的模式。2014 年，在去年开通了"京合农品微信服务号"的基础上，继续完善服务功能，开通京合农品微信订购平台。增加"京合农品"台湾产品专区功能，使消费合作社直接从网上购买到原产台湾的精品美食。同时注重与台湾华圃公司、天安农业、巴山土猪等公司和合作社开展台湾金砖凤梨、巴山土猪、有机蔬菜等线下体验推广活动，全年共计开展推广体验活动 10 余场，加强了生产者和消费者的沟通交流，增强了彼此的信任。

四、2014 年"社社对接"项目的主要成效

2014 年，经过项目组的探索实践，"社社对接"项目取得了积极成效，主要包括以下几个方面。

（一）多方参与的公益运营机制进一步完善

"社社对接"项目以政府公信力为基础，以公益运营服务体系为核心，以"京合农品"网络服务平台为载体，以消费合作社联盟和生产合作社联盟为主体，以单位工会组织服务为依托，开展农产品安全保障、产销直供和日常运营等公益服务。

随着"社社对接"项目的稳步推进，2014 年加入消费合作社联盟和生产合作社联盟的团体不断扩大，优质农产品供应种类不断丰富，初步构建了多类型主体共同参与、合作共赢的运行机制，形成了政府引领，社会监督，专业机构指导，消费者和生产者参与的市场化运作体系。这种市场化运作机制不是以政府的强制力为基础，而是注重发挥政府的信用引导示范，引入市场化监督机制，以及专门指导机构的专业指导作用，加强对生产合作社的质量安全约束力，促使生产者与消费者的双向选择，最终实现了多方主体参与、合作共赢的市场化运作效果。

（二）优质农产品生消合作机制进一步巩固

经过 3 年的发展，"京合农品"在线农产品的销售平台建设初具规模，形成了较为固定的消费团体和优质农产品的供应资源，具备一定规模的消费合作联盟和生产合作联盟机制日臻完善。如图 8-1、图 8-2、图 8-3，截至 2014 年 12 月，该项目生产合作社已由 2012 年的 1 家增至目前的 30 家，同比增加 20%；产品数量从 2012 年的 52 个提高到现在的 360 余个，同比基本持平；消费合作社由 2012 年的 1 家增加到 12 家，同比增加 50%；费合作社社员由 2012 年的 149 名发展到目前的近 3000 名，同比增加近 200%；销售总额由 2012 年的 2.3 万增至 30.4 万，同比增加近 200%。目前，消费者身份不断丰富化、多样化，总体得到了不同消费群体的认可和支持。值得一提的是，该项目得到了国际有机农业

运动联盟的充分认可，认为"京合农品"是一种符合北京安全优质农产品发展实际的创新，体现了中国特色的参与式保障体系。

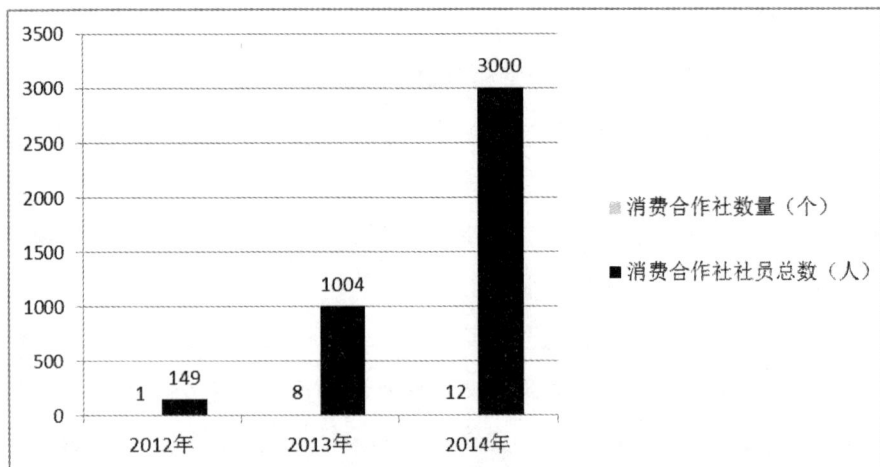

图 8-1　2012—2014 年"京合农品"消费合作社单位数量与社员总数变化

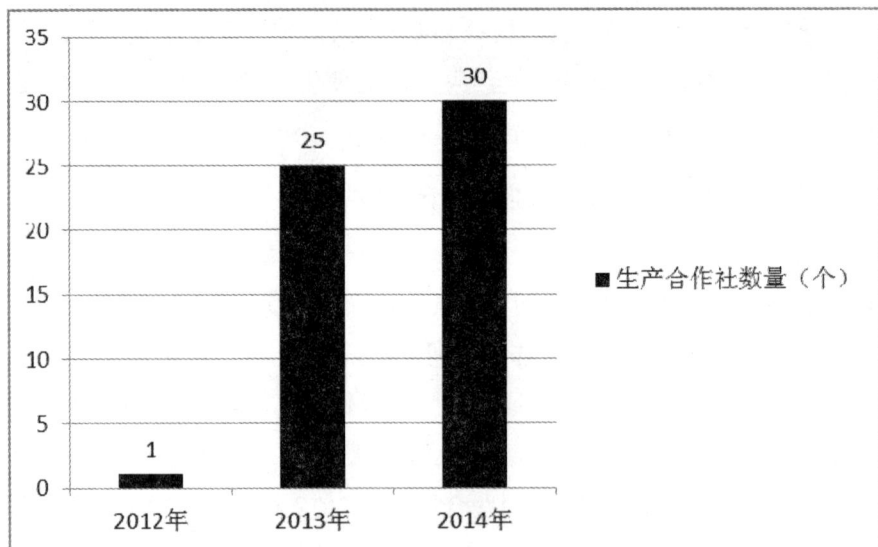

图 8-2　2012—2014 年"京合农品"生产合作社数量变化

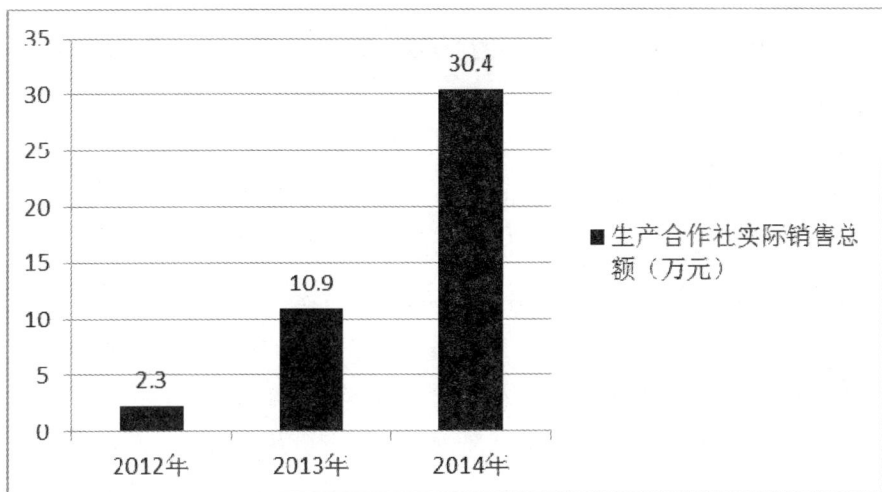

图 8-3　2012—2014 年"京合农品"销售额变化

（三）涉农电子商务的服务功能进一步扩展

"京合农品"平台与一般的商业平台相比，它的最显著特点就是公益性、无偿性。生产者和消费者只要加入到这个电子商务平台，所享受的服务都是无偿的。目前，"京合农品"网络服务平台功能不断丰富，基本满足了生产者和消费者的不同需求，最大潜能地发挥着"社社对接"项目的公益服务性特征。

实践证明，"社社对接"农产品直供模式在没有资本注入条件下，在一个自由竞争的市场环境下，依靠公益性服务对关键点实施的影响力，比如依托单位工会组织低成本的扩展职工消费会员，依照市场机制，获得企业认同，探索出适合行业自身特点，体现产业互联网优势的电子商务道路。农民专业合作社在为"社社对接"平台供应安全优质农产品中也获得了较好的效果。比如，延庆县北菜园农产品产销联合社已经参与平台供应 3 年，在"社社对接"的带动下，北菜园的销售渠道进一步打开，2014 年销售额达到 1500 万元，同比提高了 200%。

（四）农产品众筹的商业模式活力进一步显现

从实践中我们可以看出，以互联网为基础的农业销售众筹模式是一种充满活力、符合市场发展趋势的商业模式，它不仅可以节约物流成本，而且可以使农民提前获取订单，起到增加收入的目的。"社社对接"项目开展 3 年来，课题组在农产品众筹实践中，也越来越感到农产品众筹带给农业企业和农民实实在在的好处。

例如，从最初与课题组合作的北菜园来看，通过社社对接的带动，在发展职工社区模式的基础上，又发展了在居住社区模式和会员制的众筹模式，找到了一条农产品直供的流通新途径，销售收入从 2012 年的 130 万到 2014 年的 1500 万，从原来 10%左右的蔬菜按照有机蔬菜的价格销售，到目前 70%左右的蔬菜都可以按照有机蔬菜销售，农民真正得到了实惠。再如，2014 年课题组共开展了蓝莓、有机樱桃、香椿、巴山土猪、果蔬脆、昆利苹果、依山依林鸡蛋、台湾深海鱼、台湾金砖凤梨等近 20 个品种众筹式销售季预订活动，并开展了台湾产品进口直供的实践尝试，据统计，2014 年全年销售季预订活动销售额为 18 万元，约占全年销售总额的 59.2%，农产品众筹式商业销售模式发挥着越来越重要的作用。

五、2015 年项目的工作计划

经过 3 年的实践探索，"社社对接"项目在促进优质安全农产品产消直供方面取得了可喜的成果。如合作社产销管理、物联网监控、微信商城、智能配送柜，已开始在一些农民专业合作社中使用。但是，在实践中还存在一些问题。例如运营机制还不够完善、宣传推广还有待加强、直供基地远程质量监管还需加大。2015 年课题组将借助互联互通等技术优势，充分发挥"互联网+农业"的产业优势，采用农场云等信息化平台技术，加大对"京合农品"直供基地的远程管控力度，促进信息化与现代农业的融合发展。

（一）完善组织结构架构，大力推进消费合作社发展

据了解，在欧美国家消费合作社已成为推动可持续农业、支持公平贸易、倡导环保理念的重要载体。如何借鉴国外先进经验，完善"社社

对接"公益性组织架构，促进消费合作社健康发展，是我们应该重点思考的问题。从 3 年的探索可以看出，"社社对接"项目只有依托于工会组织、突出其公益特色，才能够最大程度地发挥作用。这就需要我们完善组织机构，统领协调推进，扩大社区消费合作社的建设。在单位消费合作社和社区消费合作社试验推广和条件成熟的基础上，由相关部门牵头成立北京市消费合作社总社，以消费合作社总社为牵引，以各单位消费合作社为基础，以网络信息技术为支撑，以社区消费合作社为补充，充分发挥妇女在家庭中承上启下的重要作用，在生活社区内建立完善的消费合作社组织架构，推进"社社对接"项目健康发展。

（二）加强平台准入制度建设，严格把控产品质量安全

为确保进入"京合农品"平台的农产品的质量安全，除了借助契约保障和相关信息技术手段外，"京合农品"将在已有的农产品质量安全国际标准、国家标准和地方标准基础上，综合考虑现有农民合作社和龙头企业产品认证成本的承受能力与消费者对农产品的质量要求，制定"京合农品"平台产品准入制度和相关产品种类标准，以此全面保障平台上所售农产品的安全性，同时，探索以"京合农品"平台标准为基础，推动"京合农品"供应基地的产品标准化建设。

（三）整合优势资源配置，积极提升市场竞争力

"社社对接"项目的出发点和落脚点，是通过政府搭建公益组织平台，架起生产者和消费者产销直供服务的桥梁。但任何一种农产品产销运营模式，都离不开市场化的选择。因此，"社社对接"项目应该是引入市场化运作模式的公益平台。政府服务应适度，更重要的是要注重市场的力量，尤其要提高"社社对接"生产方的竞争优势，特别是价格优势和品质优势。2015 年我们要更加注重引入市场化运作机制，整合优势资源，引导农民以合适的价格、过硬的品质赢得消费者的选择和信赖，同时加大平台公益组织作用，优化配送和售后等服务项目，努力提高"社社对接"项目的市场竞争力。

（四）践行共同购买理念，更加注重线上线下同步发展

目前，台湾主妇联盟生活消费合作社的共同购买模式中并没有采取电子商务的方式，建立的网站主要用来查询合作社理念、各分社周报、最新消息、产品订购单和食谱、股金分配和利用额状况等信息，而是通过有效互动让社员们一起体验生活、思考方向和决定愿景。

2015 年该项目可在完善"京合农品"网络销售平台的同时，更加注重线下的互动和体验，借鉴台湾主妇联盟生活消费合作社由"班"到"站所"再到"地区营运"的建制，提供"民主参与"的平台，注重社员互助、信息交流、共同学习，甚至是关心整个小区共同合作的美好生活，在互动中让社员消费者增进对合作社所提供农产品以及生产这些农产品的农民的理解和认识，不仅要做首都安全农产品的"消费者"，更要做绿色农耕的"良师益友"，推动建立长效、可持续、制度性的"农户—消费者"对接模式。

（五）采用农场云等技术，着力加强直供基地远程管控力度

伴随着京津冀一体化建设的快速推进，"互联网+农业"技术的科技推动，信息化与农业现代化融合发展将越来越紧密。2015 年"京合农品"将选取在京津冀农业区域中已经运用农场云技术、具有优质农产品产出的农场基地（包括种植/养殖）作为京合农品直供基地，以京合农品平台为载体，以农场云技术为支撑，以远程管控为重点，实现农场生产资源、流程和数据的信息化、智能化管理，实现消费者远程 SPGS 智能化参与保障及质量溯源，实现政府与渠道商全面监管生产过程等目的，从而研究总结农场云信息化技术与农业基地融合发展新模式，更好地为生产者和消费者服务。

本章课题组成员

负责人：张秋锦

责任人：张英洪

指导专家：李伟克

成　员：魏　杰　李建黎　刘　雯　张永升　兰　海
　　　　白英彬　付以斌　郑　詠

执笔人：李建黎　魏　杰　刘　雯

2014 年 12 月

第九章　北京市"社社对接"安全农产品直供模式试验示范项目报告（2015 年）

一、2012—2014 年项目的简要回顾

（一）第一阶段（2012 年）：开展理论研究，推动实践探索

2012 年 3 月，北京市农村经济研究中心正式启动"北京市'社社对接'安全农产品直供模式试验示范研究"，以理论前行指导实践创新，率先开展了以参与式保障体系为核心的"社社对接"农产品流通机制理论研究与制度设计，在单位社区范围内组建了北京农研职工消费合作社，集成应用"互联网+农业"、消费合作、直销团配、封闭式供应链等现代流通理念与信息技术，创新性开展消费合作社与生产合作社产销直对的农产品流通试验，初步形成了可交易、结算、配送的一对一"社社对接"农产品流通渠道，为下一阶段的试验奠定了理论基础、积累了实践经验。

（二）第二阶段（2013 年）：扩大试点数量，建设服务平台

2013 年，在上年的一对一"社社对接"试验研究基础上，横向拓展消费合作社与生产合作社试点范围，搭建纳入更多城市职工消费合作社与农民生产合作社的"社社对接"流通组织架构，开发建设"京合农品"直供服务平台，组建"京合农品"专业委员会领导下的第三方公益运营服务机构，委托专业公司承担具体供应链管理和平台维护业务，基本实现了"一对一"向"多对多"的"社社对接"农产品流通渠道的转型。

（三）第三阶段（2014 年）：完善服务保障，构建流通模式

基于"京合农品"直供服务平台集聚的多家消费合作社与生产合作社，分别建立消费合作联盟与生产合作联盟作为该流通模式的产消组织架构。以确保农产品质量安全为核心，拓展"京合农品"直供服务平台在物联网实时监控、产品质量追溯、农场访问、线下体验、消费客服等有关促进产消紧密衔接的农业全产业链服务功能，初步构建并成功实现了多对多的"社社对接"安全农产品流通模式的持续运营。

2015 年起，项目进入优化"社社对接"流通模式阶段，开始探索可低成本市场转化的"社社对接"农产品电商商业模式。

二、2015 年项目基本思路和主要工作

（一）基本思路

2015 年，项目的基本思路是：坚持"京合农品"直供服务平台的第三方公益服务定位，强化该平台服务产消两端的综合功能，优化"社社对接"流通模式，不断探索低成本、高效率的农业全产业链管理的技术路径与商业模式。包括：第一，不断提高消费合作联盟内部组织的紧密度，同时加强消费合作联盟与各家生产合作社、农业企业的信任度和粘合度，在继续拓展消费合作社数量的基础上，不断加强消费合作社联盟的组织建设；第二，以新消费需求为导向不断创新优化产品结构，加大众包式农产品营销服务比重，充分发挥农民合作社与农业企业等供应商主动参与供应链建设的积极性；第三，启动"京合农品"平台准入制度和标准体系建设研究，拟通过建立覆盖"社社对接"全供应链的标准综合体，解决前端产品供应的质量与数量问题，同时服务后端销售问题。第四，利用农场云等物联网信息技术，加强对远程直供合作基地的农产品质量安全管控。

（二）主要工作

1. 稳固组织架构

（1）充分利用网络社区优势，加强消费合作社联盟建设

2015 年，项目组不断促进消费合作社之间的密切交流和信息共享，

先后4次在北京市农研中心、北京市规划院组织召开了消费合作联盟联席会，及时传递研究试验进展情况，分享外地消费合作社的经营理念和经验做法，收集各家消费合作社的购买需求与意见建议，探讨"京合农品"平台的提升方案，以进一步增强消费合作社联盟内部的凝聚力和粘合性。此外，消费合作社联盟的组织效应还体现在促进了各家社员单位工会之间的交流互动，如中科院地理所工会与国家大剧院工会借助消费合作联盟平台建立了长期的联谊关系，共享了组织资源，进而更好地促进各社员单位对消费合作联盟的维护与拓展。

（2）创新平台与生产供应商的合作方式，调动供应商参与平台建设的积极性

"京合农品"属于公益性服务平台，生产供应商在平台上销售产品不需要支付任何进场费，只需与平台共同负担很低比率的平台运营费。为调动农民专业合作社等生产供应商进入平台自主营销的积极性，项目组加大众包式农产品营销服务比重，将蔬菜的销售模式调整为网络专卖区形式，并且将网络品牌营销的权利都交给相应的农民专业合作社，如北京北菜园农产品产销专业合作(联合)社就建立了自己的蔬菜专卖区，该专卖区网络营销方案都由北菜园联合社自行设计，且产品由北菜园联合社的物流队伍自行配送，无需经过原先首农商业连锁公司承担的集中配送环节，解决了原先蔬菜因物流环节过多、停留时间过长造成的物流腐烂问题，也让北菜园联合社在信息流、物流方面更加直接地面对消费者。

2. 优化流通模式

（1）开展消费者问卷调查，探索需求导向型供应链管理新方式

为更好地从消费需求、消费趋势入手，积极发挥消费引领作用，探索需求导向型供应链管理新方式，2015年8月，项目组从开展项目研究过程中产生的7家企事业单位消费合作社随机抽取了1020位合作社的职工消费者，组织填写了《北京市职工农产品安全认知和消费习惯调查问卷》。该问卷针对北京市职工消费者的农产品安全认知情况和农产品

购买习惯进行了较为细致的调查，经回收统计，有效问卷为 780 份，有效率为 76.5%。调查显示，消费者对农产品的安全呈现出高关注度、高不满意，低认知率的"两高一低"情况。消费者最关注农产品的安全度和新鲜度，超市是消费者购买农产品的主要渠道，消费者正在努力尝试更为安全和便捷的新型农产品购买渠道。消费者对消费合作社了解较少，超过六成的受访者（已经成为消费合作社的社员）仍然表示不了解消费合作社，但同时在向消费者解释了该组织的作用和合作方式后，有近六成的受访者愿意在消费合作社购买安全农产品。这份问卷的调查报告为项目组提供了加强消费者认知教育和合作教育等科学建议，同时也提振了项目组对消费合作社未来发展的信心。

（2）启动"京合农品"平台标准综合体建设研究，探索建立"智能契约农业"新路径

为解决"京合农品"生产供应商准入、产品准入以及两者与平台对接等问题，项目组启动了"京合农品"平台标准综合体建设研究，以推动供应链管理流程的标准化探索建立"智能契约农业"新路径，计划围绕"社社对接"流通模式的核心理念、主要特点，逐步完善"京合农品"平台业务流程规则，提炼制定"京合农品"平台准入制度与标准体系，以此全面保障平台上所销售农产品的质量安全，同时，探索以"京合农品"平台准入制度与标准体系的执行，倒逼"京合基地"的标准化生产与契约化管理，以点带面，推动大北京地区农业标准化生产，提升农产品质量安全水平。

（3）跨省市建立优质农产品直供合作基地，拓展优质农产品供应范围

2015 年，"京合农品"按照生产供应商与产品的双准入要求，继续精选、拓展外埠优质农产品直供合作基地。4 月，"京合农品"运营团队到内蒙古赤峰市田野餐桌现代农业有限公司进行了考察，并将 4.1 万亩公司自营优质种养基地纳入"京合农品"的直供合作基地，加挂了"京合·田野"远程管控基地标牌，充分利用云农场平台，提高"京合农品"

透明农场的应用水平。10月，在第十八届京台科技论坛农业交流合作活动的推动下，"京合农品"运营团队考察了台湾屏东县高树乡银狮青果生产合作社，并根据"京合农品"生产供应商与产品的双准入要求的认定结果，将其 30 公顷凤梨种植园纳入"京合农品"的台湾凤梨直供合作基地，并颁发了"京合农品"优质农产品直供合作基地的牌匾，这也是"京合农品"平台第一家台湾安全优质农产品直供合作基地。

（4）创新"京合农品"平台销售方式，优化平台产品结构

围绕"生产导向"向"消费导向"转变，推进多种形式产消直对的农产品流通创新要求，项目组借鉴沱沱工社、本来生活等农产品垂直电商的做法，不断探索创新平台产品销售方式，优化产品结构。

针对季节性较强、供应期较短的农产品，延续 2014 年预售季销售方式，2015 年全年开展了门头沟红头香椿、台湾金钻凤梨、通州沙古堆大樱桃、海淀有机蓝莓、延庆有机葡萄、四川巴山土猪、台湾火龙果、台湾澎湖水产、平汤叶豆皮套餐、延庆依山依林鸡蛋、昌平苹果、房山磨盘柿、章丘大葱、阳澄湖大闸蟹、蔬菜脆皮、台湾甜柿等近 20 余次销售季活动，销售额为 175381.2 万元。

针对需求稳定的蔬菜等产品，与内蒙古赤峰市田野餐桌现代农业有限公司合作，共开展了三期"京合·田野"健康优质食材套餐周期配活动，采取社员按年提前预定和按周集中配送方式，以订单形式纳入农场销售计划，适应消费者的选择，使农场有计划地安排采摘、备货和运输，减少农产品的库存风险、物流成本和日常损耗。2015 年，"京合·田野"健康优质食材套餐共销售了 364 份，销售额为 394.74 万元。"京合农品"平台还服务于消费合作联盟单位工会慰问活动，12月，北京市国土局工会、中科院遗传所工会、北京市农研中心工会在"京合农品"网上团购了首农三元极致奶、首农 A 初蛋、通州猪肉礼盒、京农栖霞苹果、鲁花花生油等群众慰问品，由于价格优惠，为各家工会节省了开支。

此外，项目负责人张秋锦巡视员还带队考察朝阳高碑店西社区阳台蔬菜示范项目，计划根据社员需求和产品情况，在"京合农品"平台上引入阳台蔬菜等园艺产品，让农业能走进城市家庭。

3. 完善质量保障

（1）加强对远程直供合作基地的农产品质量安全监控

随着外埠合作供应基地的增加，2015 年项目组着力以信息化手段加强对远程直供合作基地的农产品质量安全监控。如针对内蒙古赤峰市田野餐桌现代农业有限公司的直供合作基地，利用云农场平台，实现第三方生产全过程实时监控和消费者全程质量安全可追溯。

此外，项目组还借助京台科技论坛农业交流活动的契机将农业信息化成果应用引入台湾地区，2015 年 12 月北京奥科美技术服务有限公司代表项目组与台湾中华海峡两岸农业生物技术发展股份有限公司正式签署了农场与服务协议，北京奥科美技术服务有限公司将为台湾中华海峡两岸农业生物技术发展股份有限公司提供数字化农场服务、农场销售管理服务、农场生产管理服务、农场采收加工管理服务、农场农资管理服务、农产品绿色履历服务、农场经营分析报表服务和基于农场云开发的掌上农场 APP、农事宝 APP、采收宝 APP 等农场云平台的托管服务，并为台湾公司提供使用培训和维护培训。随着京台两地农业信息化技术的深度交流，台湾的"京合农品"合作供应基地将借助云农场等农业物联网信息手段实现远程基地的质量监控。

（2）组织社区线下体验活动，加强产消交流

围绕参与式保障体系的核心理念，2015 年项目组通过组织社区消费合作社下乡进农场和组织农民专业合作社的好产品进城入社区，不断加强城乡产消交流互动，提高消费者对产品的信任度。2015 年 7 月，项目组组织北京市规划院、北京市国土局、北京市委研究室等消费合作社到内蒙古赤峰田野餐桌基地认知考察。2015 年 7 月—9 月，项目组先后在北京市规划院、华夏银行全国总部、中国侨联、北京市发改委、北京市国土局、北京市农机推广站、国家大剧院、中科院地理所、中科院微生物所等单位组织了近十场"京合·田野"健康优质食材套餐周期配推介活动。2015 年 10 月，组织市委研究室、规划院等消费合作社到台湾考察农场基地。此外，还分季在各家消费合作社开展了台

湾凤梨、台湾火龙果、通州草莓、台湾月饼花茶等预定季线下消费者体验认知活动。

三、2015 年项目的主要成效

（一）消费合作联盟得到进一步巩固与发展，为推进农业供给侧结构性改革提供新抓手

2015 年中央农村工作会议首次提出要着力推进农业供给侧结构性改革，纠正供需错配，实现要素最优配置，化解农业经济运行中的库存多、成本高、短板突出等问题，提高农业供给体系的质量和效率。推进农业供给侧结构性改革需要积极发现和满足群众消费新需求，提高农业供给体系对需求变化的适应性和灵活性，推动农业产业转型升级、实现农业经济提质增效。从世界范围内消费合作社发展看，消费合作社作为消费者自愿联合、民主控制的经济组织，其在捕捉市场需求信息上具有天然的时间优势和组织优势，能够做到以需订产、供需匹配。在北京市推进农业供给侧结构性改革中，迫切需要像消费合作社这样的经济组织，成为新消费形式的代表，引领农业领域的供给侧改革。"社社对接"项目从设计之初，就将流通模式的起点与重点定位在消费端，通过提高消费端组织化程度引导生产端的持续稳定优质供给。

从 2012 年试验性组建第一家职工消费合作社，2014 年成立消费合作联盟，截至 2015 年，消费合作联盟已经达到 29 家消费合作社；消费合作社社员数量由 2012 年的 149 名增加到 2015 年的 4086 名，年均增长 270%，如图 9-1；随着平台服务的完善和产品种类的丰富，极大地拉动了消费社员的需求，2012—2015 年，每位消费社员的年消费额从 154 元增长到 1056 元。"社社对接"项目探索发展消费合作社来推动农业可持续发展、支持小农、倡导环保理念的研究成果与实践经验，为推动农业供给侧结构性改革提供很好的新抓手。

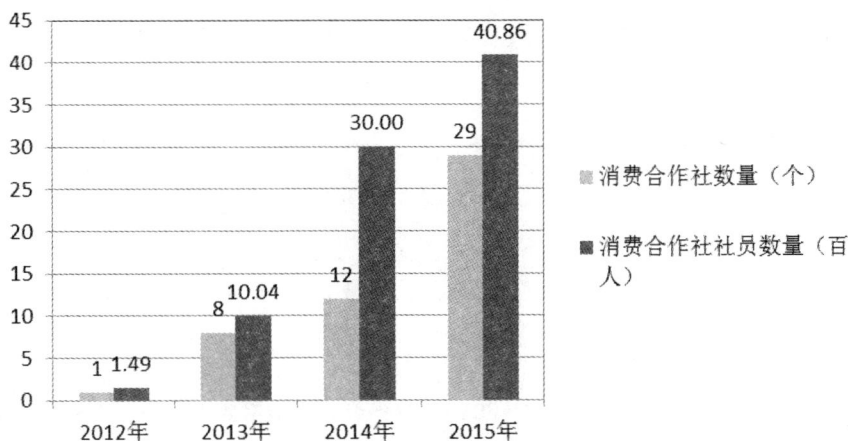

图 9-1 2012—2015 年消费合作社数量与社员总数变化

（二）生产合作联盟突破了地域限制，为落实京津冀农业协同发展积累了一定的合作经验

推进京津冀农业协同发展应以市场化方式探索京津冀农业资源要素的组合配置，优化京津冀农业生产结构和区域市场布局。2015 年，"京合农品"平台上集聚的农民专业生产合作社向北京以外地区延伸，农民专业生产合作社数量从上年的 30 家增长到 2015 年的 65 家，如图 9-2，其中外埠基地数量约占 5%。为保障外埠生产合作基地的产品质量安全，项目组以农业物联网等信息化手段加强对远程直供合作基地的农产品质量安全监控，做到远程基地生产过程可记录、产品质量可溯源，取得了一定的效果。2015 年，"京合农品"平台产品种类提高到 360 余个；销售总额增至 431.6 万，比上年增长了 13 倍，如图 9-3。2015 年销售额构成如表 9-1。"社社对接"项目在探索远程生产合作基地质量安全管控、跨区域市场对接等方面为推进京津冀农业协同发展提供了宝贵的实践经验。

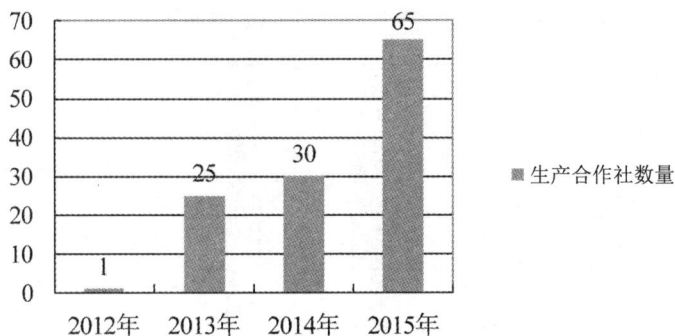

图 9-2   2012—2015 年生产合作社数量变化

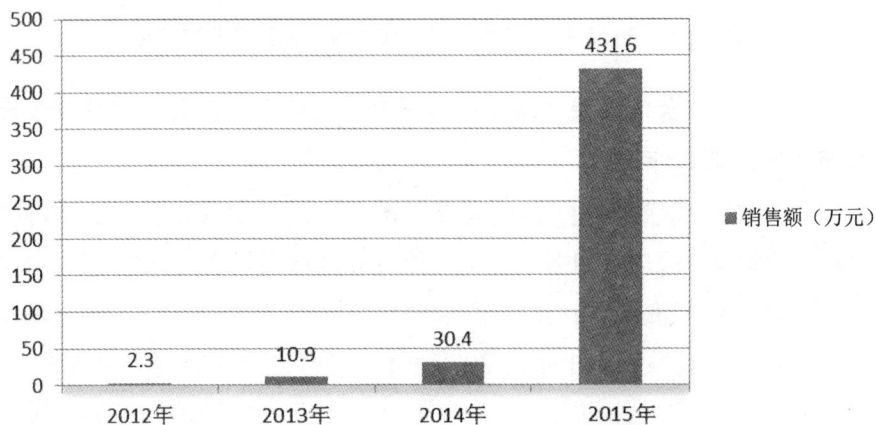

图 9-3   2012—2015 年"京合农品"销售额变化

表 9-1   2015 年"京合农品"销售额构成

销售方式	销售额（元）	占比（%）
健康优质食材套餐	3947400.00	91.4%
销售季预订	175381.20	4.1%
工会团购	60321.00	1.4%
其他方式	132661.11	3.1%
合 计	4315763.31	100%

（三）加强理论研究，逐步形成农业全产业链管理理念

经过 4 年的试验研究，项目组在理论思考和实践创新中，通过理论研究、推动实践、发现问题、解决问题，不断完善"社社对接"农产品流通模式。项目组各方成员一方面齐心协力致力于该试验研究，同时也不断利用该项目的研究成果、经验和资源推动自身工作，形成了项目研究成果与项目组成员单位自身工作相互促进的良好工作局面。项目组成员单位之一北京奥科美技术服务有限公司（简称奥科美公司）是一家从事农业信息化服务的企业，在"社社对接"项目开展的四年多时间里，奥科美公司不断从项目研究成果中获得启发，逐渐从一家单一的农业信息化技术提供商成长为一家综合提供农场管理、品牌营销和渠道拓展"三位一体"的农业全产业链服务提供商。而这种农业全产业管理思路也逐渐吸收了"社社对接"流通模式的试验研究中，使得这种流通模式的定位不再是个性化的小众产消渠道的创新，而成为能够承担大众农产品销售、促进农产品产销平衡、实施精准扶贫、辅助政府监管的农产品营销公共服务平台。该模式不仅具有以市场化手段实现消费合作社与生产合作社产消直对的公益性电商平台功能；还具有依托农业物联网、云计算、大数据、互联网等技术、管理等要素带动农业产业化、标准化、规模化、安全化、契约化的公共服务功能，这种以"社社对接"流通模式为依托的农业全产业链管理思路将下一阶段作为"社社对接"流通模式创新发展与提升的理论指南。

四、2016 年项目的工作计划

2016 年，"社社对接"项目在前四年的理论研究与实践经验基础上，将继续完善以加强农业全产业链管理为核心的安全农产品供应链模式，做好"社社对接"项目的理论研究与实践总结工作，为下一阶段的试点研究奠定扎实的基础。主要计划如下：

（一）全面推动"京合农品"平台准入制度和标准体系建设

围绕"社社对接"流通模式的核心理念、主要特点，逐步完善"京

合农品"平台业务流程规则，提炼制定"京合农品"平台准入制度与标准体系。该项工作包括三部分内容，第一是在各个业务模式与运行规则创新基础上，指导搭建"京合农品"应用平台，对准入制度、标准体系提出安全农产品信息要求构架。第二是分门别类梳理"京合农品"平台所实现的各块业务流程的应用平台需求与推广制度要求。第三是在"京合农品"平台准入制度与标准体系构架内，分类研究制定各项制度、相关标准与实施细则。

（二）探索建立多方参与的"京合农品"市场经营主体

按照多方参与、利益共享的原则，确立"京合农品"市场经营主体。建议由北京市农研中心牵头，联络北京市规划院、北京奥科美技术服务有限公司等多家企事业单位消费合作社，联合发起成立"北京市安全优质农产品直供服务消费者联盟"，重点对接北京市农民专业合作社联合会，主要业务为定期组织消费者交流联系、农场访问，制定准入标准，开展消费者教育培训等。在该联盟下成立"京合农品有限责任公司"，聘请北京首农食品经营中心为该公司的职业经营机构，由首农食品经营中心负责"京合农品"平台的营运，北京奥科美技术服务有限公司负责为"京合农品"平台提供技术服务。

（三）以市场化手段大力提升"京合农品"平台的运营服务水平

北京首农食品经营中心实际接管"京合农品"平台营运后，应充分利用首农的产品资源、品牌资源和商业资源，对接北京市农民专业合作社联合会，着力提升"京合农品"平台的运营水平，尽快完善"京合农品"平台上各品类农产品的产品集成和上架工作；规范与供应商之间的契约关系、财务关系；确保上架农产品符合一定的准入标准，不出现任何质量安全问题；强化消费合作联盟的服务管理，充分利用社区线下体验、第三方共享机制等营销方式不断拓展新社员，同时加强老社员的激活管理，着力提升"京合农品"平台的运营服务水平。

（四）做好"社社对接"项目五年总结工作

为更好地促进"社社对接"项目的成果转化与市场应用，项目组将于 2016 年做好项目开展五年来的总结性工作，从政策理论创新角度总结该项目在供需关系、合作经济、供应链管理、信任建立等方面的理论基础及其指导下的流通制度设计；从工作实践角度总结该项目在试验过程的做法经验，客观评价"社社对接"模式的特点、价值及存在问题，提炼其市场应用的推广价值。根据实际情况，择时召开"北京市'社社对接'安全农产品直供模式试验示范研究"成果转化发布会。

本章课题组成员

负责人：张秋锦

组长：张英洪

指导专家：李伟克

成员：蓝　海　眭宝华　宗　祎　刘克信　王　为
　　　　魏　杰　刘　雯　李建黎　彭　彤

执笔人：刘　雯

第十章 北京市农民专业合作社市级示范社农产品电子商务发展概况及对策研究

一、北京市农产品电子商务市场现状

（一）需求方意愿高

相关调查显示，北京市居民已经和愿意尝试网上购买蔬菜的比例达70%。北京年均蔬菜购买量为136.69千克/人，日平均购买量为0.3745千克/人，常住人口超过2000万人。同时，大部分上班族工作压力大，下班后无暇到超市或市场买菜，可见从网上购买农产品的潜在需求很大。

（二）供给方跟进快

1．政府搭建平台，信息化基础好

经过多年努力，北京农业农村信息化基础设施明显改善，基本实现了广播电视、电话等基础网络的全覆盖，全市政务光纤网络"村村通"覆盖率达到95%以上。公共信息服务逐步丰富，初步形成了以"221信息平台"为核心，农村科技与市场信息多平台共同发展的局面。初步统计，北京市涉农网站近2000个，农业农村信息系统达60多个。农业现代化信息技术布局较快，除精准农业3S技术、设施农业智能控制技术、农业专家决策系统、远程视频咨询诊断技术外，2011年，市、区县两级在农业物联网建设与应用方面取得了初步成果。通过传感器数据监控和视频监控，为农产品自动建立绿色履历，使得消费者通过网络查询自己购买农产品的情况可能实现。

2．组织自主开发，电子商务初步发展

各类组织（如公司、合作社等）都在尝试做农产品电子商务。特别

是规模较大的公司、合作社，做电子商务多选择自主开发系统，在产品、支付、配送等方面已经取得了一些经验。

（1）产品多集中在有机农产品、高端礼品。普通农产品电子商务的发展还比较慢。

（2）支付主要采取在线支付、储值卡等形式。另外，会员制销售方式的比例也较高。

（3）配送网络的建立大致有四种：一是新建社区便利店网点，如"任我在线"在大兴区开设了 26 家便利店和 1 个配送中心。二是与社区便利超市合作。三是快递配送。四是自建配送系统。

3．农户登陆第三方交易平台

农户、小型生态农场网络营销一般利用第三方平台进行交易，如淘宝网，以生态、有机产品为主，使用在线支付和快递公司。目前，北京市快递网络已经相当成熟，覆盖率高达 90%。

二、北京市农民专业合作社开展电子商务具有现实意义

近年来，许多合作社已经试水农产品电子商务，体现出多方面的现实意义：

第一，有利于提高合作社市场竞争力。大部分合作社领导人认为从合作社自身发展的需求来说，开展电子商务势在必行，有利于提高合作社经营管理水平，增加销售机会、降低交易成本。

第二，有利于都市型现代农业经营体制的创新。北京创建世界城市，要求用现代化的经营理念、技术手段发展农业。合作社开展电子商务，以销售带动生产，是产业融合发展的一个重要途径，也是农业信息化、组织化的深度融合，是一种全新的农业经营模式。

第三，有利于首都农产品流通体系的创新。在北京这样的大城市，高端农产品直销模式，将逐步摆脱传统销售模式，农民可以分享流通中的利润，同时城市居民可以得到实惠，是农产品流通体系的创新。

第四，有利于提高北京城乡居民生活水平。通过减少流通环节，增加农民收入，提高人民生活幸福指数。如"网上订购、社区网点配送"

使得老年人在家买到新鲜的地产水果蔬菜。另外，通过物联网技术，可以建立从种子到餐桌的全程可追溯系统，促进农产品质量安全。

三、示范社开展农产品电子商务概况

至 2011 年底，北京市登记注册的农民专业合作社 4878 家，实有注册资本 46.1 亿元，带动农户 40.6 万户，占从事第一产业农户的 70%；政府择优培育扶持了 100 家市级专业合作社示范社。在 100 个示范社中，"触网"的比例达 92%，其中有网上销售实质的 14 家，通过自有网站销售的占比 35.7%，通过第三方平台销售的占比 78.6%。

（一）调查结论

对示范社共发放 100 份问卷，收回 91 份。问卷分析得出目前示范社电子商务的现状为：

1. 示范社网上营销最普遍的情况是自建网站，其次是利用合作社公用平台（如网上联合社）。实现网上销售的比例还不高，网上销售规模还很小，短期看示范社电子商务业务仍在增长，增长率比较低。网上销售相较于传统销售的销售半径更长，电子商务有利于延伸农产品销售半径，增加销售渠道。农民、公司领办的示范社开展电子商务的比例高，村集体、农技服务单位领办的合作社开展电子商务的比例较低。

2. 不同产业的合作社实现网络销售的情况有所区别。从事手工编织、仓储运输、农机、农产品加工的示范社更易实现网络销售，这与其产品的非季节性、耐储存、可标准化生产等原因相关。从事农产品直接生产的示范社实现网络销售的比例较低。深加工及分级包装产品更适应于网络销售要求。品牌荣誉对电子商务业务存在着正向的作用。示范社网上销售主要走特色路线，多集中在自产有特色的产品，兼营其他产品的比重不高，综合性销售比较少。

3. 示范社开展电子商务在内部管理、网络技术、网上营销等方面存在短板。网上销售的客户群相对比较定向、固定，以单位团购、会员制销售为主，开放性还不强。建有社区直销店的示范社对借助网络开展业务的需求高，普遍比较重视网络营销。直销店数量越多对电子商务的需求越高。

4. 示范社正处于电子商务发展的投入期，现阶段网上销售的价格、成本优势还不明显，农产品的网上价格与线下价格比略具优势，网上成本与线下成本比相对劣势。其中网上物流成本是削弱农产品线上销售利润的一个重要因素。

（二）主要困难

1. 网络营销能力

电子商务与传统销售比，是一种全新的销售方式，它既带来信息传播的便捷，同时也存在看不见、摸不着的不确定性。因此，实施电子商务需要掌握现代网络技术和网络营销技巧。在开展网络营销的示范社中，59.3%的合作社是利用公用平台，37.0%将网站运营技术外包或者购买相应服务，只有22.2%的合作社进行自主的技术开发。

示范社设有专门网络营销部门的比例仅为25%，部门内平均人数为2.38人。因为网络营销部门的缺位，示范社网上销售售前、售中和售后服务不够完善，甚至连网上支付的使用率都很低。已出现消费者投诉的问题主要集中在送货延误（41.7%）、缺货（33.3%）、服务态度（25.0%）等三方面。

2. 物流配送网络

目前，北京专业的生鲜物流配送公司还很少，合作社自己配送可以保证与配送人员及时联系，以及配送时间相对固定。但是北京的交通情况复杂，相关分析显示，一辆送货车一天配送的极限是30家，由此产生的高物流费不得不由消费者承担。

3. 生产管理水平

农产品标准化和批量化生产存在难度。网上销售中，示范社出现断货现象的原因绝大多数是因为农产品的季节性特征，另外包括生产力跟不上、进货不及时等，这显然对农民专业合作社加强内部生产管理提出了一定的要求。

4．法律法规

现有的法律法规还不能完全满足开展农产品电子商务的需求。如示范社电子商务中比较常见的一种支付方式是储值卡支付。这种方式无疑对农业生产非常有利，相当于为农业生产前期垫资。但是这种方式如何避免进入"圈钱"领域，更好地维护消费者利益，还缺乏相应法律法规的制约。

四、合作社电子商务模式

结合实践，我们将合作社电子商务分为三种模式，即信息展示模式、独立商店模式、第三方平台模式。

（一）模式总结及案例

1．信息展示模式

一般是自建网站或者利用已有的公共平台，将合作社的信息、产品的信息进行网上公布、展示。例如，北京市农民专业合作社网。该网站有六项主要功能：一是建立全市农民专业合作社综合门户网站，向全社会推介各类合作社及其相关产品和服务；二是为合作社提供社务信息化管理服务；三是为合作社及其成员提供生产管理服务；四是为合作社提供网上农产品批发交易平台；五是为合作社提供农产品生产、销售、配送等环节的质量安全追溯管理；六是为各级主管部门提供合作社总体情况及信息查询和分析，为政府决策提供依据。该平台系统纵向可分为"市—区县—合作社"三个既有联系又可以相互独立的层面；横向分为网站综合门户、合作社社务管理系统、生产经营管理系统、农产品批发交易系统等四个子系统。另外，各区县经管站、农合中心分别建有本区县的农民专业合作社平台，如房山农合网、密云网联社等。

2．独立商店模式

一般是合作社建立自己独立的网站，对产品进行分类、详细介绍，建有"购物车"，可以在线购买、在线支付。例如，北京益农兴昌农产品产销专业合作社。合作社与北京信安爱农驿站农产品服务有限公司合作，共同开展优质农产品的电子商务。合作社与公司双方合作中，合作社主要负责农产品生产、供货的组织，公司主要负责整个营销及配送等。合作社主要产品有水果、蔬菜和禽蛋等。网上销售占总销售比重60%，呼叫中心销售占20%。网上销售的60%为零售，40%为单位团购。合作社会员制销售的比例达70%。付款方式为储值卡形式。合作社在城区建立了102家社区爱农店，以此为基础开展配送。配送方式是以合作社配送为主，物流公司为辅。

3. 第三方平台模式

　　一般是合作社入驻已有的第三方网上平台，通过这一平台，进行产品展示、销售。这种模式可抽象为"合作社农产品的集合"，这是与前两种模式最本质的区别。例如北京市绿色家递农产品电子商务平台。绿色家递是北京奥科美技术服务有限公司打造的智能化农产品直供服务，是农场直供的倡导者，通过智能配送柜、电子商城和行销目录等途径，帮助消费者建立一个和农场直接沟通的桥梁。该公司通过建立农场和消费者紧密的联系，以及利用现代技术解决人们对农场的信任、农产品的选择及物流成本的问题，大大提高农产品供应的效率。

　　（二）模式特点

表 10-1　三种模式特点汇总表

	信息展示模式	独立商店模式	第三方平台模式
前提条件	进入门槛较低，最关键的是合作社在拓展销路的过程中要建立网络营销的意识，删选那些点击率高、使用频繁的网站	农产品标准化生产，新建或利用已有较完备的新鲜速递系统，对经济实力有一定的要求，要配备一定规模的专业网络营销管理人员	农产品标准化生产，有可利用的较完备的新鲜速递系统，要配备一定规模的专业网络营销管理人员
产品特征	产品标准化要求相对较低，批量化生产要求相对较高。这一模式最主要的优势在于网上宣传展示，以吸引批量订购	产品要求标准化生产、分级包装，具有一定的生产规模	产品要求标准化生产、具有一定的生产规模

续表

	信息展示模式	独立商店模式	第三方平台模式
注意事项	及时维护、更新信息，尽可能多地丰富产品、合作社的信息、图片和资料	及时维护、更新信息，产品信息要全方位、立体式的，以求消费者可较准确判断产品的真实情况。要投入一定人力、物力开展网站宣传和网络营销。特别是前期投入较高	及时维护、更新信息，产品信息要全方位、立体式的，以求消费者可较准确判断产品的真实情况。需要投入一定网络营销资金，在第三方平台开展产品介绍、合作社介绍等活动
优势	操作简单、费用低、风险低	是独立的网站，专业性比较强，产品细分度高	不需要投入资金开展网站宣传，前期投入成本低、风险低。综合性平台，点击率高。不同产品的合作社共用一个平台，极大地丰富了网站的产品种类
劣势	不能在线购买，进一步的销售需要线下沟通	对合作社资金实力要求高。网站宣传的力度要大。前期投入成本高、风险高	产品相类似的厂家数量较多，竞争激烈。有一定产品品种数量的要求

五、合作社开展农产品电子商务需要练好哪些"内功"

电子商务有利于拓展合作社产品销路，不同的合作社可做相应准备。如产品以批发市场为主的合作社，可以开展网上宣传，提高知名度，吸引批量订购。希望走个性化零售渠道的合作社，如果本身实力较小、产品种类较少，更适合进入第三方平台，利用已有的平台开展销售业务。如果合作社实力较强、产品种类多，也可以独立建立网站，开拓自主电子商务。合作社自身要做好以下几点。

（一）实现内部管理信息化

逐步实现 ERP（企业资源计划）、CRM（客户关系管理）、SCM（供应链管理）与网络销售系统的融合。

（二）实现标准化生产

按照种类、品种，逐步细化农产品标准化程度。农产品网上销售对产品包装要做到"因地制宜"，对于保鲜特性强、物流与储藏环境要求较高的农产品，可建立一套适用的包装方案。

（三）布局完善的物流配送网络

规模较小的合作社，可与具有农产品运输条件的快递公司、第三方物流合作。规模较大的合作社，可以逐步建立配送中心、物流体系。自建的物流配送体系成熟之后，也可以向第三方物流发展，或者进行多个配送体系的资源整合。

（四）建立网络营销理念

合作社电子商务要适应农产品的特点，围绕农产品的季节性、区域性特征，一切从实际出发，制定合理的电子商务战略，开展业务布局。要准确定位目标人群。比如先定位城市有消费能力的高端群体，再逐步向中等收入群体扩展，先从团购做起，再逐步向高度个性化扩展，循序渐进，走稳健发展的道路。

（五）逐步走向网上联合社

目前，合作社规模还太小，可以通过成立网上联合社，将不同产业的合作社联合起来，以网络平台带动产品的生产和销售，形成深度的产业链合作。稳定高效的供应链是农产品电子商务成功的重要保障。通过合作社制度把分散的农户、小型合作社组织起来，以合作社办企业等方式，实现农产品深加工、规格化包装，走专业化网络营销之路。

六、合作社农产品电子商务健康发展的政策建议

合作社发展农产品电子商务面临着较大的困难，要依靠政府创造发展农产品电子商务所需要的政策环境、市场环境和法制环境，来引导和帮助合作社开展电子商务。

（一）完善基础设施条件

1. 信息基础设施

要进一步加强信息化基础设施建设，完善农产品信息系统。完备的农村网络基础设施是合作社开展网络营销的前提。虽然北京市农村网络

基础设施规模一直呈高速增长，但相对城市网络建设，农村网络基础设施还相当落后，城乡差距巨大。应进一步加大对农村网络基础设施的投资，加快农村网络建设，提高网络质量，及时将农业科技知识和农产品市场信息通过网络作为公共产品提供给合作社和农产品消费者。同时，对投资于农村的民间资本积极引导，对合作社在筹集建设资金，网络设备设施购置、网站系统开发技术、实体选址等予以一定的优惠政策。

2．物流基础设施

应加强在交通设施、物流配送中心、农产品低温运输设施、贮藏设施等方面的投资力度，形成覆盖全市的交通网络、信息网络和物流配送网络。要进一步促进新技术，如物联网、GPS 定位系统等在物流配送中的运用，逐步建立农产品可追溯体系。

（二）开展农产品标准化体系建设

可以从本市特色农产品开始，逐一建立相关的标准化体系。联合行业协会、研究机构、物流企业，加大对农产品技术标准、计量标准、作业和服务标准、成本计算标准的研究，分门别类制定行业标准，严格按照标准从事生产经营活动，推动网上销售农产品生产标准化、质量等级化、包装规格化。

（三）引导合作社多渠道参与电子商务

定期组织合作社电子商务应用培训，鼓励合作社参与农产品电子商务相关教育培训、论坛等活动，拓展合作社管理者视野，提高合作社建设电子商务的能力。

加强北京市农民专业合作社网、区县合作社网的建设力度。开展深入调研，根据合作社真正的需求，逐步完善北京市农民专业合作社网、区县合作社网的系统功能。适当的时候可将各区县的平台与市级平台进行整合，充实数据，降低建设成本，增加实力。完善系统功能，可以将已有的信息化技术中与合作社、合作社生产、合作社电子商务相关的内容进行一定程度的整合。

（四）引导电子商务管理人才进入合作社

鼓励电子商务专业的大学毕业生去农村就业，在进行大学生村官招聘时，有意识地招聘相关专业背景的学生。

（五）完善相关法律法规建设

农产品电子商务发展时间不长，在实际操作过程中会出现一系列的问题，例如信用问题、电子支付安全问题、违约问题等。发达地区农产品电子商务发展较快，政府可以针对实际操作中出现的问题出台农业信息、农产品电子商务的地方性法律法规。

本章课题组成员

负责人：刘军萍

责任人：张　军　　任玉玲

执笔人：陈丹梅

第十一章　北京市农民合作社农产品品牌培育战略研究

一、农产品品牌的内涵与特点

（一）农产品品牌的内涵

对农产品品牌内涵的界定学术界有着不同的观点和主张。张光辉博士认为"农产品品牌，就是指用于区别不同农产品的商标等要素的组合。"朱玉林等提出农业区域品牌的概念，是指在某区域范围内形成的具有相当规模和较强生产能力、较高市场占有率和影响力的农业企业（或家庭）所属品牌的商誉总和。代表着一个地方农产品的主体和形象，对本地区的经济发展起着举足轻重的作用，并形成了该地域内某类农产品的美誉度、吸引度和忠诚度。刘丽提出了基于产业集群的农产品区域品牌的概念，是指在产业集群的基础上，以农业产业化为载体，以某一行政或经济区域为核心，通过创建区域内统一的全方位系列化优质农产品核心与龙头品牌的行动，带动广大农业企业和农民增强区域农产品竞争力，促进区域的经济增长。郭红生提出地域农产品品牌是指一个地域内一群农业生产经营者所用的公共品牌标志，其基础必定要有特定农业产业或农产品大量聚集于某一特定的行政或经济区域，形成了一个稳定、持续、明显的竞争集合体。尽管各位学者从不同的视角出发对农业品牌的内涵加以了界定，但在两个方面达成了共识：第一，农产品品牌具有识别功能，即其区域性很强。第二，农产品品牌有其价值属性。

（二）品牌经济学理论

品牌经济学是应用经济学的新型分支，主要从品牌战略的视角研究经济主体的可持续发展问题。所谓品牌是与目标顾客达成的长期利益均衡，从而降低其选择成本的排他性品类符号。品牌经济学认为一个品牌的创建一般是一个由内到外的渐进过程：一是要有利于品牌创建的内部环境，比如产品品质较好、知名度高、美誉度高、组织内部管理科学、准确的客户定位、品牌营销能力强等因素；二是要有利于品牌创建的外部环境，比如，来自组织外部的扶持政策机制、激励政策、知识产权保护机制以及恰当的品牌营销的媒介机会等因素。只有将两者结合起来，才能创立出品牌，进而形成对某类品牌有稳定偏好并逐渐扩大的消费群体，发挥出品牌经济优势。

（三）农产品品牌的培育

1. 产品要有特色

特色也就是差异化，如今农业品牌营销与工业品一样，不能只考虑生产，不考虑营销和品牌，要将产品优势和消费者需求对接，最重要的是先考虑不同的消费者和他们的心理，然后根据消费者的需求生产产品，产品一定要有差异化。

对于消费者来说，品牌不只是"东西好"的代表，更是代表了企业的诚信、责任、使命和购买产品后的保障。品牌个性、品牌特色更是成为消费者购买产品的重要依据，只有成为唯一性的品牌，消费者才能在琳琅满目的货架中看得见你。只有你的品牌有特色，消费者才会认可和消费。如：甘薯这种农产品很常见，但大兴区的紫甘薯的品牌确立主要靠的是产品特色；还有延庆县的德清源鸡蛋等等也是如此。

对于生产者来说，其产品真正能够让市场接受，一是产品本身要有差异，二是要将消费者的需求细分。如：近年开始在北京、上海两地销售的日本"越光"大米零售价每千克卖到了 99 元，市场非常火爆。厂商的目标主攻富裕消费层，试图在中国大城市的消费者心目中树立日本天价大米的"高贵门第"。

2. 拥有丰富文化内涵

品牌之所以越来越重要，是因为文化消费的比重越来越大。对于一种产品，除了消费它的物质价值之外，还要消费它的文化价值。而产品的文化价值主要存放在品牌之中，利用文化造就和提升品牌价值，就成为品牌发展的非常重要的途径。如今首都城乡居民可任意支配的收入有了显著增加，对农业产品不再仅仅满足于物质上的需要，而是逐渐向精神文化方面提出新的要求。消费者的购买行为，无论在吃穿用等有形产品，还是在休闲、娱乐等无形产品上都有追求品牌的现象，所以，消费者对农业产品品牌的需求潜力是巨大的。农业的多功能扩展和延伸也扩大了农业品牌的内涵。随着人们对农业体系功能的深入认识，农业多功能的内涵，包括环境、文化、传统价值等越来越多地在农产品品牌中体现。越来越多的人从农产品品牌中领略、体味文化，并逐渐成为一种新的消费理念。法国人就把有历史传统的农产品看成是法国文化遗产的一部分，所以对地理标志与原产地标记农产品的认证，在法国成为国家推广民族精品、弘扬传统文化、推行浪漫生活方式、塑造国家形象的重要途径之一。由农业品牌支撑构建的区域品牌的内涵是最为丰富、最为深厚的，扩展和延伸的价值空间也是甚为深远广阔的。

（四）农产品品牌与农产品市场竞争力的关系

创立农产品品牌是市场经济条件下市场竞争的需要。品牌的创立可以使农产品在同类产品市场的可替代程度降低，使农业产业中各市场主体之间的竞争变得不充分，从而产生市场竞争力差异。这主要表现在：

1. 品牌农产品具有相对市场垄断优势

品牌是产品品质差异的标志，不同品牌的农产品差别化程度越深，消费者就越会对某些品牌形成一定的偏爱，使不同品牌农产品之间形成稳定的消费群体。品牌农产品吸引很多的消费人群，这样，就排斥非品牌生产者的进入，潜在竞争者遇到的进入障碍就更大，从而压缩非品牌农产品的市场份额。

2. 品牌农产品具有获得相对高价的优势

国内外市场对农产品质量标准要求越来越高，消费者不仅要求农产品无污染，而且要求高营养，所以，消费者对高质量农产品的需求价格弹性比较小，有利于农产品生产者依据优质优价的原则制定高的价格，获取高的附加价值。

3．品牌农产品具有较高的市场渗透能力

品牌农产品的需求收入弹性较大，即随着消费者收入水平的提高，消费者会倾向于购买品牌农产品；另一方面，品牌农产品的需求交叉价格弹性较低。这两方面就使品牌农产品面临较大的市场机遇。因为，随着人均收入的提高，社会对同质性强的农产品的需求不会随收入的提高而同步增长，而对具有不同质的品牌农产品的需求却会高速增长。

4．品牌是消费者识别农产品品质的最重要标志

随着农业科学技术的飞速发展，不同农产品的品质差异相距甚远，即使有两种品牌的农产品都能达到国家相关的质量标准，甚至符合绿色食品标准，仍可能存在很大的品质差异，如风味、质地、口感等。这些差异是消费者无法用肉眼识别的，消费者也不可能在购买之前都亲口尝一尝。所以，消费者需要有容易识别的标志，这一标志只能是品牌。

本研究结合农民合作社的特点，将农产品品牌定义为：集合农民合作社本身及其所生产的农产品的特征，具有一定地域代表性的，以产品为载体，以商标为所有，以消费者为中心，具有唯一性的能够为消费者带来价值的农产品标志。主要包括农产品知名品牌、农产品驰名商标、国家地理标志产品以及无公害食品、绿色食品和有机食品的"三品"认证。

二、农民合作社农产品品牌培育的重要性和作用

创办农民合作社的目标就是提高农民的组织化程度和农业市场竞争力，而合作社农产品品牌建设是提高农业市场竞争力的重要方面。

（一）能够促进合作社自身发展

农民合作社是在农村家庭承包经营基础上，同类农产品的生产经营者或同类农业生产经营服务的提供者、利用者自愿联合、民主管理的互助性经济组织。可见，农民合作社是合作化与市场化有机结合的产物。

在其内部的产权关系和运作机制上坚持合作制，在对外的竞争和经营管理上又类似市场经济中的"企业"，要按市场化的原则运行。作为企业谋求差别化竞争优势的重要手段，品牌建设对农民合作社也有着较深层次的影响。

当我国经济挥别"短缺"，面临"卖难"，新一轮市场竞争优势的支点实质上是品牌的创建。品牌是产品的灵魂，没有品牌的产品是没有生命力的，也不可能有魅力；品牌还是质量的象征、标准的承诺、信誉的保证、文化的凝结及个性的体现。所以在市场经济条件下，农民合作社需要通过整合经济与文化资源，提供优质服务，不断强化差异和特色，努力创建被社会认可的品牌，以寻求具有竞争优势的品牌经营战略。

对于农民合作社而言，农产品差异化不明显的事实不容忽视，产品品质就成为农产品品牌的基础。随着农业应用技术的创新发展，无论是否属于同一品类，产品的品质差异都存在一些距离。按照国家统一的绿色或环保产品标准衡量，即使农产品都可以达标，但在口感等产品表现上仍有可能存在一定区别。而农产品品牌的建设，恰可以帮助企业在农产品质量、口味或者形象等方面形成鲜明的特色，使所生产的产品与其他品牌或者没有品牌的产品区别开来，由此拓宽企业的农产品市场，并促进企业利润的增长。

（二）能够提高农民的收入水平

从经济学的角度来看，农产品属于较为典型的需求价格缺乏弹性的商品，常常会导致农业生产者丰产不增收的现象，而品牌农产品可以在一定程度上防御这种市场风险，防止农产品价格的大起大落，保持农产品价格的基本稳定。同时，品牌农产品具有更高的附加值，能够实现农业企业增加盈利和农民增收的目的。

农民合作社以其产业化、规模化的运营方式，引领农民参与市场竞争，将资源转变为资产，带动了农民增收致富。特别是随着农业现代化、信息化、国际化步伐的加快，合作社现有的大众式、平民化的经营管理已经难以适应广大农民日益增长的物质和文化需求。打造更具有市场竞争力、产品附加值更高的品牌合作社，已经成为进一步满足农民增收致富的愿望和要求的必要途径。

合作社农产品品牌化能有效抵御农产品市场风险、增加产品价值并提高农民收入。一方面，好品质、好品牌可以帮助消费者找到他们理想的产品，从而提供产品质量信息，具有强烈的识别功能，长期以来，遂以信任培养了消费偏好，也形成了买者重复购买、卖者重复销售的基础。另一方面，实施品牌带动，品牌农产品具有较高的附加值，从而能够切实地提高农户的收入。可见，实施品牌带动，品牌农产品能够稳定销量和保持销售渠道的畅通，可有效规避市场风险，提高农民收入。

随着经济社会的发展，消费者对农产品的要求已经从单纯的实用功能上升到追求食用性、营养性和安全性。消费者倾向于购买品牌农产品；另一方面，品牌农产品的需求交叉价格弹性较低，使得农产品的经营者能依据优质优价的原则制定高的价格，通过品牌经营为其带来超越其使用价值的附加值，获得高于平均利润的超额利润。

（三）能够提高合作社社员素质

实施农产品品牌建设可以提高农民合作社成员素质。农民通过参加专业合作社、参与合作社品牌创建的过程，可增强对新事物的接受和消化能力，转变发展理念，开阔视野，增强了在现代环境下的生存和发展能力，会更加主动的根据市场行情进行产品结构、生产技术的调整。

农民素质的提高是现代农业发展特征更高的体现，实施品牌农业，进行农产品品牌建设对农民素质提出更高要求。要求培养农民较高的市场意识、要求具有较高农业生产技术、要求具有较高的生产组织能力，这些都应在品牌建设中不断培训，从而农民综合素质得到提高。

此外，农民合作社的壮大有利于提高社员的忠诚度，增强农民合作社的凝聚力，良好的农民合作社品牌形象也吸引更多的农户加入，从而扩大农民合作社的规模。可以说，在新的历史时期，品牌培育是提高农民合作社竞争力的一种有效手段。

（四）能够满足消费者需求

农民合作社品牌指明了农产品的产地或生产商，是农产品优秀品质的象征，能够有效地保障消费者的食用安全。此外，品牌农产品是高质量、高档次的象征和体现，品牌文化带给消费者的精神收益，是消费水平提高后的必然要求。消费者对农产品的要求不再仅仅满足物质上的需要，而是逐渐向精神文化方面提出新的要求。而品牌的内涵一半是科技，另一半是文化，所以，它既能满足人们物质生活需要，又能满足文化生活需要。农产品本身是劳动产品与农业文化的结合体，因此创建农产品名牌对满足消费者农产品更高需求具有重大意义。

（五）促进内部资源优化，带动区域经济发展

一个农民合作社有了名牌产品，就可以优化内部资源，使资源充分利用，发挥最大效用，同时积累经验从而待时机成熟后衍生、创造出更多的名牌。相对于普通农产品而言，特色农产品具有一定的品牌优势和市场竞争优势，是主导一定区域农村经济发展的高效农业。品牌建设是新农村建设的内在要求，也是新农村建设的助推器。实践证明，发展特色农产品品牌会对人才、资金、信息、技术等产生巨大的吸引力，提高农业整体效益，增强特色农产品竞争力，促进农业产业化经营，直接影响着一个区域经济发展的可持续力，是农业结构优化的基本要求，是推动区域农业发展的必由之路。

品牌农产品是一个地区农业经济发展的反映，也是经济实力和文明程度的缩影，有利于培养区域经济增长点，提高农民及农业收入，促进区域经济发展。

（六）能够降低农产品推介成本

农产品品牌具有降低合作社农产品推介成本的功能。农民合作社如果采取品牌策略，用品牌将合作社和产品信息"打包"呈现给消费者，就能达到事半功倍的效果，达到降低农业企业推介成本、增加销售的目的。因为品牌是生产者形象与信誉的表现形式，人们一见到某种商品的商标，就会迅速联想到商品的生产者、质量与特色，从而刺激消费者产

生购买欲望。因此，独特的品牌和商标很自然地成为一种有效的宣传广告手段。

目前，随着农产品品种和合作社数量的爆炸式增长，消费者面临的可选择信息越来越多，对产品的忠诚度受到极大的挑战。合作社为了生存发展，必须降低推介成本，提高效率，创建品牌，让广大消费者认可，用品牌将合作社和产品信息呈现给消费者。

（七）提高农产品竞争力

品牌化有助于使农民合作社广大成员结成一个资金、技术、信息共享的利益共同体，统一生产标准，统一操作规程，统一产品质量，从而大大提高了农业标准化生产水平，有效地改善了农民在市场竞争中的弱势地位。农产品以品牌的形象进入市场，有利于建立长期稳定的销售渠道和网络，并保持其畅通，不仅能使农产品生产者与农产品市场保持较快的信息沟通，以适应市场的变化，而且长期稳定的销售渠道和网络有助于保持农产品销售量的稳定，还可以发展订单式农产品，有效规避农产品的市场风险。

三、国外农民合作社实施品牌战略的经验

农产品品牌化是农业标准化、组织化、产业化的延伸和高级阶段，通过实施合作社品牌化战略，提升合作社发展水平，是世界各国农业发展的成功经验和普遍做法。近年来，随着品牌农业战略的深化实施，发达国家的农民合作社品牌程度获得了大幅提升，涌现出一批知名的合作社，如美国的新奇士合作社、美国蓝钻种植者合作社、法国香槟酿造合作社、法国南部地区农业合作社、法国奶业合作社、日本农协、西班牙的蒙德拉贡合作社、以色列的基布兹合作社等国际知名合作社，在这些合作社的带动下，出现了一大批如新奇士橙产品、蓝钻杏仁、"日光"西梅、"阳光少女"葡萄干、法国"优诺"酸奶、"黑花"香槟和"白花"香槟以及"波尔多"红酒、日本的"越光"大米、"青森"苹果等享有国际声誉的著名商标品牌。合作社品牌经济已经成为许多国家农业经济

发展的基础，对优化农产品种养植结构，提高农产品市场竞争力发挥了不可替代的作用。并且，在合作社品牌经济效应的拉动下，发达国家的农业合作社呈现出规模持续扩张的发展趋势，如法国南部地区农业合作社联社、美国加州杏仁商会、日本的茶叶专业农协等。由于经济、社会和文化等方面的差异以及历史演进轨迹的不同，不同国家和地区的农业合作社在品牌战略实施路径的选择上是有差别的。从世界范围看，美国、法国、日本的农业合作社分别代表了三种不同类型的发展模式。

（一）美国合作社品牌化战略的经验

美国是以家庭农场作为基本的农业生产单位，在美国的农业合作社也称为农场主合作社。美国合作社的主要特征是跨区域合作与联合，共同销售为主。为了支持合作社品牌化发展，美国政府采取各种措施创建良好的合作社发展的外部环境。

1. 制定多部法案，从法律上赋予合作社独特的作用。美国国会于1922年通过了《卡帕—沃尔斯坦德法》，把合作社从《反托拉斯法》中豁免出来。之后，又于1926年制定《合作社销售法》、1937年制定《农业营销协定法》、1967年制定《农业公平交易法》，这些法案对美国合作社的规模化经营、品牌化发展起到了促进作用。

2. 成立农业信贷合作体系，解决合作社融资困难。为了解决合作社在扩张时期的资金约束问题，美国政府先后制定了《农业信贷法》《中期信贷法》等法案，成立了健全的农业信贷合作体系，专门为农场主和合作社提供信贷支持，也为合作社品牌培育提供了资本支撑。同时，美国联邦政府还设立了农业合作局，专门负责合作社业务的指导工作，对于合作社生产的品牌农产品则在税收上给予减免和优惠，降低合作社品牌化过程中的成本压力。

3. 采取多种措施，鼓励新一代合作社实施品牌发展战略。美国新一代合作社普遍采用"合作社商标注册+地理标志证明+品牌营销+品牌授权+品牌专利"的方式，进行农产品的集约化生产和农产品品牌营销，这种方式能够最大限度地发挥合作社产品的商标优势和合作社整体品牌优势，能够最大限度地增加会员收益。为了鼓励新一代合作社实施品牌发展战略，美国许多州政府普遍采取"政府推广+合作社品牌营销"的方式鼓励合作社做大做强。比如将品牌资源转化为知识产权资源，利用合作社品牌授权或贴牌来扩大品牌合作社产品的市场影响力。

创立于 100 多年前的美国水果合作社品牌使用"新奇士"商标，合作社负责提供技术服务、市场开发、品牌推广，合作社的运营主要从产品销售中提取市场管理费和广告费。现在，新奇士品牌由新奇士柑橘种植者协会（美国十大合作社之一和世界最大水果蔬菜合作社）所有，协会年销水果 8000 万箱。新奇士品牌价值居全球第四十七位，品牌无形资产达 10 亿美元。由此可见，农民合作组织品牌的力量和价值。

（二）法国合作社品牌化战略的经验

法国的农业合作社具有地域性、联合性、专业性比较强的特点，往往是一家某类农产品合作社联社具有几十个到上百个小型合作社会员，联合在一起生产不同品牌的农产品。为了推进合作社品牌化发展，法国主要采取了以下措施：

1．建立国际化的农产品品牌标准和质量认证体系。目前，法国有 4 种国家级的农产品标识认证：产品合格证认证、原产地命名控制认证、红色标签认证、生物农业标识认证。合作社根据生产的农产品类型进行相关的认证。

2．建立健全规章制度，为合作社品牌经营提供强大的法律保障。法国政府先后于 1943 年、1967 年制定农业合作社的法律，扩大合作社经营业务范围，并且出台相应的合作社运营规章制度，由专门的部门负责监督合作社是否遵守有关合作社法律规章制度，监督合作社依法运营，并对陷入品牌、专利纠纷的合作社进行法律救济。

3．对合作社实行一系列的减免税收、优惠贷款、财政补贴等政策。在税收方面，如果合作社只与合作社的会员有经营往来并为会员服务，合作社则可享受免税；如果合作社与其他非合作社会员有业务往来，往来部分按法国企业通行的 33%税率纳税，其余部分免税；在优惠贷款和财政补贴方面,法国政府根据合作社规模、主营农产品类型一般给予 2.4 万—3 万法郎的启动费,对于合作社购买原材料或者加工机械设备,一般给予机械购买价值 15%—25%左右的无偿财政援助;并且鼓励合作社注册商标、注册地理标志,并对这些行为给予免税或者免费的优惠。

(三) 日本合作社品牌化战略的经验

如前所述,合作社在日本被称为农协。日本农协的主要特征是以综合性为主,农协的业务包含了从农业技术指导、农业生产资料的购置、农产品的加工、储存和销售,直至农户自己的储蓄、信贷、保险、医疗、旅游、观光、文化娱乐等内容,这些几乎涉及农业生产到农民生活的各个方面,日本农协被认为是支撑日本农业现代化的关键。日本政府为推动农协品牌化发展,在以下几个方面做得较为突出:

1. 强有力的法律支持

日本政府为了鼓励农协的发展壮大,对农产品实行集约化生产,先后出台了《农业协同组合法》《农业整建措施法》《农业基本法》《农业协同组合合并组成法》等多部法案,并通过开展"农协刷新扩充 3 年计划"运动,鼓励农协之间合并,发挥组团优势,由具有品牌优势的合作社团体或者合作社联社来提供优质农产品,降低农产品市场上的恶性竞争,扩大品牌合作社产品的影响力和市场份额;另外,日本政府为了加强品牌农产品的知识产权保护,日本农林水省专门成立了"农业食品知识产权保护本部",推行 DNA 品种鉴定技术,加大对品牌农产品的保护力度。

2. 实施极为严格的农产品质量安全管理

一是制定比较苛刻的生产准则。2003 年 5 月日本修订了《食品卫生法》,依据新修订的《食品卫生法》,日本于 2006 年 5 月 29 日起实施食品中农业化学品(农药、兽药及饲料添加剂等)残留"肯定列表制度"。该制度对农业的投入品,包括农药、肥料规定了 1 万多个标准,并把这些标准下发到各个农协严格执行,使得日本农协提供的农产品具有了过硬的质量品质,在世界范围内树立了日本农协农产品良好的质量声誉,扩大了农协品牌的影响力。二是推行身份认证制度，日本农协生产的肉类和蔬菜等所有农产品编排识别号码实行"身份管理"制度，即必须标明该产品的名称、产地、生产者、使用过的农药名、浓度、使用次数、使用日期以及收获、上市日期等具体数据，便于政府监督和消费者筛选。三是实施严格的产品认证分级制度：一级为"有机安全农产品"；二级为"特别栽培农产品"；三级是达到日本全国最低环保标准的产品，不同等级的农产品不同价格，一级为最高级别。

3．大量的资金补贴和税收政策优惠

日本政府为了推动品牌农协的发展，对于具有发展潜力和品牌优势的农协给予大量的资金扶持和税收政策优惠，如日本在农协进行新品种试种、良种推广、农业基地建设等方面采用提供低息贷款、无息贷款的方式确保农协运营资金的来源，甚至对生产具有日本特色农产品的农协（如日本茶、生鱼片、寿司等产品）予以贷款贴息，政府利用各种媒介机会协助农协进行品牌推广，鼓励其发展壮大。

四、北京市农民合作社农产品品牌培育的现状与问题

（一）北京农民合作社农产品品牌培育现状

据农经部门统计，截至 2012 年底，北京市工商登记注册的农民专业合作社发展到 5179 家。13 个区县中，密云、平谷两县区最多，分别达到了 1046 家和 872 家，怀柔区 658 家，大兴区 520 家，延庆县 507 家，房山区 496 家，昌平区 391 家，门头沟区 256 家，通州区 244 家，顺义区 177 家，朝阳、海淀、丰台三个区 12 家。合作社中，以种植业为主业的 3051 家，占 58.9%；以畜牧业为主业的 1561 家，占 30.1%；以服务业为主业的 260 家（其中农机服务 128 家，民俗旅游 100 家），占 5%；以手工业为主业的 52 家，占 1%；综合性合作社 255 家，占 5%。全市拥有注册商标的合作社 278 个，仅占合作社总数目的 5.4%；实施农产品生产质量标准的合作社 159 个，占合作社总数目的 3%；全市仅 16 家合作社获得专利技术；557 家合作社拥有各类农产品质量认证，占合

作社总数目的 10.8%，其中得到有机产品认证的 145 家，占合作社总数目的 2.8%，无公害产品认证 175 家，占合作社总数目的 3.4%。

近年来，北京郊区一大批具有地方特色的名、优、特、新产品逐渐成长为具有较高知名度、美誉度和较强市场竞争力的品牌，在引领开拓国内市场、拉动地方农业经济发展等方面的作用越来越明显。同时，北京农民合作社品牌培育也势头良好，呈现出以下特点：

一是品牌意识不断增强。品牌农业发展战略已成为农民合作社的共识和发展趋势。二是品牌基础趋于牢固。质量是品牌的基础，近年来，北京市全面推进农业标准化生产，强化质量监管，完善检测体系，为农民合作社农产品质量安全提供切实保障，农民合作社农产品品牌基础日益牢固。三是品牌数量稳步增长。涌现出一批具有一定知名度和市场影响力的农民合作社品牌，同时，合作社获得的驰（著）名商标、农产品知名品牌、"三品"认证以及国家地理标志认证数量不断增加。四是品牌效应日益显现。农民合作社通过品牌建设提高了农产农产品品的市场占有率，取得了良好的经济效益和社会效益，促进了农业增效、农民增收。

（二）北京农民合作社品牌培育案例

随着农产品品牌化战略的深入实施，许多农民合作社也已经开始形成品牌优势。

1. 渤海农民合作社走上品牌发展之路

北京聚源德种植专业合作社早在 2009 年就注册了"刺果"商标，并在国内外打出了"盛文""今日郎""今栗源"三个品牌，在全国 16 个省市建立 61 家怀柔渤海板栗产品营销店，已经成为怀柔地区板栗销售的领军企业。截至目前，渤海镇共有农民专业合作社 60 家，成员 2000 余人，涉及养殖业、种植业、林业、购销、工艺品制作等多方面内容。现在，该镇农民合作社中拥有注册商标"三纯""栗珍竹""华海山城""皮包金""有机核桃"等 8 个，取得无公害产品、绿色食品、有机食品、无公害生产基地认证 1 个，3 家通过了无公害产品、绿色产品或有机产品认证。品牌效应的日益显现，极大地激发了各农民合作社成员的生产积极性，促进了当地合作社的发展和壮大。

可见，渤海农民合作社的板栗，之所以能够行销国内 16 省市，并出口韩国、日本等多个国家，与他们一直以来坚持品牌化建设的发展道路是密不可分的。

2. 北京京纯养蜂专业合作社以质量创名牌

北京京纯养蜂专业合作社成立于 2004 年 11 月，是由密云县境内从事蜜蜂养殖，优质蜂产品生产、加工、销售、科技、管理等农民自愿组成的农村合作经济组织。合作社于 2006 年注册了"京密"牌商标，充分整合自身技术资源，完全按照有机食品认证的标准进行养殖、管理、生产。

合作社采取"合作社+品牌+公司+农户"的模式，充分整合技术资源，完全按照有机食品认证标准进行养殖管理生产，以良好的质量，使"京密"牌蜂产品的品牌效应不断扩大，市场份额逐年攀升。同时，合作社还建立了实验室，配备先进仪器，对蜂蜜进行微生物、抗生素等多个项目的检测，实现了蜂蜜从进厂、加工、销售全程的精确定位，完善了蜂蜜的全程可追溯管理体系。

合作社产品通过了中绿华夏有机食品认证中心的绿色食品认证和有机食品认证。曾获得"北京市农业局突出贸易奖""北京市农业局产品畅销奖""北京市优秀蜂产品生产基地""第七届中国国际农产品交易会金奖""中国养蜂学会蜂产品安全与标准化生产基地"。

通过科学运作市场，坚持实施品牌营销战略，努力搭建信息、交易、物流、价格平台，"京密"牌蜂产品在全国各地知名度不断扩大，市场份额逐年增加，价格逐年攀升。实现了以京纯养蜂专业合作社为枢纽的良种繁育、有机蜂蜜生产、加工、销售的产业链条。目前，"京密"牌蜂产品目前已远销天津、河北、广州、吉林等省市，年销售额 2800 多万元。

由于京纯养蜂专业合作社在养殖、生产、加工、销售的各个环节都是无污染的，这又成了合作社发展旅游业的独有优势。未来，他们将拓宽思路打造蜂产业文化，以各种蜂产品的特点与功能为主题，建设一座蜜蜂生态观光园，打造一个集科普、游玩、观赏、体验于一体的教育及娱乐项目。同时还将申请出口加工许可证，把合作社生产的优质蜂产品打入国际市场，提高附加值。

3. 密云县：发挥"生茂"著名品牌效应，带动农民增收致富

为充分利用密云县自然资源，带动农民增收致富，充分发挥"生茂"著名商标的品牌效应，把食用菌产业做大做强，密云县食用菌实验站组织密云县境内梨窖、日光温室、闲置畜牧小区、闲置学校的食用菌生产户及准生产户的农民于 2006 年 6 月成立了密云县首家县级食用菌合作联社——北京生茂食用菌合作联社。

北京生茂食用菌合作社成立于 2009 年 12 月 14 日，以民办、民管、民受益为原则，本着维护社员合法权益，增加成员收入的宗旨，将食用菌生产的技术指导、新品种的引进、食用菌产品的加工及销售等一系列环节形成合作体系，推进密云县食用菌产业化的发展。目前有成员 120 多户，合作社集菌种制作、菌棒生产、培养料生产、成员种植、集中销售为一体，成员辐射全县 18 个乡镇，利用梨窖、日光温室、山洞及闲置房屋发展食用菌生产。"生茂"商标 2001 年被评为北京市著名商标，双孢菇产品被评为"北京市用户满意产品"并取得了绿色食品认证。该合作社拥有自己的销售网络，在密云华远市场、顺义石门市场、北京新发地、大洋路市场都有自己的销售网点，产品供不应求。

4. 瞄准高端市场，铸造有机品牌

位于密云县穆家峪镇的北京百年栗园柴鸡养殖专业合作社成立于 2007 年。合作社依托密云生态环境优势，以首都高端市场需求为导向，运用现代管理手段，遵循"高起点、高品质、高效益"的宗旨，充分发挥科技支撑的作用，大力发展有机柴鸡养殖，培育"百年栗园"有机柴鸡蛋品牌，闯出了一条科技铸造品牌、品牌引领发展的都市型现代农业发展之路。

北京百年栗园柴鸡养殖专业合作社在成立之初就深刻认识到：农产品的薄弱环节在于市场营销和品牌推广，农产品优质不优价的状况长期

挫伤了农民的生产积极性。因此，在产品上市之前，合作社就注册了"百年栗园"商标，并前瞻性地在日本、韩国、香港等地同时注册了商标。合作社本着"营销第一，宣传优先"的现代营销理念，围绕密云的生态资源优势，以"百年栗园、产自密云"和"生态密云、生态食品"为宣传理念，建立品牌门户网站并大量投放户外广告，积极扩大品牌知名度。

"百年栗园"牌有机柴鸡蛋已经进入北京、上海、广州等大中城市的沃尔玛、华联等大型超市，每枚鸡蛋平均售价 1.9 元。在北京地区品牌鸡蛋中，绝对销量和市场占有率已稳居第二位。2013 年底百年栗园柴鸡养殖专业合作社已经对北京大中型城市实现产品全面覆盖，进入超市总数超过 1300 家。同时，还将全面开发上海市场，并打入香港市场。

5. "乐平·御瓜园"营销新模式

在合作社农产品品牌培育较为成熟的基础上，引进营销新模式的农游合一型典范：

北京乐平西甜瓜合作社坐落于"中国西瓜之乡"大兴区庞各庄镇，成立于 1997 年，是一家集生产、试验示范、展览销售、观光采摘、技术培训、休闲体验、餐饮会议为一体的农民专业合作组织。合作社现有 500 亩的北京标准化示范基地，6000 平方米的现代化联动温室。基地采用了节水灌溉、测土配方施肥、无污染植保技术等 20 余项科技成果，在西瓜种植上采取沙土栽培、立体栽培、水培、基质培、盆栽等先进种植技术，确保绿色、有机西瓜的生产。合作社采用"合作社+基地+农户"的标准化运作模式，以"以质求存，志在富民"为理念，创建优秀品牌，形成"一个龙头、带动一方百姓"的示范推广作用，辐射带动周边 2000 多户瓜农走上了致富道路，户均增收 2000—3000 元。

2008 年，合作社建成了"乐平·御瓜园"，先后作为"北京市观光农业示范园""北京市'菜篮子'工程优级标准化生产基地""最佳观光采摘园""北京市科普教育基地"等，年接待观光采摘人数达 30 万人次，实现了观光采摘、生态温室、展览销售、餐饮销售、餐饮住宿、旅游接待为一体的综合生态旅游观光园。一直以来，合作社注重精品，不断完善品牌质量，开发了"功能西瓜、印字西瓜、盆栽西瓜、十二生肖西瓜、玻璃西瓜"等个性需求产品，并较早地利用信息化手段建立质量追溯系统及二维码，园区无线网络已建设完成，近期将转变营销策略，迎合社会发展及民众需求，开发出"乐平·御瓜园"移动 APP 终端软件。

6. 老宋瓜王知名品牌培育

大兴区北京老宋瓜果合作社成立于 2007 年 11 月 8 日，以老宋瓜园为依托，以产业化经营为模式，以科研开发、试验示范、生产销售、观光采摘为主的经营版块组合，集多种功能于一体的综合性专业合作社。多年来，合作社将积累的传统经验与现代物联网技术不断融合发展，形成了老宋瓜王知名的企业品牌、产品品牌，享誉京城海内外。目前合作社拥有社员 550 户，始终坚持走"合作社+公司+农户"产业化订单运营模式，以"龙头带动""产业互促""增加农民收入"为宗旨，以"绿色农业、生态农业和旅游观光农业"为发展目标，产生了良好的经济效益和社会效益。

为进一步将资源优势转化为产品优势，将产品优势转化为品牌优势并进而转化为经济优势，合作社坚持以文化立形象，以情结聚人气，以展示育商机的经营理念，坚持以市场为导向，以科技为动力，以效益为目标的经营宗旨，以强化管理、强化品牌、强化功能为手段，不断提升合作社的市场竞争力和效益最大化。合作社顺应社会发展形势，及时开通"老宋瓜王"微信公众号，开发二维码质量追溯体系，同时，积极拓宽销售渠道，与多家幼儿园、学校合作，开展亲子一日游及瓜秧认养活动，与 1 号店、京东商城等大型电子商务网站合作进行网络营销。

7. 籽种兴社 社企富农 小豌豆做出了大文章

在北京都市型现代农业发展进程中，一些农民合作社正在成为促进一、二、三产业相互融合的重要载体：

平谷区北京荣涛豌豆产销专业合作社成立于 2008 年，现有社员 527 户，股金 268 万元，是北京市平谷区唯一一家具有籽种生产经营资质的农民专业合作组织。采用"合作社+基地+公司+农户"的经营模式，进行豌豆的科研、制种、推广、种植、加工和销售。目前合作社年销售量突破 8000 吨，年产值 6500 万元，社员户均增收 4 万元。小小的豌豆，已成为开启社员致富门的金钥匙。

为让成员更多地分享产品加工和营销环节的收益，合作社积极开拓思路，延伸产业链，开发豌豆深加工产业。2010 年扩建了 600 平方米的籽种生产、加工、包装一体化车间，新建了 1200 平方米的豌豆脆、豌豆黄等休闲食品加工车间以及办公区等相关配套设施，创办了属于合作社自己的"荣涛食品有限公司"。经过两年的努力，公司带动合作社豌豆种植基地突破 12 万亩，自有注册品牌"卡超那"和"荣涛"，生产的豆类休闲食品包括 4 大类 30 余个口味，2012 年荣获"北京市龙头企业"称号。目前，合作社已形成"龙头（合作社自办的企业）+龙身（合作社）+龙爪（农户）"三位一体的发展模式。

十年耕耘，一朝收获。2013 年，合作社以科技平台做支撑，实现了标准化生产、产业化经营。合作社种植基地面积达 12 万亩，带动周边农户 3800 余户，辐射平谷、顺义、密云和昌平等四个区，以及河北省张家口、三河、石家庄、沧州和保定等七个市区。生产的"荣涛"牌豌豆籽种销往云南、四川、湖南、广东、河南、河北等十几个省市。豌豆已成为平谷区具有一定竞争力的特色产业。

按照北京市都市型现代农业的发展思路，合作社积极寻求全方位合作，谋划将平谷区为辐射点，通过建成全国性豌豆生产基地、籽种供应基地、豌豆酥系列休闲食品加工基地、豌豆和休闲食品销售基地、豌豆生产和深加工旅游观光基地，打造"产供加销游"完整产业链，建成全国第一品牌豌豆产业基地。

——打造第一豌豆种植基地。在现有基础上，向四川、安徽等六省推广"荣涛"牌豌豆籽种 4000 吨，使豌豆种植面积达 20 万亩，并带动全国各省市的豌豆种植。

——打造第一籽种供应基地。加强技术研发和籽种复壮提纯，进一步提高"荣涛"牌豌豆籽种的质量，发展制种田 2 万亩，打造全国第一豌豆籽种品牌。

——打造第一销售基地。合作社现与老财臣、稻香村、红螺集团、大连外贸等全国 70 家食品加工单位建立了稳固的豌豆原材料供应关系，全年供应豌豆 3000 吨。今后，合作社将进一步加强宣传和推介力度，成为全国第一豌豆原材料供应基地。

—打造特色旅游观光基地。建成 100 亩豌豆标准化种植观赏基地、封闭式 QS 食品生产参观基地、豌豆脆系列休闲食品展示展卖厅。

8. 灵山秀水，山茶飘香；创新兴业，合作富农

北京灵之秀生态农业专业合作社位于北京市门头沟区雁翅镇，成立于 2008 年 3 月，注册资金 505 万元，社员总数 345 户，拥有近 1 万亩的野生采集及农产品种植基地，种植有黄芩茶、核桃、山杏扁、金银花、紫苏、罗勒、板蓝根等特色农产品，注册有"灵之秀""举人茶""大村三宝""荣德泰"四大商标。形成了"两基地"（种植基地、加工基地）、"两中心"（物流配送中心、产品销售中心）和"多个销售网点"的特色格局，并开展了山茶采摘自驾游服务，将一二三产有机结合。"灵之秀黄芩茶"荣获中国国际农产品交易会、旅游产品博览会最佳畅销产品奖、中国国际林业产业博览会金奖；灵之秀黄芩种植基地被评为"北京市中医药文化旅游示范基地"。2007 年灵之秀野山茶的传统加工工艺被列入了《京西非物质文化遗产名录》代表作。

（1）科技为支撑，茶品创新篇

北京灵之秀生态农业专业合作社是北京市首家获得 QS 认证的合作社，旗下的有机山茶加工厂，总投资近 1000 万元，是雁翅镇首家有机农产品加工厂，建筑面积 1.2 万平方米，拥有现代化的茶叶加工生产线、干果加工生产线和自动包装机床，设有产品化验室，茶叶品评室等。多年来，合作社以科技为支撑，依托各大科技团队与科研院校，不断引进新技术、新设备、新工艺，施行严谨的质量管理体系，先后通过了国家食品质量安全 QS 认证、有机食品认证等，实现了所有产成品的加工标准化、规范化。

（2）文化做平台，拉动旅游业

"文游合一""农游合一""茶游合一"是灵之秀以文化做平台，推动山茶旅游业发展的又一举措。灵之秀公司有三家以京西山茶文化为特色的茶楼，合作社以茶楼作为平台，挑选出优秀的茶艺师组建了"灵之秀茶艺表演队"，专门为京西山茶创编了《灵山秀水，山茶飘香》茶艺表演，一经推出就受到了茶友的喜爱，并先后参加了"中国国际茶业博览会茶艺表演大赛"等多项赛事，获得"最佳创编奖""优秀表演奖"等殊荣。茶艺表演走进了社区、机关、茶楼等市区的各重大活动，既宣传了品牌，又提高了产品销量。

灵之秀合作社先后举办了三届"北方有嘉木"——京西山茶旅游文化节，文化节上举办了"黄芩园里采山茶"、"请您学做黄芩茶"、"放歌金银坡"、"灵之秀山茶文化节新闻发布会"、山茶文化节活动开幕式、山茶文化节特色文艺演出、山茶文化节书画笔会等丰富多彩的系列活动。山茶节的成功举办拉动了当地农产品及旅游产品的销售，提高了灵之秀品牌和灵之秀京西山茶的知名度与美誉度，为更好地打造京西知名品牌，使"京西山茶"走向国内国际市场奠定了坚实的基础。2013年，灵之秀公司与中国太和旅行社有限公司，签订了"灵之秀京西黄芩茶采摘体验金秋游"项目，这是京西黄芩茶产业由种植、加工、销售，向着旅游业与文化创意产业发展的新的里程碑，标志着京西黄芩茶旅游由"自驾游"向着"大旅游"又向前迈进了一大步。

（3）创意化发展，延伸产业链

2012年，灵之秀合作社制定了"灵之秀山茶产业园"发展规划，预计总投资2.2亿元，打造全国首家最大的以山茶种植加工、京西山茶文化创作演艺、采摘体验游、生态农业观光旅游、茶疗药膳养生旅游等为一体的大型文化创意产业园，将一二三产有机融合，进一步延伸合作社的产业链条，顺利实现合作社的产业化升级。

综合分析上述案例，首先，从农产品品牌建设的主体分析来看，农民合作社进行农产品品牌建设有着其自身特点。其整体运行方式有利于团结全体社员，普及品牌意识；有利于农产品的标准化生产。其次，农民合作社进行品牌培育后，合作社的规模有所扩大，合作社农产品质量有所提升，合作社农产品的宣传营销也更加多元化、现代化，合作社的经济效益和社会效益大大增加。

（三）北京市农民合作社农产品品牌培育过程中存在的问题

北京农民合作社品牌培育中存在着诸多问题，大体表现为如下几个方面：

1. 有相当部分农民专业合作社生产经营者的品牌培育意识不强。由于农民专业合作社的生产和经营者的主体是农民，他们深受传统农业生产经营方式和思想的影响，对农产品的生产和经营往往只停留在提供初级农产品或半成品的层次上，缺乏市场观念和品牌培育意识，缺少深加工的动力和培育产品品牌的意识。

2. 农民合作社的品牌培育机制还未形成。合作社的品牌培育作为一项巨大的系统的工程，它涉及合作社的方方面面。当前，很多农民合作社对商标、品牌等的认识很有限，不注重对农产品的包装形象进行改进和完善，缺乏有效的广告宣传和营销推广，无法通过建立完善的品牌培育机制来提高产品的质量，从而使合作社农产品品牌获得内在的支撑。

3. 农民合作社品牌整合力度不足，致使规避农产品市场风险的能力极其有限。当前，农民合作社在农产品品牌培育过程中对品牌的理解过于简单，很多合作社只停留在农产品推销阶段。另外，同一优势区域的同一农产品品牌的数量繁多，特色农产品品牌缺乏整合，经营成本和风险都很高。

4. 农民合作社品牌培育受资金及人才制约。在北京 5179 家农民合作社中，从合作社净资产情况看，100 万元以上的合作社占总数的 15.8%；不足 100 万元的合作社占总数的 49.4%。从合作社收入情况看，年销售额 100 万元以上的占 11.4%；年销售额不足 100 万元的占 16.7%。从成员入资情况看，入资 100 万元以上的占 7.6%；入资不足 100 万元的占总数的 41.6%；没有入资的占 50.8%。所以普遍来讲，合作社的规模有限，资金实力不足，这些农民合作社大部分有自己的品牌名称和品牌标志，但商标注册及农产品质量认证和标准化生产比例偏低。

5. 农民合作社农产品品牌产品科技含量较低，精、深加工不足，附加价值不高。小规模生产和松散型合作经营使农产品科技含量较低，很多农产品仅停留在初加工的阶段，农产品只发挥了其最原始和最基本的功能，市场竞争优势不明显。

五、北京市农民合作社农产品品牌培育的战略思路

一个农产品品牌从培育到形成品牌效应，一方面需要培养合作社农产品生产经营者的品牌意识，另一方面也需要政府相关部门从政策上、资金上给予支持，从环境上给予保障。

（一）农民合作社内部农产品品牌培育

1．培育农民合作社的品牌营销意识

目前，农民合作社品牌建设的一个重要问题是合作社缺乏品牌营销观念。当前首要任务应该大力培育农民合作社的品牌营销意识，特别是农民合作社的经营管理者要转变观念，树立农产品品牌意识和名牌意识，要充分认识到创建品牌，是提高农产品科技含量和商品化程度、促进农民增收的需要，是农民参与市场竞争、求得生存与发展空间的需要，这是实施农产品品牌营销的先决条件。要运用品牌兴农的典型实例引导农民，启发农民提高拥有品牌、重视品牌、利用品牌的积极性。最终达到用农产品品牌化战略来提升农民合作社长期的市场竞争优势。

2．提高农产品质量是塑造合作社品牌的基础

品牌是产品品质差异的标志，品牌之间的竞争实质上产品质量和服务的竞争，只有优质的产品才能优价，获得品牌带来的"溢出效应"。因此，农民合作社要创立名牌商标，必须以保证和提高商品质量为基础，要以上乘的质量奠定品牌的价值。

3．培育农民合作社品牌文化

品牌与企业文化息息相关，文化是品牌的根。一个品牌要想获得真正成功就必须有"文化"，因为只有这样才能获得社会情感和文化认同，这是一个品牌实现更大成功的基础和关键。合作社要依托当地农产品的生产历史、风土气息来丰富品牌的文化内涵，提升品牌价值。品牌

的文化内涵表现为品牌具有独特的性格特征，即品牌所表现的是目标消费群易于并乐于接受的某种价值，而这种价值就是合作社创造的、赋予品牌的、凸显合作社价值与组织文化的一部分。

（二）农民合作社品牌培育的外部环境优化

1. 完善合作社品牌推进的激励机制

外部激励往往是品牌创立的直接诱因。政府有关部门应借鉴国外发达国家扶持合作社推动品牌战略的做法，完善合作社品牌推进的激励机制。

2. 完善合作社品牌营销服务机制

由于政府在信息资源具有比较优势，政府有关部门应该充分借助现代科技和手段为合作社品牌化搭建公共服务和网络营销平台。一是搭建品牌信息服务平台。通过充分利用媒体广告、互联网等方式集中宣传、推介合作社品牌，重点介绍合作社的品牌经营战略、品牌产品、品牌政策、品牌信息等，为合作社品牌培育构建信息服务平台。二是搭建品牌交流平台。通过开展合作社品牌培育的专题报告、知识讲座、技术培训等方式，为合作社品牌培育构建品牌交流平台。三是搭建品牌宣传平台。认真总结各地合作社品牌建设的做法和经验，利用多种媒体宣传合作社品牌培育的成功典型的案例，不断提高合作社成员的品牌意识。同时，根据农产品消费特点，加强对潜在顾客宣传，培育新的消费点，从而为推动合作社的品牌发展营造一个良好氛围。

3. 完善合作社品牌保护机制

国外发达国家的合作社在实施品牌化战略过程中，无一例外地都制定多部法案对合作社的品牌战略行为进行保护，我国针对农民合作社的立法只有一部《中华人民共和国农民专业合作社法》，还需要法律部门积极制定有关合作社品牌评估、交易、保护和淘汰方面的法律法规。要加快引导各农民合作社通过品牌注册、培育、拓展、保护等手段，创建自身品牌，保护知识产权，努力打造以品牌价值为核心的新型农业。

4．进一步推动品牌产品与流通领域的对接

鼓励优秀的合作社品牌农产品进商场超市，加大对农民合作社品牌农产品进入流通领域的政策扶持。鼓励商场超市设立"农超对接"专柜，争取财政支持，由政府补贴知名品牌农产品超市入场费等费用。不断疏通拓宽农民专业合作社产品进入流通领域的渠道，既使优质产品和消费者获得双赢，又有利于提升农产品的品牌知名度，为农民合作社的进一步发展打下坚实的市场基础。

本章课题组成员

负责人：张秋锦

责任人：刘　树

成　员：刘　树　樊汝明　吴新生　韩　生　谷　莘　张　岩

第十二章　北京市农民专业合作社联合社发展问题研究

一、北京市发展农民专业合作社联合社的必要性

农民专业合作社联合社，顾名思义，就是以 3 个以上农民专业合作社为主体，自愿联合成立的经济联合组织。农民专业合作社作为一种连接农户和市场的新型农业经营主体，有效地提高了农民的组织化程度，增强了农户进入市场和参与竞争的能力。然而，北京市的农民专业合作社的发展总体上还处于初级阶段，大多数合作社发源于村级或乡镇一级。这些规模窄小而又分散的单个合作社难以在大市场中形成竞争力，难以在市场交易中提高谈判能力，对中间商的影响力十分有限。并且，由于单个合作社产品单一、产品数量规模小，也难以有效对接消费需求的多样化和客户订单需要。这就要求不断推进合作社组织制度创新，组建多种形式的联合社，扩大合作社的规模，增强合作社在市场竞争中的主动权，最大限度地实现农民成员的经济利益。

一是发展联合社是促进农民专业合作社发展、应对市场竞争的现实选择。随着改革开放的不断深入，越来越多的工商资本和跨国企业进入农业领域，合作社面临着日益激烈的市场竞争。农产品自身的属性决定了农产品生产市场接近于完全竞争市场，大量分散的小规模农户生产着相同的农产品，农户们只是作为价格的接受者，无法左右市场。而与农产品生产市场不同的是，农产品加工市场在许多情况下却是一种垄断竞争市场甚至是寡头市场，整个行业被少数几家企业控制，行业存在进入壁垒。在这种情况下，农户与企业谈判自然会处于不利地位。成立专业合作社以后，农户通过合作社与企业进行谈判，市场话语权得到了一定

的提升。但由于规模太小，农民专业合作社在与公司、超市等市场主体谈判时仍处于不利地位，一种更大规模的联合也就成了必然。合作社以产品和产业为纽带开展再合作，有助于集成整合资源要素，形成规模经济优势，改善定价权，从而改善市场结构。合作社联合起来，能够增强经济实力，更有条件向包装、储藏、加工、营销等领域延伸，拓宽发展空间，增强抗风险能力。合作社抱团发展，可以提高产品和服务的市场占有率，摆脱单兵突进、各自为战、受制于人的困境，提高谈判地位，维护自身权益，实现持续发展。

二是发展联合社是提高农业组织化程度，实现规模经济的重要途径。农业组织化程度低是制约现代农业发展的重要因素。目前，北京市的农民专业合作社大多规模较小，有的范围只限于某一个小的区域，有的只限于某一地域的单个品种，而且单个合作社的成员数仍较少。较小规模的农民专业合作社能为成员开拓一定的市场，但受其规模影响，并不能很好实现规模经济。与此同时，农户之间的技术服务支持、信息交流等资源共享不能得到很好实现。规模经济是农民合作组织最基本的运营手段和获利方式，农民合作组织的联合或联盟有助于在更大规模上实现规模经济。发展联合社，加强合作社之间的分工协作，提供农业生产、市场信息、产品销售等方面的服务，有助于在农业生产经营中实现更广范围、更大程度、更高层次上的联合与合作，形成运行规范、功能配套、优势互补的合作形态，有效提高农业组织化程度，增强农业社会化服务功能，对于加快构建集约化、专业化、组织化、社会化相结合的新型农业经营体系具有重要推动作用。

三是发展联合社有利于推动农业标准化，是"新三起来"实施重要的组织载体。随着农业科技化水平的不断提高，传统的农业生产方式已经日益不能满足农业生产的需要。农户需要不断学习先进、科学的生产方式和管理方式，同时购置机械化设备来提高生产效率，降低成本，满足市场竞争的需要。单个农户在接受新技术、新方法时会存在一定的困难，购买机械设备又会存在资金的不足。因此，加入合作社也就成了一个重要的选择。在北京市目前存在的合作社中，大多数规模较小，且大多以解决市场销售为主要目标，在农业技术推广方面投入并不多。联合社可以当地资源禀赋和产业优势，将关联度密切的合作社联合起来，扩大优势产业的区域规模，推动主导产业的培育和发展。同时，为了积极应对市场竞争，联合社在扩大经营规模的基础上主动引进推广新品种新技术，推行标准化生产，开展产品质量认证，促进农业的高产、优质、高效、生产、安全地发展，从而增加联合社及成员社效益。

二、北京市农民专业合作社联合社发展现状与特点

（一）北京市农民专业合作社发展的基本情况

截止到 2015 年 12 月底，北京市工商登记注册的农民专业合作社发展到 6330 家，比 2014 年的 6044 家增加 286 家。合作社正式登记注册的合作社成员 19.6 万名，辐射带动农户 23.7 万户，占全市从事一产农户总数的近 3/4。合作社资产总额 78.9 亿元，其中成员出资额 30.9 亿元。2015 年合作社总收入 79.6 亿元，实现盈余 9.2 亿元，其中提取公积金 0.9 亿元，盈余返还总额 4.2 亿元，分红 1.4 亿元，成员户均纯收入 1.4 万元。

表 12-1　北京市农民专业合作社数量统计表

项目＼年份	2007	2008	2009	2010	2011	2012	2013	2014	2015
专业合作社数量	1203	2082	3519	4353	4772	5179	5666	6044	6330
增加数	722	879	1436	835	419	407	487	378	286
年增长率（%）	—	73.1%	69.0%	23.7%	9.6%	8.5%	9.4%	6.6%	4.7%

在 13 个区中，密云、平谷两区最多，分别达到了 1261 家和 1199 家，其余分别为：怀柔区 788 家、大兴区 664 家、延庆县 627 家、房山区 569 家、昌平区 458 家、门头沟区 276 家、通州区 273 家、顺义区 203 家；朝阳、海淀、丰台三个区只有 12 家。这主要与朝阳、海淀、丰台作为城市功能拓展区，城市化水平较高，农业占全区经济发展比重较低的现状有关。

当前，北京市专业合作社发展呈现出以下几个特点：

一是以种植业和畜牧业为主，多元化产业共同发展。6330 家合作社中，以种植业为主业的 3782 家，占 59.7%；以畜牧业为主业的 1505 家，占 23.8%；以服务业为主业的 372 家（其中农机服务 159 家，民俗旅游 171 家），占 5.9%；以渔业为主业的 127 家，占 2.0%；以林业为主业的 180 家，占 2.8%；以手工业为主业的 56 家，占 0.9%；综合性合作社 308 家，占 4.9%。值得注意的是，按照北京市农业"调、转、节"政策要求，一些小散低的、散养或者不达标的畜牧养殖场要退出北京，畜牧业为主的合作社已经出现减少的苗头，占合作社总数的百分比较去年同期下降了 1.2 个百分比。

二是以农民领办为主体，多方带动促进发展。6330 家合作社中，领办人为农民的合作社有 5688 家，占 89.9%；领办人为企业法人的有 347 家，占 5.5%；领办人为村集体经济组织的 211 家，占 3.3%；领办人为事业和社会团体代表的有 84 家，占 1.3%。值得关注的是，随着合作社日益发展壮大，发挥作用日渐明显，合作社市场地位越来越被认可，很多工商资本、社会团体开始进入合作社领域，领办或者是参与合作社。企业法人领办的合作社、事业单位和社会团体领办的合作社占合作社总数的百分比均比去年同期增加了 0.1 个百分点，而农民领办的合作社占合作社总数的百分比却同比下降了 0.3 个百分点。

三是成员以村域内为主，跨乡镇、区县的合作社略有增加。成员分布在村域范围内的合作社 3630 家，占 57.3%；成员分布在乡镇域范围内的 1815 家，占 28.7%；成员分布在区县范围的有 748 家，占 11.8%，比去年同期的 707 家增加了 41 家；成员分布在全市以及跨省范围的有 137 家，占 2.2%，比去年同期的 119 家增加了 18 家。

四是以产加销一体化服务为主，服务功能日益增强。实行产加销一体化服务的合作社 5565 家，占总数的 87.9%；以生产为主的合作社 394 家，占 6.1%；以信息技术服务为主的合作社 207 家，占 3.3%；以购销服务为主的合作社 129 家，占 2.1%；以农产品加工为主的合作社 35 家，占 0.6%。2015 年，合作社为成员统一购买农业生产投入品总值 22.1 亿元，统一销售农产品总值 52.5 亿元。有 88 家合作社开展内部资金互助服务，互助资金总额 4520.59 万元。通过集中授课，观摩学习、示范指导等方式培训成员 37.8 万人次。

五是生产规模逐步扩大，农业标准化生产水平不断提高。2015 年，合作社种植农作物总面积 182.7 万亩，比去年同期的 177.2 万亩增加了 5.5 万亩，增长了 3.1%。全市拥有注册商标的合作社 356 家，比去年同期的 334 家增加了 22 家，增长了 6.7%；实施农产品生产质量标准的合作社 227 个，比去年同期的 202 家增加了 25 家，增长了 11%；21 家合作社获得专利技术；全市合作社拥有各类农产品质量认证达 689 个，其中得到有机产品认证 132 个、无公害产品认证 299 个。

六是示范社带动作用明显，规范化程度不断提高。截止到 2015 年，全市共培育创建市级示范社 216 家，占全市合作社总数的 3.4%。示范社成员总数 39795 个，社均 184 个；带动社外农户 69902 个，社均 324 个；资产总额 15.5 亿元，社均 717.6 万元；经营收入 39.8 亿元，社均 1842.6 万元。比非示范社分别高 4.9 倍、7.8 倍、4.8 倍和 13.7 倍。示范社在建立健全"三会"制度，规范财务管理、生产基地建设、标准化生产、统一各项服务等方面规范程度高，引领作用显著，大多数示范社达到了"可学、可看、可比"的示范标准。

（二）北京市农民专业合作社联合社发展的现状与特点

为全面了解北京市农民专业合作社联合社的发展情况，2015 年 9 月，课题组采取问卷调研的形式对北京市农民专业合作社联合社发展情况进行了普查。

对农民专业合作社联合社登记方面的最早规定是在 2013 年 12 月底，工商总局、农业部发布《关于进一步做好农民专业合作社登记与相关管理工作的意见》，其中指出，农民专业合作社联合社组织形式应当标明"专业合作社联合社"字样。此前，对于联合社的登记，并没有统一规定，各个区县实际操作不同，大部分联合社都登记为"专业合作社"。因此，课题组调查的对象也包括这部分实质上为联合社运营管理的，但登记为"专业合作社"的农民专业合作社联合社。

本次问卷调研共收到 29 份有效问卷。29 家联合社中，加入联合社的实有基层社共有 281 家，占 2015 年年底农民专业合作社总数 6330 家的 4.44%。联合社的资产总额为 1.94 亿元，在所有者权益中，成员出资为 7917 万元。2014 年，北京市农民专业合作社联合社总收入为 1.25 亿元，总盈余为 389 万元，其中，按交易量（额）返还 298 万元，占总盈余的 77%，按资金额比例返还 81 万元。虽然加入联合社的基层社数量不多，但其带动的农户数达到了 11.8 万，占全市从事一产农户总数的 35%。

从 29 家联合社的总体情况来看，主要有以下几个特点：

第一，联合社与专业合作社分布数量不匹配。从农民专业合作社联合社在全市的分布数量来看，延庆与通州最多，分别为 7 家和 6 家，其次是房山和顺义，都是 3 家，昌平、怀柔、密云、门头沟分别为 2 家，平谷和大兴各 1 家。农民专业合作社联合社与专业合作社在全市的数量分布不匹配，专业合作社数量最多的密云和平谷，联合社数量都不多。而延庆和通州专业合作社数量并不突出，但联合社数量却明显靠前。（表 12-2）

表 12-2　北京市农民专业合作社联合社与专业合作社数量分布对比表

单位：个

区县	密云	平谷	怀柔	大兴	延庆	房山	昌平	门头沟	通州	顺义
专业合作社数量	1199	1107	783	604	599	562	433	274	271	200
联合社数量	2	1	2	1	7	3	2	2	6	3

其原因或许可以从"获得财政扶持资金金额"这一项得到部分解释。在这一项目中，密云和大兴的联合社获得的资金扶持最多，但密云的资金大部分都支持了农合中心主办的北京栗联兴业板栗专业合作社的建设，大兴的扶持资金则全部支持官办的北京首邑兴农农民专业合作社联合社一家联合社。而通州联合社获得的扶持资金数额排第三，而且相对比较分散，分布于 6 个联合社中。延庆的联合社也获得了一部分，排第

四位。在调研中课题组还了解到，延庆区的部分乡镇政府还将农民专业合作社联合社的数量要求列为政府的"折子工程"，一些联合社的成立并非出自基层社实际的需求，完全是行政捏合的产物。由此可以推断出，政府的支持在联合社的形成与发展过程中发挥着举足轻重的作用。

第二，联合社成立时间晚但增速快。北京市首家农民专业合作社联合社为密云县的栗联兴业板栗专业合作社，登记注册于 2008 年 7 月。2013 年以前北京市的农民联合社增长速度较慢，每年仅新增 2—3 家，2014 年联合社数量出现跳跃式增长，达到 13 家，至 2015 年末，北京市的农民联合社数量达到 29 家。（详见图 12-1）

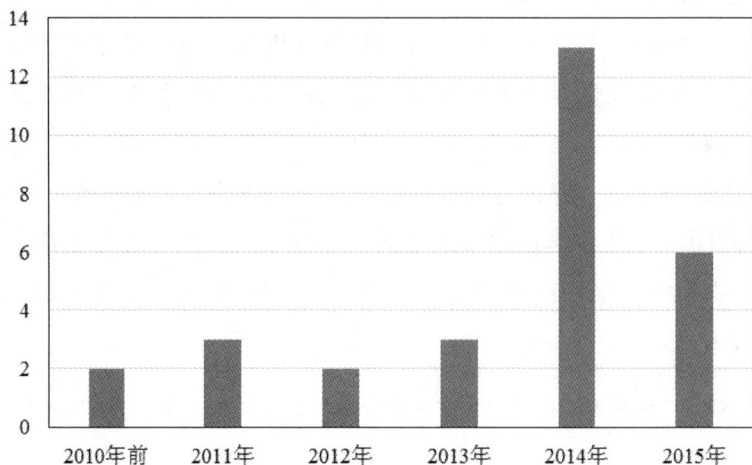

图 12-1　北京市历年成立的联合社数量

这种现象很可能与农民专业合作社联合社相关法律的完善有关。2013 年底，国家工商总局、农业部发布的《关于进一步做好农民专业合作社登记与相关管理工作的意见》中对合作社联合社的登记注册进行了明确的规定。此举被理解为政府对联合社这种新生事物的认可和鼓励，因此，2014 年会出现联合社成立数量大幅增加的状况。

第三，联合社所涉及行业以种植业居多。联合社所涉及的行业比种类较广，大部分联合社所涉及的行业都超过 2 个。在 29 家联合社所填写的调研问卷中，涉及种植业的联合社有 26 家，占样本总量的 90%；

服务业有 14 家，占比 48%；林业 11 家，占比 40%；畜牧业 6 家，占比 21%；手工业 4 家，占比 14%；渔业 2 家，占比 7%；其他服务有 3 家，占比 10%。

联合社的行业分布与专业合作社的行业分布有些类似，但服务业和林业所占比重比较突出。从联合社所属的行业特征来看，是从事服务业的专业合作社更容易形成联合社，还是组成联合社后增加了服务业的这些功能，仅从调研问卷的数据来看，并没有直接的结论。从调研问卷来看，联合社主要通过为其成员社提供生产服务和销售服务，实现成员利益的最大化。

第四，合作地域以乡镇、市区的联合为主。在 29 家联合社中，联合范围在村内有 10 家，占比 34%；在乡镇范围内的有 19 家，占比 66%；在区县范围内有 16 家，占比 55%；在市内范围有 15 家，占比 52%；跨省范围的联合有 11 家，占比 40%。

如何落实当前"京津冀协同发展"的战略，顺应北京市农业产业政策调整的形势，把北京市巨大的消费市场和河北省相对廉价的土地价格和宽广的土地面积结合起来，是我们现阶段面临的任务。农民专业合作社联合社这种形式很好地解决了这个问题，从实践上来看，实行跨省联合的联合社所占比重为 40%，顺应了当前的经济和政治形势，是双方政府都比较认可和提倡的组织方式。

第五，同类农产品专业合作社形成的联合社占多数。从实践来看，北京市农民专业合作社联合社主要表现为两种形态：一种是同类产品专业合作社形成的同业联合社，在本地问卷调研中，这种类型的联合社数量为 20 家，占样本总量的 69%；另一种是不同产品或产业专业合作社组成的异业联合社，这种联合社的数量为 9 家，占样本总量的 31%。

为了分析联合社的成立原因与其提供的服务类别是否具有相关性，课题组采用 Hotelling 提出的典型相关分析方法研究这两组变量之间的关系。在 29 份调研问卷中，联合社的成立原因和服务类别各自涉及 4 个不相覆盖的固定选项和一个主观答案。通过对问卷的主观答案进行分解，我们发现它们均可归入 4 个固定选项。合并后，得到四个成立原因变量和四个服务类别变量，分别记作（R_1，R_2，R_3，R_4）和（S_1，S_2，S_3，S_4）。根据某一选项是否被选中，将其转化为 0-1 变量。进一步分析调查结果，可以发现 S_2（销售服务）是所有联合社都提供的服务，即 S_2 与成立原因不相关，故将 S_2 变量剔除，以避免其干扰计算过程。

采用 stata 软件对整理后的数据进行分析，结果如表 12-3。可以看到，成立原因和服务类别的相关性在 95% 的显著性水平下通过了各类检验，表明二者存在明显的相关性。根据表 12-3，第一典型变量 U_1 和 V_1 的相关系数为 0.7237，而 U_1 和 V_1 分别与 R_1 和 S_1 高度相关，表明 R_1 和 S_1 存在高度的正相关。第二典型变量 U_2 和 V_2 的相关系数为 0.4690，其中 U_2 和 V_2 分别与 R_1 和 S_4 高度相关，表明 R_2 与 S_4 的相关性一般。继续提取典型变量，各因子之间的相关性开始变弱。

表 12-3　典型相关性检验结果

检验方法	统计量	F 统计量	P 值
Wilks'lambda	0.3473	2.3949	0.0136
Pillai'strace	0.8086	2.2140	0.0196
Lawley-Hotellingtrace	1.4512	2.4992	0.0096
Roy'slargest root	1.0998	6.5989	0.0010

表 12-4　典型相关模型

（1）相关系数=0.7237	$U_1=2.92R_1-1.14R_2+0.38R_3+0.51R_4$
	$V_1=3.74S_1-0.01S_3-0.51S_4$
（2）相关系数=0.4690	$U_2=0.96R_1+2.26R_2-0.10R_3-1.83R_4$
	$V_2=1.25S_1-0.95S_3+1.80S_4$

综合以上分析，我们得到如下结论：

1．联合社的成立原因与其提供的服务类别高度相关，成立的动机越复杂，提供的服务越多元化。

2．销售服务是各类联合社的核心服务内容，各类联合社均会向成员提供该服务。

3．联合社对生产资料供应、技术指导、开拓市场等的需求能够极大促进联合社向成员提供生产服务。

4. 联合社稳定客户、降低交易成本的需求能够促进其提供综合服务，但这种促进作用一般。

5. 其他因子之间的相关性不明显。

第六，多数联合社的组织机构比较健全。大多数联合社采取"三会治理"的模式：成员大会、理事会和监事会共同治理。成员大会是联合社的最高权力机构，29 家联合社全部设有成员大会，平均每家联社每年召开 2 次成员大会。社员大会主要负责审议、修改本社章程和各项规章制度，选举和罢免理事长、常务理事、理事，监事长、监事会成员以及制定和修改经营方略和发展计划等职责。有 28 家联合社设有理事会，作为成员单位股东代表大会的执行机构，理事会主要负责联合社的日常事务管理。有 25 家联合社设立了监事会，监事会主要代表全体成员单位和股东监督检查理事会和工作人员的工作。

三、北京市农民专业合作社联合社发展的几个典型案例

（一）北京大运福源农产品产销联合社

1. 组建与运作

北京大运福源农产品产销专业联合社成立于 2011 年 9 月，主要为解决当时普遍存在的农民专业合作社农产品"卖难"的困境而组建。

当时，通州区专业合作社发展还处于起步阶段，面临着规模小、实力弱、缺资金、少市场等主要问题，这些问题的困扰使专业合作社的发展陷入了瓶颈，"丰年增产不增收、农产品优质不优价"是当初专业合作社状态的真实写照。如何与市场对接，实现农产品的价值已经成为各个专业合作社面对的首要问题。

北京同乐福源种养殖专业合作社理事长张云和依托其 2006 年成立的亚泰福源食品有限公司在通州区消费市场上占有一席之地，该公司生产的刘老"饹馇饸"销售异常火爆，经常卖断货。大多数农民专业合作社都面临着开拓市场的需求，为了借助同乐福源种养殖专业合作社便利的销售渠道，同时丰富其农产品的种类，在通州区经管站的牵线搭桥下，

2011 年 9 月，由北京同乐福源种养殖专业合作社、北京手牵手养殖专业合作社、北京昊福乌鸡养殖专业合作社、北京五彩田园种植专业合作社、北京张家湾大运河果树专业合作社、北京张家湾秋红纯手工缝合棉被专业合作社、北京市前堰果品专业合作社、北京金诚众和生猪养殖专业合作社、北京裕群养殖专业合作社、北京聚牧源养殖专业合作社、北京七彩缘编织专业合作社、北京市潞兴手工编织专业合作社、北京欣源娟艺编织专业合作社、北京永旺山药种植专业合作社共 14 家农民专业合作社共同发起成立"北京大运福源农产品产销专业合作社（联合社）"，通过互助联销这种方式，共同开拓市场。联合社成员需缴纳一定数量的出资，出资额最低 1000 元，只限成员代表出资，联合社按当年同期银行存款利息支付出资额的利息。联合社注册资金 1.4 万元，2011 年 11 月 10 日完成工商登记，于 11 月 22 日正式挂牌经营。联合社主要通过整合资源优势，共同开拓市场的方式来为社员服务。联合社主要经营的产品包括：刘老"饹馇饸"、"运河人"牌贵妃鸡蛋、"秋红"牌纯手工棉被、"华陀陀"牌铁棍儿山药、有机猪肉及手工工艺品等，产品集聚了通州区农产品之精华，有一定的市场影响力。

联合社成立后，在市场开拓方面所做的主要工作有：一是统一市场品牌。联合社紧紧围绕特色农产品，实施品牌战略，推出"通州一号"精品产品，以黑花生、铁棍山药、手工棉被、有机猪肉、特色水果、乌鸡产品和蔬菜为核心设计七类包装，共投资 7.64 万元。二是整合销售渠道。联合社充分利用北京新亚泰福源商贸中心的销售网络，通过合作销售、代销、中间介绍等方式，把"通州一号"产品销往中、高端市场，销售单价平均提高 5%—10%，产品已销往 30 多家宾馆、饭店，仅 2012 年春节期间联合社实现销售收入 40 余万元。三是加强品牌宣传。联合社成立之初举行了隆重的揭牌仪式，揭牌仪式后，举办了为期一周的产品展销活动，并在《通州时讯》、通州电视台做了持续的宣传报道。积极参与 2011 年年底举办的"星湖园全国年货购物节及年货购物精品展销会"，向首都市民及全国消费者展示了联合社的产品。2012 年年初，通过通州电视台的专题报道，宣传推广联合社的产品和经营理念。

联合社制定了《北京大运福源农产品产销专业合作社章程》，设立了成员大会、理事会两级管理机构，并聘请了独立理事、执行监事。成员大会是联合社的最高权力机构，由全体成员组成，每年召开一次成员大会。理事会对成员大会负责，由三名成员组成，理事会成员任期三年，可连选连任。

此外，联合社还聘请了通州区经管站合作组织科委派独立理事，指导、监督专业合作社按照国家法律、法规、政策合法经营，独立理事行使下列职权：（1）按照《中华人民共和国农民专业合作社法》及国家政策把握专业合作社政策方向，对违反法律及国家政策的决议，有一票否决权；（2）指导、监督专业合作社的财政扶持资金运营；（3）参加理事会会议；（4）协助理事会做好成员之间的沟通和协调。联合社还设立执行监事一名，任期三年，可连选连任。

执行监事列席理事会会议。（1）监督理事会对成员大会决议和本社章程的执行情况；（2）监督检查本社的生产经营业务情况，负责本社财务审核监察工作；（3）监督理事长或者理事会成员和经理履行职责情况；（4）向成员大会提出年度监察报告；（5）向理事长或者理事会提出工作质询和改进工作的建议；（6）提议召开临时成员大会。

联合社的盈余分配主要实行按交易量返还、支付利息相结合的分配方式，分配顺序为：首先，年度产生的盈余，弥补以前年度亏损；其次，提取公积金10%，公益金5%；第三，支付出资额利息；最后，支付前三项后的盈余60%按与本社的交易额比例返还。

2．成效与问题

联合社成立之初，确实在促进农产品销售方面起到了一定的积极作用，其成效主要体现在以下三点：

一是通过统一品牌，扩大了市场影响力。联合社成立后，集聚了一批通州优质产品，如："饹馇饸""贵妃鸡蛋""手工棉被""棍儿山药""黄金梨"等，利用这些资源打造"通州一号"的品牌，优质优价的公平交易也提升了联合社的市场形象。此外，联合社还积极为北京西集王庄果林专业合作社销售苹果2000余斤，为北京德尔威食用菌专业合作社销售食用菌 3000 余斤。

二是改变营销理念,实现优质优价。联合社借助外力,通过合作销售,建立了稳定的中、高客户群近百家,从而实现优质优价的目标。同时也改变了农民专业合作社的销售理念,实行分级销售,与成员达成一致,筛选成员中的优质农产品,单独设计包装,统一品牌销售,提升了产品品质级别,销售价格得到大幅提升,解决了长期困扰专业合作社"优质不优价"的难题,使专业合作社的优质农产品得到了应有的高收益。

三是创新经营理念,实现共同增收的目标。联合社一直本着以高品质取得高收益的经营理念为宗旨,经营通州区"名、优、特、新"农产品,与专业合作社成员共同增收。2012 年春节期间销售北京裕群养殖专业合作社乌鸡产品 15 万元,销售北京永旺山药种植专业合作社铁棍山药 2.8 万元,销售北京市前堰果品专业合作社优质梨 1 万元,销售价格平均高于市场价 10%,北京市前堰果品专业合作社销售优质"黄金梨"的销售价格比市场价翻了一番,平均售价 10 元/公斤,社员取得了较好的收益,联合社的经营也得到了社员肯定。

虽然联合社的工作取得了一些成绩,但还存在两个方面的不足,主要表现在以下两方面:

一方面是联合的内在动力不够强。从联合社成立以来的运行状况来看,有联合有分离的经营现状导致联合社的内在动力不够强。在农产品销售旺季的时候,农产品供不应求,价格偏高,基层社往往更愿意自己销售,联合社面临着无产品可卖的困境;当农产品处于销售淡季的时候,产品积压在联合社或销售点,虽然能够销售一些,但这些积压的农产品占据了大量的空间并需要支付相当的储存成本,这个风险谁都不愿意承担。因此,最终的结果就是联合社与基层专业合作社在经营方面存在分歧,大多数成员社还是依靠自己原来的经营模式和销售渠道从农产品生产经营。

另一方面,联合社运营管理过分依赖于大户成员。基于大多数成员社经营实力有限的现状,联合社在发展初期主要依靠既有经济实力又有销售网络的个别成员社(现在主要是依靠理事长张云和的"亚泰福源食品有限公司"和刘老"饸饹饸"的销售渠道）开展经营活动。因此，联合社就面临着两重风险：一方面是由于利益分配不均导致的基层社或大户利益受损或者受益，从而导致联合社这种合作方式无法持续进行；另一方面，如果联合社长期过分依靠某个成员社，它的发展也面临着被个别成员社左右的风险。

3．思考与启示

在北京大运福源农产品产销专业合作社这个联合社中，其实联合社功能的尚未充分发挥出来，比如为基层社批量购买农资、进行生产布局、提供金融服务或者在市场上联合起来与下游企业进行谈判，而仅仅是将各个专业合作社的产品聚集在一起统一进行贴牌销售，即便不组建联合社，相信这种互助联销的方式各个专业合作社在实际运作中也多有涉及。而且，由于采取的是"包销"的形式，也削减了基层社通过联合社销售产品的积极性。

成立联合社的内在动力必须足够强，也就是说，必须源自于基层社的实际联合需求。北京大运福源农产品产销专业合作社这样的联合社利益连接点相对较少，基层社之间一直处于松散联盟的状态。我们认为，在联合社成立过程中，地方政府是否主导并不是关键性的问题，相反，如果基层社有实际的需求，而且政府能够协调各方的关系对联合社的发展是极其有利的。

（二）北京北菜园农产品产销专业合作社

1．组建与运作

北京北菜园农产品产销专业合作社成立于 2011 年 9 月，属于以销售为纽带、整合农业资源的产业链型的农民专业合作社联合社。

延庆县地处北京市西北部，三面环山一面临水，生态环境优良，是首都西北重要的生态屏障。延庆总面积 1993.75 平方公里，其中山区面积占 72.8%，平原面积占 26.2%，水域面积占 1%。平均海拔 500 米以上，境内的海坨山海拔 2233.2 米，是北京市第二高峰。这一切天然的优势都为有机蔬菜的生产提供了得天独厚的有利条件。北京绿菜园蔬菜专业合作社做的便是有机蔬菜的生意，但有机蔬菜生产周期长、投入高、见效慢，而且受专业合作社规模小的限制，生产往往跟不上需求的增长。北京绿菜园蔬菜专业合作社理事长赵玉忠意识到，如果能够联合全县的优质农产品专业合作社，建立一个功能强大的集生产、加工、包装、销售为一体的绿色农产品产销联合体，或许一定程度上能够解决生产规模无法满足需求增长的问题。因此，2011年9月，北京绿菜园蔬菜专业合作社联合延庆县12个乡镇的16家蔬菜种植、养殖、农产品加工、中草药种植等品类的专业合作社以及北京北菜园农业科技发展有限公司共17家单位成立了北京北菜园农产品产销专业合作社，注册资金688万。联合社以农产品销售为主要业务，依法为成员提供农业生产资料的购买，农产品的销售、加工、运输、贮藏以及与农业生产经营有关的技术、信息等服务。

联合社主要通过"统一农资供应、统一育苗、统一计划生产、统一病虫害防治、统一生产加工、统一销售服务"的"六统一"为基层社提供服务，通过每个环节的严格管理来确保产品的质量。

在有机蔬菜生产环节，北菜园积极探索和推行"滚动生产"的轮作种植模式，就是保持定植、生长的连续性，从而保持同一时间不同生育期的同种蔬菜在田间都有，也就是说同种蔬菜每天都有成熟可采摘的。其目的在于，一方面延长蔬菜的供应周期，实现均衡上市的同时，做到不间断的供应；另一方面给予耕作土地充分保护，使得土地营养元素均衡发展。

在有机蔬菜的流转环节，联合社建立了严密的产品流转监管体系，确保流转环节的产品质量。一方面，通过物联网技术监督主要生产区的主要技术指标；另一方面，通过二维码的使用，使消费者能够对产品进行实时监控。在销售环节，北菜园已成功建立"农宅对接""社社对接""农超对接"等多种销售模式，通过自建销售网络平台 www.beicaiyuan.com 和与京合农品、顺丰优选、我买网、沱沱公社、京东商城等多家农产品电商的合作，搭建了较为完整的线上销售网络体系。2014年，实现1100万元销售额，比上一年提高近30%；而2015年上半年已实现

900 余万元销售额。

在联合社运营管理方面，联合社建立了健全的《北京北菜园农产品产销专业合作社章程》，拥有成员大会、理事会、监事会三级管理结构。成员大会是联合社的最高权力机构，由各专业合作社的法定代表人组成，每年至少召开 1 次。理事会对成员大会负责，由 5 名成员组成，理事会成员任期 5 年，可连选连任。联合社的监事会由 3 名监事组成，设监事长一人，监事长和监事会成员任期 5 年，可连选连任，主要负责监督理事会执行情况和联合社的生产经营情况。联合社聘请了相关的经理层的人员，严格按照专业合作社法的要求，进行联合社的运营管理。

在联合社的盈余分配方面，主要按照成员与联合社的交易量进行返还，具体为：当年盈余扣除生产经营和管理服务成本，弥补亏损、提取 20%公积金和 5%公益金后为可分配盈余，年终可分配盈余 60%按与成员交易额比例量化为成员的份额，40%按个人股及发展股比例量化为成员和出资人的份额。此份额不参与专业合作社分红，成员和优先股出资人退出时，专业合作社收回并重新量化给现有的成员和发展股出资人。

2．成效与问题

北菜园联合社的经营状况在联合社生产实践中算是比较突出的，它依旧在持续经营并不断发展壮大。通过北菜园的案例，我们可以发现：

一是从宏观层面看，联合社的成立有利于生产要素的整合，增强了其发展的活力。北菜园产销联合社的实践证明，有条件和需求的农民专业合作社通过横向联合抱团组建成联合社，有效克服了单个专业合作社规模小、实力弱，对接市场、吸引资金、培育品牌、集聚产业、对外协调等"几难"，可以形成更大的规模化经营，使分散小规模农户形成有一定规模的企业化经营；再纵向发展与相关大公司、大市场对接采购农资、销售产品、联合融资等，拓展和提升服务功能，就形成一种立体式复合型现代农业经营体系，提升了生产经营的专业化、集约化、规模化、社会化水平，获得更大的规模效益，促进了转变农业发展方式，使联合社成为新型农业经营体系的组织载体。

二是通过合作社之间多种形式联合，促进形成规模经济，降低交易成本，有效提升专业合作社产品品牌影响力。本案例中，联合社创造了"北菜园"有机蔬菜品牌，并积极创新农产品营销方式，建立销售市场利益统筹机制，避免了专业合作社在产品销售环节上的自相竞争。联合社通过社区直营店、农宅对接、农超对接、直投菜柜、网络销售、周末车载市场等农产品直销形式，减少了中间环节的利益流失，降低了交易成本，同时使城市居民可以便捷地品尝到优质安全、物美价廉的农产品。联合社成为"促生产、保供应、畅流通、抑物价、惠民生"的重要载体。联合社创建了商标，着力强化品牌建设，对提高产品的标准化生产和质量水平、建立产品可追溯体系、确保质量安全水平、提升产品竞争力产生了积极影响。

三是通过建立专业合作社联合的机制，延伸产业链，创新农业产业化经营模式，为农民收入增长构建一种长效机制。联合社走出了一条生产、加工、销售一体化经营的全产业链发展道路；通过专业合作社之间的联合形成规模经济，农产品加工增值，降低交易成本，使专业合作社成员获得部分加工和流通环节的增值收益，对农业增效和农民增收产生了积极作用。

但在北菜园的生产实践中，也存在不少的问题：

一是政策支持力度不够。无论是农民专业合作社还是专业合作社联合社，与农业公司相比，各方面的支持政策力度远远不够。在《中华人民共和国农民专业合作社法》中，关于专业合作社的扶持政策是第七章的内容，分别从项目支持、财政支持、金融支持和税收支持方面做出了明文规定，但在各地具体的执行过程中，因为种种原因，合作社以及联合社得到的优惠少之又少。在调研中，北菜园联合社的理事长赵玉忠坦言，联合社与农业公司相比丝毫没有什么优越性可言，甚至还没有农业公司得到的支持政策多。由于联合社决策民主，按照法律规定，很多事情要开会员大会才能做决策，但基层社所处地域比较分散，开一次会员大会颇费周折，而且由于一人一票表决制，很多事情表决起来异常困难，并且，盈余还要进行二次返还。如果没有给予专业合作社或者联合社更多的政策优惠，则联合社这种新的生产关系的形式无法持续发展。

二是资金匮乏成为首要难题。首先，有机蔬菜的生产环节需要资金的持续投入。有机蔬菜生产是一项要求极高的农业生产方式，在形成和建立自然循环生态系统的过程中，投入品的持续投放是极为重要的环节，特别是目前比较欠缺的天敌的研发和使用，直接影响有机蔬菜种植的成功率和产品的品质，需要长期持续的科研和资金投入。其次，联合社采用的依然是极为原始的手工包装，存在较为严重的产品包装不规范的问题和严重的原材料浪费等问题，再加上消费者对产品整体的更高要求和品牌建设的要求，以及消费者对产品精细加工的需求和联合社对提高产品附加值的需要，升级产品的加工包装环节也已是刻不容缓的问题，这同样也需要资金的支持。最后，在农产品的销售环节，由于有机菜成本高，产量低，价格自然就高。价格一高，就需要到高端市场去销售，但一个农民专业合作社联合社无力支付高昂的市场营销费用，开拓的市场资源受到很大的资金限制。

三是人才短缺难题待解。人才匮乏一直都是联合社乃至专业合作社面临的问题，不仅缺乏生产技术人才，更缺乏营销和管理人才。合作社成员和工作人员平均年龄在 40 岁左右，大部分只具有中专、高中的学历层次，难以满足联合社对财务管理、物流配送、电子商务等专业岗位的需要。另一方面，合作社经济实力比不上大公司、待遇不高，难以吸引并且留住专业的人员。要想解决这一问题，需要建立一个长期的、持续性的有效机制。

3. 思考与启示

一个联合社是否能够持续运营下去，很大程度上与理事长个人有莫大的关系。除了懂农业、懂市场、有管理能力之外，其实，对理事长最高的要求是还得有一定的奉献精神。其实，中国的大多数农民所参与的环节大多都局限在生产环节，理所应当地也应该享受到生产环节的利润，至于后续的加工和销售，农民的参与程度非常低，所以，大多数专业合作社仅仅做到生产环节利润与农民分成，这就是专业合作社发展的现状。而北菜园联合社却做到了其他环节的盈余也与成员社之间进行分成，尽管是专业合作社法的要求，但在实践中能够做到也非常难得，这样能够让渡一部分利益的结果使得北菜园联合社能够持续运营。

联合社之所以能够持续运营的很大一部分原因还在于，虽然北菜园的成员社数量多，但大部分专业合作社和公司都从事相同或者相关产业，属于同一个产业链条上的合作，这样的合作才能实现资源互通、优势互补，才能共同成长壮大。在联合社的发展过程中，北菜园也淘汰了一部分合作业务较少或者业务往来不密切的基层社，现在参与合作的基层社保留了 7—8 家，这也从另一个侧面说明，必须是同业（相同产品或者处于相同的产业链条）的社会主体利益联结更紧密，能够联合在一起做大做强。

（三）北京栗联兴业板栗专业合作社

1. 组建与运作

北京栗联兴业板栗专业合作社成立于 2006 年 8 月，当时主要为解决板栗销售问题而自发成立的板栗专业合作社联合社。

密云区为燕山板栗重要产区，分布于密云水库周边的 10 个乡镇，形成了环密云水库的板栗产业带。全区板栗种植面积达 30 万亩，板栗总产量 1.3 万吨，品种为燕红、燕昌、燕丰、燕魁等。2008 年国家工商行政管理总局商标局授权密云板栗地理标志保护产品"燕山板栗"。早在 2001 年，密云在北京市率先提出退出传统粮食生产，进行产业结构调整，大面积推广板栗种植。为了让板栗既卖得出去，又卖出一个好价格，让农民增收，发挥产业效益，2004 年，在当地政府的引导和支持下，在板栗主产区大城子镇大龙门村成立了第一家板栗种植专业合作社。当年有 60% 的农民入了社，并由政府搭台与绿润、家田食品有限公司进行了社企对接，当年的价格就比不入社的栗农提高了每斤 1 元钱左右，企业付给专业合作社每吨 500 元的组织费，农民看到了效益。到 2005 年全区组建了 40 多家板栗种植专业合作社。由于基层板栗专业合作社的成立，把一家一户分散的农民组织起来，既解决销售中遇到的难题，又成为农民进入市场的桥梁和纽带；既提高了产品竞争力，促进了农村经济发展，又推动了板栗产业化经营。但随之反映出来的问题是：因市场行情信息不沟通，导致专业合作社与专业合作社之间销售价格最高相差0.5 元/斤，基层专业合作社纷纷提出要求组建联社，统一打造全区板栗品牌，提高市场竞争力，整合资源，变单体经营为整体出击。2006 年 8月，由 5 个基层板栗专业合作社负责人共同发起，基层社自愿加入，成立了第一家农民专业合作社的联合组织——密云区板栗合作联社。合作联社的成立，在板栗种植技术、市场供求信息、开拓市场、打造品牌、组织销售、教育培训等方面发挥了重要作用，同时走出去了解、分析、掌握板栗收购价格，在板栗销售期间每天向基层专业合作社公布板栗市场价格，改变了过去因单打独斗，分散经营，竞争力不强的不利局面。

随着板栗产业的不断发展，联社发挥了重要的平台作用，很多板栗专业合作社纷纷要求加入合作社联社，至此，全区主导产业——板栗又迈进了新的发展时期，2010 年 3 月，北京栗联兴业板栗专业合作社走上了由政府参与，基层专业合作社为成员的新合作之路。

联合社主要通过制定政策扶持引导、外推品牌内联厂商、举办活动做宣传和健全机制监控督导的方式来为基层社提供服务。

在政策扶持引导方面，一是鼓励专业合作社实施板栗有机食品认证。对取得有机证书的专业合作社，每个给予 2 万元的资金扶持。支持有机板栗基地建设，在施用有机肥、捕食螨、石硫合剂等生产环节给予扶持。经验收合格后，对认证未满 3 年的有机果品基地每亩补贴 150 元；对认证已满 3 年的有机果品基地每亩补贴 30 元。二是支持板栗主要产区利用赤眼蜂现代生物技术防治板栗桃蛀螟。经验收合格后，在赤眼蜂的生产繁育等环节每亩给予 10 元的资金扶持。鼓励科研单位、企业、专业合作社或农户，开展板栗新品种研究、引进、推广以及新技术的试验、应用、推广等。对获得市级以上科技进步奖的给予一定奖励；对推动板栗产业健康发展、增加农民收入贡献突出的给予特别奖励。三是鼓励企业和个人收购、加工、销售密云板栗。对以不低于市场价格收购密云板栗达到 100 吨（含）以上的企业或收购商给予奖励，奖励标准为：收购有机板栗给予每公斤 0.5 元的奖励，收购普通板栗给予每公斤 0.2元的奖励。四是支持开拓市场。支持企业、经销商、专业合作社、农户建立密云板栗专卖店。对在全国范围内设立密云板栗专卖店，与密云县板栗生产基地形成稳定购销关系，并销售密云板栗，每个专卖店给予 2 万—3 万元的一次性奖励。

在外推品牌内联厂商方面，由密云板栗联社组成两个小组，分赴河北、上海、长春等省市，外联经销商，推介密云板栗，洽谈板栗供销事宜。联合社先后组织板栗加工龙头企业、板栗经销大户与全区 81 家板栗专业合作社进行对接，规范采购流程，促进板栗收购市场稳定有序发展。

在举办活动做宣传方面，板栗联社每年都会举办密云板栗经贸洽谈会。同时，联合社还通过广播、电视、网络（中国板栗网）、报纸等媒体，宣传"密云板栗"及板栗营销政策；对密云板栗进行全方面的宣传报道。此外，板栗联社负责组织基层专业合作社参加板栗营销订货会；负责提供板栗收购期内购销及价格信息；板栗联社根据客户要求，提供仓储、周转、运输平台。

在健全机制监控督导方面，建立了监控、价格发布、巡视督查等密云板栗营销保障机制，制定了板栗收购、销售、奖励的具体工作流程，建立了企业准入、日价格公布、销售台账、督查审核等工作制度。严格按流程界定政策准入企业，做好每日板栗市场价格公布、确认，履行确认手续。做到了公平、公正、公开，达到了企业收购流畅、栗农收益的良好效果。

2. 成效与问题

联合社转为"官办"之后，其功能与密云区农合中心的职能融为一体，其主要成效体现在：

一是提升了密云板栗的知名度。通过举办一系列的板栗营销活动，达到了宣传生态密云、宣传密云农业、宣传密云板栗的效果。使全国各地的农产品销售商加深了对密云的了解，提升了密云板栗的知名度，为进一步合作创造了前提。

二是进一步提高了农民组织化程度。政府的直接参与，更好地落实了板栗营销的各项政策，发挥了板栗联社的作用。相关部门和乡镇密切协调，为促进板栗销售提供了有力的组织保障。各基层板栗专业合作社充分发挥自身作用，及时掌握市场动态，与收购商建立诚信收购合同，有效地保障了板栗的供销顺畅。通过板栗专业合作社联合社，实现了栗农与板栗加工企业（商户）的有效衔接。在联社的带动下，农民的利益得到了有效保护，收入也不断增加。

三是进一步增加了板栗经营收益。联合社通过建立市场价格发布机制，及时了解板栗销售市场动态，确保了板栗卖上好价钱。2009 年全县 19 个服务站共收购板栗 9000 吨，其中 8500 吨高于当天的市场指导价，密云的板栗每公斤比周边板栗主产区高出 1 元；栗农户均增收 1000 元。同时，板栗未出现积压、赊账等现象。2011 年板栗交易价格适中，均价在每公斤 9.9 元，比周边区县每公斤高出 1—1.5 元。

3．思考与启示

政府相关部门直接参与联合社的运营管理，对农民来说各有利弊。其有利之处在于：政府拥有雄厚的资金实力和相应的优惠政策，可以精准地做自己想做的事情，成效往往还比较显著；而且，政府拥有各类市场主体都不具备的协调能力，在需要协调沟、通统筹谋划的时候，这类事情由政府出面将非常顺畅。但其不利之处也是显而易见的，联合社作为非市场主体，其运作更多体现的是政府的意图，从而缺乏对市场的敏感度。其实，这个联合社的功能在于指导和协调密云县整个板栗行业的发展，其功能有些类似于联合会，只是名称不同而已。

四、北京市农民合作社联合社发展的几个问题

（一）人才短缺难题待解

无论是在调研问卷中，还是实地走访中，北京市农民专业合作社联合社反映最急迫的还是人才紧缺的问题。29 份调研问卷中，有 15 家联合社不同程度地提出了这个问题。延庆区北京北菜园农产品产销专业合作社提出："虽然我们通过建设'田间学校'等方式来提高种植农户的综合素质，但这还不能从根本上解决当前面临的人员素质总体过低的问

题。"平谷区北京绿谷沃丰果品产销农民专业合作社联合社由 9 家经销果品的基层合作社组成,但每次召开会员大会,这 9 家基层合作社都"吵"得不可开交。究其原因，这 9 家合作社的市场实力相当，谁都不服谁，又缺乏专业的职业经理人，导致决策困难。

在调研中，我们了解到，与普通的农民专业合作社相比，联合社更需要懂经营、会管理、能销售的专业人才。尤其是当前信息技术日新月异、市场行情瞬息万变、发展机会稍纵即逝，对联合社的经营管理人员素质提出了更高的要求。一方面，目前绝大多数联合社的经营管理人员都由成员社的工作人员兼任，这些管理人员本身文化水平低，也没有经过专业的培训，无法满足联合社生产实践发展的要求。另一方面，农民专业合作社联合社属于新生事物，经济实力不强，工作条件差，工作环境相对比较艰苦，难以吸引和留住高素质的人才。

（二）资金匮乏问题严重

在调研中，延庆区北京北菜园农产品产销专业合作社理事长赵玉忠提出，在有机蔬菜生产环节的害虫天敌的研发和使用、加工环节的升级产品包装、销售环节的高端市场营销都需要持续的资金投入，资金匮乏的问题始终困扰着联合社的发展壮大。平谷区北京互联农业服务专业合作社联合社是一家为果园生产全程提供机械化、社会化服务的联合社，由于联合社成立伊始，面临着成员出资不足以支付服务机械、生产基地建设、示范现场会推介的资金需求的问题。

融资难的问题一直困扰着合作社的发展。能提供有效的抵押品和担保是衡量合作社承贷能力的基本标准，也是金融机构发放贷款的基本条件。就土地而言，农民专业合作社只有土地的使用权，而没有将土地资产作为抵押的权力。就建筑物、住宅而言，当前大多数农民专业合作社所拥有的办公场所或加工厂房用地均为租用，按照现行法律，无法作为融资的合法抵押物。此外，合作社的财务记录大多不完整，管理不规范，使得金融机构无法对其进行规范的信用评估，从而阻碍了农村金融机构对合作社的授信和贷款。建立在合作社基础之上的联合社，在这些问题上并没有取得实质性的进展，反而被联合社放大。由于联合社综合协调生产、加工、销售等多个环节，平衡参与联合的各方利益，需要在扩大规模的基础上提高效益，投资需求也相应较高，资金匮乏的问题更突出。

（三）政府服务手段缺乏

联合社发展刚刚起步，面临的问题和困难也比较多。很多联合社的运行机制不健全，缺乏有效的管理制度，已经建立的制度很多也流于形式，不少联合社还出现了管理不民主，决策一言堂的问题。有的联合社并没设立独立的成员账户和交易记录，与合作社的业务并没有进行独立核算，管理不规范的问题一直存在。对此，政府缺乏行之有效的管理手段。

不仅如此，在联合社具体的生产实践中，联合社发展也面临着诸多的困难。新的农技研究和推广缺乏相应的人才与资金、土地使用缺乏必要的支持、无论财政还是税收并没有针对联合社的倾向性优惠等。对此，政府还没有制定或采取相应的政策或手段为联合社发展扫除障碍。在29份调研问卷中，8家联合社希望政府能够采取有效措施为联合社的农技推广和技术指导创造条件；7家联合社希望政府可以为联合社在用水、用电、土地使用方面制定适当的优惠政策。

（四）面临"互联网+"挑战

无论合作社之间采取何种类型的联合，共同销售农产品都是联合社所提供的至关重要的一项服务。一方面，主要农产品经过11年连续增产，大都出现供大于求的局面，蔬菜生产量甚至超过需求量的1/3，在信息不对称的情况下很容易出现劣币驱逐良币现象，即质量好的农产品反而卖不出去。联合社面临着同样的难题。另一方面，中央"八项规定"出台以后，很多依靠传统的政府采购为主要销售渠道的合作社大都面临着重新寻找市场的压力。电商的出现改变了这一困境。一方面联合社可以根据电商数据，开展定制生产，进行精深加工，综合利用各种资源提高劳动生产率；另一方面，通过农产品进行网上众筹、认领的模式，可以解决联合社发展资金短缺的问题等，这样就极大地拓展联合社的发展空间，使联合社摆脱狭小地域的限制，走向全国甚至全世界，意义重大。

与此同时，联合社发展电商也面临着诸多风险：电商模式的有效选择、完整的供应链体系支撑（包括产品标准、包装与保鲜、品控检测、质量追溯、物流选择、售后服务等）、品牌的培育和创建、与龙头企业的关系等，这些纷繁复杂的环节无一不需要联合社进行深入细致的研究与缜密的安排部署。

五、北京市发展专业合作社联合社的政策建议

（一）强化人才培养

联合社不是农民专业合作社的简单叠加，联合社的合作层次更高、利益关系更复杂、运行管理难度更大，对人才的要求也相应更高。要鼓励和支持联合社建立长效的人才管理办法与人才引进机制，可以采取"送出去，请进来"的办法。一方面，支持联合社将技术骨干、业务骨干送到高等院校、培训机构、营销公司进行专业培训，重点培训联合社的市场营销人员，尽可能地满足联合社发展的业务需求。另一方面，支持联合社引进专业管理人才与专业营销人才，积极探索在联合社设立"职业经理人""市场营销经理"等岗位，如果条件允许，将其纳入"大学生村官"计划，吸引大学生到联合社从事内部管理与市场营销工作。

（二）鼓励金融创新

联合社业务的开展、规模的扩大、管理成本的提高、产业链条的延伸、为成员社和成员提供更好服务的内在要求等，都对联合社的资金提出了更高的要求。因此，有必要建立联合社资金扶持的长效机制。一是积极探索建立北京市农民专业合作社信用评价体系。与有关金融部门合作，选择部分发展态势良好的农民专业合作社市级示范社进行调研，初步探索建立一套符合北京市农民专业合作社发展现状的信用评级指标体系，使其成为金融机构向合作社提供金融服务的有效工具，并促进合作社改进内部管理和规范运营。二是努力强化金融扶持。在财政支持下与北京市农业融资担保有限公司合作，为农民专业合作社联合社业务发

展提供贷款担保；在有条件的地方，地方财政可以考虑予以联合社相应的贷款贴息。三是支持区级各政府探索设立"联合社专项扶持资金"，主要用于支持联合社厂房建设、机器购买、农产品深加工及先进生产技术推广和人才培养等。

（三）强化政府支持

联合社是在农民专业合作社的基础上自愿联合组建而成的，从本质上说仍属于合作社。如同合作社一样，农民专业合作社联合社的发展同样离不开政府的推动和扶持，但必须有个度的限制。现有的农民专业合作社之间大多比较封闭，缺乏必要的信任和合作基础，单个合作社对其他专业合作社难以具有较强的权威性。政府的利用自身的资源优势进行适当的介入，也就成为一种需要。政府可以通过购买服务的方式为联合社提供相应的指导与服务，但不应直接参与联合社的经营管理，否则会出现一系列不必要的麻烦。

从本质上讲，农民专业合作社联合社属于大型的农民专业合作社，应享受专业合作社的优惠政策。同时，联合社也有区别于专业合作社的特性，它们对保障粮食安全贡献更大、资金需求更旺盛、系统风险更集中、配套设施建设需求更强烈，要积极研究制定针对联合社自身特点的政策措施。可以考虑在农业补贴、项目资金、财政奖补等方面给予倾斜，减免农产品精深加工所得税、增值税，在信用评级、信贷担保、贷款贴息等方面加大政策支持，增加农业保险险种、提高保费补贴标准，优先保障配套辅助设施建设用地等措施来强化对联合社的扶持。

（四）把握互联网机遇

电子商务引起经营方式的变化，势不可挡地影响并冲击着联合社的发展。因此，在当前基于互联网的信息化时代，联合社发展必须树立互联网思维，突破地域、时间界限，创新营销模式和服务方式，构建线上线下交织运行的新模式。

一是因地制宜选择恰当的电商模式。联合社要仔细甄别供求信息发布、自主经营网店和委托销售等几种模式的优劣，根据自己的实力和需求，选择恰当的电商模式。

二是严格遵循电子商务的销售规律。农产品要在网上销售成功，需要完善的供应链体系支撑，包括品牌文化、设计文案、产品标准、包装与保鲜、品控检测、质量追溯、物流选择、售后服务等系列工作。合作社要督促农户严格遵循并需要以消费者为导向调整产品结构与生产方式。

三是大力培养和促进电商的品牌化。在互联网时代，农产品的销售也要"讲好故事"。倘若没有品牌化引领，合作社的产品势必会陷入低价竞争的泥潭。

四是品质保证是电子商务生存的基础。做电子商务最不能忽视的是农产品的品质。这一点相信很多人有共识，在当前国内食品安全问题不断曝光的情况下，保证食品安全，保证农产品品质就非常关键。

五是用战略眼光看待电子商务的发展。电子商务需要较长的投入期和培育期，先期效益不明显甚至亏损也属正常，需要合作社预先留出这样的空间。

本章课题组成员

负责人：熊文武

组　长：任玉玲

成　员：杜力军　韩　生　白　雪　王宇新

执笔人：王宇新

2016 年 1 月

第十三章　平谷区新型农村信用合作组织试点与研究

随着郊区农村经济的不断发展，农村集体及农民对生产资金的需求日益显现，迫切性进一步增加。在现有农村金融体系中，由于农民缺少有效抵押物，很难从正规金融机构取得贷款。以追求利润最大化为目标的商业银行面对农村金融市场严重的信息不对称、农村经济的高风险低回报等特点，只愿在农村地区吸收存款，放贷的积极性却不高。农村经济发展中的融资难问题已经成为阻碍"三农"发展的重要原因。

新型农村信用合作组织是近年来在全国范围内出现的、内生于农村经济并真正符合合作制原则的农村合作金融组织，它建立在传统农业社会血缘、亲缘、地缘关系的"熟人社会"基础之上。由于当今农村社会的信息较为透明，农民之间关系密切、来往频繁，在发生各种经济行为时，农民往往会选择减少违约行为来维护自己良好的信誉记录，以避免被这个社会所排斥而影响到其个人的经济利益，因此，农村社会内部的信用体系较为稳定。农村信用合作组织正是建立在这种稳定的信用体系之上，它避免了金融机构与农户之间的信息不对称问题，并且管理成本少，不良贷款率低，在我国农村金融体系尚不完善的情况下，在一定程度上满足了农民的贷款需求。北京地区的农村信用合作组织主要依托于农民专业合作社，在合作社内部开展资金互助。本课题的初衷即是通过成立社区内的信用合作组织增加农村金融供给，满足农民的金融需求。

一、农村信用合作组织的概况

（一）农村信用合作组织的概念

信用合作组织是分散的、小规模的生产者为了解决经济活动中的困难、获得某种服务，依照自愿开放、民主管理、自主自立等合作制原则组织起来的一种经济组织形式。本课题研究的对象主要为农村合作金融领域内的信用合作组织，是"社会经济人在经济生活中，为改善生产和生活条件、获取便利的融资服务，按照自愿入股、民主管理、互助互利的原则组织起来并主要为入股者提供融资服务的一种信用活动组织"。[1]

世界各国农村信用合作组织主要以德国雷发巽合作原理和英国罗虚代尔合作制原则为基础建立。德国是合作金融组织的发源地，最早在 19 世纪中叶，德国人威廉·雷发巽作为一市之长，针对当时大革命冲击下农民所处的困境，模仿城市手工业者组成社团的形式，将农民组织起来，创立了农村信用合作社，后来在世界各地得到普遍推广。罗虚代尔原则来源于 1844 年诞生的世界第一个成功的合作社——罗虚代尔公平先锋社，该合作社由罗虚代尔镇纺织厂的工人成立，它成立后制定了章程，作为每个会员必须遵守的准则。历经一百多年的时代变迁，合作制原则进行了多次调整，但罗虚代尔原则的基本精神——自愿与开放、民主管理一人一票、社际合作等等均被保留了下来。1995 年 9 月，国际合作社联盟 100 周年代表大会在英国曼彻斯特举行。大会产生并通过了国际公认的合作原则，其内容为：（1）自愿和开放的社员原则；（2）社员民主管理原则；（3）社员经济参与原则；（4）自主和自立的原则；（5）教育、培训和信息原则；（6）合作社间的合作原则；（7）关心社区的原则。

（二）日本及台湾农村信用合作组织简介

在欧美国家，农村合作金融的表现形式主要为合作银行。由于发达国家多倡导资本化的大农业之路，所以很多农户都是以农场主的形式存在，其拥有的资产较多，能够满足金融机构的信用审查要求。在亚洲，日本的农村合作金融发展取得了显著成效。第二次世界大战后，1947 年日本颁布并实施了《农村协同组合法》，农民按照民主、自愿的原则开始建立合作社，称作农业协同组合，简称"农协"。经过半个世纪的发展，日本建立健全了农户—基层农业协同组合（市、町、村）—都、道、府、县农协中央会—全国农协中央会（农林中央公库—农林中金）的组织机构。农业产业化进程需要金融系统的大力支持，因此，为农户提供金融服务是日本农协的重要业务之一。中层农协机构，即都、道、府、县农协中有专门从事信用业务的联合会—信用农业协同组合联合会（简称信农联）。其信用贷款以会员的存款为基础，贷款主要用于农民的借贷、农协经营的周转金，其贷款利率通常低于其他社会银行，一般不需要担保。信农联服务的对象为缺少资金的农民，而农业自身高投入低回报的特点均给合作金融带来较大的风险，为此，日本政府在农协成立农林中央金库时就投资 20 亿日元，大力支持日本农村合作金融的发展。此外，日本政府还制定了一系列法律法规，如《农业协同组合法》《临时利率调整法》《农林中央金库法》等，形成了健全的农村合作金融法律体系。

台湾第一个农会成立于 1899 年的三角涌（现台北县三峡镇），是农民自行组织起来要求减租的组织，发展至今已有百年历史。台湾农会是以"保障农民权益、提高农民知识技能、促进农业现代化、增加生产收益、改善农民生活、发展农村经济"为宗旨的多目标、多功能的农民团体，农会在农村中拥有非常高的威望和信用，所以农户一般都会将存款存入农会信用部，并从信用部贷款从事农业生产，逐渐形成了一种互助型信用体系，贯穿于农产品产储销全过程。台湾《农业金融法》于 2004年 1 月 30 日正式施行，农业金融主管部门——农业金融局亦于同日挂牌成立。政府部门的引导和法律的保障有效地推进了农会工作的开展。

（三）我国农村信用合作组织的分类

我国农村信用合作组织可分为两类，一类是官方一手操办的农村信用合作社，一类是以农民为主体的信用合作组织。

1．官方一手操办的农村信用合作社的分类

农村信用合作社本应是由农民入股，以农村为业务区域，实行社员民主管理，主要为社员提供金融服务的金融组织。其主要资金来源应为合作社成员缴纳的股金、留存的公积金和吸收的存款。然而，新中国成立后成立的农村信用合作社均是在行政指令下组合而成的名义上的合作组织，从一开始就不符合"自愿、互助合作、民主管理"等合作制原则。最初的农村信用合作社，大部分出资来自国家，农民的出资只占很少部分。多次整顿改革中，农村信用合作社两次下放由人民公社、生产队管理；两次收归银行系统管理；演变至今，其合作金融的性质所剩无几。2004 年，根据国务院《深化农村信用社改革试点方案》，农信社移交给省级人民政府管理，并按照"国家宏观调控、加强监管，省级政府依法管理、落实责任，信用社自我约束、自担风险"的要求，构建新的管理体制。此后，各地农村信用社纷纷向商业银行转制。如始建于1951 年的北京市农村信用社，于 2005 年改制成立为北京农村商业银行股份有限公司，是国务院批准组建的首家省级股份制农村商业银行。上海、天津等地的农村信用社均改制为农村商业银行。

由于我国农村信用合作社背离了合作制度本身的原则，在 20 世纪 80 年代中期至 90 年代末，我国还出现了一种农民合作金融组织——农村合作基金会。1983 年，黑龙江、辽宁、江苏等地的一些乡村，为有效地管理和用活集体积累资金，利用所统管的集体资金在乡村集体经济组织成员之间有偿借用，进行内部融资，其经营活动归农业部而不是中国人民银行管辖。截至 1991 年，全国已建立合作基金会的乡（镇）达 2 万余个，村近 13 万个，集合可供融通的资金近百亿元。在经历过 90 年代初的高速扩张后，部分合作基金会重蹈信用社的覆辙：受行政干预严重，缺少监督机制，经营效益明显下滑。在 1997 年年末开展合作基金会的整顿后，四川、河北等地出现了较大规模的挤兑风波。1999 年 1 月国务院发布 3 号文件，正式宣布全国统一取缔农村合作基金会。

2. 以农民为主体的信用合作组织分类

（1）获得金融许可的农村资金互助社

2006 年 12 月，中国银监会颁布了《关于调整放宽农村地区银行业金融机构准入政策，更好支持社会主义新农村建设的若干意见》，提出农村地区的农民和农村小企业可以发起设立为入股社员服务、实现社员民主管理的社区型信用合作组织。2007 年进一步出台了《农村资金互助社管理暂行规定》《农村资金互助社组建审批工作指引》《农村资金互助社示范章程》等，确定首先在四川、青海、甘肃、内蒙古、吉林、湖北 6 省（区）农村地区开展试点。2007 年 3 月 2 日，全国第一张农村资金互助社金融许可证颁发给吉林省梨树县闫家村百信农村资金互助社。2007 年 10 月中国银监会宣布，试点省份从之前的 6 个省（区）扩大到全国 31 个省（区）。按银监部门的规划，到 2009 年底，全国可以试点设立农村资金互助社 59 家；截至 2013 年 6 月末，全国共有 49 家农村资金互助社获得金融许可证。

（2）扶贫性质的资金互助组织

扶贫性质的资金互助组织或以财政扶贫资金为主要资金来源，或由社会公益组织倡导发起，是以农民个体和企业自愿入股资金为辅助，向组织成员提供资金融通服务的非营利性组织。此类合作组织的成立虽有政府部门或公益组织引导，但组织的发展和运行仍以农民为主体。其不仅解决农民生产上的资金需求，往往还注重社区内的基础设施建设、提高社区医疗卫生水平等公益事业。目前四川省试点互助社即以此类形式为主，主要通过世界银行和四川省扶贫办开展的项目推进。

（3）未取得金融许可的农村资金互助社

目前在全国各地仍存在很多未取得金融许可、农民自发组建的农村资金互助社。它们因达不到银监会规定的市场准入条件而无法取得经营资质，在实践中却部分地满足了农民的融资需求，为农村的发展提供了一定资金支持。此类合作组织在全国多个省市均有分布，无外部监管，仅由组织成员负责内部管理，处于自我管理、自我发展的状态。

（四）发展农村信用合作组织的意义

1. 信用合作是缓解农民贷款难的有效途径之一

商业金融机构对农民有限的贷款或要求提供必要的抵押物，或要求使用存单等票据质押。通常需要贷款的农户往往缺乏自有储蓄，没有大额存单，质押贷款的条件难以满足；农民对土地和宅基地只享有使用权，不能作为有效抵押物申请贷款，小额信用贷款额度小，并不能满足有大额资金需求的农户。信用合作组织是内生于农村的社区互助性合作金融组织，其资金取之于农民，用之于农民。因信息对称，避免了逆向选择和道德风险问题，是农村金融体系的有益补充，有利于满足农民多层次的融资需要。如能选择基础较好的村进行信用合作组织的试点，不失为缓解农民贷款难的路径之一。

2. 资金互助合作有利于提高农民的组织化程度

2013 年 7 月，北京市社会主义新农村建设领导小组《关于加快城乡发展一体化进程推进土地流转起来、资产经营起来、农民组织起来的意见》（京新农发〔2013〕1 号）提出，北京将推进集体土地流转起来、资产经营起来、农民组织起来的"新三起来"工程。依托专业合作社开展的资金互助活动即是一种将农民组织起来的有效形式，把农民联合起来，以组织的形式谋求农民的自身发展。农民专业合作社将分散的农民组织起来，使其能够获得生产规模扩大所带来的规模效益；信用合作活动通过信用合作、资金互助活动将农民组织起来，使其享受到资金融通的便利。

3. 信用合作活动促进农村形成良好的信用环境

信用合作组织依托专业合作社，信息更为透明，加入互助活动的农户逐渐发展成为一个信用共同体。信用合作组织对借款人的偿还能力知根知底，借款成员在借款前的信誉状况、借款后的资金使用情况以及可能发生的风险情况都能迅速地了解。信用合作活动就是要利用信息对称的优势，在贷款时给信用良好的成员以优惠，对那些恶意拖欠甚至赖账不还的成员，不但要支付较高的还款成本，还要承受社区内成员的舆论压力，甚至对整个家庭的声誉造成影响。随着互助活动的开展，有助于农村社会诚信度的提高，形成良好的信用环境：贷款者按期偿还贷款、养成良好的信用意识，合作原则所倡导的"公平""民主"将有力地推动社会主义新农村道德文明建设。

4. 合作金融是农村金融体系的重要组成部分，它的发展壮大可使非法民间借贷得到抑制

农村金融市场由多层次的客户需求构成：大型农业龙头企业，农业银行可满足其信贷需求；农业基础设施建设，有国家支农资金支持；而面向最低端的农户的金融供给却严重不足。多层次的需求需要多层次的供给来满足，在农村资金需求巨大、正规金融供给不足的情况下，信用合作组织是农村金融体系的重要组成部分。信用合作在一定程度上满足了农民的贷款需求，也促使高利率的农村民间借贷失去生存空间，对非法金融活动具有一定的抑制作用。

（五）实例分析

1. 吉林梨树闫家村百信农村资金互助社

梨树县闫家村百信农村资金互助社创办于 2003 年，是 8 名农民在原生产互助合作中为解决发展资金不足问题，在实践中摸索建立的农村资金互助合作社。历经四年的实践，互助社不断总结经验教训，逐步完善各项规章制度。2007 年 2 月，闫家村百信资金互助社被确定为银监会在全国农村金融改革的首批 36 个试点单位之一。2007 年 3 月 2 日，全国第一张农村资金互助社金融许可证下发，"梨树县闫家村百信农民资金互助社"更名为"梨树县闫家村百信农村资金互助社"，于 2007 年 3 月 9 日经中国银监会批准，作为全国 5 家新型农村银行业金融机构试点正式开张营业，成为全国首家村级资金互助社。该资金互助社 2007 年正式注册时发起社员 32 户，总股金 10.18 万元。

截至 2011 年 6 月底，共有社员 135 户，股金 16.47 万元，累计发放互助金 588 笔、金额 275.4 万元；存款 2 笔、金额 20.3 万元；收回 527 笔、金额总计 242.67 万元，贷款余额 32.73 万元。在随后的发展中，百信农村资金互助社将办社经验向外省市传播，并将资金互助社制度不断复制推广到宁夏、河北、江苏等地。但随着不断发展，其自身发展也面临缺乏资金、因设立专门营业场所导致的成本上升等问题。注册资本金仅为10.18万元的百信资金互助社，其重新组建的租房费、水电费、会计工资、安保设施支出等花费达7.6万元，造成可贷资金减少，影响了资金互助社的发展。

2. 郝堂村养老资金互助合作的基本情况

郝堂村位于河南省信阳市平桥区，村域面积20平方公里，全村近2200人，其中老人260余人。村民收入的七成依靠外出打工获得，三成来源于种植业，种植作物主要为茶叶、板栗和水稻。

2009年，在"三农"问题专家李昌平的帮助下，该村成立了夕阳红养老资金互助合作社，互助金总计34.4万元（其构成为：村内17名老人每人2000元入社资金，村内七名年轻人每人出资2万元，李昌平出资5万元，村委会公益存款2万元，区、乡政府公益存款各10万元），主要用于农民发展生产用贷款。合作社章程规定所有公益存款不支付利息，资金互助合作社发放贷款的利率与当地农村信用合作社相同，取得的利息收入15%留作风险金、15%用于支付管理费、30%用于积累公益金、40%用于分配给老人。

夕阳红养老资金互助合作社自2009年成立以来，第一年给老人们每人分配了320元，第二年每人分配了570元，第三年分配了720元，第四年分配了800元，2013年分配1000元。资金规模由最初的34万元增至2013年的340万元，入社老人由最初的17人增至现在的210人。经过四年运作，夕阳红养老资金互助合作社的成效和特点体现在以下几点。

（1）拥有了真正属于农民自己的社区金融

郝堂村资金互助合作社是真正属于农民自己的社区金融，是内生于农村经济并符合合作制原则的农村合作金融组织，它建立在传统农业社会血缘、亲缘、地缘关系的"熟人社会"基础之上。资金互助合作社有效避免了金融机构与农户之间的信息不对称问题，管理成本较低。资金合作社的章程是由李昌平和参与发起的村民共同制定出来的，从社员的权利、贷款的流程到风险的控制、治理的结构，都是大家参与讨论制定出来的。章程的制定过程，是合作社成员之间相互说服、统一认识的过程，也是把农民组织起来、凝聚起来的过程。

（2）建立了有效的风险控制机制

郝堂村资金互助社的章程规定，合作社只面对本村村民和本村企业发放贷款，个人小额贷款可以由加入合作社的老人进行担保，每获得一名老人担保可贷款 5000 元；个人大额贷款则要求取得至少两名老人的担保以及权属证明作为抵押（信阳作为河南省农村综合改革试验区，出台农村物权抵押担保办法，开展农村土地承包经营权、集体林地承包经营权、水域滩涂养殖权、集体建设用地使用权和房屋所有权等农村"五权"确权颁证，目前允许林权抵押担保），每人每次最多可贷款 10 万元，贷款期限为一年；每三个月结息一次，期末还本付息。

在资金互助社的实际运营中，互助社成员共同对章程进行了修改，主要是在原有老人担保、权属证明抵押等程序后，贷款申请的审批还须有资金互助社理事 5 人以上通过，监事过半数以上同意方可进行。对贷款申请人资格的规定，将风险控制在村内，因为合作社成员了解本村村民的信用状况；对老人担保的规定，消除了信息不对称问题，只有信誉良好的村民才能取得老人的担保许可；贷款审批时对理事、监事人数的规定，使权力得到制衡，避免了一人独大、厚此薄彼等不公平现象的产生；对贷款数额上限的规定将风险进一步控制在资金互助社可控的范围内，同时保证农民不会因投资失败、无法偿还贷款而陷入更深层次的贫困之中。多措并举之下，资金互助社自 2009 年成立至今未发生过一笔坏账。

（3）提高了农民收入

资金互助社帮助农民取得发展生产的资金，促进了农民经济的发展和收入的提高。郝堂村成立资金互助社的同时开展了新农村建设，村民改造房屋、发展三产都可以从资金互助社申请贷款。通过新农村建设，郝堂村变得更加美丽，已有原本在外省打工的年轻人回到村里开设农家乐、保存原汁原味的乡村风情却不"千房一面"的新农宅喜迎游客参观住宿，村民的年人均收入从前两年的 4000 多元增至 2012 年的 6000 多元，同时，村民的生活质量也在发生着变化。

（4）壮大了村级集体经济

郝堂村在成立资金互助合作社的基础上，成立了绿园生态旅游开发公司。"绿园"公司向资金互助社申请贷款，通过土地流转将农民的土地集中起来，一部分发展村内公共事业，如建设学校、养老中心等；一部分同企业搞合作开发，"绿园"公司得到发展，村级集体经济实力也由原来的不足 8 万元增加到 35 万元。

二、平谷区挂甲峪村信用合作组织的试点情况

平谷区位于北京市区的东北部，处在京、津、冀三省市的交汇处，全区下辖 14 个镇、2 个乡、2 个街道办事处、273 个行政村，是全国生态示范区，有"京东绿谷"的美誉。

挂甲峪村位于平谷区北部山区，隶属大华山镇，村域面积 5.5 平方公里，有 146 户农户、460 口人。该村三面环山，以生产绿色、有机果品和民俗旅游为支柱产业，可谓：春可赏花、夏冬观景、秋可采摘。近年来，挂甲峪村先后被授予"北京最美乡村""北京市民俗旅游村""中国最具魅力休闲乡村"等多项荣誉称号。

挂甲峪村同全国许多村一样，在农村经济发展和农民增收方面受到资金问题的制约：给村民带来主要收入的"农家乐"想扩大经营规模、季节性生产需要资金、村集体的经济要发展……银行贷款或需要多户联保，或需要提供有效抵押物，审批流程也很繁复，因此，贷款难的问题一直制约着挂甲峪村的发展。

根据挂甲峪村的产业布局、经济发展、村域文化、人文环境等情况，结合课题组的研究实际，经与平谷区和挂甲峪村有关领导和部门沟通后，课题组将新型农村信用合作组织的研究试点地点定于挂甲峪村。

（一）试点概况

为掌握第一手材料，在调研之初课题组走进对该村的部分农户家中进行实地调查。课题组选取了四个年龄段共计 23 户农户进行有关金融需求的问卷调查，其中 26—35 岁年龄段 4 人，36—45 岁年龄段 5 人，46—55 岁年龄段 8 人，56 岁以上年龄段 6 人[①]。问卷调查汇总结果显示：

1. 在过去 2 年间，无借款经历的共计 16 户，原因和比例如表 13-1 所示。

表 13-1　无借款经历的原因、户数及比例

未借款原因	户数	比例（%）
向正规金融机构借款成本高、手续复杂	7	43.7
自有资金足够维持生产	5	31.3
没有好的投资项目	2	12.5
不习惯借钱或怕欠人情	1	6.3
借款被拒	1	6.3

2. 有过借款经历的共计 17 户农户（不局限于过去 2 年内：即一部分农户过去 2 年内有过借款经历，一部分过去 2 年内虽无借款，但在更早之前有过借款经历），借款来源及比例如表 13-2 所示。

表 13-2　有借款经历的借款来源、户数及比例

借款来源	户　数	比例（%）
亲友	7	41.2
正规金融机构	4	23.6
村集体经济组织	3	17.6
亲友和正规金融机构	3	17.6

在有过借款经历的 17 户农户中，亲友为唯一借款来源的有 7 户，占四成以上；正规金融机构为唯一借款来源的有 4 户，占两成以上；村集体经济组织为唯一借款来源的有 3 户，还有 3 户在亲友和正规金融机构处均有过借款经历，这两部分农户占三成以上。

在被调查的 23 户农户中，6 户目前暂时无借款需求，所占比例为

---

① 此年龄为问卷填写人的年龄，问卷内容基于家庭设计。

26%。其余 17 户目前均有借款的需求，占比为 74%。其中，15 户的借款主要用于扩大再生产的生产需求；2 户的借款主要用于翻盖自身房屋或子女读书的生活需求。

鉴于挂甲峪村村民的资金需求现状，为解决融资难问题，挂甲峪村成立了由两委成员参与的村信用合作组织筹备工作小组并着手开展工作。课题组按照严格控制风险、完善制度建设的原则，以银监会印发的《农村资金互助社示范章程》为范本，为挂甲峪村信用合作组织草拟了组织章程和管理制度。村信用合作组织筹备组先后赴工商和民政部门申请登记注册均未成功，被告知应按照银监会的要求向市银监局申请筹备。

考虑到如按银监会的要求进行筹备会增加信用合作组织的营运成本和人工成本，课题组经与挂甲峪信用合作组织筹备组协商后，决定依托以村民为发起人成立的北京挂甲峪天甲民俗旅游专业合作社开展信用合作。为此，课题组对开展资金互助的管理办法进行了修改，并与挂甲峪村信用合作组织筹备组成员赴通州区学习其专业合作社内部开展信用合作的经验。

通州区农民专业合作社的资金互助活动开展较早。区农委和区经管站制定出台了《农民专业合作社资金互助管理办法》，对合作社开展资金互助活动进行指导和规范，2008—2012 年期间还为合作社资金互助活动进行了贴息。截至 2012 年年底，通州区有 18 家合作社开展了资金互助活动，其中发展较好的为宋庄手牵手养殖专业合作社。

手牵手养殖专业合作社的资金互助活动始于 2008 年，组织农户从事生猪、肉鸡、蛋鸡等畜牧养殖，多年被评为市级示范社。合作社资金互助活动主要是为解决养殖户购买种畜、饲料时的资金需求问题，合作社按照封闭运营、自愿加入的原则开展了资金互助活动，互助金金额由最初的 27.4 万元发展至目前的 100 多万元，五年来仅有一笔借款延迟归还，其余均按期如数归还合作社。资金互助活动不仅为合作社社员解决了资金短缺问题、将大家更好地凝聚在一起，也有利于合作社健康良好地发展。

（二）试点过程中发现的问题

1. 信用合作组织市场准入门槛过高

挂甲峪村信用合作组织筹备组先后赴工商和民政部门申请注册均以失败告终。如按照银监会要求的营业场所、安保设施的条件申请筹备则会增加信用合作组织的经营成本，使原本规模有限的资金更加捉襟见肘、运行难以为继，全国其他省市已有资金互助社陷入无钱可贷的现象，前车之鉴不容忽视。即便按照银监会的要求进行筹备申请，其审批程序繁杂，且在 2011 年下半年相关监管部门已经暂缓审批进度，资金互助组织获得合法身份难上加难。

2. 信用合作组织缺少相关政策法规支持

目前我国缺乏专门的法律对信用合作组织的性质和地位进行明确和解释，只有银监会制定的《农村资金互助社管理暂行规定》和《农村资金互助社示范章程》供信用合作组织参考，缺乏具体的法律支持。政策方面也没有具体的实施细则，以致众多商业银行和政策性银行对信用合作组织的融资大门始终关闭。相关政策法规的缺失造成农村信用合作组织注册难、融资难、发展难。原山西省农村信用社联合社主任申瑞涛早在2008 年即与40 余名全国人大代表联名提交了关于"建议加快农村合作金融立法"的议案，她认为"农村合作金融没有专门法律的确认，性质不明、地位不清的问题，已经直接制约了农村合作金融的健康可持续发展"。

（三）试点结论

农民自己的合作金融组织是农村金融发展的方向，它的出现是农户无法得到正规金融提供的金融供给而产生的替代产物和理性选择：农村正规金融机构运行成本高昂，尤其是获得贷款人的可靠信息难度较大，而农业生产具有高投入、高风险、低回报的特点，农民符合正规金融机构抵押要求的固定资产少，其金融需求无法得到满足，诸多因素使农户间自发的低交易费用、简便易操作的合作金融必然出现。2014 年中央一号文件在要求"加快农村金融制度创新"时提出："在管理民主、运行规范、带动力强的农民合作社和供销合作社基础上，培育发展农村合作金融，不断丰富农村地区金融机构类型。坚持社员制、封闭性原则，在不对外吸储放贷、不支付固定回报的前提下，推动社区性农村资金互助组织发展。"因此，挂甲峪村的试点工作应继续开展，在做好风险控制的前提下，坚持在合作社成员之间、封闭性开展资金互助活动。在此过程中，应坚持市场配置的原则，正确处理好政府推动和"制度内生"的关系。

三、政策建议

（一）准确定位农村信用合作组织，降低市场准入门槛

根据银监会制定的《农村资金互助社管理暂行规定》第九条第五款规定：设立农村资金互助社应"有符合要求的营业场所，安全防范设施和与业务有关的其他设施"。尽管对于营业场所的具体要求未作明确界定，但若严格执行这一规定，将会产生很大的内部组织成本，这也是和资金互助理念相冲突的。银监部门在审批过程中不应按照正规金融机构的标准进行要求，而应简化审批程序，从而降低信用合作组织的组建成本和运营成本。其他如五级分类、资本充足率等指标要求更是堪比四大商业银行的运营标准。追根溯源，农村信用合作组织是内生于农村的资金互助组织，是适应农村经济发展的产物，因此，相关法规的制定也应符合农村实际情况，适应农村经济发展特点。有关部门应尽快制定更加切合实际的信用合作组织审批和监管制度，从而使信用合作组织健康、快速地发展。

（二）探索以农民专业合作社为基础的资金互助制度

资金与生产从来都是密不可分的。日本、台湾地区的农村合作金融发展均是依托以生产、购销为合作基础的农协或农会来开展信用合作业务的，合作社成员因为生产合作对彼此的生产规模、经济情况均较熟悉，便于借款前的决策和借款过程中的监督。专业合作社开展信用合作、资金互助活动，农户必将显著增强加入合作社的意愿和对合作社的归属

感；资金互助的开展还可以带动合作社实现信用合作与生产合作的有机结合，形成良性互动的关系，有利于农村经济的健康发展。截至 2011 年底，京郊共有 34 家专业合作社开展了内部信用合作，34 家内部信用合作组织均未取得金融业务许可证，也未在任何部门登记，资金互助属于专业合作社的一部分业务。其中，通州区和密云县均专门制定了《农民专业合作社资金互助管理办法》用以规范专业合作社内部的资金互助活动。专业合作社内部开展资金互助活动可以作为农村合作金融阶段性的发展思路，在政策法规允许的前提下，既满足了农民融资的需求，又因合作社成员之间的生产合作关系降低了资金互助所产生的风险。随着合作社内部资金互助活动的开展，农民信用意识必将逐渐增强，待时机成熟时可选择具备条件的乡村进行农村社区性资金互助组织的试点，发展真正的农村合作金融。

（三）强化制度建设，加强外部监管

目前，众多农村信用合作组织因未取得合法身份，游离在政策监管之外。合作社内部开展的资金互助活动也面临无监管部门、无相应政策引导的状况。因此，构建完整的制度体系和建立完善的外部监管机制以防范风险、保障互助资金安全使用是目前迫切需要解决的问题。

针对现阶段的实际情况，建议北京市相关部门尽快出台针对农民专业合作社开展资金互助活动的管理办法，明确规定合作社内部资金互助的归口部门。农民专业合作社的主管部门是农业部门，资金互助作为农民专业合作社业务的拓展，农业部门理应对其进行指导和管理。与此同时，专业合作社内部的资金互助活动可尝试与正规金融机构联合。例如陕西省渭南市临渭区兴旺秦川养牛专业合作社投资建立一个合作社社员交易结算大厅，这个大厅一方面是为其社员提供结算，另一个方面是正规金融机构业务向下的延伸。资金互助活动得到规范，正规金融机构的业务也得到了拓展，可谓双赢。

（四）加大政策支持力度

一是建议国家设立专项扶持基金入股农村信用合作组织。政策扶持

是世界各国农村合作金融的成功经验，尤其在农村合作金融发展的初始阶段。农村信用合作组织作为弱势群体的组织，其发展面临诸多困难。目前，农村信用合作组织发展面临的最大障碍是资金瓶颈，缺乏资金，难以实现金融支持农村经济发展的作用。国家设立的专项扶持基金可根据信用合作组织规模的大小调整入股资金的多少，减少农村信用合作组织无钱可贷的现象。

二是商业银行可以低息再贷款的形式直接将资金批发给农民信用合作组织；政府部门可对商业银行向资金互助社批发资金给予一定的经营优惠待遇，如贴息等，以鼓励商业银行向农民信用合作组织贷款。日本在20世纪50年代就制定了农业改良资金补贴计划，规定商业银行从事低息农业贷款可以得到政府的利息补贴，因特殊呆账而造成的损失还可以得到政府的补偿。

（五）进一步完善农民与土地的关系，赋予农民真正的财产权

农民贷款难问题由来已久，究其根本还是因为农民未享有完整的财产权。在我国现有土地制度下，农民享有土地承包经营权与宅基地使用权，不享有所有权。随着现代产权理论的发展，财产权越来越倾向于被定义为控制权，谁拥有控制权，谁就拥有实质的产权。具有明晰的权属证明，是农村居民通过抵押、获得融资的前提条件。平谷区作为农业部确定的农村土地承包经营权流转规范管理和服务试点单位，农村土地确权已基本完成，农村土地承包经营权登记试点工作也在有序开展。十八届三中全会改革决定中指出，要赋予农民更多的财产权利，赋予农民对承包地占有、使用、收益、流转及承包经营权抵押、担保权能。相关部门应尽快出台相应细则，将土地承包经营权抵押担保的功能落到实处。

（六）坚持合作制原则，宣传合作制理念

信用合作组织作为新生事物目前在全国范围内还不普及，加之合作基金会的前车之鉴，使得农民在加入新的合作金融组织时尚有颇多疑虑。农民对合作制理念的不理解、对合作组织的不信任都是阻碍信用合作组织快速发展的重要原因。依托村社"熟人社会"内的"面子"文化，

加大对农民有关合作理念的宣传和教育，大力宣传诚实守信的信用意识，使农民主动自律。在世代生活并相对稳定的农村社区内，人们从经验中认识到，尊重他人权利带来的是他人对自己权利的尊重，从长期来看合作的收益大于不合作。因此，"理性的经济人"会选择通过规范自身行为来参与合作，互相回报。对合作金融知识的推广也尤为重要，唯有掌握了合作金融知识，才能更好地利用合作金融这一制度工具切实保护自身的利益。

在操作层面要遵循有关原则，照章办事，规范发展。如在信用合作组织筹备过程中，组织章程、管理制度等应由发起人一致通过；理事长、理事、监事会成员应由全体成员选举产生；重大事项应由全体成员大会表决通过，不能使会员代表大会形同虚设和流于形式，导致内部监督和制衡功能的丧失。

（七）对接正规金融机构，提高内部管理水平

信用合作组织由村民参与发起，其管理者从成员中产生。由于他们普遍缺少金融专业知识，缺乏系统的管理经验，很容易造成互助社的内部管理混乱，增加了运营的风险。对此，信用合作组织一方面可面向社会公开招聘专业的财会金融人才参与互助社的日常管理工作；另一方面，可与当地农村金融机构合作，在金融机构的帮助、指导下开展业务培训、进行制度建设等，相关工作人员通过学习规范化的操作流程，有效控制经营成本，避免不必要的成本支出，进一步实现资源的优化配置；同时，互助社管理人员应严格遵守相关规章制度，坚决杜绝有章不循的现象。

参考文献

[1] 刘钟钦，冯赫. 合作制是农村信用社改革的根本方向[J]. 农业经济问题，2000（7）.

[2] 廖继伟. 新型农村资金互助合作社发展路径研究——以四川为例[J]. 上海经济研究，2010（7）.

[3] 杨志强. 农民专业合作社内部资金互助模式探讨——兼析泉州市专

业合作社组建资金互助社的必然性[J]. 福建金融，2011（4）.

[4] 李想. 创建新型农村合作金融组织的路径选择[J]. 内蒙古农业科技，2009（6）.

[5] 蒋江敏，申兴，邱香. 张曙光猛轰土地政策现行拆迁制度是部"恶法"[EB/OL]. [2003-11-12]. http://www.china elections.com/article/198/34934.html

[6] 宋彦峰. 农村新型合作金融组织的制度研究——以陕西省为例[D]. 北京：中国农业科学院，2011.

[7] 周震. 农村合作基金会经营管理[M]. 合肥：中国科学技术大学出版社，1996.

[8] 王桂堂. 信用合作原则与我国农村信用合作体制的成长[J]. 江西金融职工大学学报，2006（3）.

[9] 韩文，申瑞涛. 应尽快制定农村合作金融法[J]. 中国经济周刊，2008（13）.

本章课题组成员

负责人：曹四发

责任人：张文华

成　员：曹晓兰　李　理　孙琳临

执笔人：孙琳临

2013 年 12 月

第十四章　平谷区农民专业合作社示范社财务管理规范化问题研究

近年来，平谷区委、区政府从有利于全区农业产业发展的战略高度，采取了多项举措，规范、扶持、发展农民专业合作社，合作社数量快速增长，截至 2013 年 10 月底，平谷区已有农民专业合作社 958 家，约占全市合作社总数的六分之一，入社农户近 5 万户，占全区从事一产农户的 79.5%，合作社出资总额近 19 亿元。近年来农民专业合作社发展迅速，但"小、散、低"的问题十分突出，为了引导合作社完善运行机制，促进合作社规范发展，树立可学可比典型，农业部从 2009 年发起示范社建设行动，北京市和各区县也积极开展示范社建设行动。截至目前，平谷区共评选出区级示范社 66 家，其中国家级示范社 5 家，市级示范社 16 家。

财务管理规范化是示范社建设的核心，平谷区政府高度重视此项工作，结合示范社评选工作，严格规范合作社财务管理，进行跟踪指导监督，定期组织人员培训，合作社财务管理水平显著提高。平谷区在示范社财务管理规范化方面积累了很多经验做法，值得借鉴。本课题将对平谷区示范社财务管理规范化问题进行深入调查研究，总结其经验做法，找出存在的不足与原因，提出推进合作社财务管理规范化的对策建议，为下一步规范全市合作社财务管理奠定基础。

一、平谷区农民专业合作社示范社建设情况

平谷区农民专业合作社建设和发展虽然取得了很大成绩，但从总体上看，还处于初级阶段，整体发展水平不高，"小""散""低"的问题还比较突出。一是大多数合作社规模普遍较小，带动能力不强。农户成

员在 10 户以下的合作社占 62%，经不起市场竞争的考验。二是自身经济实力不强，基础设施落后，活动经费紧张，筹资贷款较难，使其在自我发展时显得力不从心。三是服务领域狭窄、内容单一、手段落后。相当一部分专业合作社以信息、技术服务等服务为主，停留在生产环节的联合或销售环节的简单合作，农民仍处于被剥夺的原料生产者地位。四是内部运行不规范，利益联结不紧密。多数专业合作社与农民利益联结不够紧密，缺乏凝聚力。五是专业合作社管理人员综合素质不高，能力不强，缺乏有经验的专业营销人才，懂技术、会管理、善经营的复合型人才更是欠缺，制约了专业合作社的创新和向广度、深度发展。

为了引导和促进合作社规范化建设，2009 年，农业部会同国家发改委等 11 个部门联合下发了《关于开展农民专业合作社示范社建设行动的意见》（农经发〔2009〕10 号），之后农业部又印发了《农民专业合作社示范社创建标准（试行）》，对引导和促进合作社规范快速发展起到了重要的指导作用。2010 年，北京市出台了《北京市农民专业合作社示范社建设行动计划》（京政农函〔2010〕5 号），提出要在全市择优培育扶持一批经营规模大、服务能力强、产品质量优、民主管理好的市级农民专业合作社示范社。2010 年至 2012 年三年间，北京市共评出市级示范社 150 家，其中 50 家获得国家级示范社称号。

为贯彻落实《北京市农民专业合作社示范社建设行动计划》（京政农函〔2010〕5 号），树立典型，以点带面，促进农民专业合作社规范、健康、快速发展，平谷区政府决定在全区开展"农民专业合作社示范社建设行动"，先后出台了《北京市平谷区人民政府办公室转发区农委区农民专业合作社指导服务中心关于实施北京市农民专业合作社示范社建设行动计划的意见的通知》（京平政办发〔2010〕31 号）、《平谷区 2012 年农民专业合作社区级示范社评定考核实施方案》等文件，全面指导合作社规范化建设工作。

平谷区以规范农民专业合作社的运行方式和经营机制为核心，以提高农民专业合作社的影响力和竞争力为目标，确立了"三二一"合作社规范化建设工作法则："三项制度"齐头并进，即建立健全合作社组织机构责权利制度、财务管理制度、档案管理制度;"两项体系"深入推进,即监督考评体系、分类指导体系;"一项民主活动日"贯穿始终,即每年1月20日和8月20日作为合作社成员大会或成员代表大会活动日。针对合作社发展中存在的问题,通过组织培训、分类指导、规范财务账务、建立民主日制度、建立量化考评机制和专家具体指导等措施认真加以解决。截至2013年,已有66家合作社被评为区级示范社,其中16家合作社被评为市级示范社(5家获得国家级示范社称号)。

二、平谷区农民专业合作社示范社财务管理规范化的主要做法

农业部副部长陈晓华在2010年全国农民专业合作社经验交流会上强调,判断一个合作社是否规范,要看两个条件:一是看合作社财产关系和分配关系是否明确;二是看成员服务的责任是否落实。这两个条件都与财务管理息息相关,财务管理规范化是合作社规范发展的基础和核心,做好财务管理工作是维护成员利益的保障,是巩固扶持政策的要求。平谷区在示范社评选过程中高度重视财务管理规范化,并制定相应的评分标准,对财务核算、盈余分配、民主管理等项进行重点考核,对会计核算和财务管理不合规的合作社进行上门指导,并定期对其进行跟踪指导服务,全面提升了示范社财务管理水平。

(一)成立区乡两级管理部门,专门从事合作社指导服务

2009年8月,在平谷区政府机构改革工作中成立了农民专业合作社指导服务中心,平谷区农合中心为全额拨款事业单位,共有编制140名。平谷区农合中心下设11个部室,其中规范运行指导部专门负责指导合作社规范化建设,掌握合作社运行情况,负责镇、村及合作社相关人员的培训。平谷区还要求各镇(乡)成立农民专业合作社服务中心,各村成立合作社服务站,专门从事农民专业合作社的指导和服务工作,从而,构建起区、镇(乡)上下统一、分工协作、服务到位、适应农村经济、农民专业合作社发展和广大农民需要的服务体系。

（二）明确示范社考评标准，指导财务管理规范化建设

《关于实施北京市农民专业合作社示范社建设行动计划的意见的通知》（京平政办发〔2010〕31号）对合作社的会计核算和财务管理进行了明确规定，同时列出了具体的考评标准。《平谷区2012年农民专业合作社区级示范社评定考核实施方案》又明确了具体的评分标准，其中涉及财务管理的约50分。

按照镇乡初步把关推荐、农合中心摸底、区主管部门推荐相结合的原则，选择现有基础较好，有发展前景的合作社，确定示范社培养目标。规范指导部人员对示范社培养目标逐一入社走访，与合作社理事长和会计面对面座谈，了解合作社经营情况。因社制宜，采取缺啥补啥的做法，形式多样地开展示范社建设行动。给每家合作社发放《平谷区农民专业合作社工作手册》《农民专业合作社财务核算内容》等材料，指导合作社建立健全成员（代表）大会、理事会、监事会等"三会"制度；建立健全完善的成员账户、盈余分配、财务管理、社务公开、议事决策记录、档案管理等内部规章制度；形成合作社"成员（代表）大会决策、理事会执行、监事会监督、成员团结合作"的民主管理运行机制和成员的"公积积累、股金分红、盈余返还"的利益分配机制，不断提升合作社服务带动农户的能力。

（三）建立动态管理监督机制，巩固示范社建设成果

《关于实施北京市农民专业合作社示范社建设行动计划的意见的通知》（京平政办发〔2010〕31号）提出要对示范社实行定期检测，动态管理，每年监测一次，保优去劣。区农合服务中心负责每年对市、区示范社及有申报意向的合作社进行管理和监测，并将日常管理和监测情况记录存档，作为年终评定的依据。被认定农民专业合作社示范社的，应在每年第一季度向区农合服务中心提交年审报告。区级示范社由"区审定小组"评定，市级示范社经"区审定小组"初审后，报市农委审查。审查评定合格的，继续作为示范社；不合格的取消其示范社资格，并在三年内不得申报示范社。

（四）加强示范社指导监督，提高示范社财务管理水平

农合中心规范指导部每年结合上一年度区级示范社评审情况，挑选得分较低的示范社逐一走访，了解年度发展计划，对经营管理给予指导服务，要求理事会、监事会、社员（代表）大会等会议记录完整。重点查验财务核算，要求社员账户清晰完整地记载出资额、公积金和财政扶持资金量化额、产品交易、可分配盈余返还等内容，二次返利必须有社员签字的发放表。对存在问题列出清单，限期整改，直至查验合格为止，使之真正成为其他合作社可看、可比、可学的榜样，真正起到典型引路的作用。

（五）重点检查财政扶持资金，确保资金专款专用

检查享受各级财政扶持资金的农民专业合作社是否按照《农民专业合作社财务会计制度》对扶持资金的使用进行会计核算，保证资金专款专用；使用专项资金建设形成的资产归农民专业合作社成员共同所有，是否平均折股量化到全体成员，有无资产量化表；各农民专业合作社是否严格按照财务制度规定和资金使用方向使用扶持资金。

（六）组织财务人员培训，提升财务人员素质

提升财务人员业务水平是做好合作社财务管理工作的重要前提，平谷区一直以来都把合作社财务培训作为一项重点工作来抓，定期组织合作社理事长、财务人员等相关人员参加财务管理培训班，聘请有关专家就会计制度、会计科目、会计报表、账务处理、财务管理、示范社建设等内容进行详细讲解，2013 年平谷区举办财务管理培训班 2 次，培训270 余人。发放《北京市农民专业合作社会计核算办法》和《平谷区农民专业合作社工作手册》到每一个合作社，并对合作社财务人员进行电话辅导和上门辅导，财务人员管理水平得到全面提升。

三、平谷区农民专业合作社示范社财务管理现状分析

为了摸清平谷区农民专业合作社示范社财务管理情况，找出其与规范化标准之间的差距，为推动财务管理规范化建设提供依据，课题组对

平谷区农民专业合作社示范社的财务会计管理情况进行了全面调查。平谷区共有 66 家区级示范社，其中有 16 家市级示范社（5 家国家级示范社）。在此次调查中发现 2 家区级示范社由于经营场地合同纠纷导致暂停经营，因此，最后的调查范围确定为平谷区 64 家示范社。

（一）平谷区农民专业合作社示范社财务管理基本规范

1. 会计人员配备比较齐全

64 家合作社共配备了会计人员 98 人，其中 77 人持有会计证，持证率达到 78.57%；每个合作社至少配备了 1 名财务人员，有 33 家配备了 2 名以上财务人员；48 家合作社配备了单独的会计人员，其中 1 家配备 3 名专职财务人员，20 家配备 2 名专职财务人员，10 家采取配备 1 名专职出纳再外聘或委托 1 名会计的方式记账；16 家合作社没有配备单独会计人员，其中 1 家合作社外聘 2 名财务人员，1 家合作社外聘 1 名财务人员，委托 1 名代理记账公司人员；有 61 家合作社会计人员接受过相关业务培训，占 95.31%。

2. 会计核算基本符合要求

在进行会计核算的 60 家合作社中（4 家合作社记的是流水账），全部能够做到会计指标的口径统一一致、相互可比，会计处理方法的前后各期相一致，都能够严格按照会计年度进行会计核算。有 57 家按照规定设立了科目、建立账簿，占 95%；有 58 家能够在发生经济事项时，及时办理会计手续、进行会计核算，占 96.67%；有 52 家能够按照《北京市农民专业合作社会计核算办法（试行）》的规定编制报表，占 86.67%；有 56 家会计凭证、账簿、报表和其他资料的内容符合相关规定，会计报表真实，占 93.33%；有 52 家建立了会计档案，并妥善保管，占 86.67%；60 家合作社全部独立核算，没有发现合作社与领办人、领办企业混合记账现象；有 59 家开设了独立的银行账户，占 98.33%。此外，还有 27 家合作社使用了计算机记账，占 45%。

在国家财政扶持资金的核算方面，有 56 家通过专项应付款科目单独核算国家财政扶持资金，占 93.33%；有 58 家合作社在使用国家财政扶持资金时仅限合作社内部使用，占 96.67%；在 54 家获得国家财政扶持资金并形成资产的合作社中，其中 50 家将其记入资本公积科目，占 92.59%。

3. 财务管理制度比较健全

60 家进行会计核算的合作社中，有 48 家合作社建立了 5 项以上（含 5 项）的财务管理制度，占 80%；有 15 家合作社建立了 10 项以上（含 10 项）的财务管理制度，占 25%；有 53 家合作社表示能够严格执行财务管理规章制度，占 88.33%。

有 53 家建立了现金和银行存款管理制度，47 家建立了财务公开制度，43 家建立了岗位责任制度，40 家建立了财务开支审批制度，39 家建立了会计人员管理制度，35 家建立了票据管理制度，34 家建立了资产台账制度，33 家建立了会计档案管理制度，29 家建立了货币资金内部控制制度，20 家建立了销售和收款业务内部控制制度，另有部分合作社建立了固定资产内部控制制度、财务预决算制度、采购和付款内部控制制度、存货内部控制制度、资产清查制度、债权债务管理制度。

4. 民主理财与财务公开执行情况良好

64 家合作社中，有 59 家建立了完善的成员（代表）大会、理事会和监事会（执行监事），占 92.19%；有 5 家单位虽然建立了但不完善，占 7.81%；有 63 家每年召开 1 次以上成员代表大会，占 98.44%，其中 39 家合作社每年召开 2 次以上成员代表大会，占 60.94%；有 61 家采取一人一票或一人一票结合附加表决权，但附加表决权不超过本社成员基本表决权总票数的 20% 的方式进行表决，占 95.31%；在重大财产决策时，有 39 家合作社须经理事会同意后，再经成员（代表）大会同意，占 60.94%，21 家合作社由理事会决策，占 32.81%，有 4 家合作社由理事长直接决策，占 6.25%；有 37 家合作社账目定期向成员公开，占 57.81%，有 26 家合作社账目不定期向成员公开，40.63%；有 60 家合作社接受过监事会（执行监事）、成员（代表）大会和农村经营管理部门的审计和监督，其中 10 家接受过成员（代表）大会委托的外部审计机构审计，31 家接受过农经管理部门对合作社财务会计工作的指导和监督。

5．成员账户建立比较规范

在 58 家设置了成员账户或成员交易明细账户的合作社中，有 53 家设置了成员账户和成员交易明细账户，有 5 家只设置了其中一个账户。有 53 家能够及时核算成员账户，占 91.38%；有 54 家能够全面核算资金额、产品交易情况、可分配盈余返还，占 93.1%；有 55 家能够将国家财政扶持资金形成的资产和接受捐赠资产按成员平均量化，计入成员账户，占 94.83%；有 57 家产生了盈余公积或资本溢价，其中有 55 家能够按章程规定量化到成员账户。

6．盈余返还基本符合规定

在 64 家合作社中，除 3 家未进行过盈余返还的合作社外，59 家能够实现可分配盈余按交易量（额）比例返还，返还比例不低于 60%，2 家能够实现可分配盈余按交易量（额）比例返还，但返还比例低于 60%。2012 年，64 家合作社有 52 家实现盈利，共实现可供分配的盈余 2844.31 万元，提取盈余公积 327.64 万元，提取风险基金 204.3 万元，按交易量返还 1287.17 万元，按资金额返还 768.64 万元，未分配盈余 256.56 万元。

（二）平谷区农民专业合作社示范社财务管理存在的问题

从调查结果看，平谷区农民专业合作社示范社财务管理总体情况较好，但是部分合作社也存在一些问题，主要表现在以下几个方面：

1．部分合作社财务人员设置不合理

22 名财务人员没有会计证，存在无证上岗问题，占会计人员总数的 21.43%；有 31 家合作社只配备了 1 名财务人员，存在会计出纳一人兼的问题，占 48.44%；有 12 家合作社的财务人员是理事会、监事会成员及其直系亲属兼任，占 18.75%；有 3 家合作社财务人员未接受过培训，占 4.69%。

2．部分合作社会计核算不规范

有 4 家合作社没有进行会计核算，记的是流水账；在进行会计核算的 60 家合作社中，有 3 家未按规定设立会计科目，但建立了会计账簿；有 2 家办理会计手续、会计核算不及时；有 7 家未按照《北京市农民专

业合作社会计核算办法（试行）》规定编制报表，只是编制一些简单的
报表，有 1 家没有编制报表；有 4 家会计凭证、会计账簿、会计报表和
其他会计资料的内容和要求不符合规定，但会计报表真实；有 6 家虽然
建立了会计档案，但未按照规定建立，不规范，有 2 家未建立会计档案；
有 1 家尚未开设银行账户。有 4 家没有将国家财政扶持资金放入专项应
付款科目核算，有 4 家没有将国家财政扶持资金形成资产部分计入资本
公积科目，有 2 家合作社将国家财政扶持资金由合作社、领办人和领办
企业共同使用。

3．部分合作社财务管理制度建立不完善，没有严格执行

在 60 家进行会计核算的合作社中，有 1 家合作社尚未建立财务管
理制度，有 11 家合作社虽然建立了财务管理制度，但只建立了不到 5
项制度，财务管理制度体系有待完善；7 家合作社尚未建立现金和银行
存款管理制度，有 20 家合作社尚未建立财务开支审批制度，有 25 家合
作社尚未建立票据管理制度，有 21 家合作社尚未建立会计人员管理制
度，有 23 家合作社尚未建立财务公开制度，有 17 家合作社尚未建立
岗位责任制度；有 6 家合作社虽然建立了财务管理制度，但是没有严
格执行。

4．部分合作社民主理财和财务公开执行不到位

在 64 家合作社中，有 5 家合作社三会建立不完善，只建立了其中
一到两个；有 1 家合作社没有召开成员代表大会；有 3 家合作社没有完
全按照一人一票结合附加表决权，附加表决权不超过 20%的方式进行表
决；在重大决策时，有 4 家合作社由理事长直接决策；有 1 家合作社账
目不公开。

5．部分合作社成员账户建立和核算不完整

在进行会计核算的 60 家合作社中，有 2 家尚未建立成员账户和成
员明细账户；在剩余的 58 家合作社中，有 5 家合作社只建立了成员账
户和成员交易明细账户其中一个；有 5 家合作社成员账户和交易明细账
户核算不及时；有 2 家未全面核算资金额、产品交易情况和可分配盈余
返还，有 2 家合作社成员账户中只核算了成员出资额；有 4 家合作社未

将国家财政扶持资金形成的资产和接受捐赠资产按成员平均量化；有 2
家未将盈余公积或资本溢价量化到成员账户；有 2 家合作社尚未进行盈
余返还。

（三）平谷区农民专业合作社示范社财务管理问题产生的原因

1. 主观原因

政府指导部门对合作社发展认识不清，存在"重数量，轻质量""重
规模、轻规范"倾向。很多基层干部认为合作社数量多就是发展得好，
规模大就比较规范，经营好就应该扶持。在示范社评选过程中，往往强
调基地面积大、社员人数多，而忽视了合作社财务管理规范。如平谷区
示范社评选标准中，财务管理虽然占 50 分，但是如果合作社成员多、
规模较大、经营较好可以获得很多加分，即使财务管理不规范也有可能
被评为示范社。

合作社管理层对财务管理的重要性认识不足，对已经建立起来的财
务管理制度没有严格执行。很多合作社为了评上示范社，获取财政扶持
资金，在农合中心的帮助下，已经建立了规范的财务管理体系，但是被
评选为示范社后，合作社管理层对财务管理工作的重要性认识不足，导
致很多已经建立起来的制度没有严格执行。

合作社成员对合作社管理层较为信任，对民主理财和财务公开的积
极性不高。领办人或领办企业在合作社中具有较高的威信，而且很多是
本地农民，大家平时已经非常熟识，成员对他们比较信任，在做重大决
策时，社员放弃了参与民主理财的权利，有的时候理事长就可以直接做
决定，而不用经过成员（代表）大会，有的时候开成员（代表）大会时
不用公开财务报表和账簿。

2. 客观原因

合作社原始投资少，增资扩股手续复杂，合作社净资产总额不大，
合作社无财可理。合作社在成立时，很多成员对投资合作社积极性不高，
只是象征性出资，有的仅出资 100 元，有的以土地入股，但土地还是自
己经营，合作社注册资本不高，主要还是大户或龙头企业投资，等到合

作社发展起来，成员看到收益后，想要增加投资时，手续又非常复杂。平谷区合作社如需变动注册资金，只能每年一月份到工商部门变更，变更时需要全体社员亲自到场并签字，手续相对繁杂，因此，很多合作社宁愿贷款，也不愿意增加注册资金。统计数据显示，2012 年平谷区农民专业合作社所有者权益平均不到 50 万元。

成员出资差异大，大户在管理决策中起主导作用，内部控制制度和岗位分工制衡机制失效，民主监督和管理流于形式。在合作社成立时，领办人或领办单位投入资金较多，成员出资差异较大，理事长或理事会成员一般都由大户担任，他们在合作社中具有较大的影响力和控制力，如某合作社理事会成员是一家三口，监事会成员是村委会干部，财务管理的内控制度和制衡机制失效，民主监督和管理流于形式。

部分合作社合作方式松散，业务相对简单，交易时直接返利，合作社利润不高，负担不起财务人员开支。合作社的主要目的是成员利益最大化，而不是合作社利润最大化，很多时候合作社在与成员交易时，已经将利润返还给社员，合作社的利润很低。有的合作社业务比较单一，主要就是收购产品、包装产品、销售产品，有的更加简单，就是为农民提供低价的农用物资，没有其他业务。合作社本来就没什么收入，还要提供技术、培训等服务，还要支付场地、水电、办公经费等开支。在被调查的 64 家合作社中，就有 12 家合作社处于亏损状态。每个专职财务人员每年需要约 2 万元的开销，这对于利润本身很低的合作社来说是一笔不小的开支，因此，很多合作社选择了出纳会计一人兼，或外聘兼职财务人员的方式，更有的合作社选择了亲戚、朋友或理事长兼职做账，直接省去了财务人员开支，这些财务人员有的没有会计证，有的不了解合作社会计核算，有的只能记简单的流水账，财务管理水平难以提升。

兼职财务人员多，人员更换频繁，培训效果不佳，财务人员业务水平难以提高。合作社的财务人员很多是本社成员、亲戚、朋友或理事长兼任，会计业务不熟练。而外聘的财务人员流动性大，统一管理难度大，虽然农合中心定期对财务人员进行培训，但是接受培训的人员变了，或者是外聘的财务人员没有时间参加培训等等原因，导致财务培训效果不佳。在实际工作中往往需要电话或实地一对一辅导，工作效率不高，财务人员素质很难提高。

会计核算办法存在差异，容易混淆，成员账户核算复杂，缺少核算软件，手工核算工作量过大。首先，企业和村集体的会计核算方法与合作社的会计核算方法存在差异，农业部和北京市的合作社会计核算也存在差异，由于财务人员整体业务水平不高，有的没有经过培训，有的没有会计证，在实际工作中经常出现会计科目混用现象。其次，按照相关规定，合作社应该为每位成员设置成员账户和成员交易明细账户，并将国家财政扶持资金形成的资产、接受捐赠形成的资产、盈余公积等每年重新进行量化，由于没有核算成员账户的软件，手工核算工作量大，如某合作社有 500 多名成员，成员账户有 8 本，该合作社成员账户采取手工记录，财务人员每年大约需要 2 个星期，才能把成员账户全部记完，费时费力。

政府指导部门人员少，监督指导范围有限，监管缺乏权威性，示范社退出机制执行不严格，合作社外部监管有待提高。首先，平谷区农合中心规范指导部只有不到 10 个人，却要负责指导全区 958 家合作社的规范化建设和相关人员的培训工作，而且合作社的数量还在不断地增加，在时间紧、人员少、任务重等客观条件的制约下，难以对合作社实施全面的规范指导，现在主要只能集中力量对示范社以及示范社备选社进行指导。其次，农合中心对合作社是服务指导功能，对合作社不收费、不验资、不年检，对合作社的管理在法律上没有强制性，如果没有财政扶持资金相挂钩，很多合作社对农合中心的指导并不配合。最后，示范社退出机制没有真正实行，被评选为示范社后，保持规范运行的压力不大，示范社财务管理规范化维持时间不长，很多已经建立起来的财务管理制度，没有严格执行，有的合作社出现了会计核算不规范，财务管理不严格，民主理财不到位，财务公开不及时等问题，有的示范社甚至出现了记流水账现象。

四、农民专业合作社财务管理规范化建设相关问题探讨

（一）财务人员配置问题

目前合作社财务人员的配置有四种方式，一是聘用专职财务人员，二是由理事长亲属、理事长或村集体会计担任，三是外聘兼职财务人员，四是社账托管，这四种方式各有利弊。

1. 专职财务人员业务能力强，但工资成本高。聘用的专职财务人员一般具有会计证，有相关的工作经验，财务管理水平相对较高。但专职的财务人员成本较高，每人一年大约需要 2 万元的工资，根据财务岗位分工要求，会计和出纳应分设，对于某些经营效益不高的合作社来说，负担不起 2 名财务人员的开销。

2. 理事长亲属、理事长或村集体会计担任工资成本低，但内控制度失效。理事长亲属、理事长或村集体会计担任财务人员只需支付较少的费用，或干脆不给钱，能够减少合作社开支，同时合作社管理层更容易了解合作社经营状况，方便其经营管理。但兼任的会计人员业务水平普遍不高，有的不会记账，只会记流水账，财务管理不规范。由于财务人员和合作社领导之间关系特殊，导致其独立性不强，财务管理内控机制失效。

3. 外聘兼职财务人员费用相对较低，但对财务管理和决策作用不大。每个兼职财务人员每月大约 300—500 元，很多业务不多的合作社采用这种方式。但是由于外聘兼职财务人员同时兼任多家单位的会计核算工作，每月只能来一两天，没有时间参加统一组织的培训，对合作社会计核算不太熟悉，核算不及时，管理不规范。外聘兼职财务人员的主要功能就是记账，不管财务分析，对于合作社经营决策方面没有起到财务人员应尽的义务。

4. 社账托管费用低、效果好，但合作社财务管理自主权受到制约。社账托管的优点是在资金有限的前提下，能够达到财务规范管理的目的，提高财务公开的及时性和有效性，减少合作社的非生产性开支，节约管理成本。密云县和通州区在这方面起步较早，已经取得了初步成果，

如密云县农民专业合作社服务中心专门成立了社账托管办公室,与合作社签订财务托管协议,配备专职人员及专门设备,为合作社提供专业化、规范化的财务托管服务。通州区在于家务乡5个合作社开展社账托管试点,将合作社会计核算业务委托给北京日月曜阳会计服务有限公司,托管费用由区农经站支付。而社账托管的缺点是合作社的财务管理自主权受到限制,合作社管理层对自身财务不甚了解,在面对稍纵即逝的市场机遇时,无法做出及时快速的反应,影响其经营效益。

总之,兼任、外聘、委托代理只是在合作社发展起步时期的权宜之计,当合作社达到一定规模,经营效益逐步提高时,还是应该配备专职的财务人员。为了提高财务管理水平,应广泛开展宣传与培训,建立培训长效机制,提升领导、成员、财务人员对财务管理工作的重视程度和做好财务管理工作的能力。一是要充分利用媒体、培训、知识竞赛等多种形式,广泛开展各种宣传学习活动,树立正确的合作社发展观,提高合作社领导和成员对财务管理重要性的认识,把财务管理工作当作合作社发展中的重要事情来抓,鼓励成员积极参与到合作社财务管理与监督过程中。二是要加大对财务工作相关人员的培训力度,对农民专业合作社的会计科目设置、会计核算、会计报表进行专门指导,同时应规范农民专业合作社经济运行和盈余分配制度,加强对合作社负责人、财会人员在实行《会计法》和执行财政纪律的宣传教育,建立起农民专业合作社会计人员培训的长效机制,定期组织合作社会计人员培训。

(二)示范社财务管理规范化标准问题

1. 农业部对示范社财务管理规范化提出明确标准

农业部《农民专业合作社示范社创建标准(试行)》中一共提出五条标准,第一条标准就是民主管理好,对示范社财务管理的规范化提出了明确的要求,具体内容如下:

依照《中华人民共和国农民专业合作社法》登记设立,在工商行政管理部门登记满2年。有独立的银行账号。组织机构代码证、税务登记证齐全。

根据本社实际情况并参照农业部《农民专业合作社示范章程》制订章程，建立完善财务管理制度、财务公开制度、社务公开制度、议事决策记录制度等内部规章制度，并认真执行。

每年至少召开一次成员（代表）大会并有完整会议记录，所有出席成员在会议记录上签名。涉及重大财产处置和重要生产经营活动等事项由成员（代表）大会决议通过，切实做到民主决策。

成员（代表）大会选举和表决实行一人一票制，或一人一票制加附加表决权的办法，其中附加表决权总票数不超过本社成员基本表决权总票数的 20%，切实做到民主管理。

按照章程规定或合作社成员（代表）大会决议，建立健全社务监督机构，从本社成员中选举产生监事会成员或执行监事，或由合作社成员直接行使监督权，切实做到民主监督。

根据会计业务需要配备必要的会计人员，设置会计账簿，编制会计报表，或委托有关代理记账机构代理记账、核算。财会人员持有会计从业资格证书，会计和出纳互不兼任。理事会、监事会成员及其直系亲属不得担任合作社的财会人员。

为每个成员设立成员账户，主要记载该成员的出资额、量化为该成员的公积金份额、该成员与本社的交易情况和盈余返还状况等。提取公积金的合作社，每年按照章程规定将公积金量化为每个成员的份额并记入成员账户。

可分配盈余按成员与本社的交易量（额）比例返还，返还总额不低于可分配盈余的 60%。

每年组织编制合作社年度业务报告、盈余分配方案或亏损处理方案、财务状况说明书，并经过监事会（执行监事）或成员直接审核，在成员（代表）大会召开的十五日前置于办公地点供成员查阅，并接受成员质询。监事会（或执行监事）负责对本社财务进行内部审计，审计结果报成员（代表）大会，或由成员（代表）大会委托审计机构对本社财务进行审计。自觉接受农村经营管理部门对合作社财务会计工作的指导和监督。

2．平谷区对示范社财务管理规范化提出具体评分标准

平谷区在《2012 年农民专业合作社区级示范社评定考核实施考核方案》中对示范社的考评标准进行了细化，并列出了具体的评分标准，其中涉及四大项：一是有明细的财产权利关系，二是有健全的经营服务体系，三是有民主的组织管理制度，四是有合理的利益分配机制和较好的经济效益，其中一、三、四项都涉及财务管理，三项加起来分数达到 50 分，可见平谷区对合作社财务管理工作的重视程度，具体内容如下。

第一项有明晰的财产权利关系。依法登记设立。合作社法人登记一年以上，社员 150 户以上。办理税务登记，并按要求办理相关免税手续。办理组织机构代码证，开立银行账户。

第三项有民主的组织管理制度。（1）章程和制度。合作社《章程》符合《条例》和《示范章程》规范要求，并建立生产管理、销售管理、财务管理等制度。（2）组织管理机构。合作社建立健全社员（代表）大会、理事会、监事会等组织机构，活动正常。（3）社员管理。合作社有规范的社员入、退社登记管理手续，核发社员证，健全社员管理及其生产经营档案。（4）民主管理。社员（代表）大会表决一般应实行一人一票，附加表决权总票数不得超过本社成员基本表决权总票的 20%。

第四项有合理的利益分配机制和较好的经济效益。（1）财务核算。合作社单独建账核算，与社员的产品交易实行专项明细核算。定期向社员公布财务状况，接受社员监督。财务人员实行持证上岗。及时报送会计报表。（2）社员产品收购价格和农业投入品的供应价格。合作社按"下保底上不限"的作价原则，向社员收购产品；以无偿或低偿服务为主向社员提供农业投入品。（3）盈余分配。按照章程规定提取公积金、公益金、风险金。提取各项基金后的税后利润按交易额和成员出资额统筹分配，且按交易额分配比例在 60% 以上。（4）经济效益显著。入社农户比未入社农户收入高 20% 以上。

3．财务管理规范化标准已经建立，关键是如何执行

比较农业部、平谷区的示范社评选标准可以看出，财务管理规范与否在示范社评选过程中占有重要地位，特别是在农业部的标准中，第一

条就是财务管理相关内容，对健全财务管理制度、夯实财务管理基础、规范盈余分配制度、完善会计报表编制和报送制度等方面提出了具体的要求，非常具有实际指导意义。平谷区的示范社标准又对其进行了细化，提出了具体的评分标准，使其更具有可操作性。既然财务管理的规范化标准已经非常明确，为什么评选出的示范社有的财务管理还不合格，甚至出现了流水账的问题？主要有以下几个原因：

首先，财务管理相关要求是或然选项，不是必然选项。在平谷区的示范社评分标准中，财务管理大约 50 分，生产经营大约 50 分，生产经营部分有很多加分项，如果某合作社财务管理水平不高，但是经营服务能力较强，仍然有可能评选为示范社。如合作社社员基础要求是 150 户，每增加 10 户，就可以增加 0.5 分；统一组织采购、供应农产品，配送比例在 80%以上的，每提高 1 个百分点，增加 0.5 分；标准化生产面积占社员总生产面积 60%以上的，每提高 1 个百分点，增加 0.5 分。开展农产品初级加工增加 2 分，开展农产品深加工增加 5 分。这样的评选机制，还是侧重于规模大、经营好的合作社，对规模小，但财务管理规范的合作社不太公平。

其次，示范社评选结果长期有效，监督管理手段欠缺。平谷区示范社建设意见明确提出了要对示范社实行定期检测，动态管理，保优去劣。但在实践中，并没有真正实行，很多示范社管理层在取得示范社称号后，不再关心合作社管理，有的财务管理混乱，有的已经暂停营业，这些合作社已经不符合示范社标准。应全面启动监测管理机制，对不合格的合作社取消其示范社资格，并在三年内不得申报示范社。

4. 房山区财务管理示范社评选和大兴区财务管理一票否决制经验做法值得借鉴

房山区在 2010 年提出开展农民专业合作社示范社建设，每年在全区范围内评选 3—5 家农民专业合作社财务管理示范社并予以表彰，农民专业合作社获得"房山区农民专业合作社财务管理示范社"荣誉的，可作为申报"北京市农民专业合作社示范社"评选的重要依据。通过财务管理示范社的评选，以点带面，促进全区农民专业合作社的规范和发展。大兴区在评选示范社时，采取了财务管理一票否决制，对于财务管理不合格的示范社，直接取消其示范社评选资格。房山区和大兴区的做法非常值得借鉴，这种做法减少了"重规模，轻规范"合作社发展观的影响，提高了合作社管理人员对做好财务管理工作的认识，带动了全区合作社财务管理规范化建设。

（三）成员账户核算问题

合作社的目标是成员利益最大化，因此，成员账户核算的好坏是关系到一个合作社是不是真正的合作社，成员能不能获得最大利益的关键性问题。但是，在调研中，很多合作社财务人员反映成员账户核算复杂，有的财务人员为了图省事，财政扶持资金不形成资产，直接在与成员交易时一次性返利，年终不返利，成员账户不用记，只需记成员交易明细账即可。造成这一问题的原因有以下两点：

1. 成员账户是合作社特有的，没有现成的财务软件可用。企业是按股分红，而合作社是先按交易量（额）分红，分红比例不低于60%，再按出资额分红。出资额不仅包括社员个人的出资额，还包括平均分配的公积金量化份额和国家财政扶持资金和接受捐赠形成的资产量化份额。这种核算方式与企业的分红方式不同，现成的财务软件中没法进行核算。虽然，农业部做了一个合作社财务管理系统，但是由于北京市在农业部的会计核算办法的基础上做了一些调整，导致农业部的财务管理软件也不能用。目前，北京市合作社的成员账户只能采取手工核算，或者用excel表格计算后，再抄录到成员账户上。

2. 示范社对成员数量有最低标准，核算起来更加困难。平谷区对示范社成员的数量的最低标准是150人，在示范社评选时，每增加10人，增加0.5分，很多合作社为了评上示范社，盲目增加成员，有些成员与合作社业务往来并不多，但是由于公积金、国家财政扶持资金和接受捐赠形成资产要量化到每个成员，即使成员当年没有交易，年终分红时也要算上一份。在调研中，平谷区某合作社有500多户成员，会计反映每年成员账户记一次，要花费2个星期的时间，费时费力。

解决这一问题的关键是要抓紧研发合作社会计核算软件，可以在农业部已有核算软件基础上，进行相应的修改调整，使其适合北京市的实际情况，减轻财务人员的工作强度，规范成员账户的核算。

（四）合作社财务监管问题

1. 监事会监管力度太小

合作社由于投资额差距大，领办人或领办企业在合作社管理中起绝对性作用，大户或村干部担任理事会、监事会成员的例子并不少见，在某合作社理事长是大户，监事会是村干部，在某些情况下，这些人的利益与全体成员的利益并不一致，而与合作社管理层利益一致，依靠监事会监管财务管理力度太小，效果不大。应该重视监事会成员的选举工作，选择真正能代表广大社员利益，具有一定财务管理水平的人来担任，履行好监事会监管职能。

2. 成员（代表）监管太难

合作社的章程中明确指出，重大决策应通过成员（代表）大会通过，可是由于成员过多，有的合作社几百人，召集成员大会非常不容易，即使是成员（代表）大会也很难召集，如果每次重大决策都要经过成员（代表）大会表决，对于合作社的经营管理非常不利。而且很多合作社成员对理事长非常信任，再加上不懂财务相关知识，放弃民主理财和财务公开权利，在成员（代表）大会上也只是翻翻自己的成员账户，对合作社整体的财务管理不太关心。

3. 政府管理部门监管太远

平谷区农合中心的规范指导部负责合作社规范管理，而平谷区有900多家合作社，如果每家每户都要进行指导，根本顾不过来，大多数情况，规范指导部都是结合示范社评选工作监督合作社的财务管理，对普通合作社缺乏监管，对评选后的示范社缺乏监管。

4. 财务人员监管太软

合作社的财务人员中有专职财务人员、兼职财务人员、委托代理机构人员等等，这些人中有理事长亲戚，也有的理事长直接兼任，与合作社管理层关系密切，由其进行财务监管作用不大。即使是外聘的专职财务人员，由于其工资是合作社管理层发，如果不按照管理层的意思记账，随时可以换人。财务人员的监管是财务管理的基础，为了保证其真正有效，首先要选好财务人员，杜绝合作社领导直系亲属担任财务人员；其次，要建立财务人员岗位制衡机制，不相容的岗位不能由同一人担任，降低财务舞弊风险；最后，要建立财务人员对成员（代表）大会负责的机制，财务人员如无明显错误，不得随意更换，同时要保证财务人员工资。

五、平谷区农民专业合作社示范社财务管理规范化对策建议

党的十八届三中全会审议通过的《中共中央关于全面深化改革若干重大问题的决定》中明确提出："要加快构建新型农业经营体系。鼓励承包经营权在公开市场上向专业大户、家庭农场、农民合作社、农业企业流转，发展多种形式规模经营。鼓励农村发展合作经济，扶持发展规模化、专业化、现代化经营，允许财政项目资金直接投向符合条件的合作社，允许财政补助形成的资产转交合作社持有和管护，允许合作社开展信用合作。"合作社正面临着前所未有的机遇和挑战。机遇是中央对发展农民专业合作社的高度重视，越来越多的财政扶持资金和项目将直接投向农民专业合作社；挑战是如何巩固和落实好中央大好政策，使中央支农惠农政策真正惠及广大农户，而不是被大户、龙头企业所侵占，这对合作社财务管理提出了更高的要求。面对机遇和挑战，针对矛盾和问题，对平谷区农民专业合作社示范社财务管理规范化提出以下几点对策建议。

（一）开展国家级示范社财务管理规范化试点

一是制定考评办法。考核内容主要包括会计人员配备、会计核算、财务管理制度建立与执行、民主理财与财务公开、成员账户建立与盈余返还、财政扶持资金管理等8个方面。考核采取评分制，满分为100分，

经考核获得 85 分以上的单位为财务管理规范化示范社。

二是修订会计核算办法。《北京市农民专业合作社会计核算办法》的出台早于财政部《农民专业合作社财务会计制度》，在科目设置、账目处理等方面存在一些差异，而且相对复杂，给合作社会计核算造成了一定困难。因此，要在符合会计准则和会计制度的基础上，对现有会计核算办法进行修订，使其适应北京实际，方便财务人员实际操作。

三是开发财务软件。在农业部财务软件或北京市村级财务软件的基础上，按照新的《会计核算办法》的要求对会计科目进行修改调整，加入成员账户和成员明细账户核算功能，为试点社配备硬件设备，实现会计核算电算化，提高财务人员工作效率。

四是建立健全动态监督管理机制。每年对示范社财务管理情况进行考评，对于不合格的示范社，限期进行整改，拒不整改者，取消其示范社称号；对于合格的合作社，增加财政扶持力度。

（二）探索财务管理新模式

一是开展会计委派制试点。针对部分合作社财务管理不规范，但对社账托管还有一些顾虑的情况，建议在平谷区推行农民专业合作社委派制试点，由区县经管部门或农合中心成立会计委派服务中心，由中心统一向社会公开招聘会计人员，下派到合作社担任会计，每人管 2—3 个合作社的会计工作，工资由财政承担。试点工作先在示范社或曾获财政扶持资金的合作社进行。

二是探索大学生村官辅助财务管理模式。结合国家目前实施的大学生村官制度，北京、山西、浙江等地已开始尝试推行"大学生村官+农民专业合作社"的模式。让大学生村官帮助合作社规范财务管理，促进合作社的规范化发展，也是一种不错的选择。

三是规范社财社管模式。合作社应配备必要的财务人员，杜绝无证上岗，上岗前应接受统一培训。应避免合作社领导直系亲属担任财务人员。具有一定经济实力的合作社应配备 2 名以上专职财务人员，确保会计出纳岗位分设。对于外聘或委托代理财务人员，要在做好账务核算的基础上，规范财务管理，提供财务分析报告，并接受监事会的监督。

（三）规范合作社收益分配

一是建立健全成员账户。成员账户要全面核算资金额、产品交易情况、可分配盈余返还等项内容，按照章程定期将国家扶持资金形成的资产和接受捐赠形成的资产和未分配盈余等项平均量化到每个成员。

二是建立健全成员交易明细账户。完整记录成员交易明细，将其作为年终分红的重要依据。

三是合理确定盈余返还比例。盈余分配方案要经成员代表大会通过，保证按交易额分配比例不低于可盈余分配的60%，避免盈余返还方案不公开、不民主、不合理等问题。

四是兼顾好积累和分配的关系。避免合作社交易时全部直接返利，保留合理利润空间，使合作社积累一定的资金，再用这笔资金进行扩大再生产，促进合作社健康发展，实现成员长远利益最大化。

（四）建立有效的监督制约机制

一是鼓励社员参与监督管理。鼓励社员增加投资，简化注册资金变更手续，使成员的出资与其对合作社的作用相匹配，提高社员参与合作社财务管理的积极性。在成员代表大会期间要进行全面财务公开，在做出重大财务决策时，必须走民主程序，提高成员参与监督管理的程度。

二是落实监事会监管职责。高度重视合作社监事会成员选举工作，选出能够真正代表全体社员利益的监事会成员，强化其监督职责，赋予其监督权利，要求其每年向成员代表大会做监事会报告，其人事任免由成员代表大会决定。

三是强化经管部门、农合中心的审计职能。经管部门、农合中心要按照农民专业合作社财务会计制度的规定，切实加强合作社财务会计工作的指导和监督，定期进行审计检查，发现问题要及时解决。

本章课题组名单

课题委托单位：北京市农村经济研究中心

课题承担部门：资产管理处

负 责 人：吴志强

组　　长：胡登州

成　　员：方书广　石　慧　姜能志　屈连江　张保国　刘长松

执笔人：胡登州　方书广　石　慧

2014 年 1 月 27 日

专题报告一：
北京荣涛豌豆产销专业合作社财务管理情况调查报告

　　北京荣涛豌豆产销专业合作社成立于 2008 年 1 月，是北京市唯一一家具有籽种生产经营资质，专门做豌豆产业的农民专业合作社。成立至今始终采用"农户+基地+合作社+公司+市场"的运作方式，把一家一户的豌豆种植农户联合起来，共同应对千变万化的市场竞争，彻底扭转了农民挣一年，赔三年的传统规律。为了提高豌豆的附加值，获取全产业链利润，荣涛豌豆合作社不断对豌豆进行深加工，形成了集科研、制种、推广、种植、加工、销售于一体的完整产业链，使合作社社员不仅享有种植环节的收益，还享有生产、加工、销售环节的收益。随着业务的不断扩大，荣涛合作社于 2010 年成立了荣涛食品公司，由食品公司对豌豆进行深加工。2012 年荣涛合作社被评为"国家级示范社"，公司被评为"北京市龙头企业"，逐步形成"龙头（龙头企业）+龙身（合作社）+龙爪（农户）"三位一体的发展模式。

一、合作社财务管理经验做法

（一）合理设置财务人员

　　严格执行会计人员配置相关规定，设置了独立的财会部门，并配备了独立的财会室。财会部门现有成员二名，其中一名全职出纳，一名兼职会计，会计和出纳分设，互不兼任。此外，为了保证财务人员的独立性，没有聘用理事会、监事会成员及其直系亲属担任本社的财会人员。对财务人员的业务水平提出明确的要求，要求财务人员必须持有会计从业证书才能上岗，而且安排财务人员每年参加会计人员继续教育培训，并积极参加区财政部门、区经管部门、区农和中心组织的会计人员培训。随着合作社业务的不断增加，计划再增加一名财务人员。

（二）建立健全财务制度

根据合作社的实际情况，制定了切实可行的财务管理措施，并严格贯彻财务管理规章制度。先后制定了会计岗位职责制度、现金和银行存款管理制度、资产及物资管理制度、民主理财与监督制度、会计档案管理制度、理事会工作制度等财务制度，并将制度做成展板，挂在墙上，使广大社员了解财务制度的内容，参与监督财务制度执行情况。为了促进财务制度严格执行，还组织专人定期检查财务管理制度执行情况，形成财务管理制度执行情况的报告，把执行制度列入对部门的考核奖惩，使财务部门成为执行制度的模范。

（三）规范处理会计账务

严格按照《北京市农村专业合作社会计核算办法（试行）》的规定进行会计核算。按照会计年度进行会计核算工作。按照规定设立会计科目，进行会计凭证、会计账簿、会计报表和其他会计资料编制工作，保证会计信息的质量。当发生各种经济事项时，及时办理进行会计核算，保证收入、支出及时入账。会计处理方法保持前后一致，无随意变更现象的发生。每一个会计周期的季末、年末按照规定编制报表。为了提高会计核算效率，荣涛合作社还购买了记账软件，并结合不同记账软件的特点，使用用友软件记合作社的账，使用金蝶软件记下属食品公司的账。在会计年度终了后，对会计凭证、会计账簿、会计报表和其他会计资料进行整理并建立档案，放入专门的档案柜保管。

（四）严格执行独立核算

荣涛合作社的前身是由理事长张涛和李广容夫妻创办的私营企业，合作社成立以后，夫妇二人全身心投入到合作社发展中来，原有的企业不再经营，随着时间的推移，原有企业的生产设备也逐渐报废，因此，合作社严格实行独立的财务管理和会计核算，并在北京银行平谷支行开立基本存款账户，对国家财政扶持资金通过专项应付款科目单独核算。国家财政扶持资金仅限本社内部使用，国家财政扶持资金形成的资产计入资本公积科目核算。合作社与下属食品公司也是独立核算，食品公司净利润20%留作公司经营风险金，其余80%返还给合作社，由合作社再返还到每个社员账户。

（五）高度重视民主管理

合作社依照《中华人民共和国农民专业合作社法》的相关规定，建立成员代表大会、理事会、监事会。每年召开一次成员代表大会，成员大会由理事长负责召开，并提前十五日向全体成员通报会议内容。在成员大会的选举和表决时，严格执行一人一票制，附加表决权总票数不超过本社成员基本表决权总票数的20%进行表决。成员大会召开时，将财务账簿、成员账户、财务报表等向社员公开，接受社员的监督。重大资产处置和重要生产经营活动等事项需经过理事会同意后，经成员代表大会决议通过。财务实行每季度末最后一日定期向成员公开，监事会对本社财务进行内部审计，审计结果报成员代表大会进行审核。财务会计工作受镇农村经营管理部门指导和监督。

（六）有效保障成员权益

豌豆销售价格每年都有一定的波动，为了给农户吃定心丸，让农户放心大胆种植豌豆，合作社与农户签订了每斤至少2元钱的保护价。为了保障成员权益，合作社严格按照要求设置了成员账户和成员交易明细账户，全面及时核算资金额、产品交易情况和可分配盈余返还。将国家财政扶持资金和他人捐赠形成的资金（产），平均量化为每个成员的份额，作为可分配盈余分配的依据之一。为每个成员设立了个人账户，每年年终将可分配盈余的40%按股分红，60%按交易量返还。2012年实现可供分配盈余560万元，其中40%（224万）按股分配，60%（336万）按交易量分配。合作社通过延长产业链，提高农业生产附加值，经营效益非常可观，2012年平均每1000元入股资金，就可以分到400元的分红。

二、合作社财务面临的难题

（一）增资扩股面临阻碍

随着合作社的发展壮大，对于融资的需求越来越大，该合作社主要采取贷款方式缓解资金缺口，该合作社理事长张涛是三八红旗手，可以获得妇联的贴息贷款，缓解了一部分贷款利益压力，但是对于合作社的长远发展，这些资金还远远不够。几年来，合作社发展越来越好，收益稳步提升，很多农民愿意入股合作社，但是工商变更手续非常繁琐，如果需要增减社员或变更注册资金，需要在每年的1月份到工商局进行办理，而且要求所有社员本人拿着身份证才能办理，合作社的成员一般都有几百人，如荣涛合作社就有500多名成员，增资扩股在办理上费时费力，很多合作社都不愿意增加社员，这导致一方面合作社的发展缺少资金，另一方面农民手中的钱又无法投入到合作社中来，抑制了合作社的发展，使合作社的规模扩大遇到不小的阻碍。

（二）成员账户记录繁琐

荣涛合作社的成员账户采取手工记录的方式，527名成员的成员账户记录了整整8本，相比较而言，这个合作社的成员交易还算简单，因为只是在每年豌豆成熟的季节收豆子，给农民豆子款，并在年底的时候进行返利，但是即使是这样简单的成员账户，每年年底的时候一名出纳也要记上两个星期，给财务人员增加了不小的负担，这也就是有的合作社倾向于交易时直接返利，而不是年终返利的一个重要原因。

（三）成员习惯现金收支

合作社的成员大部分都是农民，他们之中有的年岁大了，不会办理存款、取款手续；有的住的地方离银行较远，去银行取款不太方便；有的更喜欢一手交钱、一手交货这种传统交易方式。在向合作社销售豌豆时，虽然财务人员要求成员提供银行卡号，采取银行转账汇款的方式进行交易，他们还是选择现金付款这种方式，导致在合作社收购豌豆时，提取大量的现金，有的时候保险柜里放置几十万的现金，严重超出了备用金限额，一方面不符合现金管理规定，另一方面存在现金丢失的风险。

北京荣涛豌豆产销专业合作社是国家级示范社，在合作社的财务管理上也一直严格执行国家级标准，在财务管理方面积累了很多经验，值得其他的合作社学习借鉴。但是合作社是近几年来发展起来的一种新型农业经营管理形式，在发展过程中难免遇到这样那样的阻碍，这些阻碍有思想观念的问题，也有政策制度接轨的问题，也有技术手段的问题，随着时间的推移和不断的摸索，这些问题会逐渐解决。但是可以肯定的是，做好财务管理是合作社发展的重要基础，只有基础打牢了，才能使合作社有做强做大的可能，这需要合作社管理层、普通成员、政府管理者的共同努力。

执笔人：荣涛豌豆合作社　石　慧

专题报告二：
通州区农民专业合作社"社账托管"的探索与实践

随着《农民专业合作社法》的深入贯彻落实，通州区农民专业合作社发展迅速，到 2013 年 10 月底累计规范发展农民专业合作社 291 个，农民专业合作社逐渐成为市场主体和重要的现代农业经营组织，在带领农民建设现代农业，参与国内外市场竞争，增加农民收入等方面呈现了良好的发展势头。但同时也应清醒地看到，农民专业合作社在管理方面还存在着许多问题，特别是在财务管理和会计核算方面还需要进一步规范。为保证合作社成员的合法权益，促进合作社规范健康发展，通州区逐步探索出运用"社账托管"规范合作社财务管理的新途径。

一、实行"社账托管"的动因

《农民专业合作社法》确立了合作社法人地位，为合作社的健康发展提供了法律保障。但农民专业合作社还处于发展的初级阶段，作为一种新的组织形式，还存在着诸多不成熟的地方，财务管理较为混乱：一是财务制度不健全。合作社财务制度不全面，不细致，对现金收支管理缺少监督和审核，对资产的处理不清晰。二是会计核算不规范。会计科目使用随意、混乱，票据审核不严格，有账无证或有证无账时有发生。三是财会人员不稳定，业务处理责任心较差。合作社会计大多是兼职，对合作社的内部事务了解不多，存在账实不符现象。由于和理事长的特殊关系，对不合理的财务收支未提出合理建议。四是财务公开不规范。在公开的程序和内容方面比较随意，公开的细目不太透明，甚至虚假公开，对社员的疑问及反映的问题不够重视，不能妥善处理。五是财务违规现象较普遍。没有建立资产管理制度、理事长财务权利范围、资金审批程序等制度，缺少成员对扶持资金的监督，财务处理混乱，造成浪费甚至贪污。六是利益分配机制含糊，按交易量返还和二次盈余返还不能准确反映。以上问题如不能够及时解决，会引起合作社成员之间的矛盾，削弱合作社的吸引力和凝聚力，最终影响合作社发展和壮大。

"社账托管"为这些问题提供了解决方案，"社账托管"就是合作社将日常发生的会计核算事项通过协议方式委托给有资质的记账公司代理记账，记账公司按照《北京市农民专业合作社会计核算办法》对合作社发生的经济活动进行记录和账务处理，并根据合作社的需要，为合作社和相关管理部门提供相关财务信息。

二、确定"社账托管"的原则与范围

通州区提出在"社账托管"中必须尊重合作社的选择，不搞"一刀切"，在"社账托管"工作中，必须坚持四项原则：一是坚持合作社自愿原则。合作社须要通过民主讨论，形成决议，决定是否实行"社账托管"。二是坚持依法委托的原则。合作社须要与受托的会计服务公司签署书面委托协议。三是坚持试点先行的原则。为探索这一形式的可行性，选取一个乡镇为试点，探索"社账托管"具体操作方式。四是坚持备案原则。合作社将形成的"社账托管"协议和签署的委托协议文件复印件报区经管站备案。

通州区明确"社账托管"的范围主要是市级示范社、区级示范社、有政策扶持资金的合作社以及有一定规模的农民专业合作社。其他农民

专业合作社可根据自愿原则自行决定是否实行"社账托管"。

三、开展"社账托管"的试点探索

根据《北京市通州区农民专业合作社"社账托管"实施方案》要求，通州区经管站在于家务乡选择了北京果村蔬菜专业合作社、北京民为天农机专业合作社、北京奥苑益民种植专业合作社、北京东升富民南瓜专业合作社、北京裕群养殖专业合作社5家农民专业合作社进行了"社账托管"试点工作（北京裕群养殖专业合作社由于本合作社原因没有报账）。经过调查摸底、签署协议、交接账目等工作，试点工作全面展开，并取得预期效果。

（一）成立工作机构

由通州区经管站主管站长负责，组织相关科室组成"社账托管"工作组，负责"社账托管"的组织、协调和监督工作。明确"北京日月曜阳会计服务有限公司"负责合作社代理记账工作，并按要求完成相关信息的提供。

（二）签署委托协议

根据实施方案要求，试点合作社在与北京日月曜阳会计服务有限公司充分协商后，分别签署委托协议，将合作社会计核算业务委托给北京日月曜阳会计服务有限公司，记账公司为合作社提供相关服务。并将委托协议报区经管站备案。在试点阶段，托管费用全部由区经管站补贴，小合作社每月300元，大合作社每月600元，联合社每月1000元。

（三）进行调查摸底

在调查摸底阶段，通州区经管站召开了试点合作社社长座谈会两次，试点合作社会计人员座谈会三次，并深入每个试点合作社深入了解情况，对合作社发展的总体现状、经营管理、财务状况进行调研分析，同时摸清合作社及上级主管部门对合作社财务管理的具体要求，为今后工作找准切入点。

（四）完成账目交接

坚持先清理后移交的原则，清理一个移交一个。交接前对每个合作社账目逐一审核,对原来核算不准确的内容,经与合作社社长、会计人员共同协商后进行调整,保证核算内容与真实情况的一致性。在清理账目,理顺关系的基础上,完成了合作社会计业务的交接工作,按有关规定办理会计账目的交接手续。账目交接后,记账公司采取财务软件记账。为了保证试点工作稳妥推进,在试点初期,合作社与代理记账公司实行双轨记账,待验证记账软件无漏洞后才完成交接。完全交接后,合作社不再设置会计岗位,只确定一名报账员。

(五)完善配套制度

为了加强"社账托管"的规范化、制度化,根据《北京市农民专业合作社会计核算办法》有关规定,结合通州区农民专业合作社财务管理的实际,制订了"社账托管"的配套管理制度样本,印发给试点合作社,并要求合作社结合自身实际,修改后执行。为规范合作社财务行为、管好合作社资金资产、做好合作社会计核算提供制度保证。

(六)办理免税登记

为了享受国家优惠政策,最大限度保护合作社利益,为合作社办理了增值税、企业所得税免税登记。完成了各种审批手续、报表的报送,税务部门正在审批中。

四、实施"社账托管"的主要成效

(一)健全了财务制度

针对合作社普遍存在的财务管理制度不健全、收支手续不健全、现金管理不严谨、财务人员责权不明确等问题,通州区制订了"'社账托管'配套制度(样本)",印发到合作社,由合作社结合自身情况作出调整,制定出本合作社的财务管理制度,保证了合作社财务管理的制度化、规范化。主要包括《××合作社财务开支审批制度》《××合作社现金管理制度》《××合作社票据管理制度》《××合作社财务档案管理制度》《××合作社财务专管员管理办法》共五项制度办法(样本)。

(二)理顺了投资关系

投资是合作社发展的物质基础,投资主体多元化也是农民专业合作社的显著特点之一,特别是近年来国家对合作社扶持资金逐年增加,这要求我们必须加强合作社资金，特别是投入资金的管理。但在深入试点合作社调查了解到，合作社对资金管理较为混乱，投资反映不清，投资主体不明，甚至有的合作社把国家扶持资金记到个人名下。长此下去不仅会造成合作社资金、资产流失，还会毁了干部。通过和合作社领导、财会人员沟通、协商，调整了账目，还清了资金的本来面目，真实地反映了国家对合作社的扶持状况，理顺了投资关系。

（三）规范了会计核算

在对固定资产、货币资金、债权债务等进行清查的基础上，按照现行合作社会计核算办法规定设置会计科目、建立会计账簿，首先由各合作社提供科目余额表，反映已记账户余额；然后根据实际情况和规定的会计科目对上述余额进行调整；最后与合作社社长、记账人员协商后建立新账，做到交接顺利，反映真实，核算准确。通过电算化保证了各合作社会计核算的规范、统一、快速。

（四）办结了免税登记

按照有关税法规定，种植业合作社可以免征企业所得税；符合条件的可以申报免征增值税。但通过了解，有的试点合作社不了解政策，不但没有办理免征手续，还在按期缴税，甚至有被罚款的记录。通过学习有关税法和税务知识，与税务部门及税务专管员咨询、沟通，为这些合作社办理了企业所得税、增值税的免征手续，使农民专业合作社享受到国家的优惠政策。

通州区农民专业合作社"社账托管"试点工作已进行一年多时间，在对规范农民专业合作社的会计核算和财务管理起到了显著的作用。但是，必须明确财务管理是合作社经营管理的重要组成部分，不能把"社账托管"简单地理解为账务处理和编制报表，也不能把财务管理与经营管理割裂开来，财务人员除了记账、报税、汇表等基础工作外，还需要参与到投资、筹资、生产、经营等各个环节，为合作社管理者出谋划策，为合作社发展做好服务。

执笔人：通州经管站　石　慧

第十五章　典型调查

一、北京市农民专业合作社联合会跟踪调查研究

（一）成立背景

农民专业合作组织是联结农民与市场的重要组织形式，是在我国既有农业生产模式和管理体制下，实现农业规模化、产业化、标准化的重要平台和载体。随着我国一系列农业新政的实施，我国农民专业合作组织的发展迎来了新的历史机遇。截止到 2013 年 12 月底，北京市工商登记注册的农民专业合作社发展到 6010 家，比 2012 年增加了 831 家。合作社正式登记注册的合作社成员 15.4 万名，辐射带动农户 46 万户，占全市从事一产农户总数的近 75%。合作社资产总额 65.4 亿元，其中成员出资额 24.6 亿元。2013 年合作社总收入 108.3 亿元，实现盈余 8.5 亿元。盈余返还总额 4.6 亿元，分红 1.6 亿元，未分配盈余 1.2 亿元，成员户均纯收入 1.3 万元。

北京市农民专业合作组织的蓬勃发展，对于提高农民的市场谈判地位、降低交易成本和保证农民分享农产品增值后的收益等方面发挥了重要作用，也为政府实施农业产业化和标准化等相关政策提供了新的平台和抓手。但北京市农民专业合作社当前在发展中也还面临不少困难和问题，主要存在以下几个突出矛盾：

一是发展数量与发展质量的矛盾。自从合作社法颁布实施以来，北京市农民专业合作社得到快速发展。但是，其中多数合作社规范化程度还不高。突出表现是合作社治理结构不合理、治理能力不强。有的"官办"或"半官办"色彩浓厚，经营功能异化，甚至背离合作社的"人合"本质；有的产权结构过度集中，一股独大，内部人控制，少数人说了算，

大多数普通成员处于依附低位，参与管理和决策程度低，造成"选举不过是确认，讨论不过是告知，监督不过是附议"的现象。有的假借合作社的名义套取扶持资金，不为成员服务，更不为成员谋利，违背了国家扶持资金的普惠原则和公平原则，更违反了"民办、民管、民受益"的办社宗旨。从而导致合作社向心力、凝聚力不高，治理效能和可持续发展能力不强，迫切需要加强行业规范、行业自律和行业维权。

二是单体合作社与大市场对接的矛盾。目前，北京市农民专业合作社的发展总体上还处于初级阶段。大多数合作社发源于村级或乡镇一级。这些规模窄小而又分散的单个合作社难以在大市场中形成竞争力，难以在市场交易中提高谈判能力，对中间商的影响力十分有限。另外，由于单个合作社产品单一、产品数量规模小，也难以有效对接市场消费的多样化需求和不同客户的订单需要。正如有的超市反映，"到合作社进货，钱是省了，但就是品种太少，数量不足"。特别是在中央"八项规定"出台后，一些过去依赖于单一的团购方式进行产品营销的合作社，正在面临着重新定位、开拓市场的严峻考验，如何"抱团取暖""捆绑过冬"，组织起来闯市场、联合起来谋发展已经成为广大基层合作社的强烈愿望。

三是合作社发展壮大与资金短缺的矛盾。合作社的发展壮大是广大农民增收致富的内在需求，也是提高其市场竞争能力的客观要求。但目前融资渠道阻塞、资金短缺已成为北京市农民专业合作社进一步发展壮大中最大的瓶颈。从客观上看，合作社的外部融资渠道受阻于金融企业的"高门槛"，而内部融资渠道又受制于合作社法有关资本报酬有限等法律条款的硬性规定。近年来，有关部门和区县虽然在试图打通合作社融资渠道方面开展了积极的探索和试点，但总体上看，合作社的融资问题没有得到实质性的解决，使得一些有市场、有品牌、有效益并计划扩规模、上水平的合作社始终面临着资金短缺的困扰。因此，寻求更高层次上的新的组织载体和代言人，以更好地解决资金、技术、人才、服务等生产要素有效配置问题，已经成为广大基层合作社的强烈期盼。

（二）三种联合形式

面对这种情况，一些区县和专业合作社自发组建联合社（会）的积极性日益高涨，他们从实际出发，创造出了多种联合模式，主要包括以下三种模式：

第一种是建立在区县一级的综合性合作社联合社。如通州区的大运福源农产品产销联合社，集聚了通州区丰富的产品资源及通州特色产品，如刘老"饸饹饹"、"运河人"牌贵妃鸡蛋、"秋红"牌纯手工棉被、"华陀陀"牌铁棍山药、有机猪肉及手工工艺品等，有着一定的市场影响力。

第二种是建立在以产业为依托的专业性联合社，如密云县板栗联合社、延庆县北菜园蔬菜联合社、门头沟区清水腾达民俗旅游联合社、房山区的北京龙乡腾飞种植农民专业合作社联合社等。门头沟清水镇的清水腾达乡村旅游专业合作社成立于 2013 年 6 月 26 日，由北京阿芳嫂黄芩种植专业合作社、北京天河水肉鸡养殖专业合作社、北京大山鑫港核桃种植专业合作社、北京百安园食用菌种植专业合作社等 11 家合作社根据自身优势及市场需求及时调整发展战略，积极整合优势资源，通力合作而成立的联合社。联合社成立了由 5 名成员组成的理事会，共同对贷款及未来发展走向等问题进行决策，联社现已吸纳社员 1376 户，并通过建立一整套联合担保体系，搭建了与金融机构新的平台，大大降低合作社成员资金成本，也使得政府对合作社的扶持从单纯的财政拨款变为金融扶持，有效提高了政府资金的使用效益。

还有一种被称为"准联合社"的组织，就是若干个小合作社以团体成员身份加入到一个规模较大的合作社，比较典型的是怀柔凤山大枣种养专业合作社，吸收了周边 12 个小合作社成员。

这三种不同形式的合作社联合组织之间存在着较大差异，联合会是不以盈利为最终目的的社会团体法人，而联合社或准联合社则以最终盈利为目的，具体三者的比较如表 15-1 所示：

表 15-1 联合会、联合社以及准联合社的比较

比较内容 \ 类型	联合会	联合社	准联合社
组织性质	非营利性中介组织	盈利为目的	盈利为目的
职能定位	开展政策宣传、行业规范、行业调研、行业自律、对外交流、咨询服务、承办委托、编辑专业刊物	为成员社提供技术、市场、信息等服务;延伸产业链、扩大生产规模、拓展销售渠道,追求经济利益最大化	为成员社提供技术、市场、信息等服务;延伸产业链、扩大生产规模、拓展销售渠道,追求经济利益最大化
利益联结机制	资金来源会费收取、财政拨款,资金用途为联合会开展日常工作。多为政府主导下建立,旨在为成员社提供指导与服务	资金来源于联合会社会员缴纳,资金用途为联合社进行经营活动投入。主要是同类农产品合作社或同一农产品产业链条上的合作社与企业基于产业规模扩张和产业链条延伸的经济利益考量而志愿联盟	资金来源于成员社入社股金和经营收入,资金用途为联合社进行经营活动投入。主要是同类农产品合作社为寻求规模效益或同一农产品产业链条上的合作社为寻求资源互补而进行的志愿联合
利益分配机制	不对成员进行盈余返还	不少于 60%按照成员与联合社交易量(额)比例返还,其余按照股金份额返还	不少于 60%按照成员与合作社交易量(额)比例返还,其余按照股金份额返还
决策和监督机制	决策按照会员大会、理事会、监事会"三会"治理结构进行决策,由农研中心进行业务管理,民政局进行登记注册	按照会员大会、理事会、监事会"三会"治理结构进行决策,农研中心进行指导和服务,工商局登记注册	按照会员大会、理事会、监事会"三会"治理结构进行决策,农研中心进行指导和服务,工商局登记注册

(三)北京农民专业合作社联合会的基本情况

正因为联合会不涉及具体的业务经营和利润分配,并且可以作为搭建政府指导和服务合作社的平台,在北京市农村经济研究中心的推动和

指导下，来自北京郊区的 200 个农民专业合作社示范社、专业联合社发起成立了北京农民专业合作社联合会，2014 年 3 月 29 日在北京会议中心隆重召开了成立大会。农业部副部长陈晓华、北京市委常委牛有成出席了会议，市农委、市农经办、市社工办、市民政局、市工商局、市财政局、市金融局等相关单位的领导，以及合作社领域的专家参加了会议。大会通过了联合会章程，选举产生了第一任理事会、监事会，北京乐平西甜瓜专业合作社理事长冯乐平当选为联合会第一任会长。陈晓华、牛有成为联合会揭牌并发表讲话。

联合会的业务范围主要包括：（1）开展合作社自律管理，建立自律机制，倡导守法经营，开展诚信服务，维护合作社良好的社会形象；（2）积极向政府及职能部门反映会员的意见、建议和要求，发挥桥梁纽带作用，维护会员的合法权益；（3）加强会员间的交流与合作，促进产业整合、优势互补、资源共享、互利互惠，发扬互助协作精神，共同发展合作社事业；（4）组织会员开展合作社知识、农业科学技术、生产经营管理等业务知识的教育培训，提高会员的整体素质；（5）引导会员开展规范化运作、标准化生产、产业化经营，搞好产品质量安全；（6）为会员制定标准、产品认证、项目论证、品牌宣传、产品推介、市场开拓和信息咨询等提供服务；（7）沟通会员与科研部门、营销企业等单位的联系，帮助会员引进技术、引进人才和产品推销，开展经济协作；（8）开展合作社绩效评价；（9）承办业务主管部门及有关单位委托事项。

联合会将充分发挥协调、代表、服务、自律、维权的作用，充分整合政策、社会、市场资源，为全体成员提供多元化的服务。同时，在贯彻落实党和政府"三农"政策，协助政府指导扶持服务合作社搭建起一座重要的桥梁。为了认清联合会目前所处的形势，我们采用 SWOT 分析法来对联合会所处情况及发展方向进行分析：

优势：北京市的联合会具有独特的地缘优势。北京市农民专业合作社联合会地处首都北京，雄厚的财政收入可以为联合组织的发展建设提供财政保障。作为政府主导成立的农民专业合作社联合会，在许多情况下接受政府及政府主管部门的委托，代行政府对农业、农民合作社的部分管理职能，对政府负责，具有或强或弱的公共性。因此，政府的财政支持不可或缺。北京市财政实力雄厚，给联合会发展打下了坚实的基础。

劣势：与联合社和准联合社的形式相比，联合会的主要功能是行业自律、行业规范、行业维权、行业服务和行业发展。不从事具体的生产、加工和销售的业务。也就是说仅仅依靠联合会自身，除了收取会费和政府的财政补贴，再无其他的收入来源。农民专业合作社作为农民的组织，由于合作社制度的限制和农业行业整体利润偏低的原因，合作社自身无法也不会像商业企业那样财力雄厚，拿出相当的资金用于联合会的组织建设。联合会的资金支持完全取决于政府的态度，有些地方如果业务主管部门换领导或者政府出于其他方面原因的考虑，联合会很可能就会"断粮"，"巧妇难为无米之炊"，联合会也会陷入无法正常运转的困境。

机会：北京市委常委牛有成同志和农业部副部长陈晓华同志参加了联合会的成立大会，随后，北京市农研中心向牛有成常委、林克庆副市长提交了联合会成立的汇报情况，牛有成常委做出重要批示。市委、市政府领导的关注为联合会的生存和发展提供了相应的机会，现在需要做的是尽快完善项目申请书，向市财政局申请联合会正常运转的专项资金的支持。如果能够尽快建立合作社的销售中心，打通合作社和客户的直接沟通渠道，正是体现合作社凝聚力的大好时机。并且，随着联合会的发展，未来整合市供销社、首农集团、物美集团等社会经营主体的各种可利用的资源，做实融资、农资购买、产品销售，把合作社生产流通过程和各种资源进行有效的对接。

威胁：联合会受到生存威胁。联合会2014年3月份刚刚成立，由于受到经费的限制，日常工作人员不足，很多事情都无从展开。政府的态度决定着联合会的生死存亡，当前经费申请是否能够及时批复和到位决定着联合会是否能够生存下来，并做出相应的工作。如何尽快建立销售中心，并积极搭建融资平台，解决资金短缺的问题，对合作社进行培训，提高合作社经营者的整体素质，是联合会的当务之急。联合会是风风光光地成立了，但如果在一段时间内没有或者不能做出相应的事情，则会削弱联合会的感召力，使会员和领导丧失对联合会的信任。

综上所述，联合会应该明确自己的定位——为合作社之间提供信息交流和服务的平台，为政府决策提供信息和资源的准公共性的服务机构。作为政府为合作社服务的桥梁和平台，必须处理好联合会与政府的关系，积极争取政府有关部门的支持。尽快根据职能定位建立自己的各个专门委员会，做好做实合作社产品销售中心和合作社融资中心，解决合作社面临的销售难题，增强凝聚力，努力发展壮大。

（四）国内经验总结

由于国外合作社的法律框架和制度体系与我国有着本质的不同，因此，我们积极借鉴兄弟省市的经验，取长补短，为联合会的发展添砖加瓦。

浙江省联合会经过两年多的实践表明，建立合作社联合会是提升合作社自我管理能力的需要，是提升合作社竞争力的需要，是拓展合作社外部合作渠道的有效载体，在合作社的建设与发展中发挥越来越重要的作用。主要表现在以下几个方面：

1. 围绕充分发挥职能，规范内部运作。按照为会员服务的宗旨，根据需要建立内部组织机构，明确各组织机构的职责，制定内部规章制度和各项规则，明确会员的权利和责任，规范生产经营行为，加快合作社规范化建设。如余姚市农民专业合作社联合会建立了理事会联系会员制度，永嘉农民专业合作社联合会理事会内设产品开发销售部、政府衔接部、对外交流宣传部、财务监督审核部、协调调节部、技术培训部六个机构。秀洲、瑞安、慈溪等农民专业合作社联合会有按照区域建立会员小组，有按照产业类别建立蔬菜、粮油、植保、畜牧、水产等产业分会。

2. 围绕建立市场信息系统，开辟信息服务渠道。联合会充分利用农业信息网络和农民信箱，及时将政府和部门的政策信息"上情下达"和合作社要求希望"下情上报"，及时收集发布农产品产销方面的动态性、预测性及供求信息，引导会员生产经营，为合作社提供快捷有效的信息服务。如永嘉县创办浙江农民专业合作社网站；瑞安市创办农联网站，建立和申请注册统一的商标和条形码，建立农产品质量安全控制系统；温岭市建立合作社联合会门户网站，通过网站对会员单位进行形象宣传与产品推介，并开展网上技术培训与产品销售服务。

3. 围绕搞活流通，开辟农产品营销渠道。联合会通过创办农产品展示展销中心、组织会员参加农博会、利用农民信箱开辟网络销售渠道、统一申请注册商标和条形码等方式，帮助合作社宣传产品，参与营销，拓宽流通渠道，建立起相对稳定的产销关系，形成较为完善的销售网络。如慈溪市设立农民专业合作社农产品超市；海盐县以嫁接方式开设名特优农产品直销店；温岭市利用联合会服务中心展示展销功能，集合会员优质农产品，开展委托代销，发挥集中优势，开拓市场销售渠道；仙居县对各合作社生产的杨梅实行统一包装。

4. 围绕凝聚发展合力，开辟公共服务渠道。联合会坚持开放办会的原则，积极承担合作社产品展示、委托代销、市场开拓、宣传推介、成员培训、业务代理、产品认证、项目申报、信息管理等职能，增强联合会的凝聚力。如嘉善、海盐、路桥等地合作社联合会建立了农民专业合作社项目建设储备库，为会员积极争取农业产业化项目、农业科技推进项目、农业信贷等立项和产品（基地）认证等，协助项目申报，对项目实施提供业务指导和技术支持。永嘉县农民专业合作社联合会建立合作社产品项目库，将 85 家合作社的产品登记在册，纳入档案管理，进行集体推介。针对一些合作社无注册商标的现状，联合会统一注册"永农联"商标，供会员合作社使用。瑞安联合会指导和协助 30 多家合作社搞好变更登记工作，指导合作社开展内部资金互助合作试点。舟山市联合会筹建农业贷款担保公司，为合作社开展金融服务。

5. 围绕提升素质，开辟科技服务渠道。联合会与科研院所、有关部门建立长期协作关系，定期聘请有关专家、技术人员进行现场指导、技术培训、信息咨询，使加入联合会组织的各会员合作社及其社员掌握科技信息，能够运用现代科学解决产前、产中、产后的技术难题。联合会还在增加产品附加值和推进标准化方面发挥作用。在生产过程中，统一农资供应，统一技术操作规程，统一产品质量标准，推动农业结构调整和农民科技水平的不断提高。如嘉兴市秀洲区联合会与该市工商学校联合开办农民专业合作社全体管理人员的培训班，路桥区组织全体理事对会员进行走访，协同会员所在乡镇农办开展种植、养殖技术指导。

（五）政策建议

结合联合会自身的宏观、微观环境和实际条件，借鉴国内联合组织建设的相关经验，我们提出以下几条具体的运作机制的建议。

一是理顺政府部门与合作社联合会的关系。合作社联合会建设，在一定意义上也是在探索和创新一种新型的行业管理体制。要积极争取相关部门的支持，帮助解决农民专业合作社联合会的运转经费，安排专项资金支持合作社联合会开展信用合作、贷款担保、展示展销等业务，促进合作社联合会健康发展。同时，要按照进一步转变政府职能的要求，赋予合作社联合会一些职能，如：组织合作社开展培训、技术咨询、信息交流、会展、营销以及农产品推介等活动；组织合作社贯彻实施有关地方或国家农业生产标准；参与农民专业合作社发展项目的立项、农业政策法规、农民专业合作社发展规划的制定；参与农产品质量标准、生产规程等制定；协调会员与会员之间、会员与非会员、会员与其他组织之间的关系；接受政府部门委托，开展合作社的统计、分析和信息发布；组织开展合作社建设发展调查研究，掌握合作社发展动态，向政府部门反映会员诉求，提出有关发展政策意见和建议等。要围绕政府关心、合作社关切、社会关注的问题，开展调查研究，把单个合作社想做却做不好，政府部门想做又无暇顾及的事作为事业来做，提供切切实实的服务，以自身的有为扩大影响，创出品牌，增强联合会的感召力。

二是加大财政扶持和补贴力度。联合会是一个不从事实际生产经营活动的社会团体组织，其组织机构主要为会员大会和理事会，会员大会决议对会员合作社有指导意义但无强制约束力，理事会作为由会员大会选举产生的常设机构，在执行社员大会决议对会员大会负责的同时，又要代表会员的利益对会员负责，在许多情况下还要接受政府及政府主管部门的委托，代行政府对农业、农民合作社的部分管理职能，对政府负责,具有或强或弱的公共性。农民专业合作社联合会属于非营利性联合组织,纯服务、不营利的制度架构决定了农民专业合作社联合会和协会只能是松散型合作联盟,服务会员与管理会员的双重职能使得农民专业合作社联合会和协会具有官方或半官方特质。因此,必须明确联合会性质,加大财政支持的力度。

三是逐步扩大会员类型和种类。虽然北京市农民专业合作社联合会目前只是199家合作社成员的联合会,但考虑到联合会所要发挥的协调、服务、自律等作用和社会工作委员会对"枢纽型"社会组织组建的要求:即负责在本领域社会组织中贯彻执行党的路线方针政策,开展党的工作;在业务上发挥引领聚合作用,动员协调本领域社会组织共同参与首都经济社会建设;在日常服务管理上发挥平台作用,负责提供日常服务管理,促进本领域社会组织健康有序发展。要把联合会建立成为北京市农业领域中的"枢纽型"社会组织,逐步把农机协会、种子协会等协会、首农集团、物美集团等企业都纳入联合会的成员中,共同推动联合会的发展壮大。

四是尽快健全内部组织机构。纵观国内一些联合会发展,所有的联合会要发挥作用,均需要建立相应的内部组织机构,明确各组织机构的职责,制定内部规章制度和各项规则,明确会员的权利和责任。如浙江省余姚市农民专业合作社联合会建立了理事会联系会员制度,永嘉农民专业合作社联合会理事会内设产品开发销售部、政府衔接部、对外交流宣传部、财务监督审核部、协调调节部、技术培训部六个机构。秀洲、瑞安、慈溪等农民专业合作社联合会有按照区域建立会员小组,有按照产业类别建立蔬菜、粮油、植保、畜牧、水产等产业分会。尽快按照功能和所要完成的任务建立统一有效的合作社服务平台,才能更好地保障联合会各项功能的实现和工作有序开展。

五是尽快搭建统一的服务平台。第一,搭建科技信息服务平台。经常搜集国内外相关信息,办好合作社联合会专业刊物,及时为会员提供信息和咨询服务。有条件的充分运用现代信息技术,建立专业网站,完善农产品产销市场预测系统、信息收发系统,分析市场行情,指导会员调整结构，增强市场应变能力。要组织会员与农业科研院所合作，推进农业科技成果转让，开展科技培训，强化会员发展的科技支撑。第二，搭建购销服务平台。引导农业生产者联合，避免无序竞争，整合同类产品品牌，降低产品成本，提高产品价格。组织合作社统一农业投入品的采购和供应，统一销售社员的产品。发展超市农业、展会农业和农产品物流业。组织会员会展招商、产品推介和市场营销等活动，帮助合作社农产品进超市、进市场，协助会员创办农产品专营店和市场直销部。引导合作社实施品牌战略，引导在同一县域范围内同一类型产品合作社打造统一品牌，加强品牌的培育、认定、宣传、保护和推广，不断提高品牌的内涵和知名度，打造一大批竞争力强的名牌产品。第三，搭建投融资服务平台。合作社联合会要积极争取金融部门的支持，组织合作社开展信用合作、资金互助、小额贷款、小额担保业务，为农民专业合作社提供多渠道的资金支持和金融服务。第四，搭建经营管理服务平台。鼓励合作社实施"走出去、引进来"战略，建立生产基地，引进先进技术、优良品种和优秀人才。积极吸纳各类涉农经济组织和合作主体加入，并组织会员开展学习考察和项目推介。要主动为会员排忧解难、协调关系、化解矛盾，真心实意地为合作社提供生产组织、技术引进、设备改造、农产品质量检测与标准化、市场开拓以及经营网点分布等多形式、多途径、全方位的服务。

二、完善"造血"机能　实现持续发展——湖南省吉首市农民合作社联合会经验值得借鉴

为学习借鉴外地农民专业合作社及联合组织发展经验，促进北京郊区合作社做大做强，应湖南吉首市农村合作经济经营管理局的邀请，2015年5月4日至8日，市农经办合作社考察团赴吉首市学习考察农民专业合作社建设工作。

考察团由市农经办副巡视员熊文武同志带队，市农经办合作社指导服务处处长任玉玲、副处长杜力军以及相关工作人员共计5人参加了考察。考察团先后参访了湖南省吉首市城市规划展览馆、吉首市农民合作

社联合会、湘西八月食品有限责任公司、保靖县龙海成养殖专业合作社以及吉首市金鲵水产养殖专业合作社，与各单位的负责人进行了深入交流，详细了解了吉首市农业发展概况和农民合作社建设情况，学习了吉首市农民合作社联合会的发展历程、组织架构和运作状况，考察活动达到了预期效果。

（一）吉首市农民专业合作社总体发展情况

吉首市为湖南湘西自治州州府所在地，截止到 2015 年 4 月底，全市有农民专业合作社 205 家。其中，种植业 93 家，畜牧养殖业 61 家，林业 19 家，农机服务业 3 家，其他 29 家。在 205 家合作社中，有国家级示范社 2 家，省级示范社 10 家，州级示范社 13 家，市级示范社 20 家；有 1 家合作社建立了党支部，20 家合作社建立了工会组织。合作社成员 11812 人（其中，农民成员 9770 人），带动非成员农民 1.5 万户，年培训成员数 7000 多人次。合作社拥有注册商标 16 个，1 个无公害认证（生姜），1 个农产品地理标志认证（苗疆隘口）。注册资金总额 3.7 亿元，固定资产总额 5500 万元。

（二）吉首市农民合作社联合会组建情况

为更好地联合起来应对市场，做大做强相关产业，2014 年 9 月，在吉首市农经局指导帮助下，根据自愿原则从全市 180 家合作社中精选出 30 家实力较强的合作社，联合 10 家家庭农场，14 家个体工商户，7 家农业龙头企业，成立了"吉首市农民合作社联合会"。联合会带动农户 5900 户，注册资本 3500 万元，资产总额 1.2 亿元，农产品生产基地 8.8 万亩（其中示范基地 7500 亩），加工厂房 2.5 万多平方米，涉及茶叶、花卉、特种种植养殖、瓜果蔬菜和农副产品加工六大产业。联合会有商标 14 个，QS 认证 3 个。目前，联合会共有 9 个产品进入 7 家超市经营，在全国 9 个省市区建有 19 个农产品直销窗口，2014 年农产品销售额 1.8 亿元。联合会的主要功能是宣传合作社文化，团结、帮助、引导、教育、服务广大会员，增进会员之间的交流协作，维护会员的合法利益，促进农民专业合作社健康发展。

（三）吉首市农民合作社联合会运作情况

吉首农联最高权力机构为农联会员代表大会，下设常务理事会及会长办公会。联合会通过建立四大中心和三个服务团队开展会员服务。四大中心即：互助基金中心、营销中心、农资供应中心、培训中心。三个服务团队即：爱心义工团、技术专家团、产业顾问团。

第一是互助基金中心，其主要工作是为合作社、家庭农场和涉农企业以及个人提供资金支持。互助基金中心委员会与湘西州邮政储蓄银行合作开发了专门针对吉首农联会员单位的一款新型产品——互惠贷，由农联会作担保，会员单位只需以经营性资产作抵押，并满足相应条件便可申请贷款，其特点是"强贷款、弱抵押"，优势是简单、快捷。

第二是营销中心，主要负责积极搭建农副产品销售平台，建立农副产品超市、网络电子销售中心，让消费者与农户直接对接，既能够让消费者真正购买到绿色健康的农副产品，又帮助解决了合作社农产品滞销问题，切实保障农民利益。同时，营销中心还积极拓展外地市场，扩大销售辐射面，减少农产品对本地市场的过度依赖。

第三是供应中心，由吉首农联对合作社生产所需农资物品进行分类，统一采购，并对统一采购的农资物品进行集散、储存、分类、加工与配送，以求确保质量，切实降低农业生产成本的同时也极大地帮助农户降低了受假种子、假农药坑害的风险。

第四是培训中心，主要负责为合作社各类人员提供相应的培训服务。培训中心定期举办各种培训班，组织合作社成员参加，帮助其提高相关专业技术、技能。同时，培训中心还通过网络通信技术手段收集市场信息，及时准确提供给会员单位，帮助和指导会员单位根据市场信息，合理调整产业结构，控制产业规模。

吉首农联在这四大中心之外，还设有三大服务团队：爱心义工团、技术专家团和产业顾问团。爱心义工团是由吉首农联发起，农联所有成员和社会爱心人士共同组成的一个公益团体，主要开展走进农村关爱留守儿童和空巢老人活动。技术专家团主要是为吉首市农业发展提供技术支持，促进农业科学技术成果转化，解决合作社生产活动中遇到的技术性问题，提高农民依靠科技发展生产，增收致富的能力。产业顾问团主要是农民合作社发展的智囊团，是为吉首市农业布局进行合理规划、制定农业政策和解决"三农"问题提供智力支持的指导机构。

四大中心和三个团队在常务理事会的领导下，各司其职又紧密协作，保证了吉首农联的运作有条不紊、高效顺畅，大大提高了为会员单位服务的效率和质量。

（四）经验和启示

吉首农联在有效运作和自身发展壮大中有四个很好的创新经验，值得北京市学习和借鉴。

1. 秉承"收费但不盈利"的理念，实现联合会的自我发展和持续运转

吉首农联成立以后，和众多非营利性社团组织一样，如何产生效益、维持自身运转成了摆在会长和各位理事面前一个严峻的问题，为了解决这一难题，理事会经研究决定采取多种措施来增加联合会自身收入：一是向会员单位收取会费，这是吉首农联目前最主要的收入来源之一。根据会员单位的规模和发展状况，每年收取 1000—5000 元不等的会费。国家级示范社和龙头企业每年收取 5000 元，涉农公司每年收取 4000 元，省级示范社每年收取 3000 元，州级示范社每年收取 2000 元，一般合作社收取 1000 元。二是建立四大中心开展服务，收取服务费。如：会员单位通过互助基金中心贷款，需缴纳 4%的担保费用，其中有 1%就作为管理费上交农联；营销中心开设农联百味店，会员单位占股 90%，农联以品牌价值作为无形资产占股 10%，百味店获利后农联享有 10%的利润；营销中心还计划在吉首市区开设 20 家农联便利店，主要销售农联会员单位的产品，产品价格由会员单位自己决定，但需上交农联 30%的服务费，用于维持整个便利店店面、物流和仓储系统的正常运转。此外，农联还积极争取政府扶持资金和社会捐赠资金。吉首农联通过多种渠道筹集资金，目的在于维持自身运转，更好地为会员单位服务，并未违背其非营利性社团组织的性质定位。

2. 依据行业划分设立分会，服务会员更具专业性和针对性

不同的行业有着不同的特征，所需要的技术服务、信息资源也有着很大的区别，鉴于此，经理事会研究决定按照不同行业，在常务理事会下设六大产业分会，即：茶叶分会、养殖分会、种植分会、花卉苗木分会、果蔬分会及农副产品加工分会，具体负责本行业内会员单位的服务和协调工作。按照不同行业来设立分会，可有效地整合行业资源，并通过与有关行业协会的交流与合作，收集主要的行业发展动态、投资环境等信息，以各种形式为行业内会员单位提供信息和咨询服务，协助、组织会员单位开拓销售市场，提高会员单位的经营管理水平，为本行业内的会员单位搭建起一个专业强、品质优、收效高的服务平台。

3. 充分发挥联合会互助基金作用，解决会员生产经营中贷款难的问题

吉首农联互助基金中心是一个独立机构，专门负责为会员提供资金担保，帮助会员解决生产经营中贷款难的问题。其主要产品是"互惠贷"，即由湘西自治州邮政储蓄银行与联合会互助基金共同推出的惠农金融产品。其运作方式是：自治州邮政储蓄银行专门成立一个新型农业特色支行，与联合会互助基金联合开展互惠贷款业务。联合会互助基金自筹800万元资金交由邮储银行作为担保，贷款用户需以经营资产和其他资产作为抵押物获得贷款。"互惠贷"的特点：一是独立性质的贷款，不与其他银行贷款形成追加等相关联；二是授信手续简便，会员在授信额度内可自由支配贷款；三是确认评估后的会员经营资产也可作为贷款抵押物。目前州邮储银行与吉首农联签订了为会员授信1亿元的战略合作协议，后续将增加到3亿元。

4. 开展爱心公益活动，树立良好的社会形象

吉首农联"爱心义工团"作为一个志愿者服务团队，以实施"南山计划"公益活动的方式，通过开展现场募捐、爱心义卖、举办原创慈善音乐会等多种形式，募集"南山基金"，用于为农村留守儿童和空巢老人解决生活、学习等方面的问题，给予他们爱心帮助，同时呼吁和带动更多的社会力量来关注空巢老人和留守儿童，为他们奉献一份爱心。吉首农联通过这样的公益活动，既帮助了贫困地区的同胞，同时也改善了农联与农村以及社会各界的关系，树立了良好的社会形象，获得了社会各界的关注和支持，取得了较好的社会效益。

三、北京市农民专业合作社"三品一标"认证情况调查报告

（一）"三品一标"的基础知识

无公害农产品、绿色食品、有机食品和农产品地理标志统称"三品一标"。"三品一标"是政府主导的安全优质农产品公共品牌，是当前和今后一个时期农产品生产消费的主导产品。

1．无公害农产品

无公害农产品是指产地环境、生产过程和产品质量符合国家有关标准和规范的要求，经认证合格获得认证证书并允许使用无公害农产品标志的未经加工或者初加工的食用农产品。

农业部于 2001 年启动"无公害食品行动计划"。2002 年 7 月，农业部组建农产品质量安全中心，组织开展无公害农产品认证。2003 年 4 月，全国统一标志的无公害农产品认证工作正式启动。国家对无公害农产品的定位是产品质量达到我国普通农产品和食品标准要求，保障基本安全，满足大众消费；产品以初级食用农产品为主；推行"标准化生产、投入品监管、关键点控制、安全性保障"的技术制度；采取产地认证与产品认证相结合的方式；认证属于公益性事业，不收取费用，实行政府推动的发展机制，有效期三年。

2．绿色食品

绿色食品是指遵循可持续发展原则，按照特定生产方式生产，经国家绿色食品发展中心认定，许可使用绿色食品标志，无污染的安全、优质、营养类食品。绿色食品分为两级，即A级绿色食品（生产条件要求较低的食品）和AA 级绿色食品，要求质量较高，与有机食品要求基本相同。

1992 年农业部成立绿色食品管理办公室,并于同年成立中国绿色食品发展中心,专门负责绿色食品认证管理工作。我国的绿色食品认证按照"从土地到餐桌"全程质量控制的技术路线,建立 "两端监测、过程控制、质量认证、标志管理"的质量安全保障制度;推行质量认证与商标管理相结合的认证管理模式,采取政府推动与市场运作相结合的发展机制,每三年认证一次;绿色食品认证以保护农业生态环境、增进消费者健康为基本理念,不以营利为目的,收取一定费用保障事业发展。

3. 有机食品

有机产品是指来自于有机农业生产体系,根据国际有机农业生产要求和相应的标准生产、加工和销售,并通过独立的有机认证机构认证的供人类消费、动物食用的产品。包括有机食品、有机纺织品、皮革、化妆品、生产资料、动物饲料等。而有机食品是指供人类食用的有机产品,包括粮食、蔬菜、水果、奶制品、畜禽产品、蜂蜜、水产品、调料等。

有机食品认证工作在我国最早开始于 20 世纪 90 年代初,由国外有机食品认证机构对我国农产品生产企业进行认证检查。2002 年底,经农业部批准,中国绿色食品发展中心成立了中绿华夏有机食品认证中心,专门从事农业系统有机食品的认证工作。有机食品认证推行基本不用化学投入品的技术制度,保护生态环境和生物多样性,维护人与自然的和谐关系;注重生产过程监控,一般不做环境监测和产品检测,一年一认证;按照国际惯例,采取市场化运作。

4. 农产品地理标志

农产品地理标志是指标示农产品来源于特定地域,产品品质和相关特征主要取决于自然生态环境和历史人文因素,并以地域名称冠名的特有农产品标志。所称农产品是指来源于农业的初级产品,即在农业活动中获得的植物、动物、微生物及其产品。

农业部于 2008 年制定发布了《农产品地理标志管理办法》,正式开始地理标志农产品登记工作。农业部负责全国农产品地理标志登记保护工作。农业部农产品质量安全中心负责农产品地理标志登记审查、专家评审和对外公示工作。省级人民政府农业行政主管部门负责本行政区域内农产品地理标志登记保护申请的受理和初审工作。农业部设立的农产品地理标志登记专家评审委员会负责专家评审。农产品地理标志登记管理是一项服务于广大农产品生产者的公益行为，主要依托政府推动，登记不收取费用，农产品地理标志登记证书长期有效。

（二）北京市农民专业合作社开展"三品一标"认证的基本情况

1. 北京市农民专业合作社发展情况

农经部门统计显示，截止到 2013 年 12 月底，北京市工商登记注册的农民专业合作社发展到 5666 家（其中专业联合社 12 家），其中以种植业为主业的 3251 家，占 57.4%；以畜牧业为主业的 1500 家，占 26.5%；以服务业为主业的 306 家（其中农机服务 135 家，民俗旅游 138 家），占 5.4%；以渔业为主业的 115 家，占 2%；以林业为主业的 167 家，占 2.9%；以手工业为主业的 55 家，占 1%；综合性合作社 272 家，占 4.8%。合作社正式登记注册的合作社成员 15.4 万名，辐射带动农户 46 万户，占全市从事一产农户总数的近 3/4。合作社资产总额 65.4 亿元，其中成员出资额 24.6 亿元。2013 年合作社总收入 108.3 亿元，实现盈余 8.5 亿元。盈余返还总额 4.6 亿元，分红 1.6 亿元，未分配盈余 1.2 亿元，成员户均纯收入 1.3 万元。

合作社已经成为提高农业生产市场组织化程度、促进农民增收、推进社会主义新农村建设的一支重要力量，在创新农业经营体制机制、转变农业发展方式、提高农业规模化集约化生产水平中，特别是在普及、推广农业科学技术、引进、实验、示范，传播农业适用技术和科研成果，提高农民的专业技术水平和农产品的质量安全中发挥着越来越重要的作用。

2. 北京市农民专业合作社开展"三品一标"认证的基本情况

北京市农业绿色食品办公室提供的数据显示，截止到 2013 年底，全市开展无公害农产品认证的农民专业合作社为 218 家，占全市开展无公害农产品认证单位总数的 24.4%，其中以种植业为主的合作社 191 家，以畜牧业为主的合作社 19 家，以渔业为主的合作社 8 家；无公害认证产品 691 个，占全市无公害认证产品总数的 30.9%，其中种植业产品 657 个，畜牧业产品 19 个，渔业产品 15 个。

截止到 2013 年底，全市开展绿色食品认证的农民专业合作社为 13 家，占全市开展绿色食品认证单位总数的 25.5%，其中以种植业为主的合作社 10 家，以畜牧业（养蜂）为主的合作社 3 家；绿色食品认证产品 84 个，占到全市绿色食品认证产品总数的 29.2%，其中种植业产品 81 个，畜牧业（养蜂）产品 3 个。

截止到 2013 年底，全市开展有机食品认证的农民专业合作社为 12 家（此数据只包含菜篮子产品，为国家认监委官方网站公布数据），占到全市开展有机食品认证单位总数的 17.1%；有机食品认证产品 119 个，占到全市有机食品认证产品总数的 20.3%。

"延庆国光苹果"作为北京市第一个申请登记的产品，于 2009 年 9 月得到了农业部颁发的证书。经过 3 年的发展，北京市已拥有包括"昌平草莓""通州大樱桃"在内的 6 个农产品地理标志，登记保护面积共计 5632 公顷，初步形成了资源优势型、政府推动型和产业拉动型三种模式："延庆国光苹果""延庆葡萄"依托区县自然资源优势，发展本土优势产品；"昌平草莓""通州大樱桃"以政府大力扶持推动为主，打造区域特色产品；"妙峰山玫瑰""安定桑葚"借力产业链延伸，拉动产业化发展。

表 15-2　北京市农产品地理标志登记情况

序号	区县	产品名称	持证人	获准登记时间	保护面积（公顷）	年产量（吨）
1	延庆	延庆国光苹果	延庆县果品服务中心	2009 年 9 月	200	1000
2	大兴	安定桑葚	大兴区安定镇农业服务中心	2010 年 11 月	300	2759
3	昌平	昌平草莓	昌平区农业服务中心	2010 年 12 月	2133	34000
4	通州	通州大樱桃	通州区林业技术推广站	2011 年 12 月	1333	1200

续表

序号	区县	产品名称	持证人	获准登记时间	保护面积（公顷）	年产量（吨）
5	延庆	延庆葡萄	延庆县果品服务中心	2011 年 12 月	1333	6800
6	门头沟	妙峰山玫瑰	门头沟区妙峰山镇农业发展服务中心	2011 年 12 月	333	150
合计					5632	45909

（三）北京市农民专业合作社开展"三品一标"认证发挥的作用

农民专业合作社是新型的现代农业经营组织，也是新型的"三品一标"生产经营主体，合作社发展"三品一标"，不仅是全面提高农产品质量安全的有力措施，也是加快农业产业结构升级，增加农业效益，带动农民增收的重要手段，更是普及绿色农业理念，推行标准化生产，倡导健康消费，促进传统农业向现代农业转变的有效途径，对于促进国民经济健康发展及社会的和谐稳定具有重要作用。

一是农民专业合作社开展"三品一标"认证是促进农产品质量安全水平提升的重要抓手。"三品一标"在制度规范、技术标准等方面有明显优势，通过引领农业标准化生产，强化全程质量控制，为提升农产品质量安全水平发挥重要作用。如北京鑫城缘果品专业合作社的草莓于2009 年 7 月通过了无公害认证，2012 年获得了国家质监局和农业部国家地理标志"昌平草莓"的授权。为确保农产品的绿色安全，合作社把科学种植落实到生产的全过程，制定了农产品栽培技术规程，添置了农残快速检测设备，采取每棚、每村负责人制，按照农事档案要求将整个草莓生长季的农事、施肥灌溉、病虫草害防治等操作由负责人一一记录，无论哪一环节出现问题都可追踪问责。合作社明文规定，在试验示范基地和所有社员户在草莓栽培过程中，禁用农药，除进行土壤消毒时可使用农业服务中心指定低毒药品外，其余任何阶段都不能使用高毒高残留农药，只能使用臭氧水消毒，既能防病虫害，又能保证维护生态。合作社每月平均检测样品 500 份，达标率为 98%，不符合农残标准的产品绝不准流向市场。

二是农民专业合作社开展"三品一标"认证是促进农业增效、农民增收的迫切需要。"三品一标"通过抓标准、保质量、创品牌，具有快捷入市、顺畅销售、品牌信誉、优质优价等方面的综合优势，对于促进农业增效、农民增收具有重要作用。如北京京纯养蜂专业合作社生产的"京密"牌荆花蜜于 2006 年春通过中绿华夏有机食品认证中心的（AA）绿色和有机证书并保持认证至今，2007 年获得了生产许可，2009 年通过了美国及欧盟认证。一系列资格认证的取得为合作社的产品销售奠定了坚实的基础，提高了蜂产品的价格，从普通蜜的 9700 元/吨，提高到有机蜜的 2 万/吨，有机蜜的价格整整比普通蜜高出一倍还多。不仅如此，通过认证的蜂产品销路也更加宽广，不仅于在国内受到消费者的热捧，签单"家家乐"、物美、鑫海韵通等超市，而且产品还远销国外，通过贴牌进行出口，年销售额近 200 吨，占合作社年产量的 20%。

三是农民专业合作社开展"三品一标"认证是建设现代农业的现实途径。"三品一标"坚持的是基地化建设、标准化生产和产业化经营，遵循的是现代农业的发展理念，追求的是安全、优质、生态、环保、可持续，是推动农业发展方式转变、发展现代农业的成功模式和有效载体。如北京北菜园农产品产销联合社采用人工释放天敌控制害虫和夜蛾引诱器代替农药等生物防治方法，针对农业有害生物进行杀灭或抑制，从而减轻农药造成的环境污染、抑制目标族群逐渐养成的抗药性以及农药对于非目标族群的负面影响。同时，还实施有机蔬菜"轮作"生产方式，不仅可以均衡利用土壤中营养元素，使土壤肥力和土壤环境逐渐改善，免除或减少某些连续特有的病虫害，还可以促进土壤中微生物的活动抑制病原物的发生。在肥料使用上，联合社利用附近有机奶企的奶牛产生的粪便和合作社产生的废菜转化利用，实现畜、沼、菜有机结合和循环发展，不仅提高了蔬菜产品品质和产量，同时还改良了菜地土壤，促进了蔬菜种植的可持续发展。目前，联合社有机种植面积 5201 亩，其中蔬菜种植面积达 3000 亩，无公害蔬菜种植面积达万亩，全年生产有机蔬菜近百种，每天保障有机蔬菜种类 40 种。

（四）北京市农民专业合作社开展"三品一标"认证过程中存在的问题

根据市绿办提供的数据，截止到 2013 年底，全市开展无公害农产品认证的合作社为 218 家，仅占全市种植业、畜牧业和渔业合作社总数的 4.5%，全市开展绿色食品认证的合作社为 13 家，仅占全市种植业、畜牧业和渔业合作社总数的 0.3%；全市开展有机食品认证的合作社为 12 家，仅占全市种植业合作社总数的 0.4%。另外，全市获得批准的 6 个农产品地理标志中，没有一个是由合作社作为申报主体来提出申请的。不难看出，北京市合作社开展"三品一标"认证还处在较低的水平，覆盖面还很低，究其原因，既有合作社人才匮乏带来的对"三品一标"认识不到位的主观原因，也有合作社规模较小、运作不规范以及资金不足等的客观原因，主要有：

一是合作社规模较小，组织较为松散，规范化程度较低，开展"三品一标"认证缺乏有力的组织保障。目前，北京市合作社进入了蓬勃发展的新阶段，但总体来说，合作社发展不平衡，"小、散、弱"问题仍然很突出。农经部门统计数据显示，截止到 2013 年底，从合作社成员数量看，100 户以上的合作社有 998 家，占总数的 17.6%；10—100 户的合作社 1298 家，占总数的 22.9%；10 户以下的合作社 3370 家，占总数的 59.5%。另外，部分合作社内部组织机构不健全、制度不完善，成员大会、理事会、监事会活动不规范，缺乏议事规则，还没有形成社员控制的决策机制、民主管理机制和利益分配机制，往往是发起人一人控制合作社，合作社与社员的利益联结不紧密，只是简单的买卖关系，普通社员参与度低，社员相互约束力不强，标准化生产技术和措施等就难以落实，不利于促进农业"三品一标"基地的建设和发展。

二是认证程序复杂，认证费用高，开展"三品一标"认证缺乏有力的资金保障。"三品一标"认证程序需要的材料、证件、生产过程的记录等繁多，加之认证一个产品需要支付高额的环评费、产品检测费、公告费等，这在很大程度上削弱了合作社申报的积极性和主动性，很多合作社都认为花这么多精力和资金去认证"三品一标",不如发展生产更实惠。如北京市房山区琉璃河镇的北京龙乡腾飞种植农民专业合作社联社,是由六家合作社和一家农业公司发起成立的联合社,共有生产基地1.1万多亩,完成了无公害产品认证,但实际上基地一直是按照有机产品的标准在种植,就是因为有机认证的程序过于繁琐,每个品种每年还要支付3万元的认证费用,联合社就放弃了有机产品的认证。

三是合作社社员素质较低,经营管理水平较弱,开展"三品一标"认证缺乏有力的人才保障。合作社成员的素质决定着合作社的发展方向和发展潜力,由于合作社成员大部分都是农户,这就要求合作社的领导者、管理人员、技术人员必须具备较高的素质,但是目前合作社的管理及技术人员大部分都来自于农户,其整体文化程度偏低,缺乏现代农业科技及现代企业管理知识,管理水平、决策能力、开拓意识较低,产品品牌和质量安全意识淡薄。掌握"三品一标"认证和标识管理知识,熟悉"三品一标"执行标准的合作社更少,不能满足绿色产业快速发展需要。特别是随着农村青年劳动力向城市的转移,导致合作社管理人才和技术骨干越来越紧缺。人才的匮乏将导致合作社的发展方向不明确、农产品的质量安全水平不能得到有效保障、农产品的销售渠道不稳定、农产品生产趋于盲目,从而影响合作社的正常发展,就更谈不上开展"三品一标"认证了。

(五) 引导北京市农民专业合作社开展"三品一标"认证的对策建议

1. 加强规范建设,奠定坚实的组织基础

经过多年的培育和发展,北京市合作社的规范化水平得到了很大提升,多数区县制定了统一的合作社规范管理制度,郊区已经涌现出一批产权结构清晰、分配制度规范、管理制度健全的示范合作社。下一步,将按照重点突破,整体推进的思路,以"规范、提升"为主题,通过典型示范,引导合作社完善运行机制、增强内部活力,提高凝聚力和自我发展能力,推动全市合作社向规范化、高水平的方向发展。重点是要按照"民办、民管、民受益"的原则,指导合作社加强以合作社章程、组

织机构、股本结构、民主管理、盈余分配和财务管理制度等为内容的规范化建设，建立健全组织机构、相关制度和运行办法，形成自我规范、自我调节、自我约束、自我发展的运行机制；完善成员（代表）大会、理事会、监事会"三会"制度，明确"三会"的职权范围、责任及义务，建立健全民主决策和民主管理制度，实行社务公开；建立健全财务管理和会计核算制度，实行财务公开；完善产权联结、利益分配、风险调节、自我服务等机制，形成产权为基础、利益为核心、机制为保障的风险共担的利益共同体，不断提高农民专业合作社的带动力，大力提升农民专业合作社的组织功能、示范层次、服务水平和进入市场能力，使其率先成为引领农民参与市场竞争的现代农业经营组织。同时，根据合作社的实际发展水平、自身条件和"三品一标"具有各自不同的技术要求和产品定位的特点，实行分类指导，有序推进，引领合作社开展"三品一标"认证工作和基地建设。

2. 加大培训力度，提供有力的人才保障

要提升合作社的素质和发展能力，首先需要提高合作社经营管理人员和合作社成员的知识文化素质；其次需要他们拥有共同的合作意识、合作知识以及技能。为了达到这样的目的，应该把专门的教育培训作为有机的组成部分纳入合作社活动当中，在培训中提高经营管理人员的经营能力，提高合作社成员的生产技能，提高合作意识和团结精神，这是合作社持续发展的必然要求。一方面，合作社主管部门应把发展教育培训事业作为一项重要任务，进行科学规划，协调与教育等部门的工作安排，有计划、有重点、有步骤地开展各项教育培训活动，其中，要将"三品一标"有关的产品标准和技术规范作为一项重要内容进行专项培训，并把"三品一标"国家标准和行业性质量控制技术规范转化成农民看得懂、好操作、真管用的操作手册，指导合作社以完善和落实生产操作规程为重点，建立健全标准化生产管理制度和运行机制。同时，积极引导和支持大专院校、科研单位的农业技术专家和各类科技人员以咨询、培训等方式与农民专业合作社开展合作，提供农业标准化生产方面的人才和技术服务。另一方面，合作社也应把农产品质量安全教育培训纳入自身重要工作范畴，制订专门的计划，在社员间建立宣传安全生产知识和进行安全生产技术培训的长效机制，提高社员农产品质量安全意识，增强农产品质量安全生产控制能力。

3．广泛宣传发动，营造良好的舆论氛围

作为未来农业发展的主导产品，"三品一标"要得到生产者和消费者的认可，就必须充分利用各种新闻媒介，大力宣传"三品一标"的优秀品质，不断提高其认知度和美誉度，做到报刊杂志上有文，广播电视里有声，生产基地、批发市场、农贸市场和大型超市里有图，网络上能查到，群众能听到，使"三品一标"真正成为广大农产品生产者追求的目标，广大消费者采购的首选。对于合作社生产者，着重宣传"三品一标"生产管理、开拓市场、增加效益等方面的作用和效果，进一步增强合作社生产者的生产技能和申报积极性；面向消费者，着重宣传"三品一标"在质量保证、优质健康等方面的优势和辨别假劣"三品一标"的知识，增强消费者"三品一标"消费意识和信心，倡导健康消费。通过强化宣传，使人们掌握"三品一标"知识，认识"三品一标"标志，愿意购买"三品一标"产品，使"三品一标"真正步入"以品牌引领消费、以消费拓展市场、以市场拉动生产"的持续健康发展轨道。在宣传"三品一标"的同时，还要加大保护"三品一标"的力度。在强化政府依法监管、合作社自律的基础上，还必须动员全社会的消费者行动起来，建立起消费者全员参与的监督体系，全面调动消费者参与监督"三品一标"品牌的热情和积极性，以此来规避生产者的道德风险和逆向选择行为；要进一步拓宽畅通消费者权利诉求的渠道，降低消费者监督成本，从而在最大程度上保障消费者的参与权、监督权和话语权不会被虚置和弱化。

4．强化政策倾斜，创造优越的政策环境

各级政府应该进一步加大对合作社开展"三品一标"认证工作的重视程度，不断调整和完善相关政策，在此基础上，结合不同地区的实际情况，制定符合当地生产实际的优惠政策，形成一套全面的、具有地方特色的鼓励合作社开展"三品一标"认证的扶持政策。一是统筹安排和

增加"三品一标"发展专项资金,加大资金支持力度。对现有财政支农资金,要优化资金使用结构,安排长期的、稳定的专项资金投入,通过各项补贴政策鼓励合作社开展"三品一标"认证工作。同时,鼓励有条件的地方将获得"三品一标"认证登记的合作社纳入地方财政补贴和奖励范围。二是规范和完善农资市场,降低"三品一标"认证的成本。政府有关部门应积极出台相关措施稳定农资价格,强化农资市场价格监测,加强农资市场定期巡查,及时打击各种价格违法行为;同时建立完善的农资综合补贴制度,尤其是针对合作社开展"三品一标"认证所需的生产资料应加大补贴力度,逐步降低合作社开展"三品一标"认证的生产成本。三是完善农产品检验检测体系。进一步加强基层农产品检测机构建设,增加对基层农产品检测机构的财政投入力度,增强基层农产品检测机构的检测能力,完善对基层检测机构的补贴机制,对合作社的产品检测费用进行适当减免。出台相关优惠政策和补贴政策鼓励合作社建立自检机构,通过对合作社购置检测设备进行补贴等形式,推动合作社自检机构的发展,降低合作社进行产品检测的成本。

四、北京市农民合作社兴办加工情况调研报告

(一)北京市农民合作社基本情况

根据各区县上报统计,2014年在工商登记注册农民合作社数量5104个,其中:粮食类721个,蔬菜类975个,水果类973个,其他经济作物345个,畜禽累1221个,水产类190个,农机类150个,林业类191个,其他336个。这些农民合作社中,兴办农加工的农民合作社共计257个,其中:粮食类38个,蔬菜类55个,水果类50个,其他经济作物24个,畜禽累43个,水产类5个,林业类14个,其他28个。

(二)农民合作社兴办加工的主要特点

从本次调查结果看,北京市农民合作社兴办农加工有以下特点:

1. 兴办农加工的农民合作社规模偏小

一方面,兴办农加工的农民合作社固定资产较少。从统计情况看,

农民合作社固定资产在 100 万元以下的共计 158 个，占兴办农加工农民合作社总数的 61.5%，固定资产 100 万—500 万元的合作社共计 64 个，占兴办农加工农民合作社总数的 24.9%；500 万—1000 万元的合作社共计 26 个；1000 万—2000 万元的合作社共计 6 个；2000 万元以上的只有 3 个。另一方面，兴办农加工的农民合作社原料基地规模总体偏小。从统计结果看，兴办农加工的农民合作社，原料基地在 500 亩以下的共计 151 个，占兴办农加工农民合作社数量的 58.8%；500—1000 亩的合作社共计 33 个；1000—2000 亩的合作社共计 23 个；2000 亩以上的合作社共计 50 个，占兴办农加工农民合作社数量的 19.5%。造成这种情况的原因主要是北京市从事农业生产的土地面积不断缩小，使得单体农民合作社很难在本市范围内形成较大的规模。

2. 部分农民合作社收入较高，但利润不高

从营业收入统计情况看，2013 年农民合作社兴办加工营业收入在 50 万元以下的共计 134 个，50 万—100 万元的共计 28 个，100 万—500 万元的共计 48 个，500 万—1000 万元的共计 26 个，1000 万元以上的共计 21 个。营业收入达到 100 万以上的农民合作社共计 95 个，占总数的 37%。但从利润统计情况看，2013 年农民合作社兴办加工营业利润在 50 万元以下的共计 201 个，50 万—100 万元的共计 36 个，100 万—500 万元的共计 14 个，500 万—1000 万元的共计 5 个，1000 万元以上的只有 1 个。利润达到 50 万元以上的只有 56 个，占总数的 21.8%。据调查，目前很多兴办农产品加工的农民合作社收入与利润差距较大，尤其是养殖业农民合作社，往往营业收入达到几百万甚至上千万，但利润只有百万或几十万。

3. 农民合作社仓储和运输能力较强，但加工能力不强

北京市兴办农加工的农民合作社普遍建立了仓储设施，配备了流通设施装备，从统计情况看，兴办农加工的农民合作社拥有仓储设施的共计 172 个，占总数的 66.9%，没有仓储设施的只有 85 个。拥有流通设施装备的共计 218 个，占总数的 84.8%，没有流通设施装备的只有 39 个。但从农民合作社拥有的加工机械设备数统计情况看，加工设备在 10 台以下的合作社共计 217 个，占总数的 84.4%，10—20 台的共计 27 个，20—50 台的共计 10 个，50 台以上的只有 3 个。加工能力一般取决于原料基地规模，由于北京市农民合作社原料基地规模总体不大，因此，其加工规模也不大，而能够从事农产品深加工的也只有 43 家合作社，占总数的 16.7%。

4. 农民合作社办加工企业是兴办农加工的主要形式，但很难注册加工企业

从统计情况看，兴办农加工的农民合作社有 145 家是先成立合作社再创办加工企业，有 93 家是先有加工企业，后组建农民合作社，有 2 家合作社入股加工企业方式办加工，有 5 家加工企业入股合作社，还有 12 家合作社通过其他方式兴办加工。但是，兴办农加工的合作社中，只有 98 家有注册的实体加工企业，有 159 家合作社兴办加工，但没有注册的实体企业。通过调查，我们了解到，农民合作社开展农产品深加工，注册加工企业困难较大，靠合作社自身很难通过相关部门审批，建设用地、资金等都严重制约着合作社发展农加工项目。目前有注册加工企业的农民合作社主要是通过加工企业组建合作社或合作社入股加工企业的方式实现的。

（三）开展的主要工作

1. 建立工作机制、制定相关政策

在市委、市政府的统一领导下，市农委联合市发改委、市财政局、市科委、市工商局等 17 个部门建立了北京市农民专业合作社发展联席会议制度，形成了部门联动、资源整合、政策集成、资金聚焦的工作机制，全面加大对本市农民专业合作社的指导、扶持和服务工作力度。各部门通过各自系统，研究制定了一系列支持农民专业合作社发展的政策和措施。2013 年，市农委联合市发改委、市科委、市财政局、市人力社保局、市国土局、市规划委、市商务委、市工商局和市金融局等 9 个部门联合下发了《关于扶持本市农民合作社发展的若干意见》，从财政扶持、人才培养、金融支持、用地政策、用水用电等方面支持农民合作社发展农加工，组建联合社等。

2．加强对合作社的指导和人才培养

从 2007 年开始，北京市建立了农民专业合作社专家指导组，一名专家负责一个区县，进行一对一指导服务。各区县也从农委、经管站选拔培训 36 名业务骨干，建立了合作社辅导员队伍，从整体上提升了北京市农民专业合作社的规范化指导水平。2010 年，市农委和市农业局还建立了处长联系市级示范社制度，每一名业务处室处长联系一个市级示范社。2011 年至今，北京市探索为农民专业合作社试点配备了 200 多名大学生理事长助理，输入外部管理人才。2013 年，市农委与市教育考试院下发了《关于合作开考高等教育自学考试现代农村经济管理专业（合作社方向）（专科）的通知》，探索建立健全农民专业合作社人才短期培训与学历教育相结合的人才培养长效机制。

3．不断加大政策扶持力度

据统计，2007—2013 年，市级财政共安排 1.3 亿元专项资金，在示范基地、仓储、运输，以及品牌、包装、新技术推广、规范管理、教育培训等方面，扶持了 400 多个合作社的示范项目。2009 年，在全市范围内组织实施了"现代农业装备对接农民专业合作社工程"，市财政按购车全款给予 50%的补助，帮助农民专业合作社购置各类运输车 601 辆，有效解决合作社运输难的问题。市农委、市财政局、市金融工作局等联合出台了《关于金融支持农民专业合作社发展的意见》，先后有 35 个合作社获得贴息贷款 6407 万元。目前，市农委与市农担公司、北京银行共同在密云县、通州区和昌平区试点开展农民专业合作社集合信托，探索解决农民合作社融资难题。

（四）存在问题及下一步工作

一是农民合作社发展农加工资金问题。从统计结果看，兴办农加工的农民合作社有 219 家合作社表示融资难，在所有困难中排名第一。办加工企业，需要启动资金，也需要流动资金。但合作社以农民为主体，经济上处在弱势地位，缺少足够积累。现行的金融体系也导致大部分合作社由于缺少有效抵押物，难以贷到所需资金。财政项目是"杯水车薪"，银行"嫌贫爱富"，民间借贷门槛低但利息高，又"好借难还"，这些直接导致农民合作社缺少资金兴办加工企业。

二是发展农加工用地问题。从统计结果看，有 196 家兴办农加工的合作社表示厂房用地不足，有 147 家合作社加工厂房面积不足 2 亩，有 88 家合作社加工厂房面积大于 2 亩但小于 5 亩，加工厂房面积在 5—10 亩间的合作社有 18 家，还有 4 家合作社加工厂房面积大于 10 亩。农加工用地问题是制约农民合作社办加工或扩大再生产的另一个瓶颈。由于北京市用地状况紧张，农民合作社很难通过正常审批手续获得建设用地发展农加工。从合作社兴办加工流通业的土地来源看，有 172 家合作社使用的是长期租赁的土地，有 52 家合作社使用的集体土地，有 19 家合作社使用的是短期流转来的土地，还有 14 家合作社使用的是其他方式得来的土地。

三是技术问题和人才问题。从本次统计情况看，有 192 家合作社表示技术更新难，有 176 家合作社表示人才引进难，这是两个相互关联的问题。在调研过程中，合作社普遍反映缺乏相关人才，从申报农加工相关手续到农加工项目建设，再到农加工成产管理过程等，合作社都缺乏相关人才或相关指导。由于农民合作社工作地点较为偏远，没有固定休息日，工作人员文化素质较低等原因，技术人才很难留在合作社工作。而技术的更新也需要技术人员指导和工作人员不断学习掌握，因此，人才的缺乏也导致技术更新比较难。

四是缺乏系统的政策支持。目前，北京市对农民合作社开展农加工没有出台过专门的政策或开展过专项扶持，所有的扶持主要是通过零散的项目支持进行的，而且扶持的形式主要是财政资金支持，缺乏用地政策配套、申报相关手续指导等政策或技术方面的支持。

针对以上问题，北京市应进一步整合相关政策措施，加大政策落实力度，进一步加强对农民合作社兴办农加工的支持。

一是通过信用合作、项目扶持和集合信托产品分层次缓解农民合作社不同层次的融资需求，在集合信托产品方面加大对农民合作社开展农加工项目的支持。下一步市农委拟对农民合作社开展农加工项目进行补贴，进一步缓解农民合作社开展农加工资金问题。

二是加强贯彻落实设施农用地相关政策的同时，探索农村集体经济组织依法利用集体建设用地兴建农产品加工、仓储、冷藏等设施参股合作社，实现互利共赢。

三是加强高校与农民合作社的对接，增强对农民合作社的技术支持力度。有针对性地加强培训，请政府相关部门为农民合作社讲解农加工申报相关政策，加强指导和服务。继续开展大学生村官到农民合作社任职工作，进一步扩大农民合作社人员自学考试的试点范围，加大对农民合作社的人才支持力度。

五、关于郊区土地股份合作社情况的调查

随着北京市农村经济体制改革不断深入和农民专业合作社的快速发展，近几年，郊区农民在坚持土地承包经营权不变的前提下，积极探索创新合作模式，通过土地入股和土地流转，发展设施农业，开展规模化种植、集约化经营，进一步提高了农业和农民进入市场的组织化程度，提高了市场竞争力，增加了农民收入。

目前，郊区以土地入股和土地流转形式建立专业合作社，主要有两种形式。一种是农民以土地承包经营权入股，成立专业合作社，将集中起来的土地统一开发，租赁给从事农业生产经营的专业公司和种植大户经营，合作社本身不从事具体的生产经营，农户主要获取地租收入，同时，公司或大户根据需要聘用部分入股农民劳动力打工，得到工资收入。这种形式的土地股份合作社目前只有两家，分别是平谷区百合兴盛土地专业合作社（土地入股 120 亩，涉及农户 147 户）和通州区林泽家园土地（股份）专业合作社（土地入股 451 亩，涉及农户 71 户）。另一种是农户将土地承包经营权流转到合作社，合作社统一开发经营，并组织农民劳动力在合作社参加劳动，或者将部分土地反包给农户管理。农户可以得到四部分收入，一是土地流转租金收入，二是工资性收入，三是承包收入，四是年终盈余返还收入。这种形式的合作社比较多，据不完全统计，在市、区县两级示范社中有 10 家，共流转土地 12935 亩，涉及农户 1857 户。比较典型的是密云县下屯种植专业合作社、房山区泰华

芦村种植专业合作社、门头沟区西马樱桃种植专业合作社。

如果从全市 4600 多家合作社层面上看，实行土地承包经营权流转的合作社就更多了，仅延庆县就有 183 家合作社流转农户土地 57744 亩。由于工作量较大，目前还没有全面统计数据。

以下为笔者对 6 个农民专业合作社的调查：

（一）北京百合兴盛（土地）专业合作社调查

北京百合兴盛专业合作社于 2008 年 12 月 5 日在平谷区工商局登记注册，由金海湖镇洙水村委会领办，村支书王学永任理事长。合作社登记注册 147 户，社员出资总额 4.65 万元，带动农户 465 户。目前，百合兴盛土地专业合作社存储耕地 120 亩。合作社主要经营社员存储的土地，发展农业生产，并从事生产资料供应、农业技术推广、各种信息咨询、农民素质培训等项目，是一种新型的农民专业合作组织形式。该合作社是北京市第一家农民土地专业合作社。

1. 促进土地流转，实现规模经营

洙水村位于金海湖镇西南，现有农业人口 2293 人，耕地面积 2897 亩。以前，洙水村除人均 0.5 亩口粮田外，其余全部承包给村民，户均承包土地 7.98 亩。全村土地利用中设施农业是个空白，这与平谷区发展都市型现代农业的思路相差甚远。全村多数劳动力经营自家承包地，洙水村存在着劳动力利用率低下，农业生产无法实现规模经营等问题，严重制约着村民增收致富。为改变这种状况，充分利用本村土地资源，搞好农业结构调整，村委会积极做好村民工作，成立北京百合兴盛土地专业合作社，将村西集中连片 120 亩承包地使用权入股合作社，由合作社集中开发。经合作社 147 户社员商议，最终决定在 120 亩土地上新建 63 栋设施大棚，由合作社负责租赁，收取租金后按入股比例返给村民。

2. 健全机构，民主管理，积极运作

百合兴盛土地专业合作社由村民自愿以承包地参股，根据农民专业合作社法，选举产生了合作社理事 5 名、监事 3 名，理事长和监事长各 1 名。制定了民主管理制度和公开透明的财务管理制度。每年召开 2 次社员大会，重大事项表决实行一人一票制。设立了财会室、经管部、培训部等内部机构。

合作社实行独立核算，不与村集体账目混淆。合作社将适宜集中使用的土地适当集中，由种田能手或招商承包租种，经营年限为 20 年，将租金作为收益分给社员。合作社收益分红包括承包土地收益分红和集体土地收益分红。其中承包土地收益分红是在土地承包年限内向承包地参股的社员按照参股面积分红，分红项目包括基础分红（每亩保底 550 元）和承包地收益分红，承包期过后土地收归集体所有；集体土地收益按照全村村民人口平均分配，通过组建土地合作社，洙水村村民都能享受收益分红，而以承包地参股的社员则可享受基础分红、承包地收益分红和集体土地分红。租赁户种植甜玉米、草莓、百合、樱桃等农作物，合作社不干预农户种植品种，并且组织各种农业技术培训和指导，帮助农户联系销售渠道，解决他们在营销上的困难。

作为市场经济主体，土地合作社不同于企业和事业单位，其在服务对象、业务类型、盈余分配等方面有很多特殊性。当前一家一户的小农经济已难以应对市场，农民增收困难。进行土地流转，实施规模化种植已是农业发展的必然趋势。土地股份合作社这种土地流转形式的产生是农村经济发展的需要，用土地入股成立合作社，不需要改变当前土地承包政策，却可实现规模化经营，提升农业应对市场的能力，增加农民收入，并可将部分劳力从土地上彻底解放出来。土地合作社走的是一种市场化的道路，而且现在的土地合作尊重农民的自主权，自愿入社，退社自由，农民说了算，土地的承包权仍然属于村民。合作社总收益来自对外租赁设施大棚所得，每栋大棚每年租金为 1500 元，总收益为 9.45 万元。每年收益按总收益的 60%返还给社员。

3. 发挥合作作用，促进社员增收

（1）服务内容

百合土地专业合作社主要经营社员存储的土地，从事农业生产和生产资料供应，开展与农业生产有关的技术培训、技术交流和信息咨询服务。

（2）效果

通过建立土地专业合作社，取得了以下效果：

一是实现了产业结构调整。金海湖镇位于平谷区的东部，是北京市著名的风景区，年接待游客200多万人。通过土地流转和集中使用，发展设施农业，使本村经济从传统的农田耕种转变为农、旅结合的都市型现代化新型农业。

二是促进了经济的发展。合作社设施农业园区的建设吸引了游客光临洙水村观光、采摘，增加了农民收入，促进了区域经济发展。

三是社员增收情况。合作社成立前社员每户每亩地收入在300元左右，现在收入在1100元左右，平均每户增收800余元。

2008年，合作社获得北京市政府京郊农民专业合作社先进单位称号；2010年获得平谷区农民专业合作社示范社称号。

4. 居安思危，运筹发展

目前合作社存在以下问题

（1）合作社经济实力弱，发展慢

合作社处在起步阶段，基础设施差，缺少资金，贷款比较困难，优惠政策少。经营上税的问题制约了合作社的经济效益。

（2）社员增收难度大

经营收入增长点不多，发展后劲不足，社员增收的难度比较大。

针对以上问题和现状，合作社将依托金海湖镇丰富的旅游资源，在原有大棚的基础上，建设生态农业观光园，把现代农业和旅游观光结合起来，不断满足人们的旅游、观光、采摘、农事体验需求。

具体设想和规划：

修建蔬菜保鲜库。由于社员种植的蔬菜、水果等农产品不易保存，村内又没有大型的冷库可以存放，致使很多农产品因保存时间短质量下降，社员收入受到很大影响。合作社计划修建一个大型的保鲜库，解决这个当务之急。

建信息化教室，搭建信息、销售平台。光有好的产品，没有通畅的销售渠道也是不行的，为了解决这个问题，合作社正在积极筹资，着手建信息化教室，作为合作社开展培训教育和信息发布的平台，既要作为社员的农产品宣传销售站，又要成为社员学习科技知识的基地。

美化、绿化、硬化设施园区，竖立农产品宣传介绍牌，建设具备旅游、观光、采摘、农事体验等功能的现代农业园区。

（二）北京林泽家园土地（股份）专业合作社调查

永乐店镇熬硝营村地处通州区东南，全村有耕地 2300 亩，农业产业结构单一，土地确权后，一家一户的生产规模小，农民增收缓慢。为改变农业发展现状，2009 年 9 月，由村委会牵头联合部分农户，成立了北京林泽家园土地股份专业合作社，合作社拥有社员 71 名，流转土地面积 451 亩。合作社成立后，充分发挥本村土地资源丰富的优势，以依托土地流转开发农业项目为抓手，将发展设施农业和旅游、观光、休闲农业作为推动农业产业结构调整、促进农民增收的重要途径。

1. 合作社组建背景

（1）合作社的前期筹备工作

为筹建北京林泽家园土地（股份）专业合作社，村党支部和村委会组成的筹备小组，做了深入细致的群众工作，因为"土地流转"这个名词对于农民来说还是个新鲜的事物，如何使他们理解和接受是工作的重点。筹备小组采取入户动员的方式，讲解土地流转的真正目的是在扩大生产经营规模的前提下，充分保护农户的土地承包经营权。通过讲解广大农户，认识到土地（股份）专业合作社这一形式，是有效解决扩大规模，又能保护农户利益的有效方式。通过筹备小组的辛勤工作，广大农户对土地股份专业合作社有了充分的了解和认识。已有 71 户农户申请加入北京林泽家园土地（股份）专业合作社，合作社流转土地面积达到451 余亩。

（2）制定章程建立合作社组织管理机构

按照合作社法的规定，起草了《北京林泽家园土地股份专业合作社章程》，对合作社经营宗旨、社员资格及社员的权利义务作了规定，选举产生了理事会监事会名单，对合作社管理范围作了规定，在不改变土地性质的前提下，与农业投资企业合作，实现土地规模效益最大化，农户按土地股份享受分红。

（3）确定土地股份，测量土地面积

土地股份每 1 亩为 1 股，经过实地测量，71 户土地总面积 500 亩，其中：71 户股份 451 股，面积为 451 亩，涨出的部分属村集体组织所有，村委会代管。2009 年 9 月 17 日，北京林泽家园土地（股份）专业合作社正式在工商管理部门登记注册。

2. 合作社成立后的工作重点

（1）落实政策，扎实工作，建立科学合理的管理体系

北京林泽家园土地（股份）专业合作社是依据《农村土地承包法》和《农民专业合作社法》，本着民办、民管、民受益的原则而建立的。合作社建立了科学的管理体系，并不断健全和完善合作社规章制度。合作社设有理事会、执行监事以及生产管理服务部、财务部等管理机构，管理人员全部都是由合作社社员选举产生，接受社员的监督，为社员的利益着想。合作社章程在土地流转、生产经营、社员吸收、企业合作等方面做出了明确规定，切实保护每一个合作社社员的权益，确保合作社的高效快速运行。合作社为每个社员建立了股份账户和分红账户。

（2）因地制宜，突出特色，确保合作社经营取得实效

北京林泽家园土地（股份）专业合作社对外积极需求投资合作伙伴，最终与汉唐盛世投资有限公司签订合作协议。社员通过合作社可以得到三部分收益：一是土地股份分红，二是土地增值收益，三是以农业产业工人的身份继续参加生产，得到劳动报酬。对内合作社实行民主管理、利益共享、风险共担的运行模式，社员既享受应有的权利，也要履行章程规定的义务。合作社社员有权要求合作社按社员土地份额享受利益，

每年享有固定的保底分红和二次分配的权益。

在吸收成员方面，合作社章程第九条规定：具有民事行为能力的公民，从事种植销售花卉苗木，能够利用并接受本社提供的服务，承认并遵守本章程，履行本章程规定的入社手续的，可申请成为本社成员。本社吸收从事与本社业务有关的生产活动的企业、事业单位或者社会团体成员。具有管理公共职能的单位不得加入本社。本社成员全部为农民成员，符合合作社吸收的原则的农民均可加入。

3. 合作社的利益分配制度

北京林泽家园土地（股份）专业合作社成立后，为了保证社员的利益，合作社制定了保底分红的分配制度，让广大社员真正成为"三金"型农民，即社员流转的土地有租金、在园区工作有薪金、年终利润按股金分红。合作社理事会通过招商引资，与有经济实力的涉农企业合作，建设观光采摘园，既增加了社员的收入，又解决了社员的就业问题。2010年，合作社进行了首次收益分配，每股土地分红 1027 元，使社员尝到了加入土地专业合作社的甜头。

通过一年的实践和摸索，合作社在今后的工作中还将不断吸收社员，壮大实力，争取所有村民都加入到合作社中来，并且不断寻找好项目，将更科学、更绿色的企业引进到合作社来，将先进的技术带给每一个社员，实现土地流转的真正目的，改变以前贫穷落后的生产方式。通过合作社的不懈努力，把熬硝营村打造成为"都市型花园式乡村"。

（三）北京河南寨下屯种植专业合作社土地流转情况调查

北京河南寨下屯种植专业合作社位于密云县河南寨镇下屯村，成立于 2006 年，是由下屯村两委班子牵头，53 户农民自筹入股资金 60 万元组建的。合作社成立初期，通过土地保底分红的形式，将下屯村的 1160亩土地流转到合作社，统一种植芦笋。四年来，按照这一发展模式，合作社不断创新经营机制，扩大生产规模，延伸产业链条，成功探索出了一条以土地流转为基础，以"合作社+企业+农户"集约化管理、产业化经营为特色的都市型现代农业发展道路。截止到 2010 年底，合作社成员已扩大到 221 户，带动非成员 900 户，流转入社土地 5000 亩，总资产达 7578 万元，年生产加工芦笋、蔬菜、糯玉米等农产品 3500 吨。

1. 确定主导产业，成立合作社

2006 年，按照密云县确定的"生态、节水、集约、规模、高效"的都市型现代农业发展方向，下屯村两委班子几经外出考察和市场调研，结合本地气候土壤特点，决定调整农业种植结构，集中力量发展芦笋种植。为适应芦笋产业规模化生产，经两委班子反复研究，村民代表大会讨论通过后，于 2006 年成立了北京河南寨下屯种植专业合作社。

2. 流转土地，扩大经营规模

合作社采取农户流转土地入社，集约化经营管理的方式运作，具体做法是：入社农户将土地承包经营权流转给合作社，合作社每亩土地每年支付社员土地流转金 600 元，每三年递增 100 元，土地由合作社统一经营，生产由合作社统一管理，产品由合作社统一销售。合作社安排农民就业，并支付工资。此外，合作社所获盈余按照合作社盈余返还机制进行分配，即 60% 按土地入社亩数分配到成员，40% 按成员入资分红。截止到 2010 年，合作社的土地流转面积已发展到了 5000 亩，其中设施农业 1500 亩，全年采收芦笋 800 吨，实现收入 400 万元。在合作社的带动下，南金沟屯、新兴、莲花瓣、团结等 8 个京承高速沿线村全面加快花卉、蔬菜、果品等产业带建设，目前已初步形成了以芦笋基地为中心，辐射周边 10 个村的万亩都市型现代农业产业带。

3. 创新经营机制，增加农民收入

合作社按照"引领农民致富、适应市场需求、便于生产管理"的发展理念，不断创新经营机制。合作社将芦笋基地以 20 亩为单位分给成员承包管理，严格按照程序和标准生产，实行统一品种、统一植保、统一回收销售。承包管理的成员日工资 40 元，每采收 1 公斤鲜笋，合作社另补助 0.5 元。成员年上岗工作满 240 天，给予一次性福利奖金 1000元。这样，成员从土地中获得的收益，由过去传统的种植收入变为"土地流转金+工资收入+盈余返还+福利性收入"四合一收入。合作社成立以来，已安排 400 个农村劳动力就业，共计支付土地流转金和工人工资

1000 余万元。合作社每年还安排一定资金发展福利事业，解决了 26 名轻度残疾人和 45 名重度残疾人家属就业。通过创新经营机制，不仅使成员有了稳定的收入来源，也使农民从传统观念中解脱出来，成为都市型现代农业的产业工人。

4．强化科技支撑，提高农业效益

合作社聘请了市农学会、农林科学院和农业局等部门的专家为技术指导，聘请县种植业服务中心、镇农业服务中心的专业技术人员组成项目技术小组，定期对土地墒情、养分等情况进行采样化验和检查，及时做好植保工作，合理配方施肥。为了保证芦笋种植的质量，合作社建立了专业芦笋育苗基地，全部安装了滴灌设施，采用现代化冲压钵育苗技术，确保苗齐苗壮。为了随时掌握芦笋的生长状况，保证芦笋生产安全，合作社在芦笋种植基地上安装了电子监控设备，工作人员不出屋就可掌握芦笋生长态势。通过大量采用农业新科技，使每亩芦笋收益达到 3000 元，比种植小麦、玉米提高 2000 元左右。

5．延伸产业链条，分享加工收益

为了进一步扩大生产规模，延伸产业链条，增加经济效益，2008 年，由合作社投资 3086 万元，成立了北京千盛绿阳农产品加工有限公司，建设了年加工糯玉米 800 万穗的速冻食品生产线和 2500 吨库容的冷库，各类农产品加工量达到 3000 吨规模。加工企业获得的收益由合作社统一进行分配，按照章程的规定，返还给社员。至此，合作社实现了集生产、加工、销售于一体的产业链，带动了当地农户增收，合作社也如滚雪球般发展壮大。目前，已初步形成了以下屯村为核心，辐射周边 7 个村 5000 亩土地的芦笋产业区，成为密云乃至华北地区最大的芦笋种植及糯玉米深加工产业化基地。

下一步，合作社将通过各种方式和途径，着力培养和引进一批管理、技术和营销型人才，为合作社进一步发展壮大奠定基础。

（四）北京泰华芦村种植专业合作社土地流转调查

自 2007 年以来，在大量的实地调研、规划、筹备的情况下，北京泰华集团本着回报家乡、建设家乡、发展家乡的初衷，前期通过实地调查，了解芦村当地种植业主要以大田等粮食作物为主，农产品附加值较低，农业整体效益不高，再加上近年来芦村村民就业率偏低、农民增收较慢，芦村未来的发展遇到了一定的瓶颈。为了提高芦村及周边村民就业率、增加村民收入、促进芦村及周边区域发展，同时在房山区各级政府领导的大力支持下，联合芦村本地的村民自愿组合，于 2009 年成立了北京泰华芦村种植专业合作社。

1. 土地流转模式

通过土地入股的社员，分为权益地、承包地及其他多种形式的补偿地，以权益地入股的成员每 1.1 亩地为 1 股，以承包地入股的成员每 1.35 亩地为一股，以其他多种形式补偿地入股的成员每 1.9 亩地为 1 股（土地入股成员的总股数不得超过本合作社总股数的 20%）。入股期限为 10 年。合作社确保每股每年收益回报不低于每股 1260 元；同时根据合作社实际运营状况，年底再进行盈余返还。

合作社为每个社员建立了个人资料档案和个人账户。个人账户用于记载社员的出资额、公积金量化份额、形成财产的国家扶持资金量化份额、成员从合作社获得的薪酬、土地流转费用及年终的盈余分配数额。合作社年终分配时采取按土地亩数及资金入股相结合的分配方式，按土地亩数分配总额不低可分配盈余的 60%。合作社共流转土地 500 余亩。

2. 社员受益及成效

（1）带动了区域经济发展，促进了农民增收

合作社从开始建设到进行规模化生产，为当地农民提供了多种就业机会，同时拉动了当地的经济发展，如餐饮、小商品等，使之形成了以农业为主的商品交易链。合作社运营一年来，已经吸收当地近 200 户村民参与合作社经营。目前全体社员总收入达 230 多万元，包括每年从合作社能够获得土地流转费用（25 万元）、年终获得盈余分配（10 万元）、社员年工资（180 万元）、社员年福利津贴（18 万元）等。同时，合作社统一购买农用物资及统一进行生产，节约了 12% 的生产成本，合作社社员与未加入合作社前相比，增收近 35%。

（2）土地实现规模化经营，提高了农民组织化程度

在坚持土地承包经营权不变的前提下，由一家一户各自的经营，通过土地流转，形成土地的规模化种植经营，实行统一生产管理，促进并形成了农业组织化，提高了农民的组织化程度。

（3）劳动方式由传统向现代方式的转变，推进了都市型现代农业的发展

农户由原先的以个体为单位的手工或半机械化的劳动操作，转变为合作社机械化统一生产模式。合作社引进了新机械，新品种、新技术也得到了推广应用。合作社统一购买了运输车、喷雾器等生产资料，统一安装了灌溉系统设备，运用机械化耕种，降低了生产成本，提高了社员的劳动效率，从一家一户的传统的劳作方式向现代化经营方式转变。蔬菜品质得到进一步改善，产品效益明显提高。相关配套的服务设施有了明显健全，并配备了电话、传真，购置有电脑、打印机，并有自己的多媒体会议室及140平方米的培训室，提升了服务社员的水平，进一步推进了都市现代农业发展步伐。

（4）产品品质的提高，促进销售市场的进一步拓宽

由于合作社统一生产标准，提高了蔬菜的品质，为进一步开拓市场奠定了基础。目前，合作社拥有蔬菜销售、净菜整理和配送的专门人员，产品直接销往超市、有机品牌店、宾馆、饭店、直营店等场所，产品销售量明显提高。

（五）北京西马樱桃种植专业合作社土地流转调查

西马各庄村地处九龙山脚下，村域面积2.5平方公里。本村共有村民132户，274人。现已确权土地为93.97亩，共71户。在2011年1月1日，流转至北京西马樱桃专业合作社，流转面积共500亩。近年来，西马各庄村两委班子积极响应国家政策，齐心协力，带领群众大搞产业结构调整，发展特色农业，结合本村实际从多方面探索农民增收新途径，从多层次创新农民致富的新方法。

目前，合作社共有社员93户，156人。以"土地入股、资金入股"

的经营方式带动农户增收，其中土地入股 81 户，126 人；资金入股 77 户，115 人。在基地开发时期，为了提高村内劳动人员的积极性，设立了以"劳动贡献股"的形式入社。

几年来，合作社已安排失业职工 40 名。山上就业人员的年收入由原来的 2000 元增至 8000 元。合作社始终把加大科技投入，增加科技含量作为主导产业上水平增效益的出发点和落脚点。审视自身，合作社存在着三大优势：一是土地荒芜了 20 多年，没有污染，果品完全是有机食品；二是有强大的科技、人才优势，可以借助科研院所与大专院校的技术、人才优势、科技优势为合作社服务；三是依托科技支撑对种植的产品有极大的选择空间，什么果品发展势头好、什么赚钱多而快就选择什么。

面对三大优势，合作社采取了以下建设措施：一是选择京西门头沟区的地理优势，该山区属于煤炭地质构造，经专家研究发现，区域适宜樱桃果树生长，所以种植的果树长势极好。二是加大现代农民的培养。合作社聘请果树种植的专家对农民的种植技术进行指导，依托基地，专家定期及不定期的采取授课与实地指导相结合等方式，传授果树栽植管理技术，使农民成为果树管理的能手。三是积极运作有机食品认证。通过多方努力，2008 年 3 月果品基地荣获有机食品及 AA 级绿色食品双项认证，从而提高了果品基地知名度，为今后农民增收致富打下了基础。2011 年村西的果品基地发展更加迅猛。为使果园基地早日成为王平地区特色果园和村民赖以生存的产业，合作社加大基础设施的资金投入，积极主动向上级申请资金和工程，专门邀请设计人员，设计了果园基地规划图。由于 2011 年管理得当，栽植的大部分果树开始结果，其中大樱桃收获 1.3 万斤，是 2010 年产量的 6.5 倍。同时，合作社采用林下种植，栽种白薯以及萝卜黄瓜等蔬菜，极大地提高了土地利用效率。在 2011 年五六月份的樱桃节中，村西的果园基地接待了各级领导的参观和调查，得到了领导的一致好评。

现在合作社正处于高速发展的阶段，果品产量逐年增加，现已逐渐进入盛果期，但合作社的资金来源比较缺乏，无法进行规模性的设施建设。仍比较缺乏系统有效的内部管理运行机制，合作社希望能有专业人员对其发展进行指导。

（六）延庆县农民专业合作社土地流转情况调查

截止到 2010 年底，延庆县共有农民专业 443 家，其中养殖业 230 家，种植业 183 家，其它行业的 30 家，土地流转主要涉及的是种植业的 183 家合作社，此 183 家合作社种植规模 57744.8 亩。截止到 2010 年底全县土地流转 63225.6 亩，其中大约有 25%（15806.4 亩）进行设施农业建设，而设施农业这块基本上 80%（12645.1 亩）由合作社来经营管理。

例如四海镇以农民专业合作社为依托，实现四季花海沟域经济发展总体规划，实现花卉种植面积 8287 亩，其中流转土地 3800 余亩，2011 年镇政府出台种苗、配水、土地流转费等补贴，以及最低保底价、最低收购价等一系列优惠政策，鼓励农民专业合作社进行统一种植经营。预计年底花卉产业综合收入 3500 万元，全镇人均花卉收入 5000 元，解决农民就业 1300 多名。

特别是 2011 年新成立以南湾村北京合利种植专业合作社为首的 5 家万寿菊种植合作社，带动农户 800 户，平均亩产 3.6 吨，每吨 750 元，亩收入 2700 元，总收入将达 810 万元。另外四海镇玫瑰园以美丽人生为主题，对现有 2640 亩玫瑰园加强管理，发放有机肥 200 多吨，并引进丰花 1 号玫瑰新品种进行补植换优 150 亩，玫瑰园内套种板蓝根 350 亩，提高园区的生态景观效果，收入 200 万元（出售玫瑰花蕾 20 多万斤每斤 9.5 元，有 1000 亩进入产花期，亩收入 2000 元）。茶菊一条沟以健康为主题，打造楼梁、前山、王顺沟有机茶菊一条沟，种植面积 1000 亩，收入 480 万元（平均亩产 2000 斤每斤 1.5 元，亩收入 3000 元）。

再如康庄镇小丰营村经济合作社从农户中流转出的 500 亩土地，进行了设施农业建设，其中建春秋棚 95 个，日光温室 132 个，全部委托给绿菜园专业合作社进行规模经营，种植无公害蔬菜和有机蔬菜。合作社利用设施农业打造高端品牌，进一步带动合作社成员科学种植，并逐步成为种植示范基地和出口基地。经统计，2010 年绿菜园蔬菜产销专业合作社实现收入 2300 万元，另外合作社以每亩 900 元的价格从 82 家农户手中流转土地 282 亩，直接带给村民收益 25.38 万元；带动 90 余人参加就业，每年增加农民务工收入 133.83 万元。合作社成员人均劳动所得达到 16357 元，高出本地区非社员农户人均劳动所得 10%。

总之，土地流转使规模经营成为可能，规模经营更有利于农民专业合作社发展，农民专业合作社的发展将会更有利的促进农民增收，从而加快了现代都市型农业的发展进程。

六、北京市高校毕业生参与农民合作社发展情况的调研报告

按照农业部《关于组织开展高校毕业生参与农民合作社发展情况调研工作的通知》要求，调查组通过实地走访、座谈等形式对全市高校毕业生参与农民合作社发展情况进行了一次全面调查，调查组认为：高校毕业生参与农民合作社的发展和管理，既能促进高校毕业生创业就业，又能推动农民合作社健康发展，既能发挥高校毕业生潜在优势，又能有效带动农民增收，前景十分广阔。现将调查结果汇报如下。

（一）北京市农民合作社发展情况

截止到 2013 年 6 月 30 日，全市在工商部门登记的合作社已达到 5625 个，其中，以种植业为主业的 3463 家，占 61.6%；以畜牧业为主业的 1504 家，占 26.7%；以林业为主业的 302 家，占 5.4%；以服务业为主业的 160 家（其中农机服务 84 家），占 2.8%；以渔业为主业的 80 家，占 1.4%；其他 116 家，占 2.1%。正式登记注册的合作社成员总数为 25.47 万户，带动非社员农户 24.18 万户，达到全市从事一产农户总数的 70%。

（二）北京市高校毕业生参与农民合作社发展的基本情况

截至 2013 年 6 月 30 日，北京市共有 516 名高校毕业生任职于 208 家农民合作社。任合作社理事长的 29 人，占 5.6%，其中大学生村官 1 人；任非理事长职位的 487 人，占 94.4%，其中大学生村官 288 人。

从涉及行业来看，北京市高校毕业生参与的 208 家农民合作社中：种植业 155 家，占 74.5%；畜牧水产养殖业 38 家，占 18.3%；加工业 1 家，占 0.5%；农机 3 家，占 1.4%；植保、沼气等服务业 3 家，占 1.4%；其他行业 8 家，占 3.9%。

从参与模式来看，北京市高校毕业生参与农民合作社主要有五种模式：

一是专职理事长助理参与模式。2011 年起北京市为具备一定规模的农民合作社示范社配备大学生村官，作为理事长助理开展工作。新增的农民合作社理事长助理纳入大学生村官的统一管理体系，按照合作社的注册地点，由所在区县和乡镇大学生村官管理部门管理，接受理事长领导，专职从事合作社的相关工作。到目前为止，北京市已选聘理事长助理 258 名。

二是亲属带动参与模式。主要特点：父母或亲属本身就是农村经营大户，大学生毕业后，在协助父母或亲属生产经营的过程中，逐步成长为合作社经营的参与主体。如北京军都山红苹果专业合作社的张增阔、北京万家兴业种养殖专业合作社的周影等。

三是大学生村官兼职参与模式。主要特点：在村集体经济组织领办的合作社中，通过组织部门选聘来的大学生村官既在村委会工作又在合作社工作，兼任村书记助理和理事长助理，待遇、住处由乡镇统一安排。通州区高校毕业生参与合作社发展主要采取这种形式。

四是回乡创业领办模式。主要特点：在外创业成功的大学生带着多年打拼的资金积累或大学中学到的专业知识，回乡创办农民合作社，在自己致富的同时，带领周边农民群众共同致富。如北京锄禾燕平养蜂专业合作社理事长张青杰、北京流村田园盛业农业专业合作社理事长柳东伟等。

五是员工身份参与模式。主要特点：大学生既不领办也不参股，只是以一般员工身份参与到合作社的生产经营过程中去。他们被合作社聘用，主要工作是帮助合作社进行项目选择、技术服务、市场开拓、合作社制度建设和财务管理等，北菜园农产品产销专业合作社就聘用了 26 名高校毕业生参与管理合作社。

（三）北京市高校毕业生参与农民合作社发展取得的成效

高校毕业生通过以上五种方式参与农民合作社的发展和管理，充分发挥了大学生的专业优势及敢闯敢拼的创业精神，促进了北京市农民合作社的健康发展，提高了北京市农民合作社的综合水平：

一是加强了内部管理。农民合作社管理者大多出身农民，不具备较高的管理水平，而高校毕业生文化水平较高，工作的条理性、计划性较强，来到合作社后主动帮助合作社健全了各项制度，积极参与合作社的各项管理，协助理事长完成了档案、文秘等行政事务性工作，为合作社规范健康发展打下了良好基础。如北京裕群养殖专业合作社的杨超，帮助合作社建立了电子档案，在提交申请项目、验收报告等文字材料时准确及时，提高了工作效率。北京绿绮花卉专业合作社的陈杨通过合作社支持，在合作社内部建立了团支部，并担任支部书记，通过发挥团支部职能，定期组织合作社青年社员开展学习交流活动，为增强合作社凝聚力，调动社员参与社务管理积极性起到了良好的促进作用。

二是拓展了销售市场。农产品销售一直是农民合作社管理工作的重中之重，传统的销售方式已经与市场脱节，销售渠道单一，严重影响了合作社的经济效益。高校毕业生凭借自身年轻、大胆、敢闯的优势，通过建立网站、产品包装升级、加大宣传力度等，提高本合作社产品的知名度，打开了市场销路。如北京八达岭小浮坨蔬菜合作社的魏炜炜为合作社设计社标，改进农产品包装，为产品提档升级增加附加利润。北京益农兴昌农产品产销专业合作社充分利用大学生的网络知识优势，整合多家特色农产品合作社 120 余种产品，搭建综合销售信息网络平台，实现了一年四季有产品的销售模式，年销售额达到 1000 余万元。

三是提高了技术水平。高校毕业生发挥自己的专业特长和资源优势，帮助合作社提高农业技术水平。他们通过村里的广播和宣传栏做好宣传，为合作社成员提供农业科技知识培训和服务，与合作社农户一起探讨、摸索种养殖技术，引导农户科学施肥、打药、消灭病虫害。北京农业大学、北京农学院等高校毕业生利用母校的资源优势，积极联系校内专家教授到镇、村、田间地头进行现场讲解培训、传授种养殖技术，提高了合作社农产品的科技含量。如北京四海种植专业合作社的大学生何敬房，充分发挥自己的专业能力，撰写了《委托菊花组培苗生产协议书》，并成功与北京农学院组培中心签订了 2 万棵菊花"玉龙"组培苗共计 4 万元的合作生产协议，有效解决了菊花苗木退化、遗传发生变异、植株变矮以及产量减少等问题。

四是加强了品牌建设。有机认证、QS 认证以及项目申报等都是比较系统的工作，需要有一定知识和文化的人才能做好。高校毕业生到合作社以后，通过自行学习有关知识，能够独立完成上述认证工作，为合作社开展品牌建设做出贡献。如北京茂源广发种植专业合作社的李正积极为合作社申请注册商标和农产品质量认证，提升合作社知名度和产品质量。北京泰华芦村种植专业合作社的王莉，在合作社从事的就是与自己专业对口的农产品检测工作。她运用自己所学的专业知识，对合作社使用生物农药提出了合理化建议，并得到了采纳，其参与的合作社蔬菜的有机认证工作也取得了圆满结果，顺利获得了有机认证证书。

（四）北京市高校毕业生参与农民合作社发展存在的问题

尽管高校毕业生参与农民合作社发展的前景非常广阔，并在实践中探索出了成功的参与模式，但总体来说，当前妨碍高校毕业生顺利进入农民合作社创业就业的因素仍然较多，主要有以下几点：

一是奖励激励不足。除了大学生村官外，农民合作社吸纳高校毕业生来工作，只能采取聘用制，但由于自身经济条件限制，在工资待遇、签署劳动合同、享受劳动保险、医疗保险等方面不能给高校毕业生提供保障，也不能给他们稳定的编制，往往造成优秀人才的流失。而对于兼职的大学生村官来说，同时身兼数职，合作社理事长助理、村书记助理、镇里科室职员，多重身份、角色不清，比其他村官工作量加大，而工资待遇却是相同的，心理上难免出现不平衡。另外，农民合作社多地处相对贫穷的山区农村，大学生们普遍觉得工作条件较为艰苦，精神文化生活与城市有较大差距。同时在缺少政府支持的情况下，往往没有发言权，在带头创业、服务创业、招商引资等促进合作社发展的工作中，无法发挥自己的优势。

二是社会宣传不足。目前，无论是新闻媒体，还是社会各界，主要报道都是围绕大学生村官的，而对一般大学生参与农民合作社工作的关注严重不足。再加上农业的弱势与低收益，很难激起大学生的创业激情，导致高校毕业生参与农民合作社的社会氛围相当淡薄，大部分参与合作社创业的高校毕业生，在项目选择、技术突破、市场营销、内部管理和合作社机制建立等方面基本上只能靠自己摸索，很难找到学习的对象。

三是专业培训不足。从学校直接到农村的高校毕业生普遍对党在农村的方针政策及与农村有关的基本知识和基层工作方法缺乏了解，做群众工作的能力、团结班子一起干的能力、与群众沟通的能力、自己创业作示范的能力都比较欠缺，对合作社相关知识了解不多，又缺少必要的培训和指导，只能做一些基础性工作，工作上手较慢，对合作社的总体发展把握性不强，得不到群众认可，还有的理论与实际难以对接，呈现出"有理论用不上、有知识道不出"的尴尬。

四是前景规划不足。当前参与农民合作社建设的大学生中，基本上是三部分人，大学生村官、返乡创业的大学生、外聘大学生（包括亲属带动大学生）。就北京市目前状况来看，大学生村官是参与合作社建设的高校毕业生的主体，占到了总数的56%，而大学生村官的任期为三年，三年以后有五条出路，即考公务员、考研、进乡镇班子、进村两委班子、自主创业，大部分村官对未来的定位首选就是考公务员和考研，长留在农村的也希望能够进入国家行政系统内部，除极少部分创业意识特别强的村官外，大部分村官由于自身去留不定，对村内工作，尤其是对参与合作社工作，基本是应付了事，动力明显不足。另外，合作社努力培养出的人才因为村官到期或者考取其他单位而流失，使得他们不愿意再把重要的工作交给这些高校毕业生来做，以免将来还要重新培养，导致高校毕业生在合作社中只负责一些事务性工作，自己能力也得不到提高。

（五）引导高校毕业生参与农民合作社发展的对策建议

1. 建立健全激励机制

主要是提升经济待遇。为规模较大、带动能力较强的农民合作社引进人才提供财政支持，支持合作社招聘有需求的人才，对引进的高校毕业生给予一定的工资补贴，在保证他们具有基本生活保障工资的基础上鼓励他们个人入社成为社员，使其能分享合作社发展带来的利益。另外，可考虑设立奖励基金，对在合作社工作中做出突出贡献的高校毕业生，除给予个人奖励并将其领办、合办或参与的合作社纳入重点扶持范围，切实解决其发展过程中的资金问题。

2. 切实抓好典型宣传

一方面要加强对农民合作社本身的宣传。让在校大学生、待业大学生、大学生村官等群体更多地了解农民合作社在农村经济社会发展中的巨大作用和广阔的发展前景，吸引他们自觉地加入到合作社的发展中来。另一方面要特别注意抓好对高校毕业生领办农民合作社先进事迹的宣传。充分利用网络和各类媒体加大对高校毕业生领办、合办、参与合作社工作的宣传力度，适当的时候，可以开展高校毕业生创办合作社先进事迹进校园、进社区，召开高校毕业生创办合作社先进事迹报告会等，通过典型事迹来激发高校毕业生参与农民合作社的积极性和主动性，做到宣传一个，带动一方。

3. 大力加强培训力度

为确保参与农民合作社的高校毕业生实实在在地发挥作用，就要对其加强培训，将他们的聪明才智转化为生产力，带动合作社发展的同时搞活农村经济、促进农民增收致富。不仅要培训党在农村的方针政策及与农村有关的基本知识和基层工作方法，更要将农民合作社有关知识作为一项重要内容进行培训，使高校毕业生认识合作社、了解合作社。打造高校毕业生与合作社双向选择"绿色通道"，引导更多具有专业特长的大学生投身到农民合作社中来。同时，建立实践基地，强化实践培训。各级相关部门依托高校资源和市级示范社建立高校培训基地和示范合作社实习基地，同时将两者紧密联系起来，实现高校成果转化和合作社持续发展。此外，通过不定期地举办合作社理事长助理座谈会等方式，搭建交流学习平台。

4.积极优化创业环境

鼓励高校毕业生领办、创办农民合作社，设立专项基金，为大学生在农村创业、领办合作社提供创业基金。协调工商、税务及国土等部门，在注册登记、项目安排、财政资金、税收减免、贷款贴息、厂房用地等方面给予重点支持。同时，多方面搭建有利于高校毕业生创业的工作平台，尽可能多地组织有志于创业的高校毕业生参加各类农博会、产品交流会等，帮助他们获取市场信息，捕捉发展商机，促进合作社发展。

本章"一、北京市农民专业合作社联合会跟踪调查研究"由王宇新执笔。本章"二、完善造血机能实现可持续发展——湖南省吉首市农民合作社联合会经验值得借鉴"由北京市农经办合作社考察组执笔(组长：熊文武，成员：任玉玲、杜力军、王宇新、白雪，执笔人：白雪)。本章"三、北京市农民专业合作社'三品一标'认证情况调查报告""六、北京市高校毕业生参与农民合作社发展情况的调研报告"由白雪执笔。本章"四、北京市农民合作社兴办加工情况调研报告"由胡春雷执笔。本章"五、关于郊区土地股份合作社情况的调查"由韩生执笔。